朝鲜战争是决定中美对弈胜负的关键一仗，这是一场不期而遇的战争，一场不对称的战争，一场与世界头号军事强国的较量。
　　朝鲜战争使中国人民记住了一个人——道格拉斯·麦克阿瑟；朝鲜战争使世界人民记住了一个民族——中华民族。
　　朝鲜战争把一个贫穷落后的中国，推到了可以与世界比肩的地位。

朝鲜
1950

刘峥　刘远凝　著

人民出版社

目录

朝鲜战争爆发后，麦克阿瑟力排众议，毅然选择在仁川登陆，乘虚而攻，力图将朝鲜人民军拦腰斩断，从而彻底扭转朝鲜半岛的战局。

出人意料的是，他成功了。

总参作战室参谋雷英夫，发现了美军企图在仁川登陆的阴谋，立即向周恩来做了汇报。其实，在身经百战的中国军人中，发现麦克阿瑟图谋的又何止一个雷英夫？在此之前，邓华等已经向中央报告了 13 兵团的判断。

1949 年 5 月下旬，中央军委命令粟裕在上海战役结束后，立即组织第三野战军做好攻台准备。6 月，决定采取"逐岛攻击，最后夺取台湾的战略"。

然而，朝鲜战争的爆发为困顿中的国民党政府注入了强心剂，让蒋介石看到了希望。

　　毛泽东力主出兵朝鲜，但支持者却寥寥无几。关键时刻，彭德怀不顾个人安危，用实际行动支持了毛泽东的主张。

　　面对彭德怀的试探，毛泽东大手一挥：不提他，林彪这个人，打起仗来一向是谨慎有余，胆略不足……

　　1905 年的旧中国给麦克阿瑟留下了难以抹去的印象，在他眼里，积贫积弱的中国依然是被任意宰割的羔羊。

　　经过 5 次战役之后，朝鲜人民军被分割成 3 部分，短时期无法形成战斗力，金日成倍感国力空虚和身心疲惫，中国人民志愿军的到来为危难中的朝鲜带来了胜利的曙光。

　　韩军第 6 师 2 团在团长咸炳善率领下，按照战斗队形，向中朝边境挺进。他以为前方的道路上已经铺满了金达莱，他将成为韩国的英雄，万古流芳。

　　不幸的是，志愿军已经在他的前面布下了"口袋"，等他来钻。

　　志愿军第 40 军在两水洞、丰下洞对韩军的围歼战，拉开了抗美援朝的序幕。

白善烨从战斗中判断，眼前的敌人不再是朝鲜人民军。因为志愿军的出现，这位刚被提拔的韩军第 2 军军长又跌回了师长的位子。

志愿军第 39 军意外地发现，与之交锋的是美军骑兵第 1 师——一支来自美国、成立 100 多年来没有败绩的王牌部队，两军在朝鲜细长的国土上狭路相逢。

麦克阿瑟将两支大军分成东西两路，发动"钳形攻势"。但是他忘了，老虎钳之所以能够夹断金属条，是因为有一个可以整合两股力量交叉的支撑点。

彭德怀敏锐地发现了这个支撑点，随即派兵坚守。使得麦克阿瑟的"钳形攻势"，变为两股各不联系的单独力量。

38 军虽然忠心耿耿地执行"志司"的命令，却因为一个未经核实的假情报贻误了战机，打乱了彭德怀在第一次战役中歼灭李承晚两三个师的战略部署，造成熙川的韩军第 8 师逃跑。

彭德怀大为恼火，连问了三个为什么，吼道："让 38 军给我追！"

1950 朝鲜

飞虎山是通往军隅里和价川的必经之路。如果"联合国军"通过这里，就可以继续北上；如果志愿军占领了飞虎山，那么"联合国军"的脖子就卡在了志愿军的手里。

335团在断水断粮的困难情况下，扼守飞虎山5天5夜，歼灭"联合国军"1900余人，为志愿军转移集结，积蓄力量，准备进行第二次战役立下汗马功劳。

由于中美两国国力的巨大差异，"联合国军"并未出现运输线长、补给困难的问题；相反，真正发生后勤供应问题的却是志愿军，成为束缚志愿军进一步扩大战果的绊脚石。

然而，麦克阿瑟却得出"敌人的后方近在咫尺，其补给随手可得"的臆断。

尽管38军付出了巨大的牺牲，还是没有完成"志司"布置的任务，军长梁兴初受到了彭德怀严厉批评。梁兴初觉得委屈，不免要申辩几句。

彭德怀见梁兴初不服气，顿时火冒三丈："我彭德怀别的本事没有，挥泪斩马谡的本事还是有的！"

1950 朝鲜

5

枪声夹着电波传到了第 8 集团军司令沃克将军的指挥部，他无论如何也难以相信，在美军的后方纵深竟会出现志愿军的大部队，尽管敌方屡次上演穿插迂回的拿手好戏……

朝鲜战争是决定中美对弈胜负的关键一仗，如果中国胜利了，那么百年来盘桓在中国人民头上耻辱的帽子将被彻底掀掉；如果美国胜利了，那么，朝鲜战争就仅仅只是一个导火索，中国大陆面临的苦难才刚刚开始。

中美两军在朝鲜北部的松骨峰、书堂站一带展开了有史以来最激烈的较量。

在麦克阿瑟被解职的一瞬间，电波传遍了整个美国。顿时，成千上万封电报飞进国会，巨幅标语挂在街头："沉痛悼念麦克阿瑟将军在政治上被暗杀！"

布莱德雷指出："坦率地说，扩大与红色中国的战争，参谋长联席会议认为，如果采取这种战略，就会使我们在错误的地点、错误的时间，与错误的敌人进行一场错误的战争。"

引　子

2000 年 6 月 25 日。

美国首都华盛顿举行纪念韩战集会，克林顿总统发表讲话："50 年前发生在朝鲜的事，不是一场'警察行动'，不是一场冲突也不是一场争端，那是一场艰苦、残酷的战争，每一个参加了那场战争的男女战士都是英雄。"他身后的横幅上写着醒目的大字："自由不是免费的。"

位于美国首府华盛顿的韩战纪念碑，铭刻着这样一段文字，那是当年全美退伍军人协会发出的通告："决不能因为时间的流逝，而使我们的后代认为，我们已经忘记了为自由而完整的共和国所付出的代价。"

2005 年 10 月 18 日，在抗美援朝 55 周年之际，美国国防部长拉姆斯菲尔德开始对中国进行为期 3 天的正式访问。

在中央军委大楼广场前，中国人民解放军三军仪仗队、军乐队列队迎接。随着身材高大、威武庄严的仪仗队指挥员拔刀发出的一声口令，全体队员的目光齐刷刷地注视前方，接受主宾的检阅。

面对猎猎飘扬的中国国旗和八一军旗，身着军服的中央军委副主席、国防部部长曹刚川上将庄严地抬起右手，致以军人敬礼；而身着便装的拉姆斯菲尔德，双眼透过小巧精致的无框眼镜片目视前方，将右手放在胸前，护在心脏上。当雄壮的中华人民共和国国歌在广场上奏响时，拉姆斯菲尔德半面向右转，把目光投向西方。

从过去的"土地改革者"到今天的"经济改革者"，西方人在探究中国发生了什么样的变化？而我们自己却要清醒地认识到，一旦中国的国家安全受到威胁，我们能否再次扛起抗击的大旗？！

第一章
仁川登陆

朝鲜战争爆发后，麦克阿瑟力排众议，毅然选择在仁川登陆，乘虚而攻，力图将朝鲜人民军拦腰斩断，从而彻底扭转朝鲜半岛的战局。

出人意料的是，他成功了。

1950 年 9 月 12 日深夜，平静的太平洋突然受到"凯谢亚"台风的吹袭，狂风怒号，浊浪排空，惊涛拍岸，暴雨如注，飓风以 200 公里以上的时速，吹拂着日本列岛。

日本的佐世保、神户港，以及韩国的釜山港，满载着以美国海军陆战第 1 师、步兵第 3 师、第 7 师，以及韩国第 17 团等部由军长埃德华·阿尔蒙德将军率领，聚集了 260 艘战舰，搭载 400 架舰载机，趁着黑夜，迎着狂风，顶着巨浪悄无声息地驶进茫茫黄海。

偷袭，在于不备；奇袭，在于不意。

1950 年 9 月 15 日美军在朝鲜西海岸仁川港实施登陆。

美国总统杜鲁门亲自任命的美国远东军总司令、联合国军总司令道格拉斯·麦克阿瑟将军带着他的得力助手少将参谋兼民政局长考特尼·惠特尼以及6名参谋人员，从东京羽田机场，登上标有"SCAP"字样的盟军联合司令部的专机，不顾恶劣的天气状况，毅然起飞，最后选择在九洲的板付机场降落。

当麦克阿瑟走下飞机的悬梯时，阿尔蒙德正率队迎接。当他看到吉普车上只涂有4颗白色五角星时，不禁眉头一皱。麦克阿瑟是美军现有的五星上将之一。

阿尔蒙德在担任第10军军长前，是麦克阿瑟驻东京盟军的参谋长，他当了30多年的陆军军官，在"一战"中就是少校军衔，"二战"时已经荣任师长，"二战"结束时，担任现职。虽然已经58岁，但他精力充沛，工作执著，恪尽职守，实际工作中和参谋惠特尼统称是麦克阿瑟的左膀右臂。

麦克阿瑟指挥仁川登陆作战。

　　麦克阿瑟坐在副驾驶的座位上，尽管乌云笼罩，他还是带着他的黑色墨镜，以至几十年后的蓝道夫·雷朋牌阿帕奇直升机驾驶员专用军事眼镜，也以他的眼镜为蓝本。车队在风雨中径直奔向美国海军第 7 舰队所在地，位于日本九州岛西北部的佐世保。

　　麦克阿瑟抖落一下身上的雨滴，随即登上为躲避风浪，被拖进船坞的旗舰"麦金利山"号，直奔他的指挥室。麦金利山位于美国阿拉斯加州的中南部，属阿拉斯加山脉的中段，海拔 6193 米，为北美洲第一高峰。①

　　舰长卡特·普因特普亦步亦趋地跟在他的身后。麦克阿瑟来到指挥室，转身看见跟随自己多年的副官锡德尼·赫夫中校打开皮包，小心翼翼地取出他父亲老麦克阿瑟将军镶着镜框的像片，摆在桌子上，往里面推推，以免颠簸的浪头把照片摔在地上。接着，又拿出他母亲用过的《圣经》放在床头，然后把一根他母亲用过的胡桃木拐杖递给他。麦克阿瑟郑重地接过来，立在床头，把仅有两粒子弹的科尔特 45 型手枪放在枕头下面。这只没有巴掌大的小手枪，与人高马大的麦克阿瑟很不相配，但这是他父亲老麦克阿瑟在菲律宾时使用过的手枪。"二战"中，赫夫搜遍了整个科雷吉多尔岛才找到两粒适用的子弹。赫夫原本是一名美国海军军官，因患心脏病退休在马尼拉。开始麦克阿瑟想让他重整菲律宾海军鱼雷快艇。太平洋战争爆发以后，1941 年年底赫夫晋升为陆军中校，成为了麦克阿瑟的副官。

　　14 年前，已经退役的麦克阿瑟，仗着他和菲律宾总统奎松的关系，跑到菲律宾当上了菲军大元帅，并给自己设计了大元帅服和手杖。不料，当带他回国内时，竟成为别人的耻笑对象，一时间"香蕉国元帅"、"吕宋拿破仑"的称谓在华盛顿上空回荡。自尊心极强的麦克阿瑟说什么也咽不下这口气，他发誓

---

①　麦金利山，当地印第安人称为迪纳利峰，含意是"太阳之家"。后来，此山以美国第 25
　　届总统威廉·麦金利的姓氏命名。麦金利山系第 3 纪晚期和第 4 纪隆起的巨大穹窿状
　　山体，有南北二峰，南峰即海拔 6193 米是北美洲最高峰，北峰高 5934 米。

要让华盛顿的那些花花公子们看看他到底是谁？结果，第二次世界大战成了他命运的转折点。

1942年4月8日，驻守巴丹半岛的小爱德华·P.金和驻守科里吉多尔的温赖特将军，没有执行他撤退时要求他们转入游击战继续抗争的命令，竟然一个接着一个地投降了日本人，使得7.5万美菲联军成为了日本人的俘虏，创下了美国历史之最，是美军有史以来最大的一次失败。

菲律宾的失败与麦克阿瑟一世的英名显然是格格不入的，即使后来在日本主持了受降仪式，这种挥之不去和没有履行和士兵同生共死诺言而产生的痛苦和有损颜面的歉疚，时刻在内心折磨着他，时常地回到他的心间。这次仁川登陆行动，将是他为实现重返菲律宾的梦想，把保卫澳大利亚的防御战线设在距澳大利亚以北1600公里巴布亚新几内亚的大冒险以后，又一次大胆冒险而又具有突破意义的尝试。由于人员不足，他按"兄弟制"编制韩军进入美军序列，由于缺少登陆舰船员，他在实施仁川登陆的47艘坦克登陆舰中，选择30余艘是由日本军人驾驶，总计约有2000多日军参加整个登陆行动。虽然，这种行为遭到了韩国总统李承晚的抵制。但是，为了弥补人员的不足和在更大程度上遏制共产党的发展，有必要适当启用战败国的兵力。经历了与世界上堪称最顽强的日本人的战斗以后，面对区

1945年1月，麦克阿瑟在吕宋岛视察美军炮兵阵地。

7

区朝鲜,他在心里无数次地默念:"明天的一切,由我单独负责,如果失败的话,那么可怕的后果将留到上帝对我灵魂进行最后审判之日。"

此时,在北朝鲜军队凌厉的攻势下,沃克将军的第 8 集团军被挤压在釜山最后一块落脚点,韩国政府处于风雨飘摇之中。沃克一面向麦克阿瑟发出求救的信号,一面亲自赶到撤退中的美军第 25 师师部,向全体官兵发表"就地死守"的命令,他特别强调要"为争取时间而战斗"。他说:"现在我们是为了争取时间而战斗,不允许以战场准备和其他理由再后退,我们的后方已经再也没有可退守的防线了,向釜山撤退,就意味着历史上最大的杀戮即将开始,我们

1950 年 7 月 2 日,美军第 24 步兵师先头部队到达南朝鲜大田车站 1950 年 7 月 2 日,美军第 24 步兵师先头部队到达南朝鲜大田车站。

必须战斗到底，在历史上我们伟大的美军还没有失败的记录！尤其是输给一个无名的小国。"因为在此之前，美军第 24 师在北朝鲜军队凌厉攻势面前已经失败，少将师长迪安也在和部队失去联系一个月之后被俘，给美军带来了莫大的耻辱。

沃克将军带着他最后的这一句话，携第 8 集团军参谋长利文·艾伦陆军少将飞赴东京。艾伦参加过"二次"大战，欧洲战场时在布莱德雷将军麾下任参谋长，1950 年 9 月才来到朝鲜担任第 8 集团军的参谋长。

东京帝国大厦正在举行烛光化装晚会，麦克阿瑟携夫人费尔克洛思饶有兴致地出席，盟军司令部的官员、各国驻东京的代表以及日本政府的一些首脑政要悉数出席。

赫夫中校匆匆走到麦克阿瑟跟前，低声和他说了句话。

麦克阿瑟从沙发上站起来，从茶几上拿起他在第一次世界大战离开彩虹师时，师部参谋们集体送给他的金质烟盒，回身拉起比他小 18 岁的琼·玛丽·费尔克洛思，她迅速地把手挽在了麦克阿瑟的臂间，随着丈夫向外走去。

汽车径直把大人送回了官邸，麦克阿瑟来到作战指挥室。迎面沃克将军、艾伦将军左手持帽，右手敬礼，也许是由于连日征战身心疲惫，胳膊端得不是很平，手掌伸得不是很直，而且腿也有些弯曲。

麦克阿瑟用两个手指在帽沿上一点，作为回礼，然后用手指了一下身边的沙发，示意他们坐下。

"亲爱的将军，在这种情况下能够见到你们，我非常高兴。"麦克阿瑟认为这时他们应在战场上拼杀，作为正副主官不应当同时回来。在他的心目中，每一名美国军人都应该牢记西点军校"责任、荣誉、国家"的校训，以此来激励自己不能忘记肩负的责任。

沃克将军承担着指挥在韩所有地面部队的责任，他说："不会再有敦刻尔克撤退的重演，也不会再有巴丹撤退的重演。退却到釜山的战斗将会成为历史上最大的屠杀之一。"不料"巴丹撤退"一词揭痛了麦克阿瑟的旧伤疤。

1950 朝鲜

　　沃克听出麦克阿瑟的不满，但是在生死关头，他不能不说话："将军，釜山已经危在旦夕。我认为应当调动一切可以调动的力量，用于韩战，不然，这块阵地将失去，我们对大韩民国的承诺将付诸东流。"

　　"你认为保住釜山最需要的是什么？"

　　沃克看了一眼艾伦，说："增加兵力，改善反坦克武器的性能，轰炸北朝鲜后方补给线。"

　　"就这些？"

　　"是。"沃克又一次看了一眼艾伦说道。

　　"好，你们可以回去了，远东司令部派出的兵员已经在前往釜山的途中；新式反坦克火箭也即将运抵前线，我英勇的空中骄子，正在对北朝鲜的运输线进行礼炮欢迎。祝你们好运，愿上帝保佑你们。"

　　这位曾经追随巴顿将军的沃克中将，此时无奈地注视着艾伦将军，出来以后才吐出一口怨气："这只能说明，我们是后娘养的。"沃克将军熟悉麦克阿瑟将军即将实施的"铬铁计划"，但对其作用抱有怀疑态度。

仁川登陆中的美国军舰。

　　麦克阿瑟决定在仁川登陆。作战计划报到了华盛顿白宫，杜鲁门立即组织召开国家安全委员会会议，召集白宫阁僚们仔细研讨麦克阿瑟的计划。

　　仁川位于朝鲜西海岸中部，距离韩国首都汉城仅40多公里，是朝鲜狭长国土中最狭窄的地方。如果美军能够在这里登陆，就可以彻底打乱北朝鲜军队的后勤补给，把这个国家拦腰砍断，进而使在朝鲜南部的北朝鲜军队陷入腹背受敌的被动局面，登陆的结果是令人鼓舞的。但是，许多从事军事理论研究的人士竭力反对美军在仁川登陆，因为这里根本就不具备登陆的基本条件。仁川港入港处有一座月尾岛盘踞在水道中央，海岛不大，却能够扼守整个航道，岛岸之间被命名为飞鱼海峡，航道宽度仅数十米，平均水位差为 20.7 英尺，最高水位是 30 英尺。沿海岸修筑的海堤不但高大而且坚固，海堤的下面，落潮时暴露出大片淤泥，海滩约 24 平方公里，对登陆作战十分不利。

参谋人员利用幻灯，对参加国家安全委员会会议的官员们介绍仁川的地理构造和麦克阿瑟的作战计划。

灯亮以后，杜鲁门扶了扶自己眼镜："先生们，大家对登陆作战计划有何高见，请发表。"

会议室里庄重肃穆，椭圆形办公室长条会议桌两边分别按照文武和官职大小进行排列，总统杜鲁门坐在会议桌的一端，他旁边是国务卿艾奇逊、副国务卿詹姆斯·韦伯、财政部长约翰·斯奈德、参谋长联席会议主席布莱德雷、国防部长路易斯·约翰逊、陆军部长弗兰克·佩斯、海军部长弗朗西斯·马修斯、空军部长托马斯·芬勒特、陆军参谋长柯林斯、空军参谋长范登堡和海军作战部长福来斯特尔·谢尔曼海军上将以及远东事务助理国务卿迪安·腊斯克和联合国事务助理约翰·D. 希克森等。

在这份出席人员的名单当中，没有中央情报局官员的身影。此时的 CIA不但不受麦克阿瑟的爱戴，也不受美国政府的青睐，导致空军参谋长范登堡将军 1946 年 6 月被杜鲁门宣布就任情报局长，不到一年就转回空军担任参谋长去了。

但还是有人指责。12 月 1 日，国会领袖在内阁会议室与杜鲁门等开会，"参议员惠里希望知道为什么我们的情报机构没有估计到这次进攻的发生，布莱德雷怎么解释他也不满意。他的情绪抵触，态度鲁莽"。

艾奇逊把目光停在杜鲁门的身上：“从刚才的战情分析来看，此役可以达到出其不意、攻其不备的功效。但同时的确存在很大风险，建议参谋长联席会议、国防部要作为重点进行研究，是否存在冒险因素。”艾奇逊知道麦克阿瑟的脾气，也知道他在军事谋划上有自己的主张。毋庸置疑，脾气和主张是和以往的成功经验与经历呈正比的，尤其是“二战”中对日岛屿争夺作战的成功，更加坚定了麦克阿瑟的信心。久而久之，他会产生强大的自信心，别人也会在对他的信任度增加的同时，更加依赖与信任。这样，一方面是麦克阿瑟自己对发生的事情“拥优而负，”另一方面，别人也会因此“遇事而信”。从而惯就了现在这种他要是决定了的事情，就不容别人更改的局面，要不为什么杜鲁门作为三军统帅要飞到 7000 多公里外的威克小岛去和麦克阿瑟讨论军事部署问题，而把便利留给了自己的下级。“我们始终没有过任何个人接触，而我认为他应该认识他的统帅。”这是杜鲁门的自我慰藉。

国防部长约翰逊近日的情绪不太好。由于他在结束陆海空三军经费纷争中的鲁莽行动、令杜鲁门处于尴尬的说谎境地。当他得知杜鲁门倒向艾奇逊时，竟然赌气不参加 1949 年 12 月 29 日国家安全委员会这样的重要会议，致使他在杜鲁门那里失宠。从不同角度、不同渠道传到他耳朵里的信息汇集在一起是：“约翰逊工作放纵，利己主义思想强烈，不能团结大多数人”，杜鲁门有意要拿下他的职务而要“二战”名将马歇尔担任。在仁川登陆的前夕，杜鲁门利用他没有向麦克阿瑟命令收回“台湾将成为美国的一个基地”的声明，而将他免职。

“在选择仁川登陆，在敌情、港口、潮汐、气象、补给、运输、火力配备要有严格的要求，从任务的艰巨性上看，选择仁川登陆的确不太适宜，一旦遭遇抵御，或我军进展缓慢，落潮来临，我军的登陆艇将被搁浅于烂泥滩，成为北朝鲜的活靶子。然而就麦克阿瑟将军来讲，他选择这里肯定有他的道理，远东王有自己的主张，他给我们的计划，无非是想告诉我们他要做什么，而不是我们批准什么。说是冒险，其实是要出其不意。为达到此目的，就要有冒险的精神。用麦克阿瑟将军的话说，'仁川登陆是一次大胆的赌注，往那个仁川的盒子里扔进 1 美元，将来就是 5 千美元的回报。'"约翰逊心中存在一种嫉恨心理，你不是看中他吗？我就顺水推舟，看他的笑话，那里的烂泥塘，虽然和巧克力一个颜色，但作用却相反，不是人吃它，而是它吃人。尽管麦克阿瑟的赌博已经成为一种常态：作为美国占领军的首领，他的飞机在日本横滨着陆前，面对宣布投降仅两周的负责维持秩序的 25 万荷枪实弹的日本宪兵和警察，并有日本自杀式神风战斗队队员拒绝投降，隐藏在横滨四周，麦克阿瑟命令不准携带武器，就连随从助手也不行。他平安地在横滨着陆。

赌博成为他生活中不可或缺的元素和刺激美军作战意志的一种精神动力。

麦克阿瑟已经多次在不同的地点，不点名地对国务卿艾奇逊甚至总统杜鲁门的对外政策进行抨击。尤其不能令杜鲁门容忍的是，麦克阿瑟在对他擅自发展与台湾关系所受到的指责辩护时候所用的字眼："我希望美国人民不要被那些狡猾的暗示、轻率的推理和无耻的谎言引入歧途"。

"听阁下的意思，国防部已经批准了麦克阿瑟将军的作战计划？"

"哪里，我认为，将军所说必有他的道理。不过，为了稳妥起见，最好把登陆地点选择在距釜山 200 公里的群山进行，国防部对此已经进行了周密的调研。"其实，在国防部讨论时有人提出异议，提到了在群山登陆作战的设想，这不过是第 8 集团军司令官沃克想法的延伸。因为群山距釜山较近，可以尽快解除釜山的危局。同时，沃克认为，在群山登陆可以就近南北合围摧毁金日成的主力，彻底涤荡残留在韩国的北朝鲜部队，稳定后方。从战术上讲，他的话不无道理。

参谋长联席会议主席布莱德雷看出了约翰逊的用心，也不直接打断他。他把话接过来说："麦克阿瑟将军擅长岛屿作战，而且在二战中屡用登陆作战战法，收到了不可小觑的效果。"

1949 年 10 月，布莱德雷在美国国会上明确强调："世界上，今后将不再会进行大规模的登陆作战了。"他的这种说法基于"二战"以后美国采取了依靠

1950 朝鲜

战略轰炸机运载核武器的大规模报复战略，并在日本进行了实践证明可行，继而削减了海军陆战队的兵力。"这次选择在仁川登陆，可以说是一步险棋，也是一步绝棋。险，是说从地理环境和潮汐水文资料来看不适合登陆作战；绝，是说从相反的角度来看，这些不利因素却是有利的因素，北朝鲜人必定认为不可能成为现实，防守必定麻痹松懈，投入兵力不会很多。只要麦克阿瑟将军有效地利用了潮汐差，用我美军不可战胜的火力，是可以实现登陆的目的，进而毕其功于一役，彻底起到扭转战局的效果，给予北朝鲜以致命的打击。但是人算不如天算，我们保持谨慎乐观态度，这就是我们迟迟没有批准的原因。"

半天没有讲话的杜鲁门，端起水杯轻抿了一口，放下，把目光转移到其他人的身上，似乎在说，你们还有要说的没有，下面我要发言了。与会者了解杜鲁门的意思，大家纷纷缄口，等待他的讲话。

"先生们，我军在仁川登陆作战，从用兵角度而言，可以达到出其不意，攻其不备之功效，是上等好计，这不愧是一位伟大战略家的大胆计划。为稳妥起见，我想还是要派人去与麦克阿瑟将军当面探讨，力求把握其实质。陆军参谋长柯林斯将军。"

"先生！"柯林斯起身应道。

"海军作战部部长谢尔曼将军。"

"先生！"谢尔曼起身应道。

"速调步兵2师、3师和海军陆战1师参加韩战，作为礼物，去东京给麦克阿瑟将军带去，顺便再次审查仁川登陆作战方案。"

麦克阿瑟清楚地记得当时那两位将军来到时的情景：

8月23日下午5点30分，在东京帝国第一大厦六层美军总部麦克阿瑟私人会议室，除陆军参谋长柯林斯将军、海军作战部部长谢尔曼将军外，即将指挥两栖作战的海军上将詹姆斯·多伊尔、远东海军司令官特纳·乔治中将、海军陆战队司令勒米尔·C.小谢泼德中将、远东空军司令官斯特拉特麦耶中将、第7舰队司令官阿瑟·斯特鲁布尔中将、参谋长兼第10军军长阿尔蒙德将军、第1陆战师师长奥利弗·史密斯少将，以及所有能够暂时离开岗位的军官，"形成了一个名副其实的灿烂的银星星座"。

与会军官汇报完各自的准备情况以后，与会者申述不利于仁川登陆的理由。麦克阿瑟点着了他的玉米芯烟斗，深吸一口。这是第5次会议，不能再拖延下去了。

"诸位！"

麦克阿瑟站了起来，他的身后，参谋们为他准备了一张巨大的军用地图。

"大家说了许多，我认为这些意见对我登陆作战计划有百害而无一利！为什么这样说，有的人因为怀念起"二战"期间法国加普登陆战惨败的印象，至今还有切肤之痛的沉重烙印，用他的例子来比拟仁川登陆作战。我说你错了，并且是大错特错。"二战"中登陆作战的例子不胜枚举，为什么偏要选择失败的例子来打击我强大美军的必胜信心？为什么不举1759年沃尔夫将军在加拿大魁北克取得的令人眩晕的胜利？为什么不举我在菲律宾战役、太平洋战役中具有决定意义的莱特湾登陆？"

麦克阿瑟把拿着的烟斗在烟灰缸里用力磕了两下，发出当当的声音。他转身面对大家："共产主义的主力全部集中在釜山，集中在沃克将军的防御阵地前，顺便说一句，我的'釜山防御圈'士兵总量已经达到17.6万人，北韩是9.8万人，近乎2∶1，坦克是600对100，在那里，他们遭到沃克将军有力的回击。仁川是他们的空隙，我的阿尔蒙德将军说得好，仁川登陆完全是机械作业，我料他金日成做梦也不会想到我强大美军会在仁川登陆，进行史无前例的大创举，是惊人的大赌博。有人似乎是善意地提出，仁川是泥沼，是牺牲我美军宝贵生命的烂泥塘，你们说我的计划不切实际性。这恰好说明了计划的突发性，你们认为我在冒险，敌人也认为我在冒险，他们认为我远东军决不会是个莽撞鬼。但是，我要再做一回沃尔夫。"

麦克阿瑟停住了自己的话音，他慢慢地环视了一下在座的将军们，他想起

1950 朝鲜

自己在西点军校时的讲话对学员们和他产生的互动，心里说，让我们再来一次案例教学吧！

"我的作战计划最大的看点就是出其不意，攻其不备，而绝非莽撞。有人描绘这是由一个人和月亮决定了一次大规模登陆作战的地点和时间。"

"有人好意地提醒我要在群山登陆把握性更大一些，我说，群山位于釜山以北 200 公里，恰是共产主义的大本营，我在那里登陆将遭到重大损失，你们愿意看到我军像是肉牛在屠宰场里那样，消耗在血雨腥风中吗？我的使命是扫荡这个北朝鲜，并使他自由化、民主化。我的部队数量是有限的，我不会拿着我们士兵的生命开玩笑，谁敢面对这样的人生悲剧，谁敢负责？毫无疑问，我不敢！"

"诸位先生，大家看朝鲜的地图是个什么样子？我的参谋部的先生们告诉我，朝鲜就像一只马蜂，一只叮在中国大陆上的一只马蜂，或是一把砍向中国的斧头。先生们，我恰恰不认为它是马蜂，在我的眼里，它是一只站立起来觅食的兔子，一只向着赤色中国乞讨的兔子，一只把目标暴露给我们的兔子，如果把赤色中国当做是牛羊的话，区区朝鲜最多也就是只兔子。为什么我说他是兔子，诸位将军请看对面的中国大陆山东省，看它的形状像什么，对！像一只展开翅膀扑向朝鲜的秃鹫，它的鹰嘴方向给我指示的目标，就是我所选择的仁川，这是在它的薄弱环节——腹部。我的计划是，9 月 15 日涨潮时，把登陆部队作为锤子，沃克将军的第 8 集团军作为砧子，锻打成钳子，执行我的'铬铁计划'夺取汉城，切断北朝鲜的后勤供给，彻底挫败共产主义的锐气，给整个共产主义阵营点颜色看看，看我自由民主事业是不容侵犯的！这是我美利坚等待的结果，是几百万人等待的结果，我愿意为这样的赌博下注！我几乎能够听到命运的秒针在滴答地作响。因为它可以拯救 10 万美军于水火，它可以拯救大韩民国于苦难，它可以突出我国在自由世界的影响力，为了美利坚合众国，我下赌！我要碾碎北朝鲜人！"

掌声从他的身边、身后，从四面八方传来，陆军参谋长柯林斯将军激动得从椅子上站了起来，停住了鼓掌，郑重其事地"啪"地一个立正，举手向他敬礼，然后握住他的手说："将军，这是伟大事业中的伟大召唤！"

1950 朝鲜

第二章
东北边防军

　　总参作战室参谋雷英夫，发现了美军企图在仁川登陆的阴谋，立即向周恩来做了汇报。其实，在身经百战的中国军人中，发现麦克阿瑟图谋的又何止一个雷英夫？在此之前，邓华等已经向中央报告了13兵团的判断。

8月7日，在北京中南海居仁堂中央军委的一个房间内，工作人员紧张而有序地忙碌着。作战室副主任雷英夫聚精会神地注视着挂在墙上的巨幅军用地图。

烟叶形状的宝岛台湾，像是漂浮在东海的一叶孤舟，停泊在距离大陆200多公里的地方。在10个月之前，以28军为主的渡海部队发动了金门战役，结果失利了。

怎样才能尽快从失败的阴影中摆脱出来，怎样才能形成渡海能力，除了在物质装备上存在明显的不足以外，在组织部署上还存在什么问题，哪里还有漏洞？这是摆在解放军各级指挥员面前的一件大事。他们要深刻地总结，从失败中吸取教训，为下一步解放台湾提供第一手资料。

然而，6月25日的炮火弥漫了东北亚，战争的阴云遮住了观察台湾的视线，作为对台作战的战略部署暂时陷入停顿状态，全国上下的关注点都集中到了东北方向，那里在燃烧，那里在爆炸，那里在动荡。人们在看地图时，看到的是文字和路线。而作为军事专业人员的雷英夫，看到的不仅是文字和路线，他同时能够看到，在平面地图上常人看不到的东西，那是一双慧眼，要洞穿一切。一条路，有多长，多少坡度，拐多少个弯，路边的地形是什么样子，是山间公路，还是丘陵公路，是平原公路还是盘山公路？他要在这平面图中，看到如果我军行走在这样的公路上，到达下一个目的地，要走多长时间，遇到空袭时候，在什么地方躲藏，公路的负载是多少，能够承担多重的压强，路旁的环境是什么样子？是水沟、河流、峡谷、陡壁、树林等，周围的地形对我军最有力发挥战斗力的地点在那里？甚至，在某一个地区作战，地形对我军的利弊，都要从这张平面图上看出来。

在洛东江战役开始以后，雷英夫惊奇地发现，此时早已是筋疲力尽的朝鲜人民军，已经失去了战争开始阶段士气和装备上的优势，在力量对比上是6万人民军在抗击14万用优势装备武装起来的联合国军，还要面对1000多架联合国军机。而此时的人民军已经没有空中力量支援了，人民军王牌师的火炮仅剩

1950 年 6 月 25 日朝鲜内战爆发。

下 12 门，而美军一个师的火炮就多达 400 门，战争开始时的 150 辆 T–34 坦克，也仅剩下 40 辆，不及美军第 89 坦克营一个营的坦克多，而且还是装备有 90 毫米口径大炮的 M26 潘兴中型坦克。

据朝鲜官方公布的战报，人民军各部队竟然在人困马乏、装备落后的情况下，强渡洛东江成功，给予美军骑兵 1 师和美 25 师以重创，取得骄人战绩。

第二次水原战役以后，金日成对部队取得的战果极为不满，认为部队前进的速度应当更快一些。为此，作为惩罚，他撤掉了原来曾经是八路军团长的崔仁师长的职务，将人民军 7 师更名为第 12 师，并且重新组建新 7 师，并将原第 2 军团军团长金光侠撤掉，降级为军团参谋长，军团长一职由金武亭接任。① 接着，金日成把自己的司令部搬到汉城，发布了要"完全解放朝鲜"，"速战、

① 早在彭德怀率领红 3 军团转战岳州时，金武亭协助彭德怀使用缴获的 4 门七五野炮，轰击向岳州城里发炮的英美日帝国主义的军舰，他在中国革命即将胜利的前夕，率领 1000 多名解放军中的朝鲜族子弟，携带全部武器弹药，奔赴了朝鲜，成为了朝鲜人民军的创始人之一。

1950 朝鲜

21

速决、速胜"的命令。雷英夫注视着地图，平安北道、平安南道、平壤市、黄海北道、京畿道、忠清南道、全罗南道、咸镜北道、咸镜南道。

"咸镜南道"，无意中，他念出来声音。

"仙境？陷阱？陷阱！"雷英夫的大脑"嗡"的一下，大喝一声："不好！"

作战参谋成普、龚杰、徐亩元3人被他惊奇的举动弄得丈二和尚——摸不着头脑。"咋啦？"大家急切地问道。

"你们看，这儿！"雷英夫快步上前抽过一根指挥杆，一步跨到作战地图跟前，杆头直指朝鲜。

"朝鲜半岛地幅狭长，三面环海，我粗算一下，从北到南全长840多公里，东西最细的部位近170公里，北部多高山峻岭，深谷激流，森林密布，沟壑纵横，而南部地势较平缓，多丘陵、河渠，无险可守。而现在朝鲜人民军的主力6万人都调到了釜山前线，后方补给线全空给了敌人，驻扎在日本的美军3个师即美国海军陆战队第1师、步兵第3师、步兵第7师显然是预备队，可至今未动，麦克阿瑟又号称是'登陆将军'，最拿手的就是搞登陆作战。一旦，敌人从中部登陆，朝鲜人民军将腹背受敌，形势极为不利。敌人会从哪里登陆呢？"最后的这句话，本来是雷英夫的自言自语，可没想到被快言快语的成普抢道：

"那还用问？肯定是仁川呗。"

"为啥说是仁川，你的根据是什么？"

"根据？仁川，正好位于朝鲜中部，是最窄之处，最利于分割，又离李承晚的首都汉城较近，交通发达，利于部队聚集和疏散。麦克阿瑟的部队第一次进入朝鲜时，也是从仁川上的岸。"

"有道理，大家都把手里的活儿放一下，共同研究一下这个问题。成普，你马上收集仁川的地理水文资料，龚杰，你把近期麦克阿瑟的讲话、会谈记录找出来，小徐，去找一下麦克阿瑟的作战记录。大家听着，事不宜迟，现在是下午2点，务必在下午5点前把资料汇总在一起，理出眉目，6点我们碰头，讨论，要快！"

黄昏时分，各位工作人员抱着各种资料陆续返回办公室。

"7月29日，美军第8集团军司令沃克发布命令，要求美第25师就地死守，说我们是在为争取时间而斗争，不容许以战场准备或其他任何名义再后退。我们的后方再也没有可退的防线了。

7月31日，麦克阿瑟率领联合国军司令部16名高级官员前往台湾，同日签订美台防卫协定。

8月6日，杜鲁门总统特使埃弗利尔·哈里曼和马修·李奇微以及精通7国语言的弗农·沃尔特斯到达东京。

8月8日，日本参议院议长佐藤说：如果联合国军招募志愿军时，日本人可以应征。

仁川位于朝鲜的中部，距汉城仅40公里，处于朝鲜最狭窄之处，这里几乎是最不适合登陆的海港，只有一条叫做飞鱼峡的水道进港，哪怕有一条船在这里被击沉，就会堵塞航道，海水高位时达到10.6米，时间不超过2小时，退潮时，形成几公里宽的烂泥塘。"

不能再迟疑了，雷英夫的眼光突然跳出地图，用非常快的语言说：

"没有命令，不许外出，不许打电话！我不撤销命令，办公室的任何人不准离开办公室。"说完，他飞快地走出办公室，径直奔军委作战部部长办公室，向部长李涛汇报。

晚上10点左右，李涛和雷英夫迅速赶到中南海西花厅周恩来总理办公室。

此时，周恩来不但身兼国家政务院总理、外交部长，同时又是中央军委副主席。

"总理，经过我们作战室反复研究，认为朝鲜战场潜伏着巨大危机，将影响战局的发展。"李涛立正说道。

"哦？说说你们的想法。"周恩来注视着李涛。

"英夫，你来给总理汇报一下。"李涛向旁边一闪身，让出了雷英夫。此时

1950
朝鲜

的雷英夫实际上还有一个职务——兼任周恩来的军事秘书。

"是。总理，根据我们的判断，敌人有在朝鲜西海岸仁川登陆的可能……"

"你们也有这样的判断？说说你们的理由。"

"是。"

雷英夫简明扼要地汇报了以下六条根据：

一、作为釜山防御圈阵地上的美伪主力13个师，完全有能力击溃仅仅不到6万人的朝鲜人民军，再加上他们空中优势和海军舰炮的支持，但是他们不进不退，意在黏着；

二、驻扎日本的美军"共和国之剑"陆战1师、"滴漏器"7师和总预备队的3师仍按兵不动，并没有为釜山防御圈增加一兵一卒，这其中肯定有他们的战略企图；

三、作为登陆作战老手的登陆将军麦克阿瑟，他绝不允许第8集团军对朝鲜进行平铺席卷式的战争，冒险后取得出乎意料成果是他虚荣心最大的满足，他必定会有所动作；

四、朝鲜半岛地形南北狭长，最利于分割和登陆作战，美军有这方面的优势，不缺这方面财力、物力和智力；

五、朝鲜人民军主力已经全部投到釜山一带进行孤注一掷的战斗，供给线拉长，后方极度空虚，仅有几个新组建的预备师，还不能形成战斗力；

六、眼下，无论是朝鲜还是苏联，都被暂时的胜利蒙蔽了双眼，看不到胜利后面潜在的危机，被大好形势陶醉，缺乏应有的防范意识。

周恩来仔细听完雷英夫的分析，浓眉一展，望了一下李涛说："你们的这个分析，验证了一个新情况，这是一个重要的问题。"说完，从写字台上的文件袋里抽出一份文件，文件的袋子上清楚地印有"绝密"字样。

"你们验证了13兵团党委的判断，邓华、洪学智、解方同志早有预见，柴军武同志也从朝鲜拍回电报道出他的隐忧。这样吧，你们把资料再整理得翔实一些，我们一起到主席那里去汇报。"

解方在 8 月 31 日写给林彪的《关于边防军作战准备问题给林彪的报告》中第四条"关于敌人的企图"说："估计敌人将来反攻的意图，可能以一部兵力在北朝鲜沿海侧后几处登陆，做扰乱牵制，其主力则在现地由南向北沿铁道、公路逐步推进。"

作为"老牌参谋长"的解方，虽然没有确切推断出联合国军登陆的地点，但也看出联合国军的预谋。早在 7 月 2 日，毛泽东会见苏联驻华大使罗申的时候，就预测说："美国能够调动驻日占领军十二万人中约六万的兵力投入韩半岛，在登陆釜山、木浦、马山等的港口之后，可以沿着铁路向北进攻。因此人民军应加速向南挺进，以便占领这些港口。同时，有必要在仁川建立坚固阵地，以加强汉城地区的防御，因为美军有可能登陆此处"。同一天，周恩来总理接见罗申时，也谈到了侵朝美军有可能在仁川或其他港口登陆的问题，建议朝鲜人民军在该地区构筑巩固的防守阵地。

具有 5000 多年中华文明积淀，使用只有美国一半的耕地，在灾难众多、事故频发的中华大地上"却要养活几乎是美国 4 倍的人口"。客观要求，必须精工细作，勤劳勇敢，并对与其生存息息相关的事情，力求精益求精。诞生在中华大地上的中国共产党人，历经 21 年的武装斗争，练就了非凡卓识的战略眼光。

被孙中山誉为"中华第一怪杰"、掌握 10 国文字的辜鸿铭先生曾经说过：

"美国人博大、纯朴，但不深沉；英国人深沉、纯朴，却不博大；德国人博大、深沉，而不纯朴；法国人没有德国人天然的深沉，不如美国人心胸博大和英国人心地纯朴，却拥有这三个民族所缺乏的灵敏；只有中国人具备了这四种优秀的精神特质。"

这就是典型的中华智慧。在美军仁川登陆前的八九月间，中方曾多次向朝鲜代表提及此事，而且不计报酬。

遗憾的是，尽管中共中央做出了正确的判断，并无偿提供给了朝鲜。但是

1950 朝鲜

胜利在望的朝鲜认为再一鼓作气就可以完成祖国的统一大业，没有把中共中央的善意提醒放在心上，没有认识到第四、第五战役以后，与美军作战之间的差距，再加上谍报工作滞后，尽管美国政府与军界官员频繁切磋，朝方竟然没有扑捉到任何蛛丝马迹。结果，是共知的。

历史的指挥棒是在有能力的人手中操纵的。能力大小决定点缀历史色彩的浓淡。

"阿尔蒙德将军。"

麦克阿瑟张嘴叫道。巨大的海浪簇拥着战舰上下起伏，舰首劈开的浪花，割断了麦克阿瑟的思路，也斩断了他的话音，这时他才意识到是在舰上。虽然联合国军司令部副参谋长希基已经接任了阿尔蒙德的职务，但是麦克阿瑟还是顺嘴叫出了他前任的名字，他曾许诺参谋长的位置还是他的。阿尔蒙德自1946年以来一直供职于他的麾下，1949年成为参谋长。

他随即按响了副官赫夫的送话器："叫惠特尼到我办公室来。"

赫夫中校迟疑了一下："先生，现在是凌晨1点，您需要休息。"

"我会休息的，马上！"

"是！"

当惠特尼来到麦克阿瑟的船舱时，麦克阿瑟已经穿好了军装，只是没有系上领带。

"你帮我起草一个命令，每个作战单位没有87%以上的伤亡的时候，不许停止进攻！"

"87%？"惠特尼的嘴张得像是吃饱了野味的老虎，张着大嘴，等着小灰雀跳进他的嘴里，把渍在牙缝里的肉丝吃掉，等于剔牙。虽然惠特尼是麦克阿瑟信任的左膀右臂，但他对上司为了实现自己的目的而不惜牺牲士兵生命的行为颇感惊讶。人们都说麦克阿瑟有一种追求，那种追求就是自以为是。在理想充斥身心的时候，现实就变得平淡无味。

"长官，87%，是 87% 吗?" 7万人的 87%，距离"万古枯"有多远?

"难道我说的你没有听懂，我还有阿肯色州小石城家乡的土音吗?"麦克阿瑟生气地责斥道。

"不，不，长官，我可能是睡糊涂了。"惠特尼连忙解释。

麦克阿瑟缓和了口气说："这个尤金·克拉克老上尉是否会给我们带来好运?"

尤金·克拉克是麦克阿瑟在东京的参谋部情报处的官员，不久前被派驻仁川承担侦察任务，担任情报小组的组长，外号叫做"夜盗贼"，配合他一起工作的是韩国海

1950 年麦克阿瑟将军正关注着美军在仁川的登陆。

军中尉尹钟和因为没有正确预料出北朝鲜进攻而被免职的韩国反谍报上校居仁珠，指挥一个潜伏在北朝鲜的秘密谍报组织，专门负责收集仁川港附近的情报。

"按照您的部署，我为他配备了小型机关炮和轻重机枪、手雷和必备的武器，他们将在灵兴岛上配合部队进攻，可以有效地摧毁北朝鲜人的阵地，让他们难以首尾相顾。"

"好，还有，叫我们的空军司令官斯特拉特麦耶将军对北朝鲜人可能增援的线路进行不间断的轰炸，彻底瘫痪他们的运输和增援，给'密苏里'号战列

1950
朝鲜

舰发电报，命令他们在仁川登陆总攻前 2 小时 40 分开始对群山港发起攻击，记住是狗娘养的佯攻，我要彻底迷惑金日成。"

第三章
台湾：错失的机遇

1949 年 5 月下旬，中央军委命令粟裕在上海战役结束后，立即组织第三野战军做好攻台准备。6 月，决定采取"逐岛攻击，最后夺取台湾的战略"。

然而，朝鲜战争的爆发为困顿中的国民党政府注入了强心剂，让蒋介石看到了希望。

1949 年 11 月，天气阴霾。蒋介石手持手杖，静静地站在江边，任凭远处扑打而来的解放军炮声撞入耳鼓，一种悔恨涌上心头，回味起来令人痛心疾首："大家知道，整个大陆这样广大的版图，就在今年不到一年，仅仅 8 个月的时间里，竟然丧失殆尽，这是何等可痛可耻的事情！我们有 300 万以上的大军，担任高级将领的不下千人，在那种盗寇凭陵、大陆沉陷的大失败之中，而其能临难殉职，慷慨成仁的，竟只有杨干才、廖定藩二人，其余不是临阵逃脱，就是被俘或投降；这可说是把党国多年来的革命光荣和中国 5000 年来的民族历史完全断送了！这不是一般将领的耻辱，而是整个党国的耻辱！"

懊恼的蒋介石感到胸口一热，口中泛起一股腥气，身体不由得向前一伸，夹杂着他对家国的无限眷恋，对过去所作所为的悔恨，眼前一阵晕眩，黑色的披风突然向右移动，身体向左倒去，他身边的随从连忙扶住了他，焦急的目光投到了蒋经国的身上。随着蒋经国的大手一挥，众人扶着蒋介石驱车前往机场，登上早已等候在那里的"美龄号"专机。

当日，蒋经国在日记中痛苦地描述："前方战况猛烈，情势危急，重庆已受包围。而父亲迟迟不肯离渝，其对革命的责任心与决心，感人至深，实难以笔墨形容。"

蒋经国无不感慨地说："父亲之如此尽忠报国，我想任何历史家都不能否认的。"

不知道此时蒋经国先生所使用的"革命"二字，与他在"四·一二"蒋介石发动反革命政变以后，于莫斯科发表文章鞭挞蒋介石"反革命"时有什么不同。

当飞机离开重庆上空时，解放军已经通过綦江，离重庆白市驿机场尚不足 10 公里。迟迟不愿离开的蒋介石的心情是完全可以理解的，仅仅三年，前后 28 亿美元装备的国军，就这样凄惨地在中国大陆上消失了，而此时此刻，在他的身后，在台湾岛的对面，共产党聚集了第三野战军的主力，摆出了要和他拼命的样子，"宜将剩勇追穷寇，不可沽名学霸王"的诗句已经成为了解放军的座右铭。当年，在他得势时对共产党表现出来的赶尽杀绝，现在轮到他自己的头上。

……

田家英带着一份公文来到毛泽东的办公室。

"主席，您要的美国总统杜鲁门在今年一月份的讲话拿到了，这是翻译件。"

"哦，有什么具体内容？"毛泽东抽着烟问道。

"内容大意是，台湾问题早在'二战'时期美苏英三国就已经定论，应当尽快归还中国。有情报显示，最近美国人在东南亚一代各国游说，劝说他们在蒋介石没有落脚之地的时候收留他，政治避难。"

"这是个机会，中央要开会研究。把粟裕写的报告拿来。"毛泽东吐出一口烟说着，把目光投向窗外。

6月14日，中央在答复粟裕、张震《关于第10兵团入闽时间的建议电报》中指示："请开始注意研究夺取台湾问题，台湾是否有可能在较快的时间内夺取，用什么方法去夺取，有何办法分化台湾敌军，争取其一部分在我们方面实行里外结合，请着手研究，并以初步意见电告。如果我们长期不能解决台湾问题，则上海及沿海各港是要受很大危害的。"

毛泽东第一次提出解决台湾问题是在1949年3月中共七届二中全会以后，在一次关于华东局任务和人事安排的座谈会上，确定粟裕担任华东局常委，分管军事，在讨论华东局的管辖范围时，毛泽东加上一句："还要加上台湾。"1949年5月下旬，毛泽东通过中央军委命令第三野战军副司令员粟裕在上海战役结束以后，立即组织三野部队进行攻台准备。6月，中央军委作出攻台的实际部署，决定采取"逐岛攻击，最后夺取台湾的战略"。同时，全军各部队迅即调集熟悉闽南话、客家话的干部战士向第三野战军集中，加强第三野战军的政治攻势。第三野战军以7、9、10三个兵团，16个军，作为攻台主力部队，兵分两路，在台湾的东西海岸同时发动进攻，并派伞兵实施空降作战，

1950 朝鲜

力争 15 天内解决战斗。7 月，刘少奇在给斯大林的报告中透露出解放台湾的意向："台湾因为有部分国民党军队作内应，可能提早占领。"毛泽东在 7 月 25 日给刘少奇并转斯大林的电报中更加明确地提出希望苏联在解放台湾问题上给予直接的援助。苏联代表科瓦廖夫的私人档案中甚至记载了中国领导人还直接向斯大林提出希望援助解放台湾的要求，毛泽东要求斯大林对台湾登陆作战中给予空中和海上支援。

粟裕根据当时华东地区还未彻底解放，匪患严重，需要分兵剿匪的实际情况，命令野战军主力宋时轮第 9 兵团的 3 个军部队进行攻台的训练，并兼任上海地区警备。同时上报中央拟采取两条腿走路的方针，要求一方面向苏联提出购买鱼雷快艇和登陆艇的建议，另一方面又与英国联系，购买港英当局废旧商船，作为对中国全境解放后不进攻香港的条件。英国方面原则上同意。

粟裕副司令员和张震参谋长命令中国人民解放军第三野战军参谋部，1949 年秋天制定台湾战役计划，时间确定为 1950 年夏天。而就在战役计划还在上报中央的批复过程中，台湾军力已经发生变化。当时台湾只有 7 个军 14 万残兵败将，蒋介石面对粟裕准备投入战斗的解放军 8 个军的主力，情急中不顾多方反对，竟然通过日本战犯冈村宁次，在日本收买了 2 万退伍日本军人做雇佣军，准备和国民党军一道守卫台湾。当韩先楚率领第 40、43 军进行解放海南岛战役之时，蒋介石接受以往的教训，为保存实力，命令守备海南岛的薛岳部 7 万大军采取金蝉脱壳之计，跑到了台湾。与此同时，痛定思痛的蒋介石，在三天之内，秘密撤回了部署在舟山群岛等外岛上的 12 万国军，使得台湾的兵力陡然上升为 40 万。粟裕接到情报以后，不得不临时变更计划，将攻台兵力调整为 16 个军 50 万人。同时电示在台的我地下党成员，随时做好接应准备。建议在河南境内作为全军总预备队的 38 军自动武器将全部交给三野解放军，近日内完成。1949 年 11 月上旬，由 7 艘护卫舰、9 艘炮艇组成的华东海军第 1、2 大队成立，归粟裕指挥。

1950 年 1 月 5 日，美国总统杜鲁门发表声明："美国对台湾和中国其他领土从无掠夺的野心，现在美国无意在台湾获取特别权益或特权或建立军事基地，美国亦不拟使用武装力量干预其现在的局势，美国政府不拟遵循任何足以把美国卷入中国内战中的途径。"这等于公开表明立场和原则。12 日，美国国务卿艾奇逊紧随杜鲁门的讲话，进一步阐述美国的观点，他在全美记者联谊会上发表的《中国的危机》长篇讲演中说："俄国一贯有把中国北部省份分离出去的野心，这个过程在蒙古已经完成，在满洲已接近完成"；"我们不可把中国人民对俄国人的愤怒与憎恨——它们一定会发展的——引到自己头上来。这样做是愚蠢的。"接着，艾奇逊宣布了美国在远东的战略防御底线，即自阿留申群岛起，经日本、琉球群岛到菲律宾为止，① 从而明确地将台湾划隔在防御线以外。而在 1948 年 11 月美海军上将李海签署的《关于台湾战略地位备忘录》却认为："①中国大陆易手之后，美国即失去了利用中国其他地区作为军事基地的可能性，因而台湾及澎湖列岛的地位便更加重要，必要时可以用作战略空军的基地，并据以控制临近的航道；②如果台湾被敌人所控制，一旦发生战争，台湾将被利用来控制马来亚地区到日本的航道，并进而控制琉球及菲律宾；③目前台湾是日本的粮食和其他物资的主要来源地，如果切断这一供应来源，日本就会成为美国的负担而不是资产。"粟裕敏锐地注意到，美国人在对待台湾问题上出现摇摆和松动，存在两种不同的声音，应该不失时机地抓住。基于此，他在向中央报告时认为，近期解放军进攻台湾，美军不会介入。他在《华东军区一九五零年政治工作指示》中进一步解释说：鉴于历史和现实的一些原因，直接参战，在政策上、军事上都是对美帝不利的。但是，他同时指出，美国军方首脑和共和党人，是反共的急先锋，他们多次扬言要采取强硬立场援助蒋介石。因此，不能排除美帝有间接参战的可能，如动员日本的退伍军

---

① 美国历史学家费正清说：当欧洲人首次由西向东远航到震旦、日本、印度时，他们很自然地将这些地区统称为"远东"。同样，如果美国人西跨太平洋到达这些地区，也会把这些地区成为"远西"。

人为"志愿兵"去帮助台湾。

1950 年 4 月底和 5 月中下旬，人民解放军相继解放了海南岛和舟山群岛，为解放台湾进行了预演。并在华南各地修建 30 多个军用机场，一批作战飞机进入战斗准备状态。

解放台湾战役进行的是登陆作战。按照一般的登陆作战规律，第一批登陆部队要有能突破防线并向纵深发展的充裕力量，而最忌"添油"式的逐次增兵。所以预定第一梯队要有足够的兵力。粟裕命令担任上海警备任务的宋时轮第 9 兵团，解除淞沪警备任务，并命令 23 军归建，由 20、23、26、27 军 4 个军作为攻台第一梯队。另外准备 4 个军作为第二梯队，这样陆军的总兵力至少和台湾守军大致相当。台湾海峡最窄之处 70 海里，宽处不过 110 海里，可对于靠两条腿打仗的解放军来说却是困难重重。攻台部队以 50 万人计算，每人所占面积 0.6 平方米，计 3 万平方米，加上所携带武器装备和战略物资约 13.45 万吨，两项合计共需要千顿以上的船只 575 艘。第一梯队以 6 万人计，共需要登陆艇 2000 艘，而当时征集到的渡船，不及第一梯队所需的一半。

1950 年 3 月 11 日，肖劲光代表新建海军向粟裕报到。

1949 年年初，淮海、平津战役胜利结束，百万大军即将渡江南下，全国政治形势发生了根本变化。在内战炮火中觉醒了的国民党海军部队纷纷起义。3 月 4 日，"重庆"号巡洋舰舰长邓兆祥率部起义抵达葫芦岛港。24 日，进军北平途中的毛泽东与朱德总司令闻讯立即联名签发了给起义的"重庆"号巡洋舰官兵的嘉勉电，与此同时果断决定：立即组建人民海军，并以军委的名义下令，把组建海军的任务交给了人民解放军第三野战军。4 月 23 日，华中军区副司令员张爱萍受命在江苏泰州白马庙组建了解放军第一支海军部队——华东军区海军。

1949 年 10 月中旬，衡宝战役的炮声刚刚停息，远在湖南长沙的第四野战军第 12 兵团司令员兼政委肖劲光接到一份军委的电报，电文中说毛泽东要见他，有要事面商。在饭桌上，毛泽东给肖劲光布置了要着手筹建海军的任务，并提出要他作为司令员的第一人选。

毫无思想准备的肖劲光坦率地说："主席，我是个'旱鸭子'，又不懂海军，哪能当海军司令员？20多年来，我们和日本鬼子、国民党反动派打仗，都是钻山沟，钻青纱帐，主要在陆地上。这一到了海上，我晕船晕得挺厉害，从小到现在总共坐过五六次大渔船，每次都晕得不行。您还是选派别人吧。"

毛泽东意味深长地说道："刘亚楼晕飞机我让他当空军司令，你肖劲光晕船就当海军司令，正好一对。你俩懂得我军的传统，又在苏联学习过，我们建设海军、空军，要向苏联学习，有海就要有海军，过去我国有海无防，受人欺负，我们把海军搞起来，就不怕帝国主义欺负了。再说，我们要解放台湾，也要有海军。海军一定要搞，没有海军不行。要搞海军，就总得有个人去领头哇。"

肖劲光上任后曾告诉粟裕，到1951年夏天，我们的海军可以达到一定的规模。毛主席、周总理和苏联达成了购买海军装备的协议，总金额达到1.5亿，几乎相当于苏联对外订货的一半。同时又经过和英国商人洽谈，购买2艘7000吨级的巡洋舰、5艘驱逐舰、4艘扫雷舰，以及48艘商船。沿海地区解放后，征集到可用的商船、渔船有169艘，总吨位6.48万吨。除已经配属的海军以外，成立第5、6、7舰队，人员3.8万人，舰艇92艘，其中海防舰艇52艘，江防舰艇40艘，舰炮309门，另有海岸炮122门。

然而，金门失利后使得解放台湾的难度陡然上升。

金门战役的失利，是中国人民解放军建军史上一件极为惨痛的教训。

1949年10月24日，"漳厦金战役"的最后一仗——金门战役打响。攻取金门的任务由第三野战军第10兵团的28军的82师全部、84师的251团、29军的85师253团及87师259团共6个团担任。在金门的国民党守军名义上是一个兵团，实际上不过以国民党19军军长李良荣为首的2万余人固守。然而，厦门战役结束后，国民党火速增调胡琏兵团第8军上岛，岛上守军猛增至3万人。由于攻克厦门与攻打金门的时间相距只有几天，打金门部队并未从根本上

1950 朝鲜

解决 6 个团所需的船只问题。此时，部队只有一次可航渡 3 个团约 8 千人的船只，短时间内又无法筹措到运渡 6 个团的船只。为执行上级下达的攻金任务，28 军"前指"作出了一个脱离实际的运兵方案：即第 1 梯队登陆 3 个团后，船只返航再运渡第 2 梯队的 3 个团。但对船只能否如期返航，28 军"前指"也觉得没有把握，在第 1 梯队登船完毕后，曾请示兵团是否按原计划行动。这时身为兵团司令的叶飞将军，把大部分精力放在厦门城市接管上，认为金门战役不过是"漳厦金"战役的尾声，金门又没有厦门那样坚固的工事，我军完全可以尽快解决，因此产生了轻敌思想，没有把粟裕的嘱托放在心上。在没有作出任何应变方案出台的前提下草率地作出了"决定不变"的答复。结果预定返航的船只在没有掩护的情况下，刚离开金门就遭遇国民党军滩头排炮轰击，不少船只被击沉、击伤，返航途中又遇到国民党军舰的拦截，舢板对炮舰，自然不是对手。而从古宁头返航的船队先是误入国民党军舰潜伏区遇袭，后又因我军情报失误，以为国民党增援船只早已被我军布置在厦门湾、石码一线的远程炮群全部击沉，造成终生遗憾。最终第 1 梯队船只竟无一艘按计划返回，原定运送第 2 梯队的计划被迫流产。先期上岸的部队连船工在一起共计 9086 人成为孤军，几个团各自为战，彼此缺乏照顾协调，战至 25 日黄昏，兵力损失过半。面对隔海相望的金门，28 军"前指"请求兵团派船只增援，此时兵团所属各部并无可以增援的后备船只。经过多方努力仅搜集到可以运载 4 个连兵力的小船。面对金门岛上敌强我弱的态势，28 军"前指"认为仅以 4 个连的少量兵力增援，不能从根本上扭转战局，但叶飞认为只要有一线希望，就不应放弃。26 日凌晨，第 2 梯队 4 个连登陆，但敌众我寡无法改变战局。金门战斗激战 3 天，登陆部队除部分被俘外，大部分壮烈牺牲。

1950 年元旦，是蒋介石最为恐慌的日子，即使驻日美军司令麦克阿瑟发布台湾问题五点意见，也没有令他脱离惶惶不安的境地。

在大陆，《人民日报》发表措辞严厉的元旦社论《完成胜利巩固胜利》，重申 1950 年的任务就是要解放"海南岛、台湾和西藏"，"绝对不能容忍国民党反动派把台湾作为最后挣扎的根据地。中国人民解放战争的任务就是解放全中国，直到解放台湾……中国人民包括台湾人民将绝对不能容忍美帝国主义对台湾或任何其他中国领土的非法侵占。"

自海南岛被攻占、舟山撤守后，一般估计台湾"有 3 个月的危险期"，许多人预感到解放军的下一个目标就是台湾。相当数量的"党国要员"对固守台湾丧失了信心，而争相恐后逃往海外，连原来两个最有力的经济支柱也都背蒋而去：孔祥熙、宋子文跑到美国当起了房产主。而在国民党内位居第二的李宗仁代总统，在党国危急时刻，更是隐在美国称病不归。蒋介石嫡系的军事将领也有相当大的一部分自奔海外或寓居香港，真可谓树倒猢狲散。

1950 年 6 月 25 日早上，心情焦虑的蒋介石再也没有美国发表对华"白皮书"时的那种"寓理帅气之修养功夫"的闲情逸致，正在为吃早饭发愁，这时，负责给蒋介石传送简报的大儿子蒋经国急匆匆地跑来：

"爸爸，天无绝人之路！天无绝人之路！党国又有了置之死地而后生的希望。您看，金日成的朝鲜北共，在'三八线'上给我们送礼来了。"

说着，递上来一份军情简报，虽然简报上的信息是琐碎凌乱和断断续续的，但是从上面却可以清楚地看到，在朝鲜的"三八线"上爆发了战争。朝鲜人民军的坦克越过了"三八线"，向南挺进。

就在 1949 年 5 月，蒋介石曾连同澳大利亚总理基里夫、韩国总统李承晚共同向美国国务卿艾奇逊建议成立类似北大西洋公约组织的太平洋条约组织，共同抵御共产主义的蔓延。但遭到艾奇逊的反对，他认为这样美国无疑将意味着以军事力量支援蒋介石针对红色中国。蒋介石不死心，又联络菲律宾总统，结果又遭到美英法等国共同反对。一年后在菲律宾碧瑶召开了太平洋地区非共产党国家的联合会议，但"太平洋的首要功臣及其亲密盟友韩国被拒之门外。"

阴郁了多少天的蒋介石的脸上豁然出现了霞光："真的吗，真的吗？"他喃喃自语几句以后，马上抬起头来，"给驻韩大使邵毓麟，邵大使发报，让他把

1950 朝鲜

实际情况报来，不得有误，快，要快，要快。"

"是。"蒋经国迅速地离开了。

蒋经国曾经在国共合作时期被送到苏联学习，起了苏联名字叫做"尼古拉"，在苏联加入了苏联共产党。因为蒋介石发动"四·一二"政变，父子反目。1936年1月，蒋经国在苏联《真理报》上发表文章，痛斥蒋介石"前后3次叛变，一次又一次出卖中国人民的利益，他是中国人民的仇敌。"称不再拥有蒋介石这样的父亲。从此和他断绝父子关系。此时，蒋经国因为陷入苏联"托派"争端和受家庭出身影响，被流放到西伯利亚的农场，后到乌拉尔重型机械厂做工，并升至副厂长，在那里认识铁路工人的女儿芬娜（蒋方良女士），育有一双子女，不久又被革职。抗日战争爆发，蒋介石恢复与苏联的关系，斯大林也将蒋经国送回了中国，作为中苏进一步合作的见面礼。

无形的电波在人们没有觉察的空中穿梭往来，发出的、收到的消息支离破碎。蒋介石在焦躁的等待中熬到了晚上10点，国民党台湾政府驻韩国大使邵毓麟的电报拍回了台北。确认了消息的准确性，并加以分析道："韩战对于台湾，更是百利而无一弊。我们面临的中共军事威胁以及友邦美国的遗弃，与承认中共匪伪的外交危机，已因韩战爆发而局势大变，露出转机。中韩休戚与共，今后韩战发展如果有利南韩，亦必有利我国，如果韩战导致美俄爆发世界大战，不仅南北韩必然统一，我们还可能由鸭绿江，由东北而重返中国大陆。如果韩战进展不顺而不利南韩，也势必因此而提高美国及自由国家的警觉，加紧援韩，决不致任令国际共党渡海进攻台湾。"

"天啊！"绝望中的蒋介石，终于迎来了转机。

"此乃天赐良机，此乃天赐良机！天助我也，天助我也。"在此之前，几乎近于绝望中的蒋介石，曾暗中与韩国总统李承晚联系，密谋成立所谓"太平洋反共联盟"，发动一场对共产党的战斗，意在把美国人黏在远东，拖美国人下水。现在这个梦寐以求的愿望终于在一个早上实现了。

当蒋介石再睁开眼睛的时候，一条新的令人振奋的消息涌进他的耳鼓，收音机里传来美国总统杜鲁门采取的措施：

一、命令麦克阿瑟将军以所能动用的全部武器弹药供应韩国；

二、撤出500人的美国军事顾问团及家属。军舰和飞机应用来执行此项任务，空军则令其动用在远东归他调遣的全部飞机保证金浦和其他机场开放无误。但飞机应严格命令留在三八线以南；

三、命令第七舰队进入福摩萨（台湾）海峡，并准备一项声明，宣布该舰队将不容许中国共产党人攻击福摩萨，也不容许蒋介石军队进攻大陆。

一个月以前，时任国民党军队政治部主任的蒋经国，面对台湾风雨飘摇的局势，忧心忡忡地斗胆向蒋介石进言："是否考虑和中共谈谈。"蒋介石沉默不语，蒋经国只好按蒋氏家规悄然退出。然则，第二天，蒋介石却对蒋经国说："我决定派秘密使者前往大陆，试探国共和谈的可能，以争取好的结局"。蒋经国选中了原国民党将领李次白，利用他的妹妹嫁给了陈毅的哥哥陈孟熙这层亲戚关系，企图打通与中共高层接触的通道。就在李次白滞留上海等待中共消息的时候，朝鲜爆发了战争。

28日，从海峡对岸传来消息，毛泽东对美国的行径进行谴责，并发出号召："全国和全世界的人民团结起来，进行充分的准备，打败美帝国主义的任何挑衅。"蒋介石有些幸灾乐祸地说："久违了，毛先生，来不及了。我将要用迎接国宾元首级的待遇，准备迎接麦克阿瑟将军的来访！"

在蒋介石高兴的时候，还有一个国家，在这个时刻也进入了亢奋状态，那就是刚刚从死亡线上挣扎着坐起来的日本。两周后，美国人单独对日"媾和"。日本从丰田秀吉开始，就把朝鲜当做指向日本的短剑，如果这把短剑掌握在苏联人手中，势必指向非武装的日本。一切来自于假设，一切靠假设来制定今日实际行动方案。从另一个层面上说，假设是一种战略预想。因此："必须在军事上经济上将日本全国变成基地。"这与第一次世界大战以后，美英等国对战

1950 朝鲜

败国德国的扶持如出一辙。其主要目的，就是使他们变成反对社会主义苏联的堡垒。政治上，日本作为战败国，虽暂时未能恢复主权国家的法权地位和行为能力，但却利用朝鲜战争，为复活日本军国主义铺平了道路；日本因"朝鲜战争特需"谋取了极大的、具有战略意义的政治经济利益而迅速走上复苏之路。这正好符合战后日本战略性政策目标：1. 在政治上尽快与反法西斯同盟国订立和约，摘掉战败国的帽子，恢复国际行为主体的法权和资格，重返国际舞台 ;2. 在经济上获取外来资金和资源的援助，迅速开辟失去的海外市场，早日完成战后经济恢复工作，走上经济增长快车道。而朝鲜战争的爆发，则为日本实现这两个战略目标提供了千载难逢的大好时机。

第四章
艰难的抉择

　　毛泽东力主出兵朝鲜，但支持者却寥寥无几。关键时刻，彭德怀不顾个人安危，用实际行动支持了毛泽东的主张。

　　面对彭德怀的试探，毛泽东大手一挥：不提他，林彪这个人，打起仗来一向是谨慎有余，胆略不足……

1950 年 6 月 25 日上午 9 时许。

朝鲜首都平壤，市民们正在收听朝鲜民主主义共和国内务省发布的第一条有关"三八线"战斗情况的新闻：

"南朝鲜伪政府的所谓国防军，于 6 月 25 日拂晓，在全三八度线地区向三八线以北开始了出其不意的进攻。

发动意外进攻的敌人，在海州西部、金川方面、铁原方面侵入到以北地区一公里乃至二公里。"

26 日，金日成发表广播讲话：

"全体朝鲜人民如不愿重新沦为外来帝国主义者的奴隶，就必须一致奋起投入打倒和粉碎李承晚卖国政权及其军队的救国斗争。我们将不惜任何牺牲，一定要争取最后胜利。"

身处大洋彼岸的美国第 33 届总统杜鲁门，举着硕大的脑袋，挤压着不堪重负的脖子，赌气一样地离开了国会。潮湿粘着的空气，伴随着共和党议员们吵杂的喧闹，不断地在他的脑子映现，"在美国各地，在对战后失望与苏联看来是拒不妥协的情况下，是否反共就成为了爱国主义的试金石"。烦躁的心情迫使他"向搜索共产党的人屈服"，义无反顾地离开华盛顿，奔他的老家密苏里休假。为了给公众们一种勤勉的印象，他顺接邀请，出席位于家乡不远处巴尔的摩附近一座刚刚竣工不久机场的落成典礼。在他给国务院前礼宾司司长、现已经被任命为驻加拿大大使斯坦利·伍德沃德的信中说："我将从巴尔的摩回家去看望贝斯、玛吉和我的弟弟妹妹——料理一座有栅栏的房子——与政治无关，吩咐给农场住宅换一个新屋顶，也要某些政客滚远点。这将是一次逍遥游——我能这样期待吗？"

从巴尔的摩友谊国际机场出来，透过汽车的车窗，在充满乡间泥土和庄稼芬芳的路上，望着迎面扑来的田园风光，杜鲁门陷入了沉思。罗斯福的突然离世，令全世界都感到有些突然，但对于他来说，确是一桩喜事。按理，由于罗斯福在"二战"中的贡献和威望，他可以非常坦然地做完他总统的任期，然后再去任由共和、民主两党去竞争。可偏偏在战争的后期，罗斯福未能感受到战争胜利带来的喜悦，甚至还没有等到像丘吉尔一样对着人们打"V"，就凄然地离去，使他理所当然地接替了总统的位置。虽然副总统和总统仅在字数和权利上有些细微差别，但是，人们那种不能摆脱发自心灵深处的虚荣自豪感，还是让人充满了幻想和期待。终于，功夫不负有心人，一切是那样的顺利和自然。他叹着气说：这是历史，正视历史。其实是在庆幸。

担任 82 天职位的副总统，突然间发生位移，责任陡然上升，用他自己的话说，"当了 5 天总统，却像是过了五辈子"。因为他不妄想罗斯福先生的幕僚，对已故总统的深刻忠诚会瞬间转注于他这个新总统身上。在他担任副总统的日子里，居然不知美国有一种叫做原子弹的武器正在搞得热火朝天。以致当陆军部长史汀生告诉他时，他就"如同初中学生在上化学课。"然而就是他，利用刚刚学到的化学知识，在日本的广岛、长崎做了一回化学实验。1949 年 1 月 20 日杜鲁门宣誓开始了第二个总统任期。与三年零九个月前相比，这次却是他拼实力得来的。在一段疲惫之后，剩下的只有在今后的执政中以百倍的努力进行工作。

行进中的车队，背着夕阳的黄光，在旷野里，像是一条蜿蜒在大地上的巨龙，逶迤前行。不远处的农场已经清晰可见，站立在门前迎候他的亲人已经望眼欲穿。看着窗外熟悉的景色，杜鲁门的心情似乎开朗了一些，他挪了下屁股，让自己的身子能够舒服一些，好在农场就在眼前。

车子刚刚停下，忠实的管家上来，摘下礼帽恭恭敬敬地问安以后，接下来的一句话，差点又叫他背过气去。

"总统先生，我们抱歉地通知您，国务卿先生的电话已经等候您多时了。"

杜鲁门的涵养告诉他，即使心里有再大的不乐意，也要对管家的忠诚表示一丝谢意，他清癯的脸上勒出几道细纹，微微地欠了一下身子，捏着管家的手向他输送一丝暖流，话语要言简意赅。由于"S"在语音学上属于是闭口呼，

1950 朝鲜

43

口腔关闭，气流急速，像是宽敞的黄河流经壶口瀑布，既狭窄又有势差，只听到一个"S"字，心理定式告诉他是在"感谢"。

"总统先生，我很抱歉，我刚得到极重要的消息，就在一小时前，北朝鲜人已经进攻南朝鲜了。"国务卿艾奇逊的声音，通过话筒传到了杜鲁门的耳朵里。艾奇逊从马里兰老家哈伍德农场打来电话。

"中国和苏联有什么反应？"

"暂时没有这方面的信息。从中情局的判断来看，苏联在背后撑腰的可能性最大。日本方面来过几次电话询问应对方式，他们加强了戒备，是否要通知麦克阿瑟，要他加强防范准备？约翰·穆乔的声音似乎是颤抖的。"律师出身一贯说话严谨的国务卿艾奇逊为了掩饰驻汉城大使的恐慌，采用了公务交往中忌讳的语言"似乎"，用不确定的词语表述既定的事实。

杜鲁门听到这里，心里不禁倒吸了一口冷气。刚才在巴尔的摩机场演讲到最后结尾时，他接连不断地采用了"和平的未来"、"和平的目的"、"和平的世界"等字眼，极力再现由于美国大兵的牺牲换来的和平景象。而现在，仅仅几个小时以后，世界又再向另一个极端转化，"二战"的阴影还没有完全散尽，新的战争阴霾又开始弥漫。

接下来，艾奇逊说出更加让他烦恼的事情。

"朝鲜事件给那个共产主义恐惧综合症患者麦卡锡提供口实，您要是再不回来，我看，整个国务院都要让他扣上赤色的帽子，您应该尽快回来为好。"

"那好，现在我就回去。"杜鲁门捡起了自己的帽子，下定决心说。

"不可，万万不可，您是美利坚合众国的总统，世界上都在看着您的一举一动，您要是连夜赶回，会发生恐慌。"艾奇逊发现了自己的唐突，连忙 180 度大转弯。

"那你的意思是让我在恐惧的噩梦中度过一个美丽的夜晚？"杜鲁门没有好气地说。

"您是总统，您所作的一切，都是对美利坚人民有利的，体现着我们美国的价值。"艾奇逊躲躲闪闪地说。

"那好，迪安，不管怎么样，给我顶住那些狗娘养的！"

第二天，天色刚亮，守候在总统农场外的记者们发现，总统像是赶夜车的旅客，整个夜晚在长椅上和衣而睡，带着一身的皱褶，匆忙地奔向机场。他的两名随从，因为要整理内务，等他们急急忙忙地乘车赶到机场时，总统的专机已经拖着四条淡薄的灰褐色尾气冲上了天空。

1950 年 6 月 25 日，中国大陆。

曾担任东北民主联军嫩南军区司令员的倪志亮，新中国成立后被任命为第一任中国驻朝鲜大使。他向国内拍来加急电报，系统汇报了朝鲜的近况。

周恩来总理拿着电报，叫醒了工作了一夜、清晨刚刚入睡的毛泽东。

他们担心的事情终于发生了。

东北亚的紧张局势，必然使得解放台湾计划延迟，为美国占领亚洲提供了机遇。中国辛辛苦苦赢得的时间，被付诸东流，又一次把中国推到国际斗争的风口浪尖。

遗憾的是，中国近代诸多事务，总是被人牵着走。

毛泽东、周恩来决定：中央应当立即开会研究作出部署和反应。

周恩来走后，毛泽东已经没有了睡意，他写了张纸条，安排了两件事情，一是要约谈少奇同志，再一次听取他在莫斯科与斯大林见面时的情况；二是紧急调林彪回京，听取他关于西南剿匪的进展情况。

事情已经发生，责任就责无旁贷，这是地缘政治的缘故。而且，中国共产党多次强调的"一边倒"政策，不能荒废，若展开台湾战役，缺乏苏联的帮助，没有胜算。

6 月 27 日，美国华盛顿。

因白宫维修，杜鲁门的办公室搬到了布莱尔大厦。圆桌会议在晚餐后正式

1950 朝鲜

开始，经过一系列辩论，形成韩战三点决议。

美国总统杜鲁门发表了声明："……对韩国的攻击已经无可避免地说明，共产主义已不限于使用颠覆手段来征服独立国家，现在要使用武装的侵犯与战争。在这种情况下，共产党的部队占领台湾，将直接威胁太平洋地区的安全，及在该地区执行合法与必要职责的美国军队。"美国政府推翻了"艾奇逊路线"和方针，把战争的矛头对准了刚刚从战争阴霾中走出来的中国人民，把台湾作为苏联"不沉的航空母舰和潜舰补给舰"职能夺回来，让它漂浮在中国的东海成为封锁中国大陆不沉的航空母舰和补给舰。麦克阿瑟在 1949 年 3 月 2 日说："我已经在冲绳岛修筑 25 个机场，这些机场保证我们超级重型轰炸机每天进行 3500 次飞行……太平洋现在是盎格鲁·撒克逊湖。"①

对于中国人民来说，刚刚扯断封建统治枷锁，又一次面临着帝国主义的包围，而且是包括世界上经济最强盛头号敌人在内的帝国主义国家的联合包围。

至此，一条原本还在争执中的计划，在反复搅动的政治旋涡中发挥了作用，在艾奇逊心目中的那条北起阿留申群岛，划过日本，路过琉球群岛，抵达菲律宾的防线，成为了过去。一条新的、连带朝鲜和台湾的防线，出现在世人面前，形成围困中国大陆发展几十年，如不打破还将围困下去的第一岛链。

朝鲜战争等同于抗日战争，中国的经济社会发展历程又一次因为世界上其他国家的介入而延缓，要说以前是发生在半封建半殖民地的社会，"攘外必先安内"，可能会让人找到一些搪塞的埋由。现在历史却以挑战的姿态，摆在了中国共产党人的面前，谁能为中国的发展打开这横架在中国人民脖子上的枷锁？

1950 年 10 月 5 日，在北京中南海颐年堂，中共中央继续召开中央政治局扩大会议，会议由毛泽东主持，出席会议的有：朱德、刘少奇、周恩来、任弼

---

① 盎格鲁·撒克逊是大不列颠的两个古老民族，也是古英语的母语。这里麦克阿瑟借用泛指属于英语系列的国家。

1950 年 10 月 7 日美军开始越过"三八线"。

时、陈云、高岗、彭真、董必武、林伯渠、张闻天、彭德怀（会议中间到会）。
列席会议的有：罗荣桓、林彪、邓小平、饶漱石、薄一波、聂荣臻、邓子恢、
李富春、胡乔木、杨尚昆。会议议题简单而明了，即：出兵或不出兵。

　　由于分歧较大，曾在 10 月 2 日出现拍发给苏联两份性质完全不同的电报。

　　学者对决策定义：把握方向，控制节奏，拿捏分寸。

　　但是——

　　决策，往往不是揭示失败的演习和为了更加精彩文艺演出的彩排，多数是
发生在迷茫、困惑与被动不得已当中。因此，决策带有难度，决策带有风险。

　　决策，始终是同时脚踩成功与失败两只船。建党、建国几十年的中国共产
党人经过不断努力，总是在挫折、困难中不断决策，寻找有利于国家和人民的
利益最大化，克服失败而带领中国人民不断前进。

　　决策，往往没有充裕的时间进行论证，几乎完成于成败的千钧一发，没有
怡然自得和游刃有余，更没有闲庭信步和纵横捭阖，有时却是不得已而为之的
下策。

1950 朝鲜

10 月 1 日，朝鲜民主主义人民共和国内阁首相金日成和副首相兼外务相朴宪永联名向中共中央主席、中华人民共和国中央人民政府主席毛泽东发出求援信函：

"目前战况是极端严重了"，"各条战线上敌人在其空军掩护下，动用大量机械化部队，我们受到的兵力与物资方面的损失是非常严重的，后方的交通运输通信及其他设施大量的被破坏。同时，我们的机动力量更加减弱了。敌人登陆部队与南部战线部队已经连接一起，切断了我们的南北部队的联系。使我们在南部战线的人民军处于被敌切断分割的不利环境里，得不到武器弹药，失掉联系，甚至于有一部分部队，则已被敌人分散包围。如果京城（汉城）完全被敌占领，则我估计敌人可能继续向"三八线"以北地区进攻。如果不能急速改善我们的各种不利条件，则敌人的企图是很可能会实现的"。"只靠我们自己的力量，是难以克服此危急的。因此，我们不得不请求您给予我们以特别的援助，即在敌人进攻"三八线"以北地区的情况下，极盼中国人民解放军直接出动援助我军作战。"

中国人民已经不可能停留在观望的层面隔岸观火，仅有的一条天然防火道（鸭绿江），已经不能阻止战争火焰的蔓延。

1950 年 6 月 28 日。

周恩来召见海军司令员肖劲光，传达中央的新方针："目前，我们在外交上要谴责美帝国主义侵犯台湾，干涉中国内政；在军事上陆军继续复员，加强海军、空军建设，推迟解放台湾的时间。"

7 月 7 日，中央军委根据毛泽东提议，由周恩来副主席主持会议，研究讨论保卫国防问题。13 日做出《关于保卫东北边防的决定》。

一、抽调 13 兵团第 38、第 39、第 40 军和在东北的第 42 军，炮兵第 1、第 2 和第 8 师及高射炮兵、工兵、运输兵等各一部，共 25

为了保卫中国东北地区的安全，中央军委决定组建东北边防军。

万人，组成东北边防军。

　　二、以粟裕为东北边防军司令员兼政治委员，肖劲光为副司令员，肖华为副政治委员，李聚奎为后勤司令员。

　　三、以15兵团领导机关为基础组成13兵团领导机关，以邓华为司令员，赖传珠为政治委员，解方为参谋长，杜平为政治部主任。

毛泽东当日批示："照此执行。"

7月22日，周恩来、聂荣臻联名致函毛泽东："粟裕、肖劲光、肖华均一时难以到位，建议东北边防军先归东北军区高岗司令员兼政治委员指挥；李聚奎到东北后即兼任军区后勤部长。"

　　23日，毛泽东批示："同意。"

1950 朝鲜

8 月中旬，东北边防军在东北南部完成集结。

8 月 27 日，毛泽东致电彭德怀："为了应付时局，现须集中 12 个军以便机动（已集中了 4 个军），但此事可于 9 月底再做决定，那时请你来京面谈。"

毛泽东已经为届时让彭德怀出山做了铺垫。

10 月 4 日，中共中央办公厅的飞机抵达西安，彭德怀受命前往北京。他想起的是毛泽东 8 月底给他及东北局书记高岗、西南局第一书记邓小平、中南局第三书记邓子恢、华东局第一书记饶漱石的电报："为了事先商量几个问题，以应付时局及制定三年计划……"因而还以为找他探讨发展大西北事宜，因此他让秘书张养吾带上了西北经济规划方案。其实，10 月 2 日，彭德怀还与来家里探访的 19 兵团司令员杨得志一起探讨过朝鲜战争问题。

在所有关于抗美援朝的官方纪念馆或者报刊、网站上，都醒目地、无一例外地刊登着一幅中共中央决策出兵朝鲜的宣传画。在这幅宣传画中，除毛泽东神情凝重以外，其他与会人员无不态度安详，镇定自若，面带微笑，就连即将被委以重任的彭德怀，也是面目轻松，不温不火，泰然处之。然而，现实却是这样的残酷，反差却是如此之大：美国一个军有 2 个步兵师、1 个机械化师，1 个师包括坦克和高射炮在内的 7 公分到 24 公分的火炮近 1500 门；而解放军 1 个军的支援火炮，加起来不足 36 门，摩托化炮兵团不到入朝总数的 15%，且是老、旧、陈、破、衰。1950 年美国的钢产量是 8772 万吨，工农业总产值达 2800 多亿美元，而中国的钢产量仅仅 60 万吨，还质量欠佳，工农业总产值只有 100 亿美元。还有一个令人棘手的问题，那就是美国人拥有世界上杀伤力最强的武器——原子弹，此时已经也有二三百枚。苏联虽然在 1949 年也爆炸了原子弹，但是由于缺乏能够投送的战略轰炸机，也不得不让美国三分。

据称，10 月 5 日的会议，由于没有会议记录，所有的文章提到这段，只能是一带而过。事实是当天的会议，争论极为激烈，毛泽东主张出兵支持者寥寥无几，是名副其实的"孤家寡人"。

中间休会时，彭德怀曾想，作为东北边防军的第 13 兵团是林彪四野部队，林彪对此应是非常熟悉且得心应手，派他担任志愿军司令，应当是首当其冲，当仁不让的。于是，他试探性地问毛泽东：

"主席，林彪现在怎么样？"

毛泽东大手一挥："不谈他，不谈他，这个人向来是打起仗来谨慎有余，胆略不足……不谈他，好吧，你先回去吃饭，休息。"

在毛泽东那里，已经把林彪排除在志愿军的行列之外。

据时任中央办公厅机要室秘书和曾任朱德同志机要秘书的李智胜回忆："有人认为林彪当时表示不去，不是因为他有病，而是他不同意出兵。据我当时了解的情况是，他确实身体不好，睡不好觉。我当时没有听到他表示反对的意见，相反，听到他主张出兵的声音。有一次在一个会议上他发言说应该怎么怎么打。"林彪提出调换15兵团司令邓华到13兵团担任司令，将一向作战勇敢、战后散漫的黄永胜换掉，说明林彪在考虑与不可一世的美军作战之前，已经有成熟的人选问题。另据39军军长吴信泉回忆：当他接到命令前往武汉，接受北上任务，成立东北边防军时，给他布置任务的就是林彪。

在党内民主的氛围下，在会上提出自己的观点，本质上说无可厚非，因为当时面临一件非常重大的抉择：即用延迟中国人民的解放和发展，去做中国人民不愿去做的事情，牺牲太大，损失太多。就如同党中央分析的那样，就中国而言，80%的工业在东北，东北工业的80%在南满。毛泽东在党的"七大"上说：东北是很重要的，从我们党，从中国革命的最近将来的前途看，东北是特别重要的。如果我们把一切根据地都丢了，只要我们有了东北，中国革命就有了巩固的基础。现在看来，如果让美军在鸭绿江边陈兵，那就会给东北的稳定带来极大的压力，以后东北就不会有安生日子，势必要把大部分精力投入到解决边境危机上。有朝一日，一旦朝鲜支撑不住退回到东北境内，为了能够迟缓联合国军的进攻，东北是要拼了老命来阻击的，那时对东北的破坏，将是毁灭性的。

另外，由于长期战争的艰苦生活，有些干部和战士产生了和平厌战思想情

1950

朝鲜

绪，追求和平不想打仗的心境，有所提升，因为国家已经建立，毕竟已经看到了和平的曙光。

刚刚结束国内战争，经过了几十年战争的摧残，战争创伤亟待抚平，而财政又十分困难，人们需要休养生息；战场是在国外，又要遵守外事纪律，又要花钱，依靠当地补给的可能性微乎其微，后勤补给又十分困难；新解放区土地改革还没有完成，台湾、西藏还没有解放，约有 100 万国民党残余部队和土匪尚亟待肃清，广大的新解放区尚未进行土地改革，新建的政权还不巩固；解放军的武器装备远远落后于美军，又没有制空权和制海权；更为重要的是新中国刚刚建立，人民刚刚翻身解放，如果因为朝鲜战争，搭进中国人民的胜利成果，将在历史上无法向中国人民交代。

毛泽东看着会场的人们，挥着他的大手，说："有道理，需要再斟酌。看样子我是孤家寡人喽，我成了名副其实的少数派。你们说的都有道理，但是，别人处于国家危机的时刻，我们在隔岸观火、袖手旁观，不论怎么说，心里也难过，唇亡齿寒、户破堂危啊。"

强加于中国人民身上的枷锁，激发了中国人民的斗志，形成了上下一致、同仇敌忾的氛围。

周恩来说："中国政府在美国军队将要跨过'三八线'时，就提出过警告，'如果美国企图越过三八线，扩大战争，我们不能坐视不管。'况且，从地理上说，咸兴至清川江一线，宽度不过 270 公里；而从鸭绿江至豆满江的国境线却长达 765 公里以上，如果让美国第 8 集团军计 25 万人和美国第 10 军和李承晚的十几个师的兵力驻守在我们的国境线上，再有 10 万海空军支持，按照我们目前的装备和兵力，我们要加大多少倍东北边防军？这样，我们在东北也就不可能从容地进行经济建设。"

数字是枯燥的，但数字是忠实的，只有数字和指标是衡量决策正确与否的唯一标准尺度。因为东北亚的朝鲜，东南部的中国台湾，南部的越南，都是美国渗透的对象和形成进攻中国的桥头堡，如果三头并进，就必然涉及中国的国家安全和政权的稳定。1947 年，麦克阿瑟出台的从思想意识上"消灭人类本能"的占领理论，已经使得日本朝野降服，战后饥饿、贫困、政治动荡、朝野纷争的局面已经结束，一个稳定妥帖的日本成了"美国小妾"，亦步亦趋地跟在美国的后面。正如 1950 年 4 月，日本大藏大臣池田所说："日本是美国的小老婆，既然是小老婆，就应该向老板献媚。"结果通过"梆梆女郎"获得"特需"的日本政治经济的稳定，已经足以使得美国在东北亚动手而无后顾之忧。

10 月 3 日，周恩来通过召见印度大使潘尼迦，按照正式的外交途径向美国政府明确表态。现在周恩来不过是在此重复一下当时的原话，目的是要告诫在场的人们，中国政府是已经明确表过态的，从侧面为毛泽东主张出兵起到助推剂的作用。

10 月 1 日，朴一禹作为朝鲜民主主义共和国的次帅、内务相，来北京向中共中央递交求救信。抗日战争时期，朴一禹曾经在邓华率领的晋察冀军区第 1 支队工作过，当过平西抗日根据地的县长，当时的名字叫王巍。

在他来京之前，金日成与朴宪永在向斯大林表示："要为独立、民主和人民幸福战斗到最后一滴血"的决心以后，又态度极为诚恳地请求斯大林"给予朝鲜特殊帮助：当敌军跨过'三八线'以北的时刻，我们非常需要得到苏联方面的直接军事援助。如果由于某种原因不能做到这一点，那么请帮助我们在中国和其他人民民主国家建立一支国际志愿部队，为我们的斗争提供军事援助。"然而，斯大林在电报中却说："不要低估了朝鲜在组织防御方面的实力和能力，北朝鲜有极大可动员的潜力和资源。我们认为，北朝鲜不能在'三八线'及以北地区进行抵抗的观点是错误的，朝鲜政府有足够的力量，所需要的只是把所有的力量组织起来并尽其所能进行战斗。"朝鲜面积虽然大于韩国，但人口只有 900 万，当在釜山战役补给线被麦克阿瑟切断以后，金日成真的不知道足够的力量在那里？至于朝鲜要求提供直接军事援助问题时，斯大林直接推给了毛泽东："关于要求武装援助的问题，我们认为更可以接受的形式是组织人民志愿军。关于这一点，我们必须首先与中国同志商量。"

1950
朝鲜

朴一禹带着金日成与朴宪永的殷切愿望来到北京。

他告诉毛泽东："我们损失严重，您给我们的3个正规师都拼光了，我们仅剩3个刚刚组建的师团，且都是新兵，没有什么战斗力，不能形成有效的抵抗。麦克阿瑟正在加快向鸭绿江边推进的速度，平壤已经失守，德川、元山一带也马上就要失陷，我们的大部分男丁都上了前线，从南方不能及时撤回来，更没有后续部队可言，您再不出兵，我们将没有活路。当初，我们有人曾反对，在没有中国的支持下，是没有出路的。……请您看在原来我们朝鲜也帮助过中国革命一样，派出解放军吧！"

而现在令毛泽东为难的是，在去年5月，毛泽东曾答应过朝鲜，一旦情况需要，中国会派军队与朝鲜并肩作战的。虽然时过一年，但毛泽东还是记忆犹新。

"看着邻居在受苦受难，我们的心里实在不好受。"毛泽东在说这话的时候，他看到斯大林在电报中的另一句话："让金日成在中国东北建立一个流亡政府吧。"

"主席！"彭德怀的大嗓门，把毛泽东的情绪激荡起来："我认为与其等他们找上门来，不如主动出击！从最坏处着想，就是美国人和蒋介石一起来，甚至丢了原子弹，那也不可怕，可怕的是我们没有了精神，被美国人的武器装备所吓倒。我们既然可以打败它的徒弟老蒋，就可以打败老蒋的师傅。红军是以大刀长矛起家的，我认为和美国人打上几仗，兴许我们就有了飞机大炮。打烂了，就当解放战争晚胜利几年。如果让美帝国主义摆在鸭绿江边和台湾，它要发动侵略战争，随时都可以找到借口。"

彭德怀祖籍湖南湘潭，自1898年出生之日起，就与贫穷结伴为生。8岁丧母，父亲病重丧失劳动力，身为长子的彭德怀过早地承担起家庭的重担。但是，自从他17岁投身军旅，到成为解放军的统帅之一，彭德怀靠的是自己的努力和激情。

"这种被人家骑在脖子上拉屎的滋味实在不好受，我们不能受这种窝囊气，新中国不是晚清政府！"彭德怀情绪高昂。

"主席，当年保卫延安时，你选中了我老彭。今天，即使发生世界大战我也不怕，就不信这个邪！你就把这砍头的差事交给我老彭，他麦克阿瑟就是个铁蛋，我也给他砸出个缝来！"

毛泽东带头站起来，掌声在中南海回荡……

"我叫岸英参加志愿军，听你的指挥！"毛泽东做出了惊人之举。

彭德怀回到北京饭店，让秘书张养吾收起带来的西北建设规划，找来朝鲜地图，又叫总参送来战况通报，看了一通以后，举起放大镜在地图上找了起来。

这时，张养吾轻轻地走了进来，对彭德怀说："彭总，我们一个步兵师近万人，只有一个营的火炮，朝鲜战场地形复杂，山高林密，沟壑纵横，我们缺少运输装备，弹药补给异常困难。"

彭德怀笑了一下："想不到，经济专家又增加了一个头衔。好吧，老虎是要吃人的，什么时候吃，决定于它的胃口，向它让步是不行的。它既然要来侵略，我就要反侵略。不同美帝国主义见过高低，不但建设社会主义存在困难，就是在国际上也没有地位。"

"是的，军人要以打仗为主，不是政治家要打的政治仗，非求每战必胜，要看到差别。还有一个关键的问题，与国内战场不同的是，我们是以步兵单一兵种来对付美国人海陆空多军种和多兵种联合作战，说白了是让我们的血肉之躯去抵挡敌人钢铁组成的飞机大炮立体战争，这场战争不啻于另一场绞肉机一样的残酷。我国刚刚解放，有多少人想过上好日子。"

战争是政治的继续，政治修补战争。政治依靠战争为自己增光添彩，战争导致政治斗争更加残酷无情。

"养吾，给西安打电报，叫杨凤安和高瑞欣来，他一到，你就回去，叫他们把我的手枪带来。"出发时，张养吾问彭德怀要带手枪吗？彭德怀当时还带有批评似的回答说，到中央开会你带枪，想谋反呀？现在还真用上了。

1950
朝鲜

"彭总，我也可以和您去那里。"

"不，养吾，你是经济学的专家，又当过西安教育局的局长，今后建设大西北的任务还很重，国家需要知识分子。我们走后，你找一下郭沫若，向他汇报一下西北的文化建设，听听他的高见再回去。凤安是搞军事的，现在要打仗，等我回来，不打仗了，我们再一起商量建设的事情。噢，先不要告诉安修同志，我怕她一下子接受不了。"

"彭总?"

"听我的吧，来日方长。还有带来的材料，如数转给仲勋同志。"

第五章
风雨鸭绿江

1905 年的旧中国给麦克阿瑟留下了难以抹去的印象，在他眼里，积贫积弱的中国依然是被任意宰割的羔羊。

经过 5 次战役之后，朝鲜人民军被分割成 3 部分，短时期无法形成战斗力，金日成倍感国力空虚和身心疲惫，中国人民志愿军的到来为危难中的朝鲜带来了胜利的曙光。

1950 年夏季，北京长安街上行人熙攘，车水马龙，一片和平的景象，仍在医治战争创伤的中国人民，正在近似贪婪地享受近百年来难得的安宁。可有谁知道这个夏季对于毛泽东等新的国家领导人来说意味着什么。

新中国刚刚成立不到一年，解放台湾和西藏已经摆上了共和国的议事日程，然而，就在这个当口，朝鲜战争爆发。作为战略家的毛泽东，早在解放战争后期，通过对世界战略格局的缜密分析，提出：目前总的形势是两只老虎对峙，一只红老虎（苏联），一只白老虎（美国），我们正好可以利用这个间隙发展自己，壮大自己。这时，坚信"一切反动派都是纸老虎"的毛泽东，一面密切注视朝鲜半岛的局势，一面细心观察"老大哥"苏联的态度。

田家英轻轻走进毛泽东的办公室，送来几天前毛泽东在中国共产党七届三中全会上的讲话，即著名的《不要四面出击》的新闻稿清样和即将出台的《中华人民共和国土地改革法》，轻声说："主席，土地法在广大人民群众中反应强烈，大家热切希望早日出台。"田家英发现毛泽东的目光聚集在《不要四面出击》上，他停住了话音，等待着毛泽东的指示。

几天来被出兵与不出兵折磨的毛泽东，身心有些疲惫，头发没有在场面时的那种梳理，连续几天也没有剃须。

"家英，我们说出的话还没有落地，美国人的枪口就对准了我们。'不要四面出击'？我们中华民族天生就是热爱和平的国度，受儒家文化的熏陶，'和为贵'是最高福祉，我们何时主动侵略过人家？"

"主席，麦克阿瑟到了台湾以后，和蒋进行了会谈，会后，大肆宣扬要美国支持国民党反对大陆的军事行动。7 月 7 日所谓联合国在苏联缺席的情况下，成立联合国军司令部，麦克阿瑟被任命为总司令，他同时还担任日本总督、美国远东司令部总司令兼南朝鲜军司令。这个人在 20 年代曾经担任过西点军校的校长，治军严格，作风硬朗，'二战'骁将，关系复杂，同时也有居功自傲、刚愎自用之嫌。9 月 23 日，美国会又通过了反共法案'麦卡伦法'，形势很严峻。"

"美国人可是不等我们的，不管你的思想如何，他们有他们的国家意识。"

"是。还有一件意外的事情。"

"噢?"

"两架美国空军喷气式飞机，10月8日空袭了位于苏哈亚市郊区的苏军机场，造成比较大的伤亡和损失。美国人随即进行了道歉，说是领航方面出现的错误，对此负有直接责任的飞行大队长也已经被撤换，并言称可以赔偿苏联方面的一切损失。"

"苏联方面有什么反应?"

"至今没有看到，我们在关注。可能让苏联老大哥有些吃不消。"

"噢，估计是在试探虚实，一有消息，立即报告。"

"是。"田家英答应着，离开了毛泽东的办公室。

"二战"时，麦克阿瑟带领他的部队在菲律宾的巴丹与日军展开浴血奋战。在他奉命撤离巴丹半岛以后，巴丹司令官小爱德华·P. 金少将率7.5万多名美菲联军被迫向日军投降，结果使得1万多名战俘被日本人虐待致死。日本投降后，他带着原子弹的神威成为日本的实际首脑，美国务卿贝尔纳斯认为："从日本投降时起，天皇及日本政府的统治权应置于盟国最高司令官指挥之下。"看着被原子弹吓破了胆的日本人，尤其是日本裕仁天皇初次来到他这位占领军首领面前，表现出来的那种"忍人之所难忍"而战战兢兢、惶惶不安、小心翼翼又唯唯诺诺的样子，他的心里就泛起一种自豪感，这种自豪感，只有他这样的美国人才会拥有，没有他们这种经历与资格的远远也不会体会到他的自豪。虽然那次败了，但现在却赢了，在我们这支老鹰面前，日本就是撒腿就跑的兔子。当美国人得知，日本的地面防空力量已经完全被摧毁的时候，美军B-29空中堡垒轰炸机安装上凝固汽油弹，把东京的地面变成一片火海。(有一点值得称道的是：中国古建筑学家梁思成、林徽因夫妇，鉴于日本奈良是仿照中国唐朝建立的古都，极富文物价值，建议不要轰炸。麦克阿瑟欣然接受了他们的

1950 朝鲜

建议，给世界人民留下了一笔宝贵文化遗产。）以致日本民众天天被迫用防空头巾包着头，带着钢盔，打起绑腿，提着水桶去演习如何和美军 B-29 飞机投下的烧夷弹进行斗争。

美国人的技术和军事优势，把日本从世界霸权的巅峰，一脚踹了下来，成为战后几十年来跟在美国屁股后边亦步亦趋的奴才。东京第一大厦，坐落在日本天皇皇宫护城河边的高大建筑物，原本是日本保险公司总部，当麦克阿瑟踏上这片土地，这座大厦成了美军驻远东军的司令部。他与日本裕仁天皇见面以后，麦克阿瑟下令把照片刊登在日本的报纸上"这张照片上的他高大、威武，而天皇看上去就像是他的贴身男仆。胜利者的脸和失败者的脸最为雄辩地显示出了谁拥有实力而谁没有。"但杜鲁门和他的幕僚杜勒斯却这样描绘麦克阿瑟："一头让人捉摸不定的、疯狂的、难以驾驭的公牛。"他是一个自我感觉良好的人，无论什么时候，总认为背后有无数人对他发出赞叹的目光。这也不能怪他。1880 年 1 月 16 日，他出生在阿肯色州小石城的军营，他的父亲阿瑟·麦克阿瑟是一位美国将军，母亲玛丽·哈迪是一位勤劳的棉花商女儿，她经常鼓励教导麦克阿瑟学习和研究历史，浏览世界名人传略，教导他"永不说谎骗人，永不惹是生非"。天生军人气质的自豪感令他夸耀：当我会走路和说话之前，就学会了打枪和骑马。13 岁进入西德克萨斯州军校，就已经显示出军事天赋。在校期间曾取得学校网球冠军，并获得优秀棒球手的称号。1899 年他被西点军校录取，成为最英俊和最优秀的学员。妈妈为了督促他学习，"管住这位漂亮的士官生不受风流韵事的纠缠"，能够使他全身心投入到学习当中，竟然搬到了学校附近"监视"居住。四年成绩中有三年班级第一，毕业时竟然获得 98.14 分，成为西点军校建校以来分数最高的学员。

英雄的造就，不但有造就英雄的机会，还有英雄自己的付出。美国人崇尚的英雄，是以牺牲他人的利益与生命做铺垫的。在他的口中经常流露出美国内战和印第安战争以来流行于美国人中的一句平常话："战争的真正目的就是胜利"[①]。

1917 年，麦克阿瑟来到法国，担任美国第 42 师上校参谋长。因为 42 师官兵来自美国各地，像一道彩虹横跨美国大陆，因此又被称为"彩虹师"。机会总是留给有能力的人。他很快在同行中脱颖而出，成为佼佼者，被誉为"战争中最勇敢无畏的军官。"他穿着发亮的高领衫，戴着一顶软帽，手里永远不放下马鞭，被新闻界称为"远征军中的花花公子。"到了第一次世界大战结束时，39 岁的他，当上了西点军校的校长。这所世界著名军校由他掌管，并由他带入现代军事时代。1930 年就任美国陆军参谋长，授上将军衔，成为美国陆军历史上最年轻的陆军参谋长。麦克阿瑟用自己的威望与实干，赢得了荣誉。这让志愿军的统帅彭德怀不禁汗颜。泥腿子出身的彭德怀，虽然经历过若干次艰难困苦的场合，一生戎马倥偬。但只上过两年私塾和一年湖南陆军讲武堂，没有出国作战和担任最高军校校长的经历，没有享受到现代化武装给军队及其战斗带来的便利，留给他的只有冷酷无情和艰苦卓绝的战斗。

麦克阿瑟走马上任不久，开始着手进行改革，用机械化装备代替马匹，提高了部队的机动能力和速度，制定战争总动员计划；为减少浪费，建立诸兵种统一的采购制度；为加强地面和空中力量的协调效率，建立航空司令部；为阻止国会欲裁减陆军机构，削减军官队伍，他到处奔走呐喊，甚至到国会上宣扬自己的观点："一支陆军可以缺乏口粮，可以衣住简陋，甚至可以装备破旧，但如缺少训练有素及指挥有方的军官，则在战时注定会被歼灭。胜利与失败的不同，全在于有无干练而有效率的军官队伍"，从而成功地阻止削减陆军员额议案的颁布。1932 年 7 月，美国经济大萧条来临，15000 名参加过第一次世界大战的退伍军人失业，从国内各地涌向华盛顿，在白宫和国会山前集会，要求补发退休金，要求 1945 年才能支付的退休养老金提前支付。然而，在美国总

---

① ［美］拉塞尔·F. 韦格利著，彭光谦、张孝林、赵汉生译：《美国军事战略与政策史》，
  解放军出版社 1984 年版，第 467 页。

统胡佛的授意下，麦克阿瑟指挥以乔治·巴顿为首的第 3 骑兵团用大马刀的刀背砍向这些当年与他共同作战的战友。麦克阿瑟有一个光明正大的理由，这些人不是退伍老兵，而是"共党分子和作恶多端的犯罪分子"。实际上据当时退伍军人管理局统计：这些人中 94%曾在部队服役。67%曾在海外服务，20%是残废军人。战友的鲜血，染红了他勋章上的颜色。"二战"开始以后，他成为盟军太平洋战区最高指挥官，指挥了多场对日作战，在诸多战役中尽显其英雄本色，而且达到了出神入化的程度，莱特湾大海战、吕宋岛登陆战、收复巴丹、冲绳战役。大檐帽、黑墨镜、叼烟斗、甩马鞭的形象，一时竟成为美军的代表，1941 年荣升为五星上将，理所当然地成为举世仰慕追捧的对象。

随着美国民众对他的追捧，以及杜鲁门对他的期待，老掉牙的 C-54 型"巴丹号"麦克阿瑟座机，已经换成了新式星座型"斯卡普"号，从日本羽田机场起飞，载着美国第 8 集团军司令沃克将军、第 10 军军长阿尔蒙德将军、第 1 骑兵师师长霍巴特·盖伊少将、英国旅旅长考德以及幕僚，向朝鲜飞去。

机长斯托里从驾驶室对麦克阿瑟说："报告司令官，前面就将飞越狄喻山脉，再往前就是江南山脉，国境线就在山北麓，我们是否返航？"

"为什么呢，我的勇士？看在上帝的份上，难道你不愿看到即将被你征服的土地？你看，广阔无垠、荒凉的乡野，起伏不平的山丘，以及凹陷崩裂的断岩还有这被紧紧地封锁在死一般沉寂的冰天雪地之中的黑色的鸭绿江，继续！"接着，他又命令飞机以 5000 英尺的高度，沿鸭绿江向东飞到苏联边境逛逛。

"是！"斯托里机长迟疑了一下，答应了。但是他知道，今天总司令又要犯他的老毛病，只要认为是对的，别人爱怎么说，他都不顾，就是枪林弹雨，他也会迎面而上。现在麦克阿瑟违背了参谋长联席会议于 1950 年 9 月 27 日给他下达的命令：不要在苏联交界的省份或沿满洲边境使用除韩国以外的军队。他巧妙地使用辞令，僭越职权命令"有关各部竭尽全力夺取新的目标线。"用"有关各部"模糊了美军与韩军的区别，他有意将错就错。当第 10 军成功在仁川登陆并进行了有效截击以后，按照大家的意见，他本应该将第 10 军与第 8 集团军合并归由沃克将军指挥，可能是出于对阿尔蒙德将军的偏爱，他没有这样做。反而命令第 10 军又在乱哄哄、挤叉叉的仁川港上船，转到朝鲜东海岸的元山再行登陆，执行"YOYO 行动"。不想这一荒唐之举让第 10 军在海上多漂了 10 多天，等第 10 军武装登陆以后，韩军第 1 师早已越过元山北进了，整个第 10 军被白白耽误了 4 个星期之多。

·麦克阿瑟人为的"迟滞行动"，为朝鲜政府调整策略，部署兵力，争取外援，赢得了宝贵的时间。

军事家与战略家的区别，在于是对某次战役的把握，还是通过某次战役而对全局的把握。这位让人们几乎迷信般敬畏的非同凡响的人物，早在第二次世界大战时期的太平洋战场上已经上演过一幕大规模空降作战。

刚从美国本土运抵澳大利亚的美国第 503 空降团，几乎都是由新兵组成，第一次参加实战，心里没有底，表现出上阵前的胆怯感。为了鼓舞新兵的斗志，麦克阿瑟心里萌生了一个大胆的想法，他要与飞行员一起飞向蓝天，他要在空中指挥莱城之战。他的设想遭到了司令部全体人员的一致反对。但是当 96 架 C-47 运输机冒着地面日本人密集的防空火器的射击飞临纳德扎布机场时，麦克阿瑟的"巴丹号"专机已在他们的上空稳稳地盘旋，飞机送话器里传来 60 岁老人激昂的声音："亲爱的小伙子们，在你们的飞机下面，即将生成朵朵蘑菇伞花，地面绿色的丛林里即将响起你们的脚步声，你们的冲锋枪即将奏出美妙的音乐，狗娘养的日本人，将向你们乞服，南太平洋的少女在手捧着鲜花迎接着你，下去，下去！到第一线去，消灭敌人！胜利，迅速而彻底地赢得胜利！"最后这句话，早在 1931 年作为口号，他就反复用过。

对于中国，他表现得有些不屑一顾。从鸦片战争英法联军进入中国，几次大战且不用说，即使是那数百次中外小型武装冲突，哪一回不是中国以签订丧权辱国的不平等条约告终，哪一次不是输城纳币、割地赔款；区区不到 2 万人的八国联军可以打败中国 10 多万清军和 50 万义和团组成的大军，再稍一努力就能够把中国给瓜分掉；而现在发生的朝鲜战争，以我美国为首的 16 国军队

1950 朝鲜

数量达百万以上的"联合国军"，投入这么大的开销，尚在苟延残喘的中国，能够从历史的残垣断壁和经济废墟上勉强站起来就算有本事了，他们还能够冒被打回到旧石器时代的危险，与世界上的头号国家对抗吗？除非是疯子！

今天更不在话下！麦克阿瑟下了结论。

"赫夫上校！"麦克阿瑟的嘴巴离开了暂时已经不再冒烟的玉米芯烟斗。

副官锡德尼·赫夫从座椅上本能的要站起来接受命令，但他忘记了由于飞机颠簸，他的腿上还系着安全带。

麦克阿瑟用烟斗点了一下他，示意他不要动："命令所有联合国军以尽可能快的速度向北推进。"赫夫迟疑地注视着他，以为司令官在开玩笑。因为他的这个命令，明显违背参谋长联席会议关于在边境地区只使用韩国军队的训令，并改变原定的东西两线对进、建立一条缓冲地带的计划。

沃克小心地对麦克阿瑟说："司令官先生，您的命令显然有悖于布莱德雷先生的意思，参谋长联席会议上恐怕又要争吵起来，这意味着将取消'麦克阿瑟线'的限制，况且，我们的行动会让红色中国不安，一旦出兵，对联合国军不利。"

"我的将军，你不要被那些喝着咖啡在后宫长大的人的恐惧所吓倒！不要说布莱德雷，就是杜鲁门不也要飞到威克岛上给我送来可爱的布隆糖果。"麦克阿瑟笑了笑，在他的眼里，杜鲁门有些可怜。麦克阿瑟的夫人费尔克洛思喜欢布隆糖果，作为礼物，在国务卿艾奇逊的建议下，杜鲁门总统飞行了7000多公里，为费尔克洛思夫人带来。

是时，美国著名思想库兰德公司已经上书白宫，就朝鲜战争问题提出：中国必然出兵朝鲜。同时针对东西两大阵营对抗的局势，提出了"冷战"思维的设计。

可惜，强势在手之际，对方的状况可以忽略不计。

"不要有那么多的顾虑，中国要是想出兵，当你在釜山防御圈苦战的时候，当我们在仁川登陆时的一片混乱的时候，他们只要一个小小的动作，恐怕我们

就不可能是现在这样
坦然地在北韩上空飞
行，你看看脚下，这
哪里是军队？完全就
是亚洲乌合之众！不
管他是红色中国还是
白色中国，早在1900
年以前，就被我们征
服了。他们只是出于
虚荣，勉强派些兵出
来，就凭他们那种装
备？他们的钢铁恐怕

美国总统杜鲁门在威克岛同麦克阿瑟举行会谈。

连铸造饭锅都不够，没有飞机大炮的中共军队，在我强大的美利坚面前，只能
俯首称臣。"麦克阿瑟对战事做出了乐观的估计：朝鲜的战局在强大的联合国
军攻势面前，已经趋于结束。美第2师准备调往欧洲；打算在美国本土征集的
17000名士兵预备役部队取消；沃克将军准备将第8集团军的重装备转运日本，
骑兵1师士兵随手丢弃印有圣诞节日礼物的邮寄单，想象中在感恩节这天，佩
戴鲜艳的黄色骑兵标志，在日本东京的大街上游逛；满载105毫米、155毫米
的榴弹炮炮弹和航空炸弹的6艘军需船，也被下令返航美国本土。

　　未经华盛顿许可，麦克阿瑟登上了中国宝岛台湾，受到了国宾级的拥戴。
他清楚地记得，蒋介石拍着胸脯说："打共产党，我可以给你派3个师。"因为
毛泽东把解放军的3个朝鲜族人师支援了朝鲜，蒋介石不偏不倚也要派遣第
52军的3个师3万3千人。当他把蒋总统的话当做可以炫耀的力量说出来时，
却遭到了美国务院的一致反驳，原因是毛泽东派出的都是精锐，蒋介石的部
队大部分都是草包。在此之前，蒋介石已经通过驻美大使顾维钧向美国务院
通报了。

1950

朝鲜

蒋介石多少有补偿对韩国的歉疚之意。

自 1919 年起，韩国流亡人士相继在中国上海成立临时政府和临时议政院。1942 年 1 月，韩国临时政府国务领金九致函中国方面，要求中国率先承认韩国临时政府，"并请盟国一致承认。"经蒋介石批准，1942 年 10 月 10 日中国承认，并告知韩国临时政府。但事后，蒋介石为了与美国协调一致，对此事又有所收敛。因为美驻华大使高斯曾经反对承认。其原因是韩国人内部不团结，又与国内没有联系，在美苏存在诸多韩国人团体。《开罗宣言》虽提出"我三大盟国稔知朝鲜人民所受之奴隶待遇，决定在相当时期，使朝鲜自由与独立"，但美英仍力主国际托管，美苏英在雅尔塔协商以"三八线"为界形成南北各自军事占领区。蒋介石虽力主不放弃保证韩国独立承诺，确认"恢复高丽的独立自由，是国民革命推翻满清，反抗日本"三大任务之一，甚至喊出"所谓国际托管实际上是由一个日本帝国主义者的统治，改变为几个强国的共同统治"的怒吼，但处于"虚胖囊肿"、百废待兴的中国，实际上受到美英苏大国的排斥，在世界上没有说话的地位与分量。世界大国盘算的是在朝鲜的各自利益，弱小国家的独立与完整与本国利益相抵触时，弱小国家只能付出牺牲。世界上没有国家承认，韩国临时政府只能是一个虚架构，国内没有统领权，再加上金日成挟苏联红军之威望，驱日寇之毒素，迅速占领朝鲜北部，使之得到半壁江山；李承晚也排除异己在南部独立建国。蒋介石无奈只剩下"朝鲜不能告成独立自由平等，无异于中国不能告成独立自由平等"的哀叹了。

从古至今，朝鲜都把中国作为它的可靠后方。

在前方的军事家与在后方的战略家认识上出现差距时，如果不在尽可能短的时间内弥补，那么受益的只能是对方。

提到重炮的时候，阿尔蒙德没有意识到，他在判断上即将要犯一个错误。"没有重炮就不是正规军，"已经成为他的心理定式，以致当解放军以 13 兵团为主的志愿军进入朝鲜时，即使抓到了志愿军因为缺衣少粮、缺枪少炮、缺医少药而开小差的俘虏，当他们用一致的供词说明志愿军已经入朝时，可就是因为没有看到志愿军拥有重炮的情报，想当然的美国将军，使用着美军的例子重复着惯性思维，即使中国军队穷酸，也得像个样子吧。故而依然认为是迷惑人的谎言，结果导致判断的误差。最初判断仅仅是 5000 人左右的志愿人员。

10 月 25 日，一场小雪降临在朝鲜大地，从飞机上看去，在皑皑白雪上溃退的朝鲜军队，就如同是在逃避瘟疫的难民，只要有路，就有人影。

阿尔蒙德低垂着眼睑，不屑一顾地扫了一下下边的人群，顺着麦克阿瑟的话说："我认为，北韩的正规军已经被我们消灭。现在的战况是追击的最后阶段，不会遇到大的抵抗，我们要迅速推进到边境就可以自然地达到平定的目的，而且，"阿尔蒙德使用"而且"的时候，他认为是征用了沃克将军的专利。"而且，会结束战争！"他不愧是当过麦克阿瑟的参谋长，说出话来，都那么和他对路。感情的因素，使得他在对事物的判断上，无法摆脱对麦克阿瑟崇敬所产生的顺从。

"好！尼德，说得对，就叫我们可爱的小伙子们在感恩节前回家吧！当我的飞机在平壤机场降落时，我一定要问问金某人是否来迎接我这个大人物？"麦克阿瑟爽朗地笑着大声说，金日成在他的眼里，这个大人物是要打引号的。

"地图！"麦克阿瑟叫了一声。

随同他一道而来的日本情报官，唯唯诺诺地把一份崭新的地图摆在麦克阿瑟的面前。虽然韩国人对他启用日本人，甚至把日本军人编入联合国军大为光火，但是麦克阿瑟认为，作为胜利者是有使用和驱使奴隶的权力和资格，受益者没有选择的余地。同时也是事态紧迫不得已而为之的下策。

"命令！第 1 军第 24 师，配属英 27 旅，沿京义干线进至青水以西；韩国白善烨第 1 师，配属第 6 坦克营、第 10 高炮群，推进到昌城、朔州附近水坝。"在美军配备韩国军队，实际上成为整个战争的缺憾。光复汉城时，在迎接他的晚会上，李承晚那个颤颤巍巍的瘦老头，身边站着个比他小不少的西方古典妇人，他知道那是比李承晚小 25 岁奥地利纯粹日耳曼血统的夫人，尽管李承晚的年岁与夫人的父亲一样。可是在美国人的强大军事占领能够帮助他恢复大韩

1950 朝鲜

民国政权甚至统一整个朝鲜的时候，在众人面前的吹捧和感激涕零也许不应该说是过分，虽然他容忍了在韩国总统府上飘扬的美国国旗，但他不能容忍美国人让武装的日本人重新登上他的国土。为此麦克阿瑟颇费口舌，劝阻了他，因为他们还有一个共同的目标，那就是反对共产主义在全世界的泛滥，因为日本的首相吉田茂也是反共的急先锋。同时他和李承晚两人还有一个共同的特点，娶的都是小于自己不少年龄的少夫人。1937 年已经 56 岁的麦克阿瑟娶了比他小 18 岁的费尔克洛思夫人。麦克阿瑟和李承晚早在第一次世界大战李承晚在美国就学时就已经相识，那时麦克阿瑟已经在陆军部工作了。

麦克阿瑟挥舞着马鞭，冲着沃克和阿尔蒙德：

"告诉你的士兵，前进！前进！只有前进！胜利，迅速而彻底地赢得胜利！在战争中，没有任何东西可以替代胜利。要打赢我们的战争！"

麦克阿瑟又开始重复着 1931 年他提出的口号，因为他不能容忍在朝鲜出现共产主义，在 1931 年的口号后面又强调要打赢战争。不久前在日本的一次镇压活动，使已经甚嚣尘上的日本红色运动归于死路。在美国宪兵的押解下，日本组织罢工的领导人伊井弥四郎被迫发出了停止罢工的命令。

当初仅靠一艘炮舰就打开了日本封闭的门户，几千人的英法联军打败了清朝几万人的僧格林沁大军。现在具有世界一流装备的美军是所向披靡的，任何人也阻挡不了，"只要给我两个师，就可以守住朝鲜"，要不就让他尝尝美军在进攻日本东京的厉害。

1949 年 9 月，麦克阿瑟曾对国会议员们说："解放军的战斗力被大大高估了。要打败他们，就要攻击他们的最弱部分，只要有 500 架战斗机，飞虎队就可以打败他们"。

在志愿军没有战胜联合国军之前，针对他的话，我们只能说："他疯狂地叫嚣……"麦克阿瑟在"二战"中成功运用空军打败了日本。他认为所有战争都是一个模子里套出来的，也可以用同一套战术应对，即使对手完全不同。就如同仁川登陆，还可以再来一次元山登陆"YOYO"一回。

他认为，在亚洲可以称雄的只有中国和日本，朝鲜不过是一个跳板或者棋子，他甚至向金日成发出了劝降书。他在看不起金日成的同时，也似乎看到杜鲁门接到国务卿艾奇逊电话时那气急败坏地吼叫："迪安，不管怎么样，给我顶住那些狗娘养的！"

就在麦克阿瑟的飞机沿着北朝鲜死寂一般的土地做示威性飞行的时候，就在平壤被联合国军攻占的时候——10 月 19 日，中国人民志愿军 13 兵团的 4 个军及 3 个炮兵师趁着夜色，秘密渡过鸭绿江，昼伏夜行向预定作战地区开进。根据联合国军分兵冒进、兵力分散、战线过长，甚至东西两线之间出现 80 余公里的缺口于不顾等弱点，彭德怀决定采取诱敌深入、大胆穿插，在运动中围歼冒进之敌的方针。

河北省沧州乡下一个偏僻的村落。一位蓬头垢面的中年妇人在呼呼冒黑烟的煤油灯下纳着鞋底，在她身边的土炕上，躺着一个十七八岁的小伙子。

中年妇女用锥子在鞋底上扎上个眼，然后，把带着麻线的针捅过去，咻嗯咻嗯把麻绳拽过去，在锥子上缠上两绕，使劲拽一下，再用锥子扎下一个眼，重复着相同的动作。

两天前，38 军从他们家路过，部队的战士们帮助放倒了地里的玉米秆子，还没有来得及把玉米掰下来，部队的一声集合号，把他们都召集到一起，排着队伍就走了，当时谁也不知队伍去了哪里。

中年妇女把盘着的腿放下，从炕沿上下来，直起身要去水缸边去舀水喝。不想由于长时间的弯腰，她的腰不能一下子直起来。她用手按住自己的腰部，像是要把弯曲的腰按平。

躺在炕上的小伙子，扑通一个鲤鱼打挺从炕上翻到了地上："娘，我去。"

小伙子从水缸里舀了一瓢水，递到母亲面前。中年妇女接过来喝了两口，挥挥手，示意他放在水缸上，自己又重新回到炕前，一欠身子，盘腿坐了上去，继续纳鞋底。忽然她停住手，看着呆呆地站在地上的儿子，说："你先

1950 朝鲜

睡吧。"

儿子往前蹭了两步，用腿顶住了炕沿，嗫嚅地说："娘，我不想去当兵。"

母亲没有看他，而是继续纳着鞋底。过了一会儿，忽然停住手说："娘也不愿意你去，现在已经解放了，咱家又分了地，以后的日子，我寻思着会好起来的，过个一年半载，娘再托媒。可，不去行吗？头前，你爹和你两个哥哥被日本人拉了去说是去做工，至今不知死活，咱家受了多少气，娘也舍不得你走呀。这家再没了你，老张家就绝了后啦。"说着，中年妇女呜呜地哭了起来。儿子不知怎么好，在一边站着，嘴里不住地叫："娘！娘！"

在儿子幼小的心灵中，永远不能磨灭的一种魔魇，就是父亲和两个哥哥被日本人拉走以后不久的一天晚上，恍惚中，他听见有人进了自己的家，还和母亲打斗起来，最后，就悄无声息了。从此，妈妈开始早上起来再也不梳头，甚至也不漱口洗脸。从此以后，村里的徐文中村长见到他就招手叫道："儿子，给老子过来！"每当这时候，母亲拉起他扭头就走。

这时，就听村里有人喊："民兵连集合。民兵连在东场集合喽。"接着就听到有人咚咚的跑步声，不久就又听到有人喊："二子，你去喊一下张宝贵，叫他快点！"

"哎。"

当张宝贵转过身来时，二子已经到了他们家门口，大嗓门叫到："宝贵，张宝贵，徐二楞子叫你去呢。"

"娘！"

"儿子，娘可就指着你了。"说着话，母亲的眼角淌出一串串热泪，正在纳着的鞋底也停了下来。

"宝贵，快点！"外面的人在不断地催促。

"娘——"

"你去吧，大不了就是民兵训练，黑灯瞎火的你可要小心啊。"

咣当一下，行进中的列车停下了，闷罐子的车门被人从外面打开，迅速地涌进一股寒气，同时也迅速地驱除了几天以来车内的糟糕空气。昏头胀脑的张宝贵从昏睡中被一股凉风吹醒，他扒头向外看，远处有两个大字：安东。只见带队的县武装部干事跳下车，冲着两个身背短枪的人敬礼，说："团长同志，新兵连到达指定地点，请指示。"其中一个黑大汉举手还礼。

他使劲摇了一下脑袋，记起了两天前的事情：

队伍集合以后，迅速向县城出发。在天快亮时，到达县城的小火车站，县武装部来人说，县里非常高兴在祖国需要你们的时候，能够抛小家顾大家，看出大家的思想觉悟，现在大家休息一下，等一会儿火车来了，就出发。这时候，张宝贵发现一同来到县城的徐二愣子不见了。他用手拉了一下二子的袖口，然后向月台边上的厕所走去。回头看看没有人，说："跑吧，家里就俺娘一个人，俺可不乐意去当兵。"

"你跑俺跟着。"俩人顺着铁道线撒腿就跑，他俩这么一跑，带着其他的人也一哄而散。跑出车站的栅栏，忽然看见徐二愣子正蹲在路边吃豆腐脑。张宝贵一看急了，脑门上的青筋一蹦，腾地就跳了过去，飞起一脚，就听到啪的一声，徐二愣子手里的饭碗像是有了指令的飞蝶，嗖地从他的手中飞了出去，摔在地上碎了。

这回徐二愣子真的愣住了，当他回过闷来突然大声喊道："你这个逃兵，抓逃兵啊！"

"开小差"在解放军当中被认为最为不齿的事情，被多少人所厌恶，解放军都是出生入死无所畏惧的人，怎么会出现胆小鬼、出现逃兵？

徐二愣子一喊，立即被周围的几名解放军战士听到，大家一拥而上，把他俩按倒在地，用绳子绑住，又押回火车站。等火车来了以后，给塞进闷罐子车厢。

被称作团长的黑大汉看了一眼身边瘦瘦的政委赵霄云，命令道："全体下车，月台集合！"

"是，全体下车，月台集合！"干事重复着团长的命令，转身跑到闷罐子

1950 朝鲜

车厢跟前，对车里的人大声命令道："下车，集合！动作快！张宝贵，你磨蹭个啥？"

身边没有了二子，他不知被分配在哪个车厢。

看着一群解放军站队列没有什么感到可笑的，要是看见一群身穿百姓服装，带着白色针眼的黑棉袄，过分肥大的裆裤，头戴白毛巾，腰间系麻绳，面目表情严肃，伸着脖子拧着脸，腿弯胳臂曲，举止滑稽的人排在一起就可笑了。随着他们一起从另外几个闷罐子下车的还有一些有军装没武器的军人，一打听，有人说他们是解放战士。

被称作团长的人站在队伍的前边，神情非常严肃，武装部干事看着站在眼前的队伍，在团长耳边低声念叨几句，并用手冲着人群指指点点，团长点头看着。接着团长发出口令：

"稍息，立正！稍息。首先我自我介绍一下，我叫范天恩，是38军112师335团团长，团里1000多号人都听我的，你们也即将是我的兵，这位是赵霄云，咱们团的政委。刚才我听说，在来安东之前刚刚听完动员令就有逃跑的，都谁逃跑了，现在敢不敢站出来让我看看？"

"有！"

张宝贵在人群中举起了手。

"还真有敢做敢当的，出列。"

范天恩仔细地上下打量着张宝贵。

"说，你为什么逃跑？"

"解放了，俺家也分了田，老地主也打倒了，俺为什么还要当兵？"

"那好，现在我问你，当你家的土地也有了，可以种地了，可却突然来了土匪要抢你的土地和粮食，不让你种地，那你咋办？"

"咋办？打他狗日的。"

"好，入列。同志们，现在就像刚才说的，又有一股土匪来到我们家的跟前，打算抢夺我们的胜利果实。这股土匪就是美帝国主义，我们的东北近邻——朝鲜已经被抢了,我们还能不管吗?"

"不能!"

"对。现在美帝国主义刚刚霸占朝鲜,又准备霸占我们的国家,我们咋办?"

"打!"

"对,虽然我们的装备不如美国佬,但是,我们的苏联老大哥已经答应马上就把大批先进武器运给我们,到时候咱们要枪有枪,要炮有炮,甚至飞机军舰也会有的。关键是大家加紧训练,尽快掌握先进装备。现在,大家跟着赵政委宣誓。"

范天恩举起了拳头,等着身边的赵政委发话。

政委赵霄云毅然庄严地举起拳头,团政治部主任刘鸣鹄也向前蹭了两步,举起了拳头。

"我们对祖国人民庄严宣誓:我们是中国人民志愿军。为了反对美帝国主义的残暴侵略,援助朝鲜兄弟民族的解放斗争,保卫中国人民、朝鲜人民和全亚洲人民的利益,我们志愿开赴朝鲜战场,与朝鲜人民并肩作战,为消灭共同的敌人,争取共同的胜利而奋斗。为了完成这一光荣、伟大的战斗任务,我们誓以英勇顽强的战斗意志,坚决服从命令,听从指挥,上级指到哪里打到哪里,决不畏惧,决不动摇,发扬刻苦耐劳的坚强精神,克服一切艰苦困难,发扬革命的英雄主义精神,在战斗中创建奇功。我们要尊重朝鲜人民领袖金日成将军的领导,学习朝鲜人民英勇善战的战斗作风,尊重朝鲜人民的风俗习惯,爱护朝鲜的一山一水、一草一木,和朝鲜人民、朝鲜军队团结一致,将美帝国主义的侵略军队全部、干净、彻底消灭。"

宣誓的声音在车站上回荡。

"张宝贵!"范天恩叫道。

"有。"

"答'到'。"

1950 朝鲜

"是，到！"

"给你个任务，去领取人民军的服装。"张宝贵不懂，明明叫解放军，啥时候改称"人民军"了？

335团的干部一时间都穿上了人民军的服装，这时候，张宝贵才明白，人民军是朝鲜部队，他们穿这种服装是为了隐蔽和迷惑敌人。

38军作为预备队，下一步的任务是训练，因为一时没有具体任务。

赵霄云看着眼前的战士，用手拉了一下范天恩："老范，我看趁着有时间，应该给战士们上堂教育课。"

"你是政委，你安排！"范天恩转了下脑袋说。

"别，我一找人，你就说影响了你的训练，这思想上的问题不解决，就是业务素质再好，也不能全心全意为人民服务。你说对不？"

范天恩呲呲嘴："听你的，听你不就结了？"

"好，一言为定，耽误你的爆破业务喽。"

"啊？你又讲杨根思？换个人不成？别耽误了你的'三查一追。'"（查战果、查思想情绪、查战斗动作，追原因）

志愿军进入朝鲜时，沿袭的作战方式还是国内战争时期的做法，因为没有和世界上最强大的敌人接触过，训练只能是按照老套路来。

"杨根思从小没爹没娘，他说和孙猴一样，是从石头里蹦出来的。"（1950年10月，杨根思参加中国人民志愿军，任志愿军第20军第58师第172团第1营第3连连长。）

"他生在长江北岸的苏北平原，村子叫羊货郎担，不是姓杨的杨，而是绵羊的羊。他刚出生的那天，地主周杀人就把他爷爷叫了去。晚上，他爷爷回来的时候额头上渗着血，那是给周杀人磕头磕的，他回到家，一声没吭，抽了两袋烟，把烟杆撅折了，人就离开了家，没有再回来。他爹撇下他娘和杨根思就追了出去。可是，从此杨根思再也没有见到爷爷。几天以后在离他家几十里远的天星桥发现了他爷爷的尸体，被抛在了乱人坑里。家里少了他爷爷那么一个干活的人。四岁那年，他爹为客人推车去江南，碰上了北军，把车抢了，他爹知道就是自己死了也赔不起人家的货，就拉着车不走，结果被人家用枪托砸在脑袋上，给砸死了。他娘闻讯，"啊"的大叫一声口吐白沫，一句话也不会说，从此就疯了，没过一年也死了。同志们，不要哭，开始，我一想到这些我也想哭，心里就发酸。可哭有什么用？当杨根思找到了队伍以后，在老排长孙福生教育下，认识到我们军人不能只看到自己，应该看看世界上还有多少人在受苦，多少人在受难。从此，他不再哭，不再流泪。要哭，我们军人，要为我们还在受苦受难的人民哭，要流泪，我们要为我们还不能马上打倒眼前的强敌，而流下悔恨的泪，我们要完成祖国人民交给我们的神圣使命。我的话完了。"

遭受美国空军轰炸的朝鲜新义州。

时任志愿军副政治委员、政治部主任的甘泗淇将军，在总结会上，谈到志愿军的政治工作时着重强调："钻进去，冒出来。钻进去就是钻到具体事物中去，钻到群众的心窝里去；冒出来，就是在贯彻党的方针、政策，保证战斗与工作任务的完成过程中必须及时地准确地将发掘的问题与实际情况，加以综合分析，提出具体意见，使党委和首长下决心定计划，获得可靠的依据。要钻之

1950 朝鲜

有方，冒之有力。"毛泽东说："政治工作是一切经济工作的生命线。"此话对于朝鲜战场处于技术装备极度落后、后勤没有保障、战场条件异常艰苦的志愿军来说极为重要。

可贵的是，志愿军的政治口号与发布政治口号的人和广大指战员一起在执行着口号。

战后，志愿军不但总结了各个军兵种如何开展政治工作，而且还总结了各个专项战斗中的政治工作，甚至总结出一套瓦解联合国军的政治工作体系。

对于近代中国来说，最大的政治就是"救国"，最大的任务是"民族复兴"。谁能够把"旧中国虚弱之至、衰落之'极'、一碰就垮、一推就倒的形象"迅速加以扭转，谁能够在彻底维护国家和民族的利益，救中国于水火，向国内外一切阻碍中国发展的腐朽旧势力宣战，谁就能够赢得中国人民的信赖，中国人民就会全身心地支持与投入。

联合国军针对志愿军的特点，也制定了许多项政治工作条例，以攻心为上，目的是要瓦解志愿军的斗志。并利用飞机，投掷大量的传单、漫画，如传单中写道："朝鲜冬天来得早，天寒地冻受不了。可怜中国志愿军，身上衣单吃不饱。"漫画中一个面黄肌瘦的孩子，拉住同样贫弱母亲的衣角问："爸爸呢?"

政治工作，不是中国共产党人独创。政治工作，不是左倾，也并非激进，是任何一方为了战胜另一方所采取必须行动的官方意志的表现形式。政治工作是否深入人心，不是政治工作本身怎样，而是要求从事政治工作的官方人员怎样。将政治工作绝对化是偏激，将政治工作搁置也同样是偏激。

志愿军的政治工作肩负着救国和民族复兴的双重重任。

1950 年 10 月 16 日，彭德怀抵达安东（今丹东），在东北人民政府主席、东北军区司令员兼政治委员高岗的主持下召开了志愿军师以上干部会议。会上，彭德怀首先介绍了朝鲜战局并从国际国内形势入手阐述了中央决策出兵的

跨过鸭绿江的志愿军部队。

必要性和正确性。他说："出兵朝鲜是必要的，是党中央经过反复讨论以后慎重的决策，我们只是以志愿军的名义支援朝鲜人民，并没有向美国宣战。只有中国积极出兵，把美国的侵略势头打下去，才能立于主动，避免被动。如果让美军摆在鸭绿江和台湾海峡，它随时可以发动侵略战争。到那时候，我们还能安心睡觉吗？还能专心致志搞社会主义建设吗？那是绝对办不到的！我们必须打出去！晚出兵不如早出兵，晚打不如早打！"彭德怀掷地有声的讲话，激起会场热烈的掌声。

彭德怀望着台下似乎相熟又有些陌生的中国人民解放军第四野战军 13 兵团的领导们，他深情地说："四野在林彪同志的指挥下是能打仗的，你们攻锦州、打天津，辽沈、平津两大战役功劳不小，战海南为中国的解放事业立下汗马功劳。"说到这里，彭总把目光落在前排就座的 38 军军长梁兴初的身上。

"梁兴初，据说当年你在黑山那个阻击战打得不错。"彭德怀有意顿了一下。

1948 年 10 月，锦州之战刚刚降下帷幕，毛泽东就瞅准了锦西和葫芦岛。

1950

朝鲜

77

当时，他最担心的是拥有国民党精锐部队的廖耀湘兵团从营口逃跑。

在"东野"指挥所里（1949 年 1 月 15 日中央军委指示，根据战争的发展，各野战军冠以军区地名已不适应，决定改为按序数排列，西北野战军改为第一野战军，中原野战军改为第二野战军，华东野战军改为第三野战军，东北野战军改为第四野战军，原华北野战军 3 个兵团直属人民解放军总部），林彪把聚歼廖耀湘兵团的作战计划制订完毕，关键的一个问题浮出水面，那就是要彻底围歼廖耀湘兵团，就需要扼守住黑山、大虎山这咽喉通道。经过反复缜密的思考，林彪决定把这个任务交给梁兴初所在的 10 纵。

10 纵收到"东野"发来的坚守黑山的命令以后，纵队党委立即召开会议研究作战方案。

黑山和大虎山如同一道闸门，位于 25 公里宽的狭长丘陵地带中间。10 纵的任务就是将企图从黑山和大虎山突围出去的国民党军"王牌"新 1 军、新 6 军以及 71 军、49 军、52 军和几个骑兵旅阻击在这里。即 10 纵一个军的兵力要挡住国民党军 5 个军 12 个师的进犯。困难是显而易见的。国民党军都是精锐部队，装备有飞机和坦克并配有上千门大炮，整体素质较高。而 10 纵则刚成立不久，武器装备仍很落后，困难是可以想象的。

纵队司令员梁兴初和政委周赤萍向各师师长迅速传达作战任务：

"这一仗打好了，蒋介石的又一个 10 万大军就此一笔勾销。老蒋在东北最后一个机动兵团就全军覆灭！要是我们打不好，让这 10 万人逃到关内，那就会拖延全国解放的时间。此仗只能打好，不准打坏！"

结果，从 10 月 23 日至 25 日，我 10 纵顽强阻击五倍于我之敌，杀得敌人尸横遍野，寸土未进。林彪、罗荣桓发来急电："北上主力已到达。敌已溃退。望即协同 1、2、3 纵，从黑山正面投入追击"。廖耀湘兵团全军覆灭。

如果说锦州的范汉杰集团最终被歼是因为国民党军的"东进兵团"未能冲过塔山；那么，国民党军的"西进兵团"最终被歼是因为未能冲过黑山。黑山之战和塔山之战的杰出战绩，载入了中国现代战争史册。

黑山之战，梁兴初又一次打出了威风，威名远扬。

"你现在是 38 军军长，38 军是支老部队，也有我'平江起义'的老底子！怎么样，现在部队状况如何？"

"很好！"梁兴初刷的一声起身立正，响亮答道。"现在就等'志司'首长一声令下，全军立即出动！"38 军驻扎在辽宁的铁岭和开原，部队进行了几次誓师大会，士气高昂。

彭德怀满意地点了点头。

"王牌军要有王牌军的样子，牌子是打出来的。"

"是。"这时的梁兴初还没有对彭德怀的话产生联想，他只是纳闷，为什么彭总单单叫了他的名字。

彭德怀叫他是有道理的，在彭德怀的案头放着东北军区后勤部《八月份后勤工作综合报告》，上面这样说："13 兵团作为国防机动部队，按照中央军委的指示，要一手抓训练一手抓生产。但是各级部队领导机关在执行过程中，怕生产搞不起来，而一再给部队生产任务加码，从而出现了部队拼命搞生产而忽视战备训练的现象，军事技术和战术水平普遍不高。为完成任务，部队大量动用在编马匹和车辆投入生产，导致马匹瘦弱，车辆损坏，导致部队编制、装备无法适应新的作战任务的要求，按要求至少要携带一个基数的弹药，而实际情况却不尽如人意。部队装备损坏严重，112 师的班仅有一把小锹。武器状况更是令人担忧，由于储存保养不力，锈蚀严重。据统计，到了 9 月 25 日，13 兵团共送修火炮 497 门，占全部在编的 35%[①]，甚至有的火炮的炮筒竟有麻雀作窝。"

1950 年 10 月 19 日 17 时 30 分，彭德怀乘坐一辆苏制嘎斯 67 吉普车，率

---

① 此火炮数量是在国内，而并非全部带入朝鲜。

彭德怀在朝鲜前线。

领一辆通讯卡车越过了鸭绿江大桥，行驶在朝鲜新义州所属地区颠簸的公路上。紧跟在后面车里的秘书杨凤安和从中央军委随彭德怀同来的通讯处长崔伦，机要处吴一平、江海龙急得火上了房，不住地向乘坐在吉普车上的警卫员郭洪光、黄有焕使眼色，示意他们让给彭总开车的刘祥慢些开。

司机刘祥年仅 18 岁，原来是 13 兵团汽车团的司机，专开大卡车。彭德怀到达安东以后，他被选来给彭德怀当司机。浓眉大眼、鼻直口方的刘祥，开着以前只是见过，从没有摸过的苏制嘎斯 67 型吉普车，随着兵团首长一同来到机场。

当一位个头不高，圆脸厚嘴唇，一头硬头发茬的人走下飞机的时候，所有在场的首长都给他敬礼，然后，把他引领到车上。刘祥偷偷回头看了一眼乘车的人，见他一脸严肃，一双大眼审视着前方。他推着方向盘的手，踏在刹车踏板上的脚，在微微发颤。

我的妈呀！来了个多大的官，兵团首长都敬礼，东北军区首长？

接触几天后，从被会见的人的口中他才知道，乘车人是志愿军司令彭德怀，而且对待战士非常和善，他的手脚不再抖了。可是没有几天，他开车闯了一个大祸。开车过封锁线时，遇上美军飞机扫射，刘祥猛地一脚刹车，彭德怀的前额砰的一声撞在前挡风玻璃上。把刘祥和警卫员景希珍吓坏了，但彭德怀没当回事。可到了 1951 年的 8 月，彭德怀的前额左眉上方长了一个小肿瘤，而后，越来越大，越来越痛，不得已于 1952 年 4 月返回国内住院切除治疗。不能说这次碰撞与这个肿瘤生成没有关系。

杨凤安把驳壳枪从枪套了抽了出来，叫喊着，命令老牛一样的大卡车加快速度，命令另外 2 名警卫战士的汤姆式冲锋枪全部打开保险，眼睛瞪得赛过了牛眼，警惕地四处观望，生怕与之相遇溃退的北朝鲜败兵当中出现暗藏的敌特，也怕在路边的树丛中冲出一群美国别动队。在中国人民解放军的历史上，曾经出现高级将领死于战火的悲剧，但除了红军时期外却未上演过高级指挥官被俘的惨剧，在这人生地不熟的朝鲜，要来这么一出，毛泽东的一切设想都将付诸东流。而彭德怀恰恰是在不明敌情、友情的情况下，贸然进入朝鲜的。大部队被他远远地甩在了身后，而且还失去了联系，跟着他进入朝鲜的载有电台的汽车迷失了方向。

10 月 17 日，即彭德怀出发进入朝鲜的 2 天前，第 13 兵团负责人联名致电彭德怀，强调我军在高射炮太少，又无空军配合的情况下出动，弊多利少。建议"三两个月内新装备确有保证(尤其是空军能够出动)，则可按原计划进行，否则，推迟出动时间的意见是很值得考虑的"。

此时，由于联合国军的强攻，平壤已经陷落，朝鲜党和政府为了保存实力，党政机关正在向江界方向转移，"他们的后方已经撤到长春，金日成也到了北京。国内只留崔镛健在坚持"。鉴于这种情况，接电后彭德怀迅即答复说，困难再多、再大也要出动，否则，将会更被动。"我们的敌人不是'宋襄公'，他不会愚蠢到等待我们摆好阵势才来。敌人是机械化部队，有空军和海军的支援，进攻速度很快，我们要和敌人抢时间。"

作为司令员的彭德怀为了解朝鲜实际情况，为给准备停顿观望的同志作出表率，他把部队即将入朝所要遇到的问题交给邓华等"志司"领导处理以后，

1950 朝鲜

自己率先进入朝鲜。

过了新义州，前进的道路越发颠簸。突然，彭德怀叫道："停车！"刘祥连忙踩住刹车，汽车"吱"的一下，在充满泥泞的道路上停下了。在后面车上的秘书杨凤安迫不及待地从卡车上跳了下来，来到彭德怀跟前。原本他按规定是和彭德怀同乘一车，但在出发时，他为了给彭总搜集麦克阿瑟在"二战"时期登陆作战的战例材料而晚了一步，彭德怀是个急性子的人，说走拔腿就上车，结果把秘书给甩下了。

彭德怀从车上下来，眼前一片溃败景象，新义州整座城市由于美军飞机的轰炸被夷为平地，被毁的建筑物上还在冒着缕缕青烟，向北的道路上拥挤着败退的朝鲜人民军和政府机关人员以及难民。他缓缓地转过身去，深情地注视着来的方向，那里是他的祖国。离开了设在安东市镇江山的13兵团司令部，现在，真正意义上的出国作战已经正式拉开了序幕。出国前在志愿军师以上干部大会上，彭德怀传达了中央制定的作战方针："过去在国内解放战争中经常采用的大踏步前进和大踏步转移的运动战方式，在今天的朝鲜战场上不一定适用，志愿军的战术要以阵地战和运动战相结合的形式，如果敌人来攻，我们要把敌人顶住，一旦发现敌人的弱点，即迅速出击，插入敌后，坚决包围歼灭之。"在中国共产党的历史上从没有与世界上最强大的敌人单独作战的经历，这种考虑是基于国内战争的经验，基于等待苏联为志愿军提供了大批先进武器装备的基础上。现在跨过的鸭绿江大桥，不久就会成为美军轰炸的重点，一个远离祖国，或者一个没有强大后方供给的作战即将在彭德怀这个农民出身的将军身上实践。谁有这样的气魄？唯有中国！

一切要靠自己，抗美援朝，保家卫国，是单向的，不可逆的。

为志愿军指挥所选派来的朝鲜语翻译赵南起，因为彭德怀走得匆忙而没有赶上。语言不通，地图不明，气得彭德怀又要骂娘。杨凤安经过多方打听，找到了一个独臂男人，据说是新义州市的委员长，姓李，胳膊是在中国境内抗击日本时受伤锯掉的。而从他那里听到的消息，却和他的断臂一样，残缺不全。

平壤陷落，金日成下落不明。好在不久，朝鲜的副首相兼外相朴宪永找到了，只是他也不知道金日成的下落。令人欣慰的是消息来源更多一些，时效性更强一些。

天上飘下的雨珠，不知何时变成了雪花，湿滑的地上又结下一层薄冰。

不时的在向北面涌动的军、党、政、民和人力、畜力车的队伍涌塞着道路，从战场上溃退下来的残兵败将睁着惊异的目光，望着与他们背道而驰的汽车。终于有大胆的人不顾自己的伤痛，扒住汽车，面部紧张、眼睛圆突、嘴里咕噜着，冲着彭德怀发出让人听不懂的叫声。警卫员郭洪光、黄有焕的冲锋枪顶住那人的脑袋，不由分说，把扒车的人摔在地上。

"不许动！"的严厉命令声，使得即使听不懂中国话的朝鲜人，也乖乖地不动了。

李委员长连忙喊："他是好意，他说没有飞机掩护等于去送死。"

彭德怀下令车辆停下休息，因为再往南走，就有可能与联合国军的先头部队遭遇。虽然志愿军13兵团的25万大军已经于10月19日深夜自安东（今丹东）、长甸河口、辑安（集安）三个方向静悄悄地跨过鸭绿江，但是，现在彭德怀已经超出部队自己前行了。

"地图！"彭德怀命令道。

兼任作战参谋的秘书杨凤安连忙把地图摊在地上，彭德怀拿着放大镜在地图上寻找起来。参谋、卫士站在一边，看着彭总的样子，大家都知道他有"吃地图的习惯"，而今天看样子似乎要在地图上把金日成挖出来一样。彭德怀撇下自己的司令部独自进入朝鲜境内，他要在最短时间内了解情况，掌握敌情。

杨凤安站在一边，悄声地介绍说："这图是作战处根据吴瑞林军长到朝鲜绘制的草图之上加以整理完成的。朝鲜方面没有为我们提供全面的材料，"志司"的地图也都是过去日本鬼子留下来的。"

彭德怀"嗯"了一下，没有再吭声。

在8月中旬，42军军长吴瑞林在东北军区司令员高岗："既要熟悉情况，

1950 朝鲜

83

又不要暴露身份"的批示下，带着军部作战处处长侯显堂、侦察处处长孙照普及几名参谋人员，化装成火车司机和列车员，进入朝鲜观察地形。他们从安东（今丹东）进入朝鲜的新义州，和现在彭德怀行走的路线相仿，然后奔平壤，到熙川，奔江界、去满浦，返辑安，来回转了几圈，5天后，取道回国。他们一边走，一边把自己所看到的地形地貌、山川河流、城镇乡村、公路铁路、桥梁涵洞，以及村庄大小、人口多少，离公路、铁路远近等一一口述出来。作战处长拼命记录，侦察处长不住画图，并在关键部位加以重点描述，可以说掌握了第一手资料。在联合国军还在集结当中的时候，中国军人已经以他们非凡的战略眼光，开始审视即将发生的一切，已经在平静的山川河流当中排兵布阵，张开巨网等待他们的到来。一旦时机成熟，就可以投入战斗。他们甚至找到了原伪满洲国用来修造皇宫的条石，在鸭绿江修了一条长375米的水中桥，为以后部队进入朝鲜，在大桥被破坏的情况下，也可以畅通无阻准备了条件。

朝鲜方面发现了这几个可疑人，以为是韩国派遣的特务，马上报告金日成："有三个人坐在火车头上，其中有个瘦子用手指指这边，又指指那边，一个胖一点的人在纸上画。"金日成随即命令特工秘密尾随着他们，望远镜加枪口直瞄着他们。当看到他们往中国境内走时，金日成明白了这是中国人，来侦察地形了。他虽然在抗战时期依靠中国东北，完成了朝鲜建党建军的历程，但是现在要完成祖国的统一，他却要依靠苏联人。致使进入朝鲜的中国参赞柴军武得到的情报，仅仅是当天的报纸。志愿军入朝的地图，按今天的话说，不是盗版就是翻印，没有一个准的。即将射出的子弹终于没有出膛，眼前是挽救了他们三人的生命，实质上是挽救了朝鲜。设想，一个援助国的正军职将领，在被援助国领土，被援助国无辜枪杀，援助国的军队会是一个什么样的心情。多少年来，人们形成一个习惯，认为自然的东西就是理所当然的，得到的就不会珍惜，实际上哪里有天上掉馅饼的好事？

彭德怀突然用手拍了一下地图，抬起头来望了一眼周围灰蒙蒙的天空。

"这个高麻子简直是乱弹琴，让一个军长亲自来勘探地形，一旦出事，如何收拾？老夫要是在场，非狠狠地批他们不可！一个军长，化装成侦察员，倘若出了事，那就是天大的事情，让我怎么向毛主席交代？"高麻子"是指高岗。

杨凤安听后，裂开嘴一乐，"彭总，您还说别人，这不，您把司令部都撇下了，总司令一个人进入朝鲜，您不怕毛主席知道了批评您呀？"

"你年纪轻轻，竟敢和老夫犟嘴？我一生气轰你回 19 兵团找杨得志去"。

解放战争时期，杨凤安是 19 兵团的参谋，1949 年年初解放太原时，19 兵团划归第一野战军指挥。"野司"指示 19 兵团司令员杨得志为彭德怀选调一名作战参谋，杨得志就推荐杨凤安到彭德怀身边工作。

"就是嘛？您老是严格要求别人，对自己就放松。"

1950 年 7 月 7 日，鉴于朝鲜战争的发展，中共中央为预防不测，由周恩来主持中央军委会议，决定以中国人民解放军第四野战军 13 兵团为主组建战略预备队，成立东北边防军。会上，林彪认为，13 兵团所属的 3 个军都是四野的主力军，号称"三旋风"，而 13 兵团司令员黄永胜却在沾黄染色方面是个好手，经常是"击鼓冲锋，鸣金嫖妓"。为此，林彪、罗荣桓虽然对他指挥作战的能力倍加赞许，但对他的生活作风却不敢恭维，罗荣桓曾多次批评他。可是，自己的病还得自己治，批评归批评，到头来他还是一如既往。人品不好，自然不能担当此任，必须有一名更强的兵团司令去才好指挥。于是林彪提议该兵团司令部与 15 兵团司令部对调，由邓华一班人担任。当征求病重中的总政治部主任罗荣桓意见时，他表示同意。

邓华出任战略预备队第 13 兵团司令员以后，兵团所部立即北上鸭绿江地区布防。

邓华认真研究了"联合国军"总司令麦克阿瑟将军的历史，对他在第二次世界大战期间指挥盟军在西南太平洋地区对日进行登岛作战尤为重视，认为麦克阿瑟具有非常丰富的两栖作战经验，而且又非常自负，极有可能故伎重演。邓华以个人名义，亲笔起草了一份报告上报中央军委，陈述了对朝鲜战局的看法。报告认为：美方很可能在朝鲜中腰部实施陆海空三位一体的登陆。朝

1950 朝鲜

鲜人民军洛东江前线决战与东西海岸的防守，在兵力配备上存在着难以调和的矛盾。8 月 31 日，邓华又与 13 兵团副司令员洪学智，以及参谋长解方、政治部主任杜平再次研究了朝鲜战场形势后，又由他执笔，四人联名向中央军委报告，进一步大胆预测：联合国军主力可能在朝鲜人民军侧后的平壤或汉城地区进行登陆作战，地点很有可能在仁川，前后夹击人民军。毛泽东两次在正规场合直接或间接地提醒朝鲜注意。遗憾的是，在朝鲜革命情绪高涨，已经看到胜利曙光的时候，容易使自己的见解发生偏颇。过分的自信，相当于自闭，忽略了"兼听则明"的中华古训。

报告发出 15 天后，美军在汉城地区的仁川实施登陆。

10 月 9 日，彭德怀被任命为志愿军司令员兼政委，他在沈阳市东北军区第三招待所会议室，主持召开首批志愿军军以上干部会议。这次会议，主要是传达中共中央和毛泽东同志关于志愿军入朝参战的决定，确定入朝作战的指导方针，并要求于 10 天内完成一切准备工作。

会议结束后，邓华、洪学智拖着倦意身体，打算离开会场。出门时，无意中，两人的目光碰到了一起，像是中了魔一样，俩人不自觉地共同走进邓华的办公室。这两个人是老战友，曾经一起在辽北军区工作，邓华是司令员，洪学智是副司令员，在"东野"时，邓华在 7 纵，洪学智在 6 纵。南下到了江西南昌成立兵团时，邓华任 15 兵团司令，洪学智任第一副司令兼参谋长。

一进门，洪学智看着邓华，邓华看着洪学智：

"老哥，你先说。"

"伙计，你先说。"俩人互相推让。

"这件事，要事先和彭老总说，征求他的意见。"俩人不约而同地道出心中的隐忧。他们心里还牵挂着这样一件大事：入朝初期，要想战胜联合国军，在装备极度落后又在短时间内不能得到改善的情况下，志愿军入朝必须具备兵力上的绝对优势，只有这样，才会有一定把握！但是，中央军委和毛泽东却决定志愿军先派 2 个军过江。2 个军不过 10 来万人，与联合国军的 42 万人，几乎不能相提并论，其中越过"三八线"的联合国军就多达 13 万余人。除地面部队外，联合国军还掌握着制空权和制海权。志愿军仅出动 2 个军，同联合国军第一线兵力相比，不具备优势。而且更重要的是，一旦战事即起，联合国军必定首先要炸毁鸭绿江大桥，切断我军补给通道。后援上不去，前线战士缺少补给，同时也造成先期入朝志愿军战士心理上巨大的压力，最后将要重蹈金门海战的覆辙。

"二位还有事吧？"彭德怀见两位副司令相约而来，知道其中必有奥秘，没等两人说话，自己先主动发问。

"是的，彭老总，刚才我们碰了一下，有一件事我们很不放心，特地来找您说说。"洪学智报告说。

"噢，说这之前，我先纠正你们一下，我郑重告诉你们，以后不准再叫老总，那是老百姓对欺压他们官军的称呼，我不同意这么叫。好，说正事，看来你们是对我的排兵布阵有想法，军中无禁忌。只管说，老夫洗耳恭听。"彭德怀笑着说。

"彭总，我们认为，仅有两个军过江，兵力太少，无法形成优势，是不是考虑 4 个军一起同时过江？"邓华拘着脸严肃地直奔主题说。

"美军飞机经常飞到鸭绿江地区侦察，从情报上看，他们已经发现我军在边境集结，战事即开，美军飞机一旦把江桥炸掉，部队再过江就困难了，后果非常严重。"洪学智补充道。

"这个意见很好，很重要。但是，我们的 4 个军加上我们的炮师一同过江，隐蔽问题，后勤补给问题你们考虑过吗？"彭德怀认真地说。

邓华说："我们暂时还没有想这么多。只是考虑到，由于我军的火力较弱，与敌人悬殊太大，要想歼灭一个美军师，我们至少需要两个军；歼灭南朝鲜军一个师，我们也需要一个军。因此，目前这些部队的数量显然是不够的，还需要向中央建议，赶快增调部队。"

"是的，彭总。"洪学智接着说，"我们这 4 个军开到前面去以后，后方无人维护。没有部队维护后方，前方的仗也打得不踏实。我认为，应尽快再调一个军来维护后方补给线不受损坏。"

彭德怀听后，点头称是："看来这是非常重要的一环，根据我军一贯的集中优势兵力歼灭敌人的原则，有关部队应当提前调来。至于隐蔽问题，我想，这样吧，我们再开会研究一下，然后，向中央报告。"

"报告！"杨凤安进来。

"彭总，参谋长来了。"

参谋长解方一进屋，看到邓华、洪学智也在彭德怀这里，深吐一口气说："报告彭总，会后我要找二位副司令商谈工作，没想到都到您这里报到了。"

"正好，听听你的高见。小杨，去叫一下杜主任。"

杨凤安出去后，彭德怀说："刚才这两位副司令谈了人朝兵力问题，我正说叫你这个诸葛亮来参谋参谋。可巧，你就来了。"解方先后担任八路军 358 旅参谋长、东北挺进支队参谋长、东北民主联军副参谋长、中国人民解放军辽宁军区副司令员兼参谋长、辽东军区参谋长、第十二兵团参谋长，真可谓是"老牌参谋长"了。解方的小眼睛瞪大了说："彭总，这么说，司令们已经想到我的前边去了。"

为此，彭德怀致电毛泽东，要求再调 2 个军入朝，使得志愿军总人数由原来的 24 万人，增加到 30 万人，从而形成兵力上的绝对优势。

10 月 24 日上午，杜平参加了由彭德怀主持召开的作战会议，研究和决定第一次战役的部署。当晚，杜平将第一次战役政治动员令送请彭德怀审定。彭德怀审阅时，删去几句口号，将落款处的"司令员兼政治委员彭德怀"划掉，另加上"政治部主任杜平"的字样。并对杜平说："你现任志愿军政治部主任，我已报告毛主席，不是以前的 13 兵团的政治部主任。以后写政治动员令，要注意从敌情、我情等实际出发，实事求是地讲清有利条件和不利条件，把我军必胜的条件讲得充分些，不要光写口号式的话。"

杜平说："彭总，您是司令员兼政委，还是署您的名好，我觉得署我的名字不妥。"

彭德怀还是坚持他的意见，说："政治动员令政治部主任署名就行，今后凡政治工作都由你负责。"

"入朝前，教湛同志要随你一同入朝心情可以理解，但是，我们初次与美国人接触，这里边的水有多深，心里还没底，只好委屈你们夫妻不能团聚了。"

"谢谢彭总，我非常理解。"

在离开安东之前，一天傍晚，彭德怀出来散步，正巧杜平及爱人刘教湛带着两个孩子也在散步。身为兵团直属队直工科科长的刘教湛一看机会来了，当着杜平的面，向彭德怀请求一同去朝鲜。

彭德怀笑着说："他是你的直接领导，这要问杜平同志的意见喽。"

刘教湛赌气地说："就是他不让我去。"

"那就等我们打了胜仗，叫杜平回来把你们接过去。"

彭德怀望着青幽幽的山峰、树林，寻觅着河流的走向。

"此次争取歼灭李伪军几个师，这是出国后的一个胜仗，是开始转变朝鲜战局的极好机会，望彭邓精心计划实施之。"

彭德怀手里捏着毛泽东昨晚发来的电报，在朝鲜有无这样的战场，这样的战场又在那里？毛泽东的电报显然要他抓住一两个突前的南朝鲜师进行毁灭性的打击，借以扩大战果，鼓舞中国人民的士气，给杜鲁门所谓"美国今天是一个强大的国家，没有任何一个国家可与之匹敌"一个有力回击。目标没有选中美军，这是因为毛泽东充分看到了中美军队存在的差异。在毛泽东的眼睛里，志愿军不光要打军事仗，而且要打政治仗。但是，这个政治仗的代价是否太大了？即使是南朝鲜人我们就能有足够的把握吗？国内战争时期的经验，在朝鲜是否依然可用，现在还是未知数。

冷风透过他从西北穿来的黄色军呢大衣，直接侵入到他的皮肤，细小的雪粒挂在他短而粗硬的头发上面。中央为照顾他，特意为他准备了件貂皮大衣，

1950 朝鲜

他没有时间去领取，更没有换成朝鲜人民军的将军服。一个农民出身的将军，自从参加了军队以后，尤其是成了红5军军长以后，军服就再也没有离开过他的身体，无论是战争时期还是和平年代都是如此，甚至和浦安修结婚时，他依然是半军半地的装束。虽然现在出于保密原因，按照要求他得穿朝鲜军服，他曾试着穿了一下朝鲜立领军服，被军事记者拍照后，马上就脱了下来。他想，进入朝鲜以后，他要和金日成见面，身着一身朝鲜军服的他，怎么和他交谈？为此，他曾经突然在摇晃的车上，问杨凤安是否带来剪刀？杨秘书不知他要做什么，楞楞地看着他，半天没有明白过来。彭德怀扬起自己的袖口，用手捻着磨出的毛茬说："人家是首相，我是中国的军人，怎么也不能穿这破衣服见他吧。"

杨秘书和警卫战士用人墙围住正在地图前思索的彭德怀，以免他被寒风吹袭。这时，通讯处处长崔伦乘坐的通讯车赶了上来，送来一份毛泽东新发来的电报：

"目前正在部署的战役，是否能利用敌人完全没有料到的突然性
全歼两个、三个甚至四个伪军师。此战如果是个大胜仗，则敌人将作
重新调整，新义州、宣川、定州等处至少在一个时期内不会占领。"

彭德怀看完电报，忽然发现一辆波兰产华沙牌小汽车风驰电掣由远而近，在他的身边停了下来，朝鲜副首相、人民军次帅朴宪永带着一个身着灰色中山装、举止文雅的人，从车子里走了出来。身着灰色中山装的人来到彭德怀的跟前，突然举手立正向他敬标准的军人礼："彭总，中国驻朝鲜大使馆代办柴军武①向您报到。我也给您带来了毛主席的电报。"

彭德怀接过电报，这是毛泽东发给彭德怀和邓华的，电报的内容大致为：

① 1951年7月6日，参加停战谈判的柴军武被任命为志愿军的联络官，并更名为柴成文；金日成指定朝鲜人民军最高司令部动员局局长金昌满少将以上校名义为志愿军联络官，更名为张春山。

请注意控制平安南、平安北、咸镜三道交界之妙香山、小白山等制高点，隔断东西两敌；并请其在熙川或其他适当地点速筑可靠的防空洞，保障志愿军司令部的安全。

"你这小鬼能和宪永同志联系上？"彭德怀知道他已经被中央选定，派民主德国担当大使。朝鲜战争爆发以后，中国驻朝鲜大使倪志亮生病回国，经聂荣臻推荐，周恩来批准，却让他降级降格来到朝鲜担任政务参赞、临时代办。

"彭总，您一过江，我们就接到了通知，我先向金日成同志作了汇报，然后来新义州等您。可您的速度太快了。幸亏朴副首相找到了您，如果敌人注意到了这个小山村，那就太危险了，李承晚匪帮刚刚和您擦肩而过。现在请您和我去见金日成首相。"

为了安全起见，毛泽东曾经建议志愿军司令部设置在中国境内安东某地。但彭德怀不是麦克阿瑟，部队在前方，自己在东京。按照他的意见，为便于指挥和了解情况，指挥部离前线越近越好。

"好，带路！给邓华、解方发电，叫部队加快行进速度，按指定时间到达集结地点。"杨秘书迅速把命令译成电文，交给通讯处长崔伦发送出去。彭德怀乘上自己的嘎斯67吉普车，跟在朴宪永的华沙牌小汽车之后，通讯车在后边紧随，奔大榆洞方向飞驰而去。

世上有许多意想不到的事情。此时的韩军以为自己已经是胜利者了，竟以营连为单位，向鸭绿江猛插。韩军第6师第7团就在彭德怀路过的公路另一侧与他擦肩而过，却不知道那是中国人民志愿军的总司令。

路上，柴军武向彭德怀讲述了他进入朝鲜以后发生的状况。当他7月10日到达平壤后，金日成给予了很高的礼遇，亲切地对他说："今后有什么事，可以随时找我"。还指定人民军总政治局副局长徐辉每天向他介绍一次战场情况。但不久柴军武发现，徐辉所谈的情况，绝大多数都是朝鲜当晚对外广播的战报，而他也不可能经常见到朝鲜最高领导人。对于中国使馆提出派副武官到人民军部队参观学习的请求，朝鲜方面则一直未予答复。在同其他朝方人员的

1950 朝鲜

接触中，柴军武感到在军事情报方面，对于中国人基本上是个禁区。尽管朝鲜政府内务相朴一禹曾在中国工作过，还时常到使馆吃中国饭，但显然是受到纪律的严格约束，他也从不谈及内部的军事情况。与此同时，中国军队拟派往朝鲜了解情况的参谋团也遭到拒绝。

彭德怀低头沉吟了一下，说："至今如此？"

"美军在仁川登陆以后，也就是'釜山战役'以后，态度有所好转。"

彭德怀和柴军武迅速调头向北，穿过清川江，在朝鲜北部的崇山峻岭中，来到距离北镇3公里处的一座名叫大榆洞的金矿附近的小村庄大洞去见金日成。

应该说，彭德怀力求掌握第一手资料和把握战场主动权的精神可嘉。但是在不明敌情、友情时贸然进入朝鲜，且没有必要兵力守卫，在敌情复杂、鱼目混珠的事态下，未免有些唐突。朝鲜虽然竭力要求中国出兵朝鲜，也曾派朴一禹到沈阳与彭德怀等接洽。但是进入朝鲜后的接洽及朝鲜目前的状况等，却没有通报与商定。为了自己的颜面，其损失情况，一定程度上对志愿军还有所保留，使得志愿军情况不明，敌情、友情都不知晓。极度缺乏技术侦察手段的志愿军，只有靠深入一线进行调查这一条路可走了。

相距大洞不远，东面有一处高山约1316米，名叫避难德山。据传，是当年大禹治水时，为了躲避洪水而迁徙到此的人给起的名字。现在借古代中国人民的吉言，把这里变成为了避难场所。

金日成上前握住彭德怀的大手，操着东北话激动地说："欢迎，欢迎您的到来，终于把您给盼来了。我代表朝鲜党和政府及朝鲜民主主义人民共和国人民，热烈真诚地欢迎您，彭德怀同志！欢迎中国人民志愿军！"

金日成，原名金成柱，1912年4月15生于平壤万景台的一个农民家庭。13岁时随父亲金亨稷进入中国东北寻找发展。他在吉林毓文中学读书时参加学生抗日运动，1929年秋被警察逮捕入狱8个月。1932年他联系在中国东北

彭德怀和金日成在朝鲜战场上。

的朝鲜族人，秘密创建反日游击队（朝鲜人民革命军前身），曾下定"朝鲜不独立就决不再回"的决心。在中国东北地区和朝鲜北部地区进行武装抗日斗争。1936年成立祖国光复会，担任会长，并加入东北抗日联军。后辗转到了苏联，任苏军朝鲜支队队长。1945年，苏军进入朝鲜境内朝鲜北部解放，他率队返回朝鲜。

1950年，当麦克阿瑟统领的联合国大军越过"三八线"，迫近平壤时，他在给中共中央发出求救信的前5天即9月29日，以朝鲜劳动党中央的名义给苏共中央发去了求救电报，在简单介绍了朝鲜战争的基本情况以后，恳请苏方："当敌军跨过'三八线'以北的时刻，我们非常需要苏联方面的直接军事援助。"

但是，从苏联得到的是一片寂寞，就连苏联驻朝鲜大使，此时也不知去向。

1950 朝鲜

"金首相，毛主席让我转达他对您的问候，我们志愿军暂时来了 1 个兵团 4 个军，3 个炮师，其余部队以后陆续还要进入。现在向您报到。"

"太好了，太好了。志愿军来了。"金日成的眼睛流出兴奋的泪水。

彭德怀转入到工作层面："现在，我来讲一下'志司'的兵力部署：原定在防御中消灭敌人的计划，目前来看已经行不通了，在解放战争中惯用的大踏步前进和后退战法，与美帝国主义机械化部队交战也不太适用。我们打算以战略反击为主，以阵地战和游击战为辅。具体部署是以部分兵力牵制东线之敌，集中主力于西线，以迅雷不及掩耳之势，先打掉李伪军的三个师。"

"好!"金日成一拍大腿。

"请看地图。"彭德怀站起来，走到军事挂图前，用指示棒讲解道："按照毛主席的指示，我们原准备在平壤、元山以北，德川、宁远以南构筑防御区。由于敌人进展的速度过快，超过了我们原先的预想，被迫对这个计划进行修改。我们以 40 军配炮兵 8 师 42 团集结在温井以北、北镇以东待机消灭南朝鲜第 6 师于温井地区；以 39 军配属炮兵 1 师 26 团及 25 团一个营、炮兵 2 师 29 团、高射炮 1 团，迅速集结在云山西北地域，准备在第 40 军围歼南朝鲜第 6 师，而南朝鲜 1 师来增援时，将白善烨 1 师消灭在云山附近地区。38 军配属 42 军 125 师和炮兵第 8 师 46 团，迅速集结在熙川以北的名岱里、仓里地域，准备歼灭南朝鲜第 8 师于熙川及其以北地区；第 42 军主力配属炮兵第 8 师主力，驻扎在长津湖以南黄草岭、赴战岭地区阻击敌人北进并钳制东线之敌，保卫志愿军主力的侧翼安全。"

"噢，太好了，有志愿军的配合，我们就一定能够战胜美帝国主义。这里叫做狄嵛山脉，我们把它变成埋葬敌人的战场，变成他们名副其实的地狱。"金日成说。

一道铜墙铁壁在朝鲜的北部山区，依靠志愿军的血肉之躯建立起来。

"有一件事，"彭德怀说道。

"嗯，我知道您要说什么。这是我们的方案，实在是愧疚得很，刚从中国的抗联回到自己的祖国，现在，可能还得组织抗联。"金日成打断彭德怀的话，从简易的木桌上的文件堆里抽出一份，递给彭德怀："不到万不得已，我们是不想这样做的，但斯大林同志和大使史蒂科夫同志，让我向中国政府通报：一旦在战场形势十分危急的情况下，朝鲜劳动党和政府组织的新建部队、军事学校、部分医院、国家机关、干部家属等，向中国东北靠近朝鲜的安全地区转移。方案是：

一、人民军第 6 军团 3 个师 3.5 万人，拟驻宽甸地区；

二、第 7 军团 3 个师 3.5 万人，拟驻柳河地区；

三、第 8 军团 3 个师 3.5 万人，拟驻延吉地区。

四、军官学校 1.3 万人，拟驻通化地区；

五、航空师团 1000 人，拟驻柳河；

六、航空学校 3000 人，拟驻延吉；

七、最高指挥部之辅助指挥部 300 人，设于通化，统一指挥在中国东北的各部队；

八、医院及家属 5 万人，分散于上述各地区。以上共计 17.23 万人。

彭德怀知道这其中还应该包括金日成的流亡政府。因为至今北朝鲜被俘人员已经达到 13 万人。同时在朝鲜的苏联军事顾问团也要一同撤退到中国境内。金日成的眼圈里出现一层灰黯，那是他极不愿看到的事情。一个信心百倍、气宇轩昂的人，怎么也无法想象，自己失败时是个啥样子？现在处于朝鲜北部的部队，仅剩下第 1、3、4 军团的 9 个师约 9 万人，但都是新组建的部队，据说还有坦克，但是缺少的是战斗力。第一批只会俄语不会说本国话的"苏朝人"坦克驾驶员，在前几次战役中基本上消耗干净。位于"三八线"以南的朝鲜人民军 9 个师的余部，在崔贤的带领下，统一编为第二线部队，开展游击战争。

金日成说："彭总，志愿军进入朝鲜人生地不熟，语言不通，有诸多不便。您又在中国，从来没有到过朝鲜，对这里的环境不熟悉，势必会造成指挥上的被动。我想，是不是可以成立联合司令部？"

1950 朝鲜

95

　　这是中国人民志愿军进入朝鲜以后遇到的第一个问题——部队由谁指挥？金日成在国难临头的危急时刻表示："我们不得不请求您给予我们以特别的援助，即在敌人进攻'三八线'以北地区的情况下，极盼中国人民解放军直接出动援助我军作战！"但他说的是"援助我军作战"，言外之意，是隶属于我军（人民军），起辅助作用。中国中央政府在考虑出兵朝鲜时，是基于朝鲜面临国破家亡的危急时刻，志愿军来帮助危难中的朝鲜恢复被美帝国主义掠夺的江山，保护朝鲜人民政府不被美帝国主义所摧残。但是具体到细节上，因为情况紧急，还没有来得及考虑与研究。

　　这时从洞外传来一阵骚乱，打断了他的话。柴军武、杨凤安警惕地站起来，用身体挡住彭德怀。只见苏联驻朝鲜大使、苏军顾问团团长史蒂科夫带着随从急火火地走进来。这位就是擅自同意派遣苏联军事顾问团到朝鲜，遭到斯大林严厉批评的人。

　　金日成介绍说："大使同志，这位是中国人民志愿军司令员彭德怀同志，是位老革命。"

　　史蒂科夫说："司令员同志，你的部队在哪里？是否派遣了最优秀的部队？你们的装备清单是否带来了？"

　　面对高傲无知的史蒂科夫，彭德怀不禁想起红军时期那个自以为是的共产国际代表李德。彭德怀的目光放在了金日成的脸上，他轻声而稳重地说："以后，战场上将出现中国人民志愿军。"说罢起身要走。

　　柴军武怕史蒂科夫下不来台，就冲他示意笑了一下，准备随彭德怀离开。

　　这时，史蒂科夫忽然冒出一句："据我们的情报人员报告，解放军有开小差跑到敌人那里去充当走狗的。"

　　彭德怀顿了一下脚步，这件事情他是知道的。我军一个迫击炮连的几名广东籍战士，他们是一年前国民党傅作义的部队参加北平起义以后加入解放军的。入朝时，被补充进志愿军。从满浦过江以后，因不能忍受寒冷的天气，集体开了小差，被韩军抓了俘虏。1949 年 1 月 20 日，北平的傅作义将军接受中共条件，命令所属 2 个兵团部，8 个军部，25 个师共 27 多万人，从 22 日起陆续出城到达指定地点接受解放军的改编。27 多万人中出现几名开小差的士兵，可以说是不足为怪的。

彭德怀打算说些什么，就在这时，门外传来在一阵细碎而杂乱的脚步声，志愿军第 40 军 118 师师长邓岳、政委张玉珠等带着 118 师警卫连的部分战士冲了进来。

10 月 24 日，118 师经过连续 5 天 5 夜的急行军，到达志愿军司令部指令地点。118 师师长邓岳觉得自己成了聋子和瞎子，既不知敌人在哪里，也不知自己到了什么地方。他和政委张玉华琢磨要找个地方看看地图。忽然发现前面有所房子，门前似乎有人影晃动。他就和张玉华带领几名警卫走了上去。

对方身背苏联波波沙冲锋枪，腰配手枪，个个毛料军服笔挺。在邓岳的眼里，以前除国民党军官以外，再有这样装束的就是日本鬼子。他一挥手，翻译上前细声询问："请问你们是那一部分的?"

令邓岳意想不到的是，对方竟翻着白眼一声不吭。

邓岳一看，这不跟进了庙一样吗? 难道你们是佛龛，看着像人，就是不会说人话? 邓岳急了，冲着联络员大声说："告诉他们，我们是谁，再不说话，我们就征用这所房子。"

"别，我们是金日成首相的卫队。"一名开始还装聋作哑的朝鲜军官搭了话。

因为刚才彭德怀被领了进去，这时又来了 118 师这么多人，金日成卫队不知怎么办好，阻止不行，不阻止也不行，左右为难，只好当哑巴。

"你们不能征用这所房子，金首相正在和彭德怀同志会谈。"说着话时，明显语气较硬。

"彭总?"邓岳和张玉珠的眼睛瞪得老大。

长征期间，当时还是红小鬼的邓岳因为患病拉着陈赓战马尾巴，帮助他走出了草地，捡回来一条命。而在那时彭德怀的名字就在他的脑海里打转，但是因为相差太远，一直没有机会和彭德怀见面，今天无意中要在朝鲜见到了自己

1950 朝鲜

的司令员彭德怀。

同样的事情也发生在彭德怀的身上。过草地时，红军中另一个红小鬼 3 军团 5 师卫生部指导员赖观水，因双腿被污水浸泡中毒，小腿肿胀，皮肤破裂，疼痛难耐。彭德怀见此情况，给他一根木棍，也让他拉着他战马的尾巴，走出了草地，救了他一条命。

"彭总？"邓岳的心一阵激动。他一挥手，呼啦啦跑来一群警卫连的战士随他一同进到房子后面的山洞里。

"彭总，彭总在这呢！我们见到彭总了。"战士们惊喜地欢呼声在山洞里轻轻地回荡，涌进的人群顿时把巷道堵得满满的。

只见邓岳一扬手，轻声而严肃地叫道："稍息，立正！"然后，自己立正转身，向前跑了两步立定，举手敬礼："报告司令员同志，中国人民志愿军第 40 军 118 师师长邓岳、政委张玉华向您报到，请指示！"

彭德怀举手还礼。

"同志们，以美帝国主义为首的联合国军，已经扑到我们的面前，现在我以志愿军司令员的身份，命令 118 师迅速赶到温井一带构筑工事，形成口袋，彻底消灭敌人，志愿军入朝第一仗，就看你们的了。"

"是！彭总，给您留下一个团吧，韩军 6 师 7 团，刚刚和您擦肩而过。"邓岳立正还礼恳切地答道。

"不用，好钢留在刀刃上。想当初，日本鬼子不能把老夫怎么样，今天他美国鬼子也一样不能把老夫怎么样！不打败美国鬼子，马克思不收，去吧！"彭德怀满怀信心地大手一挥，目送战士们离开。

部队迅速离去，悄无声息。

史蒂科夫呆呆地望着眼前的一切，对于东方的事情他知道的太少。虽然沙俄时期利用暴力占领了东方大块土地，使得自己的版图横跨欧亚大陆，知趣的俄罗斯也了解自己的不足，特地在自己国徽上标注一只双头鹰左右两顾，一边窥探欧洲，一边觊觎亚洲。但是对于亚洲人民的事情，他们了解得还太少。

洞外，一个连的志愿军战士埋伏在草丛中，瞪着雪亮的眼睛，警惕地注视着周围的每一个细小的环节，他们知道，志愿军的司令员彭德怀在这里指挥战斗！此时此刻士兵心里清楚地知道，现在彭德怀的生命，比他们每个人的生命都重要，甚至超过他们全连，如果现在出现一个环节需要战士们去献出生命保卫彭德怀，他们都会义无反顾地冲上前去。可能，在他们的心灵里、记忆当中，对彭德怀的名字只是依稀存在一丝痕迹，可邓岳师长在他们的眼前却是如雷贯耳，而师长见到彭总表现出的那种尊重，是让他们刻骨铭心的。彭德怀是和毛主席一起出生入死战斗过来的战友，他的分量就和毛主席一样。

在彭德怀与金日成会见的时候，从前线又传来了不祥的消息：

联合国军总司令麦克阿瑟命令对平壤以北地区肃川和顺川同时实施空降攻击，而且，他还乘坐着他的"斯卡普"号座机，像是看电影一样观摩了空降行动。应该说，没有遭到正规的抵抗。随即麦克阿瑟的专机在平壤机场徐徐降落，他对自己又一次实施"空中仁川登陆"的杰作表示了极大的欣赏，一走下飞机，就对记者们说：这又是一次出乎意料，有3万北朝鲜军队被切断，他们被关在陷阱里了。接着，他再次呼吁金日成投降。与此同时，美第8集团军渡过了具有战略意义的清川江，韩国第6师像是在田径场上赛跑一样向北冲。彭德怀的军事部署由于道路的拥挤造成我军行动的缓慢，以及被盲目乐观的麦克阿瑟积极冒进冲散了，正规的防御歼灭战成为了不折不扣的遭遇战。原定我军要按照部署分别到达指定地点进行集结，形成阵势以后，再发动对敌人的攻击的设想被打破。现在的问题是，由于联合国军求胜心切，不惜前后左右留下空隙，孤军奋进。在这种有利于我军的形势下，可志愿军的大部队却迟迟不能到位。

1961年，朝鲜平壤出版《朝鲜概况》一书，记载中国人民志愿军出兵朝鲜时写道：

　　"在战略性的撤退时期，由于正确地贯彻了朝鲜劳动党关于准备给敌人以新的决定性打击，使整个战局向我们有利的方向发展，朝鲜人民军的战斗力更加加强，转入决定性反攻的各项条件造成了。正在这个时候，中国人民志愿军来到了朝鲜前线，与我们并肩作战。"

第六章
狭路相逢

　　韩军第 6 师 2 团在团长咸炳善率领下，按照战斗队形，向中朝边境挺进。他以为前方的道路上已经铺满了金达莱，他将成为韩国的英雄，万古流芳。

　　不幸的是，志愿军已经在他的前面布下了"口袋"，等他来钻。

　　志愿军第 40 军在两水洞、丰下洞对韩军的围歼战，拉开了抗美援朝的序幕。

1950

朝鲜

38军军长梁兴初、政委刘西元带着志愿军高级干部会议精神，立即赶回驻地，召开军党委扩大会。会议气氛异常热烈，大家既对能够出国作战为国争光感到无比兴奋，又有第一次出国与世界上最强悍的敌人交火的紧张。会议既研究讨论部队入朝后的军事、政治、群众纪律及与朝鲜党政军民的团结问题，又研究如何对联合国军作战时以己之长、击敌之短问题，还分析了出国作战可能遇到的各种困难及相应措施。最后，政委刘西元带着他的江西腔作了总结："38军作为中国人民志愿军序列并首批入朝参战，这是十分光荣的，我们决不能辜负党中央、中央军委、毛主席和全国人民的信任，要打出国威、军威！"

各师领导返回各自驻地，立即开始了紧张的临战准备，大家按照军党委的指示要求，把统一部队的思想放在重要位置。在首先抓好团以上干部思想认识的基础上，对全体指战员进行了再动员、再教育。据政委刘西元回忆：军政治部组织编写了"三个着重讲清"小册子下发各部队。第一，着重讲清"该不该打"。针对入朝作战是"穿蓑衣救火——引火烧身"的消极思想认识，开展"邻居失火，我们该怎么办？"的大讨论，使指战员认清朝鲜是中国唇齿相依的邻邦，如果不入朝，将在家门被迫应战，那时将招致更大的灾难，把救邻与自救、爱国主义与国际主义结合起来，认清了抗美援朝就是保家卫国的实际行动。第二，着重讲清"能不能打的问题"。针对美国侵略军装备最现代化，而我军还是步枪、手榴弹的落后状况，产生这仗无法打的想法。既讲美军装备优势是真老虎，又讲其侵略的非正义性、失道寡助、气势低落、内部矛盾重重。而我军士气高昂，有人民群众支持等优势，使指战员认清了敌我，看清了美帝国主义的"纸老虎"本质，树立了仇视、蔑视、鄙视美帝国主义的思想，增强了胜利的信心。第三，着重讲清战争不可能速胜。针对入朝不出三个月就能把敌人压下海的想法，讲明敌人的力量还很强大，不可能轻而易举地获胜，不能盲目乐观，使指战员增强对这场战争艰苦性、复杂性和长期性的认识。

就在部队正如火如荼地开展政治思想教育的时候，接到"志司"命令，38军立即由铁岭开往中朝边境城市辑安，并紧随42军渡过鸭绿江进军朝鲜，占领熙川地区。

为使部队能尽早抵达作战地域，梁兴初一方面要求后续各部迅速向辑安集中，一方面命令先头部队加速前进。

22日清晨，338团到达辑安刚下火车，梁兴初立即召见团长朱月华和政委邢泽，命令他们继续乘火车出发，到朝鲜前川与志愿军后勤3分部汽车团汇合后换乘汽车，先机抢占狗岘岭。并转达"志司"要求，部队一律夜晚行动，白天隐蔽。

因辑安车站没有足够的车皮，当晚1、3营乘火车先走，2营和团直属队，由谢春林副团长和政治处主任崔浦带队，徒步跟进。由于联合国战机的反复轰炸，朝鲜的铁路已基本处于瘫痪状态。到1950年年底，朝鲜仅存的铁路通车里程为384公里，火车时速不足10公里，汽车平均每夜行驶里程不超过40公里。

此时，338团乘坐的列车只开到别河里，就因车站遭轰炸而无法通行，部队只好下车步行。

338团步行到前川，找到了后勤3分部的汽车团。碰巧，汽车团的负责人是解放战争时期本团3营的一位指导员。在异国他乡见到老部队老战友，激动心情难以言表。当听说338团有紧急任务，二话没说，立即把汽车上的高粱米全部卸下，让338团上车。但可惜车辆太少，只能运载一个营。团首长只好让参谋长胡光带领3营先走，抢占狗岘岭。

部队进军迟缓，梁兴初甚为焦急，他要军部督促各师，想尽一切办法加快行军速度。然而，还未等与各师联系上，军司令部乘坐的卡车翻进峡谷，造成几位科长负伤，其中作战科长王乾元伤重牺牲。

意外事故造成很大损失，满编的38军49015人，还未接触到敌人就开始缺编了。梁兴初痛心地说："这还没打仗呢，就先失掉了这么多骨干，教训呀！教训。"

为此，他亲拟电报，要求各师：一、想尽一切办法加快行军速度；二、注

1950 朝鲜

意安全，保持部队的战斗力。

113 师 338 团 3 营指战员以为有了汽车，抢占狗岘岭应无问题，但没想到，汽车才开出去几十里，就遇到麻烦。从平壤撤下来的大批党政机关团体和外国使团车队，再加上避难的人群、牛车、手推车、自行车沿路涌来。山间三级公路异常狭窄，坑洼不平，一边是山崖绝壁，一边是峡谷深渊，路面阻塞，汽车根本无法前进。

3 营肩负抢占狗岘岭的战斗任务，心急如焚。113 师副师长刘海清一时性起，主张把挡路的车辆推下山去，清出条通道。但被闻讯赶来的 113 师师长江潮严肃地批评一顿，教育大家这是如何对待朝鲜人民的态度问题。因为出国进行爱国主义、国际主义教育时要求部队尊重朝鲜人民、尊重朝鲜领导。没有办法部队只能礼让，师首长亲自指挥、疏导交通，让北撤的朝鲜车队、人群先过。

但是，机会稍纵即逝。等到部队车辆可以行驶时，天已大亮，运输兵力的汽车完全暴露在光天化日之下。由于山间路窄，汽车难寻隐藏之地。不久像是得到消息一样的联合国军军机临空轰炸，几分钟的工夫，全部汽车葬身火海。至此，部队只好靠双腿向狗岘岭疾奔。部队干部战士心里的那份窝囊难以言表，只好不断地命令自己的双腿，加快，再加快。

在急匆匆的行军中，迎着从前线溃退下来的北朝鲜的残兵败将，夹杂着政府的官员以及溃逃中头顶包袱的老百姓。汽车、摩托车、马车、牛车加上人力车向北车辆和向南的志愿军部队拥挤在狭窄的公路上，大家的服装一样，不同的是前进的方向不同，精神面貌不同，有时两军也互不相让，吵杂吵闹声以及铁器的碰撞声不绝于耳。逐渐有向北败退的军官跑过来向疾步行军的战士打听，回答的只是如同哑巴回应——净是"啊啊"。人民军心里一阵窃喜，中国人来了。当我们的朝鲜族联络员问道："多木（同志），哪边走？"回答的却是在相反方向鸭绿江边的满浦集合。

"他娘的，这份受罪。"刚刚从 38 军作战科长位置上生磨硬泡下来，到

112 师 335 团当团长的范天恩恶狠狠地骂了一句。他离开了军司令部，没有了汽车，只能依靠自己的两条腿行进。虽然整个 38 军才 100 辆汽车，但是，在刚刚入朝的志愿军 4 个军中，也不过才有 140 辆，38 军占了多一半。但是因为"志司"来了命令，除了被炸毁的，全部让给 42 军，他们只能步行了。不知是习惯了走路的步兵不宜乘车，还是没有乘车的命，当范天恩听说接替他担任军作战科长的抗战干部王乾元，在拥挤的道路上，因为摸黑行车不敢开灯，又加上乡间三级公路过于拥挤，司机为了避让突然出现在眼前的朝鲜汽车，方向转得过大，汽车翻下山沟，王乾元伤势过重，不治身亡的消息以后，眼里充满泪水，嘴里念叨着："老王，你是为我死的，我要不下来，也会在那倒霉的车上。"

政委赵霄云一个劲劝他。

1950 年初春，38 军除 114 师在滇南战役结束后奉命北上在湖南剿匪外，其余部队由广西柳州北上行至河南信阳，命令来了，要求部队在此休整，利用当地的地理优势，投入到农业生产和运粮任务之中，以打击上海投机资本利用物资匮乏，大搞投机生意，囤积居奇，引发全国性物价上涨浪潮。

部队一边生产，一边搞动员，并准备让一些同志复员到地方工作。任务下达以后，部队贯彻起来难度较大，因为人都有感情，在什么地界待的时间长了，感情自然就会产生。38 军党委按照政治任务的命令下达到各团，任务层层分解，干部分别做复员干部战士的工作。不巧的是刚刚给干部战士做完思想工作，转业的命令也下达了，口舌费了一大堆，干部也调换了，机构也精简了，自动枪也都交给三野准备打台湾，其他刀枪也入库了，麻雀都在炮筒里做了窝。这时来了命令，部队停止转业复员，干部一律归建，恢复军部医院、后勤等保障部门，开赴东北成立东北边防军。

命令要求 38 军要在一周之内完成部队集结北上。在信阳地区方圆 600 里地面上的 38 军各部，要一下子收起来，谈何容易。有复员准备回家的，有在当地找好了工作的，有准备结婚娶媳妇的，现在都统统停止，部队就是部队，

1950
朝鲜

军令如山。当时命令战士复员是政治任务，现在命令集结依然是政治任务，是不同阶段的政治任务。部队只好自己给自己做工作，自我安慰一下，然后出发。而军首长关注的是要在短期内把已经涣散了的军心收拢起来，把调换走的骨干迅速归队，让他们迎接更大的考验！

1950 年 10 月 23 日，部队进入朝鲜时，战士王玺作了一首新体诗《再见吧，祖国!》

> 披一身追剿穷寇的仆仆战尘，
>
> 怀一腔誓歼强虏的熊熊怒火，
>
> 今晚，我就要向你告别了啊，
>
> 再见吧，我亲爱的祖国！
>
> 我们刚刚送走了内战瘟神，
>
> 这里又闯来了杀人恶魔，
>
> 祖国啊，你忍受着亟待医治的遍体鳞伤，
>
> 又向人类正义吹响了保卫和平的战斗号角。

335 团过了鸭绿江以后，正在满浦以东的一条大河边疏散休息，突然接到师长杨大易的命令，要他们迅速向熙川集结，接受新的战斗任务。团长范天恩连忙组织部队拔腿向熙川进发。

"告诉 1 营长，把身上这身皮扒了，我们堂堂正正地走我们的路。要不哪天才能赶到熙川？"范天恩对副团长孙洪瑞说。志愿军入朝时的着装问题经过请示中央军委，得到的答复是：将人民解放军的红五星帽徽和胸章摘下来，穿着不带中国人民解放军任何标记的原有服装。团以上干部穿着朝鲜人民军校官服装。

"团长，上级叫我们注意隐蔽。"副团长孙洪瑞提醒道。他心里念叨说："你真是个范大胆，连军司令部的命令都敢违抗？"

在一边的 1 营长王宿启附和道："是啊，团长，我们初来此地，人生地不

熟，语言又不通，万一有个特务，我们也看不出来，暴露了目标。"

"隐蔽？你没看都把我们也当成败兵了？连路也不给老子让，我可怎么行军？不过你说的也对，下次你改当我的参谋长。"说着话，范天恩也笑了。

政委赵霄云叹口气，无奈地摇了摇头，冲一营长王宿启一笑，轻声地说了一句："执行命令吧！"1 营长王宿启望着走过来的 2 营长陈端文和教导员刘成斋说："伙计，快点脱吧，团长又火啦。"

2 营长陈端文狡黠地一笑，"睁开你的狗眼看看，我穿的是什么？"

"嘿！"王宿启也笑了，"看在解放军制服的份上，先饶你一回。"

"一营长，下次也轮不上你！"2 营副营长陈德俊带着战士们给王宿启起哄。

"坏了，掉进贼窝里，有理说不清。"王宿启嬉笑着说。

同样的问题在 13 兵团司令部也出现了，但是因为作战处副处长杨迪的一次巧妙创意，化解了抢路的矛盾。兵团司令部通信科长罗长波是个老红军，在司令部资格最老，发给他一套朝鲜人民军将军服装。杨迪找到他："老罗，这下可以试试你的带大黄穗的将军帽显不显灵了，请你的车开到前边去，举起帽子摇晃，让人民军看到将军来了，看他们让不让路。"罗长波果真穿上朝鲜人民军的将军服，站在车上，挥动手臂，示意朝鲜人民军让路。朝鲜人民军军官看见是人民军的将军连忙敬礼，并把部队带开。只是对讨好他的人民军军官一句感谢的话也没有，只会瞪眼——不会朝鲜话。

"我擦好了三八枪，我子弹上了膛，我背上了子弹袋呀，心眼里
直发痒，我挎上了手榴弹，给顽军的好干粮，我刺刀拔出了鞘呀，刀
刃闪闪亮，我奋勇永当先，指东就到东方，我手榴弹开了花呀，叫他
把刺刀尝，别看他武器好，生铁碰上了钢，我撩倒一个俘虏一个，撩
倒一个俘虏一个，缴获它几枝美国枪嘿，我撩倒一个俘虏一个撩倒一
个俘虏一个，缴获它几枝美国枪！"

这首《战斗进行曲》就诞生在 1946 年的 10 月。现在，团政委赵霄云脑子里一闪，记起了在文艺表演时唱的歌，忘记了注意隐蔽的命令，不由自主地哼

1950

朝鲜

唱起来，随即身边的战士也低声附和着唱了起来。1 营长王宿启提醒的要注意保密的话，一时间给忘了。被混在北朝鲜败兵当中的韩国特务分子抓住了把柄，以立功受赏的心情，连夜发报给远在日本东京的远东情报部少将主任、出生于德国的情报专家、被麦克阿瑟誉为"我的多才多艺的能讲流利西班牙语的助手"查尔斯·威洛比，报告他中国人出现在北朝鲜的土地上。其实，这种小特务角色是战争中最可怜的人物，他们的情报往往不被重视。由于他们不是难民就是"越界者"，受训不足，又不被看重，生还者仅有 1%。级别较高一点的特工主要来自变节的朝鲜军官。这些人受训后会被送到朝鲜游击队活动区域，运气好的可以偷偷溜回原部队，潜伏起来做"鼹鼠"。而大多数人就没有那么幸运了，被处死的是大多数。

部队的行进，因为服装的变化让处在黑暗迷茫中的北朝鲜军队多少看到些曙光，部队一会从中间插过，一会又从公路下面绕过，忽上忽下、忽左忽右，连走带跑地行进。解放战争时期的东北野战军 1 纵，1948 年 11 月正式组建为 38 军，现在以中国人民志愿军的名义进入朝鲜。

应当说明的是，为了避免显示中国全面参战的意图，开始在军委作战部部长胖子将军李涛那里写的是"支援军"，10 月 8 日，毛泽东签署进军命令时，吸纳了各方面的建议，正式采用了"中国人民志愿军"的称号。虽然名称变了但部队延续中国人民解放军的番号，而不是按照志愿军 1、2、3 军排列下去。

梁兴初告诫部队，以后我们不能再称呼是"林彪大军"，要一律对外称呼是中国人民志愿军！

部队行进的速度明显加快了。范天恩的脚步也不断的加快。此时，迎面而来已经没有了朝气的北朝鲜士兵，双眼惊恐，脸如焦炭，身上破衣烂衫，但有的人却背着苏式"波波莎"圆盘冲锋枪，正式型号是 PPSh41，盘式弹夹可以容纳多达 72 发子弹，而志愿军最好的捷克 ZB26 大鼻子轻机枪的弹夹仅容纳 20 发，一枝冲锋枪几乎相当于 3 挺轻机枪的持续火力；有的人还背着一截像是洋铁皮烟筒一样的东西（反坦克火箭筒），还有的人腰带上别着大号反坦克手雷，更有苏制 14.5 毫米口径被美军称作"水牛枪"的 PTRS 反坦克枪。此时朝鲜军队延续"二战"时苏军的模式。每个师配有 12 门 122 毫米榴弹炮、24 门 76 毫米加农炮、12 门 cy-76 型自行火炮、12 门 45 毫米反坦克炮和 36 挺 14.5 毫米反坦克枪；每个团装备 6 门 120 毫米迫击炮、4 门 76 毫米榴弹炮和 6 门 45 毫米反坦克炮；每个营有 9 门 82 毫米迫击炮、2 门 45 毫米反坦克炮和 9 挺 14.5 毫米反坦克枪。连有 61 毫米迫击炮。

"不对！"范天恩心里咯噔一下，老天爷，北朝鲜部队的装备比我们强得多，怎么还败成这个样子？这不是打"蒋该死"，这也不是打小日本，美国人、联合国军是个啥样子？心里没个谱可要吃亏。正好 2 营 5 连 3 排的队伍走在他的身边，范天恩甩脸就叫："马增奎！"

正在行进中的队伍里马上有人答应："到！"

"出列！"

"是！"

一个年轻的排长飞步跑到范天恩的面前，立定敬礼。排里的战士们看见是团长在叫排长，心里不禁一惊，有什么事情？要团长亲自叫，都没有找个参谋。

其实，参谋何庆亮就在范天恩的身边，但是现在的参谋的身份有所变异：原来部队出发时，何庆亮正在休假，接到命令以后，赶到部队原驻地，这时部队已经开拔，他就捡了条最近的路线，跟随 39 军从安东进入朝鲜追寻自己的队伍。当走到泰川时，正赶上 5 架美军 P-51 野马式战机轰炸民房，何庆亮在一间倒塌后燃起大火的民房里抢救出一个趴在死去母亲身体上啼哭的婴儿，他把婴儿抱起来，背在了身上。当他追赶上队伍，向政委赵霄云汇报时，赵霄云给了他一个任务："这孩子由你负责，不准冻着、渴着、饿着，更不准伤着，你现在就是他的临时爸爸，孩子是革命的后代，直到有人愿意照顾他为止。"

他的老战友，刚刚从武汉市监狱长位置死磨硬泡下来，被中南军区组织部长梁必业特批回到老部队 38 军 114 师 342 团 2 营当营长的山东大汉曹玉海，

1950 朝鲜

看到何庆亮抱着个孩子，就打趣地说："我代表组织和你谈话，你为啥没有得到组织上批准，就擅自结婚？更不该生娃子。"

现在何庆亮也不示弱，回敬他："就许你怀里揣着人家武汉女护士给的绣花枕头入朝？我也代表组织郑重地警告你：永不变心！"

曹玉海转业时在武汉的一家疗养院休养，他的战斗故事感动了一位美丽女护士的芳心，她用爱情的甜蜜医治他的痛苦，并提出要和他结婚。可就在这时，朝鲜战争爆发，曹玉海要回到部队到朝鲜前线打美国鬼子。他把自己的想法告诉了她："我不是不需要幸福，我不是天生愿意打仗，可敌人要剥夺我们的幸福，我没有别的选择！"女护士见他主意已定，也不能阻拦他，连夜含泪为他绣了一对枕头，并用红线绣出"永不变心"四个大字，还附上一封信："不知什么时候能够相见，但我会等待，等待你胜利归来！"

但是，残酷的战争使得曹玉海后来失约了。

行军路上思乡的感慨，变成了两人说笑的话柄。

现在虽然何庆亮就在身边行军，范天恩也没有叫这位"临时爸爸"去找人。

"马增奎，听我的命令，去给我找个朝鲜兵的大官来，我要和他谈谈。"

"是！那，团长，我咋晓得哪个是大官？"

"你小子没长眼，没看见他们有肩章吗？去找三五个星星多、道道多的。"

"是！"马增奎飞快地跑走了。

过了好一段时间，范天恩的两棵烟都抽完了，才见马增奎和联络员拉着一个蔫巴巴、愣呆呆的朝鲜人民军年轻的军官过来。

范天恩一看就火了："马增奎，你竟敢糊弄老子，我叫你找啥样的，十三四岁的娃子？"

"不是哇，团长，我们找了半天，有肩章的就是这个连长了。"

"连长？"范天恩仔细地打量了一下，眼前的这位年轻的北朝鲜兵连长，看样子也太年轻了点，十三四岁的样子，就能当连长了？是重视年轻同志发展成长还是后继乏人？

"给我问问他到底是怎么回事？"

联络员和那北朝鲜军连长攀谈起来，几句话以后，那位连长回身借着微光在北朝鲜的败兵当中寻找着，忽然，拉住联络员的一角，小声说了一句，又用手轻指了一下走过的一个军人的背影。联络员马上飞快跑了过去，拉住那个人和他谈了起来，马增奎也转身跑了过去。范天恩眼前的年轻连长，见此机会，飞快地逃掉了。

马增奎带着一个身穿普通士兵服装的北朝鲜军人来到范天恩面前，联络员用朝鲜语告诉他说："这是 335 团的范团长！"

那人似乎是迟疑，又似乎是不情愿，也可能存在着怀疑的态度向他敬了一个不太标准的军礼。

范天恩马上回礼，用手拉住他，让通讯员递上水壶，给他喝水，然后，又掏出自己从祖国带来的大生产牌香烟，递给他一支，两个人之间逐渐拉近了距离，找到路边一个草堆上坐下攀谈起来。

"我叫范天恩，是中国人民志愿军 38 军 112 师 335 团的团长，我们奉命开赴前线。我想了解一下前线的情况。"

联络员刚要张嘴翻译，就听那人说话了："不用了小同志，我会说汉语。"说完，他转向范天恩。

"我是人民军第 6 师的上校团政治委员崔仁浩，师长方虎山少将①、团长崔仁德上校都是咱八路军出身，他俩是原四野独立 4 师的。我也在咱八路军当中干了两年。噢，我和你们 112 师师长杨大易是战友。你刚才不说，我还以为你们是游击队呢，对不起。战争开始时我们打得非常好，非常顺，把李承晚匪帮打得丢盔卸甲，狼狈逃窜，就连美国史密斯特遣队也让我们给打垮了，还生俘了美 24 师师长迪安。眼看打过大邱到了釜山，就把敌人赶下海去了。但是后

---

① 方虎山原名李红光，1948 年曾任中国人民解放军东北野战军序列第 1 兵团独立 4 师政委。后奉命率中国人民解放军朝鲜族师进入朝鲜。

来，后来，美帝国主义增兵了，他们从海上，从仁川偷袭了我们，我们的总参谋长姜健也触雷牺牲了。美帝国主义装备太先进了，他们的大炮口径比我们的大炮口径还要大，天上有无数架飞机不停地轰炸，那 500 多磅重磅炸弹，一颗就能把山头削平，海军爱德华战列舰上的巨炮，口径有 400 多毫米，能打出40 多公里，一颗炮弹下来能炸出一个篮球场那么大的坑。我们在山里经常受到来自海上的打击，那会儿，都不知道炮弹从哪里打来的。他们的潘兴 II 式坦克太厉害了，速度快，火力猛，稳定性高，一点也不比我们的 T–34 差，可我们的坦克太少。尤其到了釜山第五次战役的时候，我们的飞机、坦克、大炮都没有了，伟大领袖下命令让我们拼死一战，甚至连麦克阿瑟那老鬼子在仁川登陆都没有向我们传达。当我们遭到前后夹击的时候，我发现势头不对了，美帝国主义的飞机坦克大炮的猛烈程度超过了以往，我们的村庄、阵地，顷刻间，只剩下军事地图上的标记了。我知道事情坏了，朝鲜完了，我们打不过他们，没有苏联出兵救援是没救了。"

范天恩认真地听着他的话，崔仁浩为他提供了美军的大量资料，他还想再仔细问问，不想他最后的话，让这位久经疆场的老战士不高兴了，他刚要分辩几句，这时，政委赵霄云带着警卫员摸黑找了过来。

范天恩用手指了一下他："你的同行，我的搭档赵政委。"

赵霄云与崔仁浩寒暄几句后，崔仁浩转脸对范天恩说："范团长，不是我看不起你们，看在同志的份上，实话说，他们装备好、基数足。我看了，就凭你们这种装备，要想打败美国鬼子，简直是梦想。"

范天恩的脸一绷，心里的火苗一下子冲到了脑门。赵霄云知道他要发火，连忙用手拽了一下他的衣角。

崔仁浩接着说："不是我自家兄弟长敌人的威风，灭自家的志气。你们装备太差，光有志气，没有装备，等于送死。我们的装备再差，也大大强过你们，我看了，你们没有自动枪，没有反坦克武器，连一门大炮我也没有见过，就是小日本的三八步枪，中正步枪，几门六〇迫击炮，没有胜算的可能。上去了也是失败，肯定比我们败得更惨，不信你自己试。你听我说，不光这个，主要是美国人的飞机太厉害了，比小日本和老蒋的都强，飞机又多，一飞就是几百架一起来，铺天盖地，飞得又低，炸弹又多，投弹又准，老百姓门口放几双鞋都能够看清楚。尤其是那蓝色的，①炸完了还着大火，不被炸死，也得被烧死。我不多聊了，我们要马上赶到满浦，接受苏联的新式装备，准备和美国鬼子再战。再见吧中国同志，但愿你们能够成功。"崔仁浩站起来，整理一下衣服，向范天恩和赵霄云敬礼告别，这会儿的敬礼多少标准些。在他俩还礼的时候，崔仁浩抻着自己不合体的衣服笑着说了一句："保存实力。"说完转身走了。

朝鲜军官的话虽然不好听，但却道出了实情，也反映出了在朝鲜军队中存在的恐惧心理。

一辆由南向北行驶的朝鲜小汽车，与一辆向南加大马力开动的卡车抢路，突然小汽车被路上一块飞机轰炸滚落的石头卡住，车子悬空打个旋，一下子横停在了马路中央。大卡车急忙向一边躲闪，不想正好赶上被美军飞机轰炸的大坑回填的土质松软，卡车一歪，竟然滚到了山沟里去了。山下一片漆黑，335团的战士们连忙冲着山下喊叫，还好，听到了司机回音。范天恩连忙命令战士腰里系上绳子，慢慢放下去。不久，听到底下有人喊："拉绳子。"不一会儿，张宝贵驮着头部受伤的驾驶员从沟底上来了，卫生员连忙为伤员包扎伤口。

"你车上拉的是啥？"范天恩问。

"都是迫击炮弹。"

范天恩一甩手，"警卫连！"他大叫一声。

"到！"警卫连连长跑步站在团长面前。

"你去给我问问那傻小子，是怎么开的车？顺便，叫他把车子调过来，咱们得把沟里的卡车整上来。"

一会儿，警卫连连长回来了："团长，那小子说，他开的是领导的车，他

---

① 特指美海军战斗轰炸机。

们要按时赶到江界临时首都，不能管。"

"放他妈的屁！"范天恩一听就火了："他小子惹的祸，他倒端起架子来了，欺负我解放军不会开车，要不，我非把他也给整沟里不可。我说，你的枪把子是烧火棍不成。"

"是！"警卫连长带着联络员又跑了过去。不久，看到那辆汽车又开始发动起来，推开了托在底盘之间的石头，掉过屁股来对着山沟移动过来。

张宝贵带着几个人，顺着绳子又一次下到沟底，警卫连的战士们，也争先恐后地下来，有的推车，有的捡拾散落的炮弹。费了九牛二虎之力才把汽车从沟里拉上来，又把炮弹重新装在车上。受伤的驾驶员仔细清点一番，发现还缺少 5 枚炮弹。范天恩命令再去寻找。他掏出烟卷，划着火柴点了棵烟卷，刚要深吸一口，就听：

"团长！范团长！"一个极其微弱的声音，从路边的水沟里传来。

范天恩借着晨曦的微光，向路边望去，只见在路边的荒草堆上，向上伸出一只黢黑的手。

"范团长，我是你的兵呀！我是车成玉，你的车子。"

"车子？车子？你是车子？"范天恩扑了过去，他的身后跟随着作战参谋和警卫员。他从路边的土坑里抓起一把雪，在车子的脸上抹了抹，一张带着烟熏火燎和血迹疤痕的小脸映现在范天恩的眼前。

"车子真的是你？我的车子！"范天恩一把把他搂在怀里，他无法控制住自己的泪水，在寒冷的北风中扑簌簌地流。

"团长，我们败了，都败了。我对不住你，我不应离开你，我错了。"车子在范天恩的怀里号啕大哭。

"不怪你，不怪你，我的兄弟！"范天恩搂紧了他。

1945 年，山东军区第 1 师师长梁兴初、政委梁必业从泊儿镇战斗撤出，率领部队步行了 1 千多里到达东北锦西兴城一带，部队在路边休息。

这时，1 连长跑了过来："报告营长，我们在那架车子里发现了一个孩子。"

营长范天恩伸出一只手,就势从地上被 1 连长拉了起来,来到架子车旁。

只见在架子车的乱草堆里,曲蜷着一个人,身穿朝鲜服饰,脸色腊黄,身体羸弱,浑身上下颤抖着,挣扎着睁开双眼,求救般的看着来人。范天恩为他号了下脉:"别愣着了,快送团卫生队。"几个疲惫的战士抬起担架就跑。

一个月以后,四平保卫战中,正在营指挥所里端着望远镜了望敌情的范天恩,猛得听到指挥所外一片嘈杂,他出来一看,只见几个战士正在往地上按住一个人。范天恩大喝一声:"住手!"战士们看到营长出来,都怯生生地停住了手。被按在地上的人一个鲤鱼打挺从地上蹦了起来,咿咿啊啊叫着,谁也听不懂的语言,冲着范天恩就扑了过来,战士们还要制止,来人已经扑到在范天恩的跟前,双膝一弯,跪在了他的眼前,啊啊地连比划带叫,拉着范天恩的衣服,好不容易才听清楚一个字"兵。"范天恩一看,是上次在架子车里救过的那个男孩。

在四平保卫战中,由于敌众我寡、武器装备悬殊,再加上我军从未进行过阵地防御战,损失严重,战士伤亡很大,急需补充兵员。

这时,从敌人阵地上传出火光,炮弹呼啸着飞向我军阵地。范天恩挥挥手,炊事班长大老刘把那孩子拉了下去。

"大老刘,以后车子就归你管,半个月内,给我教他学会说话。"

"是。"36 岁的老光棍大老刘,打当兵那天起就在连里当炊事员,一天到晚总是乐呵呵地跟着部队南征北战,只要同志们吃好喝好,就是他最大的人生乐趣。家里的亲人都被日本人杀害了,见了小一点的战士就喜欢,心里总想着要是日本子不来侵略,他的孩子也该这么大了,部队就是他的家。

不久,一个说话磕磕绊绊的小鬼给范天恩当上了警卫员,一问还真姓车,让范天恩给蒙对了。

解放战争胜利的时候,上级来了命令,要所有的朝鲜族战士集合返回朝鲜。车成玉兴高采烈地报了名,向范天恩敬了礼,欢天喜地地说:"这回我可以使转盘枪,吃白米饭,搭 T34 坦克,回自己的家了,这支老套筒给您吧,按照毛主席的指示，您的汤姆式冲锋枪归我，我也先背走喽。"

......

"你还是我带的兵，没人会抢走你。你们谁也不要说，听到没有？"范天恩转身向着战士们怒吼道。

"是！"战士们的回答伴随着新一轮的前进，在旷野上回荡。

"电报！"通讯员把刚刚收到的电报交到范天恩的手里。电报很简单，只写着："迅速集结于熙川以北的文明洞、仓洞地区，准备歼灭南朝鲜军第 8 师于熙川以北。"

刚刚开走的炮弹车，又一次被迫停在了路的中央。负了伤的司机下来和前边的北朝鲜士兵吵了起来。

范天恩来到司机跟前一问才知道，原来负伤的司机因看不清前边的道路，瞬间打开了两下车灯。被美军飞机炸怕了的北朝鲜人民军士兵，怕招来美军飞机，竟然把汽车的车灯给砸坏了。范天恩举起枪把子真想揍那士兵一顿，但想起还要遵守外事纪律，不得不咽下这口气。这时参谋尹曰友递给他一份师部的电报，师长杨大易命令："敌情有变，命你团在满浦自筹车皮，乘车开进迎战。"看完电报，范天恩掏出地图，发现不远处前川有个小火车站，就命令侦察连带着联络员去火车站碰碰运气。

到了火车站，还真不错，一列火车就停在车站里，司机在调度室里休息。经过解释，站长竭尽全力，为他们找到一部机车和十几节车皮。范天恩让 1 营长王宿启把司机请出来，命令全团上火车，原本要 3 列车才装载的团队，全部硬挤到一列车上。可是，车厢实在太少，坐不下那么多人，1 营的人刚上去就已经坐不下了。范天恩就命令把辎重放到车厢里，战士们出来，或者坐在车顶上，或者扒在车厢边上，火车头的上上下下也坐满了人。车厢里人贴人，无法转身，机车两侧也站满了士兵。极度超载的火车像疲惫的老牛，喘着气缓慢行进。有坐在煤堆上的战士，因为铲煤时，把底下掏空，形成了空洞，车开动以后，随着车身的晃动煤堆塌陷，把战士摔到取煤口，险些被司炉工铲进火车灶膛里去。火车不敢开灯，让战士们用手电照亮，行进的速度一点也不比走着快。好不容易列车爬上一个高坡，猛然发现前方隧道里塞满了躲避联合国军机的列车，司机赶忙紧急制动。由于车皮撞击过大，致使连接挂钩断开，费了九牛二虎之力才爬上高坡的后半部列车，由于惯性顺坡倒溜回去，而且越溜越快，风驰电掣，转眼不见了踪影。急得范天恩火冒三丈，派人顺铁路回去寻找。

折腾了大半夜，终于在10公里外找到了那半个团。没有办法只好沿着公路步行往回走，想快却快不成。他命令部队跑步追赶，不料刚跑几步突然一阵爆炸，又炸死了几名战士。这是一种美军飞机投掷的莫洛托夫兰触发式炸弹，战士们形象地称之为蝴蝶弹，就是一颗大炸弹里装满几百个小炸弹，从飞机上投掷以后，这些小炸弹就从大炸弹的壳子里散出来弹翼借助风力旋转，自动打开，形似一只只蝴蝶在空中飞舞，张开双翼落到地上形成待爆状态，如果有车辆和行人触动马上就会爆炸。

范天恩顺手抄起一挺轻机枪，对着前面的道路就是一梭子，随即引爆了几枚蝴蝶弹，可是没有打到的还静悄悄地卧在那里，像是示威一样张着一对翅膀，看着让人生气。

这可怎么办？"志司"的命令是"速到"，而眼前的这种状况，无疑会迟滞部队行进的速度。每个战士携带的弹药是有限的，总不能都用来打炸弹玩，那到了战场上，用什么打敌人呀。

范天恩气恼地一屁股坐在地上："休息，休息。"两腿向前一伸，两只胳膊撑在了身后，不料手上扎了个东西，疼得他差点叫出声来，他用手在地上轻轻地将着地皮一扫，就把那个扎手像是触角水雷一样荆棘籽摸到了，刚拿到手里，没想到又被刺中指甲缝，又是一阵钻心的疼痛，他重新用手在地上扫了一下，那个荆棘籽终于被他捏到了手里。忽然他像是触发了什么灵感，大声叫："张宝贵！"

1950 朝鲜

"到!"张宝贵从黑影里冒了出来。

"给你个任务,去找一根绳子来,越长越好,快!"

"是!团长,电线行吗?"

"行。"话音未落,只见张宝贵已经把大枪背在身后,双手抱住电线杆,甩掉两只鞋子,噌噌几下爬上了电线杆,一会儿,人又哧哧落了下来,手里攥着一大把黑色电线,递到范天恩面前。大伙不知道团长要干什么,都痴痴地望着他。范天恩找到了电线的一头:"拿着。"递给了张宝贵,另一头找到递给了邢玉堂:"中间在哪儿?中间?你们俩别愣着,小张,你上马路那头去,给我找块石头。"

排长李克先递给他一块石头,被他用一段电线拴住,坠在电线的中间,然后,一用力把石头向着马路前边扔了出去,回头命令张宝贵和邢玉堂:"你们俩分别往回拉,往回拉电线,面积越大越好,动作要快。"

两人按照团长的命令迅速收紧电线。落到地上的电线,在回收的过程中触动了蝴蝶弹,轰轰几声爆炸,把大家炸明白了,纷纷仿效往四面八方扔电线扫雷。

这个问题刚解决,新的问题又来了。部队没走几步,远远地听到美军夜航机的声音,因为是夜间,范天恩以为敌人没有办法对付黑夜中的中国军队,就没有当回事,命令部队继续前进。可没走几步可糟了,围着部队行进四周的山头上接连不断升起信号弹,外号叫"黑寡妇"的美军夜航机,立即顺着信号弹升起的地方投下照明弹,黑色的天空霎时变成白昼,原来在黑暗中行进在公路上的部队,一下子变成了灯下的人影,顿时成为了美军飞机的轰炸的目标,接着俯冲下来的飞机对着行进的队伍就是一顿扫射。

"隐蔽!隐蔽!"这时范天恩才想起来招呼部队隐蔽。可是,已经给部队造成了损失。各营不久报上来了损失情况。1营伤3亡4;2营伤2亡1;3营最惨伤10亡7。部队继续行进。

不对,范天恩心里想。从山峰上升起信号弹,到飞机来到部队上空,时间不会超过 2 分钟，难道敌人是长了眼睛，看到了地上行军的部队？一定有鬼！他把这个想法告诉政委赵霄云以后，政委也有所怀疑，马上召集团党委开会商讨对策，明显已经来不及。正在这时，2 营副营长陈德俊率队走了过来。他张嘴就喊：“二营副！”

“到！”2 营副营长陈德俊出列跑到团首长的跟前。

范天恩托着自己的下巴，说：“你都看到了，美国鬼子已经把特务安插在咱们跟前了，部队左面是悬崖，右面是秃鲁江，那些个特务没有地方去，他们发射完信号弹一定就在这朝鲜败兵里头，我们可不能放过他们，你去给我抓干净！不能留住他们祸害人。”

“啊？团长，我又不知道哪个是特务，咋个抓法？”

“你就那么笨？就干等着敌人来炸你？”范天恩瞪起了眼睛。

政委赵霄云看到陈德俊犯难，就提醒他说：“看你是来明的还是暗的？明的，就是公开检查证件，你先收几本当样子，别弄差喽，看见有不对劲的先扣住再说；至于暗的嘛，要看你有没有这个功力，带膀大腰圆的几个战士，端着枪站在败兵前头，看见有躲闪的，眼神不敢看你的，年岁 30 往上，穿着士兵服装或者是老百姓服装，主要的是身上明显地没有携带武器，看见就抓，肯定没问题，我们负责审问。”

“是！”陈德俊像是得到了秘方一样，转身就跑。

事情就像范天恩预料的那样，不到天亮，就抓了十几个韩国特务。经过审问他们是受美国远东军情报部派遣来进行侦察、破坏活动的。据特务交代，早在 335 团刚刚进入朝鲜，就被他们发现，并一直尾随着他们，不断发报给美军，把飞机招致预定地点，然后，发射信号弹指示目标。令范天恩吃惊的是，他们已经知道中国人民志愿军入朝，而且已经如实上报。按时间推算，此时绰号“老鸦”的威洛比的情报专稿已经放到了麦克阿瑟的案头，明白告诉他，中国参战了。威洛比带有德国人的执着与认真，告诉华盛顿的官员说：“苏联可能认为自己不介入冲突而让共产党中国的几百万无所事事的军队去承担此项任

1950 朝鲜

务，以实现其让美国的资源在东方老鼠洞中耗尽的总计划，既省事又省钱。"

他的判断是正确的。

"坏了！"范天恩心里咯噔一下，浑身上下顿时变得寒冷起来。"是我命令部队脱去了北朝鲜的军服，是我暴露了部队的目标！天啊！这关系到志愿军的命运，我这个脑袋就是搬了家，也无法弥补呀。"

"老赵。"范天恩一下子抓住了政委赵霄云的手，他颤抖的心带着颤抖的手说："老赵，我的罪过大了，不是简单脑袋搬家就能够弥补的，这个错误，我先承认下来，组织上来追究的时候，你告诉组织我已经认错了，可现在先别枪毙我，等我亲手杀死几个美国鬼子以后再枪毙我不迟。"

"老范，有错也有我一份，你挨枪子，我也得脑袋搬家，正好。不过就是你说的，没有在战场上死，多少有些冤，还是让我们算计怎么多多消灭敌人吧。"

"团长，要死俺替你死！"身边的车成玉插进来说一句。"年纪轻轻的说什么死？不打鬼子不能说死。"范天恩摸着他的脑袋心里泛起一阵酸楚。

他们的担心不是没有道理的，不仅特务已经把情报传了出去，就是美军也已经抓到了志愿军的俘虏，并通过审讯得知中国人民志愿军已经入朝，不过由于供词中的54、55、56部队番号根本就不存在，使得美军产生了错觉，尤其一名志愿军俘虏说自己部队的番号是第8军第5团，更让美军迷惑不解。当时的CIA在东京的工作得不到麦克阿瑟的支持，三个人连一个像样的办公室都没有，还限制他们在防区活动，所有外出都要受到麦克阿瑟指派的日本特务的监视，麦克阿瑟压根就不相信别人的情报机构。战争开始后，中情局日本工作站才在日本厚木空军基地旁边找到一块落脚之地。远东美军情报部对这"8军5团"的口供煞费心机，通过与台湾国民党情报部门沟通，最后发现纯属谎言。所谓第8军应属于中国部队的一野，部署在西北，而且这个番号早在一年前就已经撤销；所谓第5团，按照中国军队三三建制的排序，按理应在第1军，威洛比将军命人再进一步核实，最后得到确切消息，中国第1军驻扎在中国腹地青海，根本就没有向外派出过部队。同时因为主观上认为中国介入朝鲜的时机已经错过，在美军势头正旺的时候中国不会来玩火。

台湾国防部保密局局长毛人凤既无学历又无资历，被军统的老牌特务看不起。但此时他提供给联合国军的情报却是准确的。远比他的后任叶翔之做事"实在"。叶翔之继任以后，为了蒙蔽蒋介石，捞取政治资本，就用几十人不同的笔迹，在各式信封上编写普通人的信件，然后收买行驶港穗的船员，在广东各地投递到港澳的指定地点，再用密写药水抄录一遍，冒充台湾潜伏在大陆的特务来信。如果联合国军向叶翔之伸手要情报，那么被"忽悠"的可能性就更大。

心怀疑虑的美第 10 军军长阿尔蒙德将军，亲自来到前线，察看战场现状，发现志愿军的尸体上没有军衔的标志，穿戴和俘虏一样，使用极其简单的日本制式步枪，没有重装备，甚至没有一门像样的榴弹炮。他亲自审问了因为迷失方向，冒冒失失向韩军打听路线时被抓的 42 军 370 团运输队的 10 名战俘。因此阿尔蒙德延续了威洛比的判断，不可能是中国大规模介入，即使眼前有几个参战士兵，也可能是志愿人员加入到北朝鲜的部队作战。他根据运输队携带的物资推断，志愿人员最多不会超过 5000 人。他的判断随同第 8 集团军沃克司令有关中国已经参战的情报一同汇集在了麦克阿瑟的桌前。但是，作为美国前远东军参谋长的阿尔蒙德的情报远远大于作为巴顿的部将外号"虎头犬"沃克的情报价值。由于麦克阿瑟的远近亲疏，把一份有价值的情报给淡化了，最后导致他付出了惨重的代价。从另一个角度上说，也挽救了范天恩等人，纯属侥幸。

天快亮时，队伍进入树林并进行伪装隐蔽休息。

路过 334 团 2 营的防地时，发现抗日战争时期的二级战斗英雄 2 营长冯怀玉正耷拉着脑袋站在部队的前面嘟嘟囔囔地念叨着什么，副团长朱家礼气哼哼地背着手在一边虎视眈眈地站着。

"爱护朝鲜人民的一草一木，应该怎样认识，我学习得不好，观念不强，

1950

朝鲜

121

没有向你们讲明白，使你们砍了树，破坏了朝鲜的树木，违反了群众纪律。我们抗美援朝，不能忘记维护朝鲜人民的利益。仗打完了，朝鲜人民还要生活，我们不仅要为朝鲜人民想到今天，更要为朝鲜人民想到明天！"

朱家礼看见范天恩和赵霄云走了过来，连忙向他俩敬礼，冯怀玉也停止了话音。

范天恩笑呵呵地对朱家礼说："老朱，看样子有人不听话了，啊？"说着话，使劲朝2营长冯怀玉挤眼。

2营长冯怀玉臊得满脸通红，恨不得把脸扎在地上。

范天恩上去用双手捧住冯怀玉的脸使劲给他正过来，看着他的那样子："看着我，哈哈，老朱，你白费劲，人家冯营长不服呀。"

朱家礼说："您还真说着了，明明是两棵树，他非说是树枝，结果给砍了。"

"啧啧，还真让我给说着了。老赵，我是不是也得做检查？冯怀玉，我命令你，把检查给我，以后我遇到这事时也可以抄一把。"说着，一把抢过冯怀玉的检查，"坏了，咋才仨字？"说着嬉笑着走了。撵上自己的部队，范天恩命令警卫连放出流动哨和隐蔽哨以后，自己和赵霄云靠在树干上迷糊起来。

不知过了多长时间，突然一声清脆的"啪"的声响把范天恩惊醒，他警惕地顺手拉了一下身边的政委赵霄云，从腰里拽出了驳壳枪，从腿上一蹭打开了机头。在他不远处的树丛后面出现十几个晃动的身影，正在悄悄向这里摸过来，刚才的响声就是这些人踩到了树枝发出的声音。

范天恩就势倒在地上，用脚踹醒了一边的警卫连连长，没让他出声，暗暗地叫醒其他的战士，大家迅速进入战斗状态，步枪上的保险全部打开，枪口指向了眼前的人影。这时1营长王宿启已经带人摸到了那十几个人的身后。

身披伪装的韩军别动队逼近了正在树林里休息的中国军队，就在他们以为马上就可以偷袭成功的时候，身边突然蹦起无数个身影，在听不懂的杂乱话语当中黑洞洞的枪口，指向着他们。

好险啊！范天恩心里一阵懊恼，进入朝鲜还没有打仗，就差点被人家别动队给端了窝。经过审问才知道，这股小部队就是要渗入到敌后搞暗杀、偷袭一类的。进一步审查，俘虏交代说，这样的别动队还有不少被派到北朝鲜。他们跟踪部队到了树林以后，干掉了游动哨，而警卫连布置的潜伏哨上的战士由于过度劳累在哨位上睡着了。

问完了俘虏，把缴获的武器分给了警卫连，俘虏交给了北朝鲜士兵。范天恩把警卫连连长狠狠地训了一顿，又将刚才发生的事情写成一封信，让通讯员王伦送往师部。

1950 年 10 月 25 日清晨。

在 6 月 25 日春川保卫战中赢得显赫声誉、被称作"春川磐石"的韩国第 6 师，其 2 团团长咸炳善集合部队，趁着浓浓的晨雾，按照战斗队形，2 营在前，1 营在后，3 营作为预备队和坦克、炮兵中队乘车随后跟进，从温井出发，目标是北镇，最后到达中朝边境的碧潼。

"报告！"3 营负责监听的情报官鼻尖上冒着汗珠喊。

咸炳善接过话筒，耳机里传来情报官惊慌的声音："报告长官，我窃听到有中共军介入的谈话。"

"你听清楚啦？"

"是的，没错，他们的通讯时断时续，好像有几个军。"

"继续监听！"

"是。"

咸炳善与第 6 师师长金钟五准将通话："报告师长，我们发现有中共军队活动的迹象。"

金钟五哈哈一笑："老弟，你太神经质了，我们刚刚开过会，刘载兴将军并没有说我们情报中有你说的这种情况。老弟，你的任务就是防止再出现叛逃的士兵，要加强政训工作，整顿纪律，加强领导。命令你的部队大胆前进，谁先到了鸭绿江边，谁就是英雄，谁就是李总统的座上宾，老弟，前进吧，不要让美国人低看了我们。"

有了师长的话，再加上楚山是昨晚韩军 6 师先遣 7 团刚刚走过的路，又是在白天，美国人的飞机像是夏天里围着人叮咬的蚊子，在空中掩护着他，没有制空权的敌人，是说什么也不敢白天造势的。咸炳善像是吃了定心丸，踏踏实实地坐在汽车里，让摇动的汽车化为儿时的摇篮，尽快回到梦乡中的极乐世界。

此时，在韩国第 6 师第 2 团前面，是孤军奋战的志愿军第 40 军 118 师 354 团。他们在朝鲜北镇郡以西的大榆洞接受彭德怀的命令以后，迅速赶到丰下洞和两水洞一带构筑工事，因为要在这里和敌人遭遇。

昨晚构筑了一晚上的工事，清晨来临的时候，战士们也有些累了，纷纷靠在一起用各自的体温取暖。松枝带着枯叶凌乱的被一层薄雪覆盖，一不注意，低垂下来的手臂或是歪倒的身体，就会压出一片喀吧喀吧的声响。山下的稻田、房屋逐渐清晰，远处的清川江两边挂着洁净的冰花，江水在江心静静流淌。山下的灰白色的公路，像是一条刚刚褪去的蛇皮，在曲卷中向远方延伸。

早上 8 点刚过，就在这片寂静中，突然从远处传来了喧闹，公路上扬起了烟尘，韩国第 6 师第 2 团的将士们争先恐后地在公路上飞驰。从温井出发的第 3 营，尖兵连乘坐 3 台满载的大卡车，后面是拖着 12 门榴弹炮的 10 多辆卡车和一个连的坦克，再向后就是满载步兵和辎重的 20 多辆大卡车。他们本应是最后出发，可能是受金钟五的话的影响，立功心切，竟提前出发，出来不久却超过了已经出发的 2 营和 1 营步兵，作为预备队倒神气活现地冲到了队伍的前边。

志愿军第 40 军 118 师 354 团团长褚传禹，于 1938 年 6 月参加抗日游击队，一年后加入中国共产党。从班长到连长，经历过无数次枪林弹雨磨炼，冲锋陷阵，英勇杀敌，参加过著名的四保临江、辽沈战役、平津战役、广西战役和解放海南岛战役，从祖国的北疆打到海南，为全国解放立下了赫赫战功。新中国成立后，调任第 40 军 118 师 354 团任团长。这位打了十几年仗的老兵被眼前的阵势搞晕了，谁见过叫炮兵当先头部队的，和洋人打仗真怪，什么玩意儿都出他娘的洋相。

354团的阵地上响起了命令投入战斗的小铜喇叭声。正在酣睡的战士们从睡梦中惊醒，纷纷抄起武器，进入战壕。褚传禹举着望远镜，只见韩国士兵乘坐着大汽车，像是如入无人之境，吃着苹果，哼着小曲，义无反顾地向前奔驰过来，身后的步兵汽车被甩得远远的。褚团长知道，354团身后的两水洞是118师的师部，师长邓岳还在休息。而更麻烦的是，118师师部仅有一个警卫连，他们如何能够抵挡得住一个重武器装备的加强连的攻击？如果354团现在攻击敌人，就会使后面的那两个连的敌人望风而逃，失去了歼灭敌人的意义，这有悖于"志司"的指示精神。而就在这时，118师为了保证战斗的突然性，又关闭了电台。怎么办？在零下10度的寒冷旷野中，褚传禹却急出了一头大汗。

打？不打？按照"志司"的命令形成大包围圈，一举歼灭韩军三两个师？打，无疑提前暴露了我军，毛主席和"志司"制定围歼李伪军的计划就可能落空；不打，一个加强连的兵力就要压在师部的身上，他们没有丝毫准备，而且还没有重武器。

"通讯员！"他急切喊道。

"到！"声音从他的腋下传来，通讯员像是个雨后大地上冒出的蘑菇，从地下钻了出来。

"速到师部汇报这里的情况。"他命令道。

"恐怕来不及了。"政委陈耶说道。

参谋长刘玉珠也凑过来说："我们的小鬼再能跑，也追不上敌人尖兵连的汽车。不如，趁着敌人麻痹，我们把宝押在师部隐蔽得好，不会被发现上，走一步险棋，把力量集中到后边的大队人马上。"

"那？"褚传禹张开大嘴无法合上了。

如果118师的师部成为了志愿军入朝参战的第一个牺牲品，如果师长邓岳和政委张玉华成为了俘虏，那对于中国人民志愿军将是什么样的打击？美国人的气焰会多么嚣张，对于濒临绝望的北朝鲜来说，又是要遭受多么大的打击？

"师部要是遭到攻击，我褚传禹的脑袋可承担不起。"

"主意是我出的，如果要你的脑袋，就把我的先拿了去。"陈耶坚定地说。

"我也搭上。不过，我认为，敌人都是重武器，大炮不会上刺刀，看他们的态势根本不像是打仗，好像是到他老丈人家赴宴。看样子不在一定的条件下，他们是不会想起来攻击我们的。再说，353团就在师部后边的山上，枪一响，他们就会增援的。"参谋长刘玉珠说。

"那好吧。"

而就在这时候，公路上传来一阵鼓乐歌声，举目望去，当韩国第6师第2团第3营的汽车行至丰水洞村庄时，从村里涌出许多村民，敲锣打鼓地欢迎他们的国军到来，其间还有朝鲜姑娘载歌载舞。车队停了下来，行进的速度明显变慢。对这意想不到的事情，使得褚传禹不禁松了一口气，张着的嘴终于可以闭上一会儿了。

但是政委陈耶却不禁心里一惊：地处北朝鲜的深山区，一直是朝鲜民主主义共和国的领土，为什么会出现自动欢迎南朝鲜军队的怪事？李承晚虽然提出要进行全韩普选总统，但终究已经形成两种制度，两种国度，这其中有什么缘故？

他正低头琢磨，猛听得"轰"的一声爆炸，一辆韩军的汽车顿时燃起了大火，随即其他车辆上的机枪也嘎嘎咕咕叫了起来，对着刚才还是载歌载舞的人群进行疯狂扫射。他连忙举起望远镜，只见一名独臂人的后背上被打成了筛子眼，其他的男男女女也全都倒在血泊当中。接着，又有士兵端着枪，走近被机枪打倒的人群跟前，砰砰补射，不一会儿，停下的车队又开始行动了。刚才的那种若无其事的样子一扫而光，一个个面部又紧张了起来。

刘玉珠把望远镜从眼前刷地拿了下来，气呼呼地说："打他狗日的。"

在场的人谁都知道这是气话，所以也没有人来接茬。眼看着3营尖兵连的车队慢悠悠地开了过去，大家俯下身子，目光死死地盯着后面几公里外的步兵。

这时，迫击炮手何易清突然按捺不住自己，放了个响屁，紧张的战士们以为是发令枪，准备要射击，装填手尹祯祥举起手里的炮弹就要往炮膛里装填，亏得看了团首长一眼，见他们未动，才没有行动。

就这么一个屁，可把褚传禹着实吓了一跳。他开口轻声笑骂道："下次的发令枪让你小子打，别把我的炮弹用屁蹦出去都成了他娘的臭弹。"

何易清不好意思地红着脸，用手撮着迫击炮筒。装填手尹祯祥用手指捅着他，"瞄准点，瞄准点，咱老实揍他"。弹药手龚远清递上来三发安装完毕底火的炮弹，尹祯祥接过来用布使劲地擦着。龚远清说："不用，我都擦了十几遍了，保管没事。"

战壕和工事里隐蔽的战士们纹丝未动，褚传禹心又软了下来。战士们也不容易，每人只带了三天的口粮进入朝鲜，为了保证战斗的出其不意，大家吃住在山里，白天是雪加炒黄豆和炒老玉米豆，仅有的一点炒面也不舍得吃；晚上连一片篝火也不敢点燃，生怕被贴着树尖飞行的美国飞机看到。一旦暴露目标，那就会引来杀身之祸。天气骤冷，降到了 10℃ 以下，可战士们穿戴的还是夏季服装，为了保暖，大家份份围在一起抱成一团，用各自的体温来阻挡严寒，有的战士找来大量的枯枝残叶，用来阻挡严寒，自己钻到里面。战士们嘴唇是紫色的，手掌被冻得通红，圆圆的像是个小馒头。即使团里把所有可以御寒的物品都拿了出来，也是仍有冻伤的战士。

褚传禹面对着不断有冻伤的战士造成的非战斗减员，又在头上顶着一个雷，即现在即将打响的战斗，是和"志司"的意愿相违背的。"志司"要集中优势兵力打歼灭战，因为有解放战争时期成熟的经验。

韩国第 6 师第 2 团第 3 营虽然在刚才的路上遇到了点麻烦，还好，只是死了几个人，损失了一辆汽车，并无大碍，这只能说明，北朝鲜的军队已经没有几天奔头儿了。部队稍加整理照样向前走。刚才死的那几个战友，其实也是认识时间不长，因为是为了配合美军的北进，临时拼凑起来的部队，长官是过去

1950 朝鲜

日伪时期的军阀、警察，士兵是失业的工人、农民，彼此之间没有什么感情可言。那几个人死了，其他的人像是什么也没发生一样，坐在车里，吃着喝着，准备赶到鸭绿江畔。

韩军6师2团3营汽车的黑烟带着呛人的味道由远处渐渐向北弥漫过来。眼看着118师师部就在眼前，师部警卫连的汽车就停在路边的树丛中，在汽车一侧指挥部的帐篷里，时不时有人出入。

韩国军队的尖兵连发现了位于两水洞的志愿军118师师部，立即开火，子弹像是刮风一样扑了过去，警卫连的汽车被打着了，在噼哩啪啦的爆炸声中，冒起了浓烟。正在汽车后座睡觉的驾驶员，立即跳下了燃起大火的汽车，向山下飞跑。

师部的独立小院也遭到韩军重机枪的扫射。师政治部主任刘振华带着警卫员刚吃完早饭从屋里出来，准备到354团去检查一下战前动员情况，一梭子重机枪子弹呼啸着打在他们身后的门框上，警卫员猛地扑到刘振华的身上，大声喊："师长、政委！"驻守在村口的师部警卫连，智勇双全的连长耿文廷曾经化装进入海口市侦察敌情，为解放海南岛立下汗马功劳。此时他率领警卫连迅速占领有力地形，开火射击，并用掷弹筒和机枪轰击扫射最前面的汽车，力图压住敌人的火力，掩护师首长转移。

"这个褚胖子为什么不报告？" 32岁的师长邓岳在随着部队转移时，心里想，要是我和政委被敌人抓了俘虏，那不成了天大的笑话？"打开报话机，给我要353团，让他们迅速向我们靠拢。"

"可能会暴露目标，失去隐蔽性。"参谋长汤景仲谨慎地看了一眼政委说。

"那你给我想办法！我们不能在这里等死。"邓岳叫了起来。刚刚在彭总那里领来了任务，信誓旦旦地表示要来个开门红，没想到结果却是——褚胖子，你要是让我出了丑，看我不扒了你的皮！

"师长，353团离我们不远，按照他们的行军路线，顶多还有1个小时路程就能够赶到这里。我想我们这里的枪声就应该是他们的命令，估计他们会放弃昼伏夜行的命令尽快赶来的。只要我们在这里坚持一个小时，353团就是我们的援军，褚团长他们也不可能见死不救，会立即回援的。"

"嗯，好哇，他褚胖子给我来了个突然袭击，你又要来一个背水一战，看样子，你们非要置我于死地不可。"邓岳的眼睛瞪得像牛眼一样，但是他的嘴角上挂着一丝笑意："你说得对，现在我们要做的是保存实力，传我的命令，敌人不到20米不许开枪，注意隐蔽，谁要是暴露了目标，我可不给他裤子穿。"

"是！不过，我建议您和政委带领一个班向后山转移。"汤景仲抖落一下落在身上的尘土说。刘振华随声说："我同意他的意见，我们留下掩护师首长撤离！"

"对！"战士们轻声回答道。

邓岳用手一指他俩："你俩啥时不干师首长的活了？"

外出联系353团的通讯员，快速地消失在密林当中。

当邓岳等人刚刚转移以后，他们这里的枪炮声却意外地停止了，正当这几个人犯嘀咕的时候，却从南部传来了激烈的枪炮声。邓岳侧耳细听，眼睛瞪大了一圈，精神一下子兴奋起来了："是褚胖子他们。妈的，动手了，好样的。"

睡在车里的咸炳善团长，听说被几个化了装的北朝鲜特工骚扰了一下，他没有在意，而是依旧睡在车里。但是，这会儿的枪炮声不能不把他惊醒，他连忙扣上钢盔，从枪套里拔出手枪，喀嚓一下子弹上了堂，坐在身边的2营长李圣勋上尉低声说："看样子是少数几个北傀军，不足为奇。"韩国人普遍认为朝鲜战争是苏联唆使北朝鲜发动的，因此，把北朝鲜的军队当做苏联的傀儡来对待，也有叫北共军的。

咸炳善用枪筒顶了一下钢盔的边沿，喘了口粗气说："告诉3营长宋大厚，用大炮给我轰平它，不要恋战，我们的任务是抢占鸭绿江上的碧潼，顺便执行'袭击金日成总部'的任务。"

1950 朝鲜

"团长，看样子就这几个北共军，不堪一击，现在他们已经向山里转移，我们是否等一下后面的 1 营？"李圣勋问道。

咸炳善摘下钢盔，有些不耐烦地说："叫他们快点！保留弹药，我们要是到了鸭绿江，我们要防备中共军搀和进来。"

"那我们就不走了，不然，我们到达鸭绿江就不是 1 个整编团了。"

"好吧，原地休息，注意警戒。"于是，火力稀疏了下来，并逐渐停止。

这时，丰下洞方向也响起了激烈的枪炮声。咸炳善的神经嘣的一下像是被绷紧了的琴弦，他举起望远镜向来的方向了望。但是曲折的山路，层峦叠嶂的山峰，挡住了他的视线。

"要 3 营长宋大厚，问问是怎么回事？赖特斯少校这个顾问是怎么当的？为什么不报告？"

通讯员手持报话机，用密语呼叫起来。

这时，褚传禹听到从北面传来的枪声，内心不由得一阵紧张，刚才还不知自己心脏在什么位置上，这会儿他知道是在嗓子眼。

"妈的，我真笨！警卫连！"

警卫连长顺着战壕跑了过来："团长。"

"带上你的部队，追着敌人的屁股，记着，他们不和师部交火，你们不许开火，等他们和师部警卫连接上火以后，你们从他们的屁股后边打，多带些炸药包和爆破筒，炸他狗日的。动作要快，注意隐蔽接敌。"

"是。"警卫连悄悄地出发了，动作慢的战士被性情急躁的连长踹了屁股。

韩军 6 师 2 团 3 营的步兵队伍，在营长宋大厚的率领下，乘坐美国道奇牌 10 轮大卡车，分成两列，顺着车帮面对面坐着，随着汽车在路上慢慢前行，车后掀起阵阵尘土。超到他们前面的炮队虽然已经枪炮声响成一片，可对他们似乎是无动于衷、司空见惯，照样走他们的，开道嘛，就是尖兵，尖兵哪里有不与敌人遭遇的？他们的目的就是尽快按照上司的命令赶到鸭绿江边，完成李承晚统一全朝鲜三千里江山①的夙愿，枪炮齐鸣，其实就是在反击的路上遇到北朝鲜负隅顽抗小股抵抗部队小题大做和虚张声势。

褚传禹端着望远镜，紧紧盯着韩军的最后一辆步兵汽车驶进两水洞，他似乎看到2营正在逐渐收紧口袋嘴，用麻绳围起的圆圈越收越小，即将扎紧。

炮手何易清不断掏着自己的六〇迫击炮，生怕炮筒里面掉进沙子等异物，影响了发射精度。嘴里一个劲地念叨着："老伙计，千山万水把你背到朝鲜，好不容易，好不容易，你可别偷懒，今天该好好立功了。"他身边的装弹手尹祯祥已经把炮弹端在手里，用自己的衬衣衣角擦着炮弹，就等指挥员一声令下把炮弹送进炮筒。

就在这时，公路上传来"轰轰"两声爆炸，只见一辆行驶的汽车车后冒出两股浓烟，汽车轧到了志愿军埋在公路上的地雷，但是由于地雷压发雷管没能在汽车碾上的瞬间发火，等汽车过去，下一辆还未到之前爆炸了，结果只是给韩军吓了一跳，散开的队形只是东张西望一阵以后，又恢复了行军的状态，没有形成杀伤力。褚传禹恨得牙咬的咯咯响，在他身边的战士都听到了。

"通讯员！"他低声喝道。

通讯班班长跑了过来："团长。"

"传我的命令，准备战斗。"

"是！"当通讯班班长的身影还在褚传禹的视野里飘荡的时候，突然就见两水洞2营的阵地上呼啸着飞起两颗红色信号弹，这是敌人全部进入口袋的信号。

"打！"褚传禹一声令下，他蕴藏着极大愤怒和焦急心态的冲锋枪，首先突突突地叫了起来。顿时，阵地上所有的机枪、步枪、迫击炮、掷弹筒、一起扑向眼前宽不过几十米，长不过1000米的韩军，形成一个长圆形的火力圈。刹那间，在两水洞和丰下洞之间的谷地里，枪声大作，炮火纷飞。韩军6师2团

---

① 朝鲜固有计算方式，横900竖2100，加起来3000朝鲜里。

3营的士兵慌忙中从汽车上跳下来，寻找一切可以当做掩体的地方进行回击。令他们不解的是，自从仁川登陆以来，北朝鲜再没有组织过像样的阻击战，不过是骚扰一下，打了就跑，像现在这种有组织的大规模反击绝无仅有。一时被打得晕头转向，措手不及，车上韩军士兵急急忙忙扑到在地，利用沟渠进行抵抗。

美军赖特斯少校等 2 名顾问乘坐的吉普车几乎是在第一时间中弹，格伦·琼斯中尉还没有明白怎么回事就已经负了重伤，强挣着伸出一只手打算抓住赖特斯少校，可他的手刚搭在赖特斯少校的胳膊上，他的整个身体已经无力地向后瘫了下去，血流满面，死了。

赖特斯少校拉开车门，一个驴打滚翻到路边的水沟里，拔出枪，准备战斗。不想这里却是丰下洞村民的积肥池，朝鲜农民在秋天来临以后，忙完了秋收，就开始积肥。把攒了一夏天的大粪挑到地里的土坑里，灌上水，上面撒上一些稻草或者其他植物的枯枝败叶，等待其腐烂发酵，来年春耕时进行施肥。此时美国人已经不习惯使用大粪为肥料，到了朝鲜到处闻到的都是大粪味儿，弄得讲究一点的美国兵吃饭都倒胃口，直接影响了战斗力的发挥。这件事作为一件妨碍美军战斗力正常发挥的不利因素，交给美军西点军校进行专门课题研究，以求寻找对策。在没有解决之前，对一线的官兵进行污染补助。为此，赖特斯少校还专门得到一笔可观的污染补助费。

就在赖特斯少校拔出枪的瞬间，他忽然感到自己的脚下一软，整个身体径直掉了下去，好在不太深，就像一个不会游泳的人，虽然水已经没到胸口，可脚在水底站着，心理上就踏实一样，安全感油然而生。可不同的是，现在赖特斯少校处在了粪汤当中，安全感有了，臭味也来了。一股似乎从未领略过的强烈气味，顺着他的鼻孔毫无保留地吸了进去，他的神志因为硫化氢中毒，一阵一阵迷糊，险些跌倒在积肥池里，他试图从坑里爬出来，可刚一抬头，头上的钢盔，就被当的一下，被一颗跳弹打中，嗡的一声，钢盔变成庙里的大钟带着回音。这时，他看到3营长宋大厚正在不远处的水沟里趴着，就恶狠狠地叫道："3营长，宋，快把我从这该死的地方拽出来！"

巨大的爆炸声淹没了他的呼喊，无奈之中，自己艰难地爬了出来，横卧在公路边的汽车底下，刚要喘口气，一梭子机枪弹打在了油箱上，好好的汽车燃起了大火，赖特斯少校的藏身之地变成了一片火海。

"射击！射击！"3营长宋大厚看到了美国顾问的狼狈相，为了不到他的身边来惹上一身骚臭，摆出非常执著的样子，命令部队反击。随即，韩军的美制勃朗宁BAR1918轻机枪、M1919A6式重机枪开始发威，向志愿军阵地疯狂扫射。

宋大厚不找美国顾问，可赖特斯少校却偏偏爱找他，不知什么时候，带着一身臭气的赖特斯少校，爬到了宋大厚的身边，用手捏着鼻子命令道："给团部喊话，叫他们支援我们，把该死的炮车给我开来！"

宋大厚像是得了落枕，歪着脖子拧着脸，侧着身子斜着眼答："是"。他向背着报话机的通讯兵挥了下手，只见通讯兵爬了过来："长官。"

"呼叫团部，我要和团长通话。"

通讯兵刚要点头答"是"，恰巧一颗子弹飞来正打中他的头部，这头一下子点大发了，再也抬不起来，死了。宋大厚连忙自己摘过耳机，呼叫起来。

"团长，我们遭到了敌人的猛烈攻击，请速增援，请速增援！"

咸炳善放下手里的望远镜，接过通讯兵递过来的送话器，大声问道："你们那里发生了什么事？"

"团长，我们遭到了猛烈阻击，我们遭到了猛烈阻击，请速增援，请速增援！"

"有多少兵力？"

"大约有一个团。"

"胡说！北共军哪来的那么多兵力？金日成的部队早就被我打得丢盔卸甲溃不成军了，他还能从哪里鼓捣出来那么多的部队？昨天才两个连，今天就变成一个团啦？"

这时，从听筒里传来赖特斯少校气急败坏的声音："宋，你去和那些婊子养的说，赶紧向我靠拢，我们受到猛烈的攻击，他们却在看热闹？"而后又像是自言自语地说："我看根本就不像是金的部队。"

咸炳善的心一紧：

"宋大厚，你听着，给我顶住，我令 2 营支援你们，你报告方位，炮兵中队直接听你的指挥。"

随即，宋大厚的耳机里传来："炮兵中队联系不上。"

"叫那婊子养的赶快增援，再不来，我们顶不住了。"

但是，咸炳善却似乎没有听见。

褚传禹的冲锋枪疯狂地怒吼着，他狠不得一口就把眼前的敌人吞下去。突然他侧耳一听，发现北面的枪声渐渐稀疏下来，心里咯噔一下：妈呀，这个师部警卫连怎么这么不经打？平时在首长旁边牛哄哄的，战斗力都他娘的跑到哪里去啦？我的警卫连怎么也还没有接上火？他正想着，看见炮手何易清还在摆弄六〇炮支架，他急了大骂一声："你再不给老子发射出去，我就踢烂你的屁股！给我瞄准最南面的汽车，不要让他们跑了，打！"

正骂着，只见在两水洞方向的韩军车队忽然调头要向回跑，何易清喊了一句："装弹！"尹祯祥把炮弹顺着炮筒放了下去，就听"砰"的一声，刚才靠自由落体状飘飘忽忽的炮弹，一下子像是有了生命，腾地飞了出去，在韩军车队跑在最前边的汽车前爆炸了，韩军的汽车闯过烟雾，发疯一样向前跑。

"混蛋，几百斤小米让你听响啦？"褚传禹心疼得大叫起来。要知道，志愿军进入朝鲜能够带进来的重型武器，最多的只是迫击炮，因为它比较小巧，重量轻，仅仅近 10 公斤，便于步兵携带，口径再大一些的迫击炮，如 81 毫米要60 公斤，分解以后，由人力搬运，107 毫米净重 150 公斤，一般要利用牲口来驮，而且随军携带的炮弹数量极为有限，何易清总共携带了 40 发炮弹，每个战士的子弹也仅仅 80 发。有的部队为了能够多携带武器装备，甚至压缩了自己携带干粮的重量。习惯于小米加步枪的解放军，计量单位也以小米计。周恩来曾说:"改建一座机场要一亿斤小米。"

何易清被团长一骂,心里一个劲发慌。

"赶快修正米位。"尹祯祥大声地喊着。

何易清连忙修正数据,又竖起大拇指,用目测方式测量距离。突然他喊:"炮弹!"没等装填手装弹,他一把抢了过来,顺了进去。他侧眼看了一下狂怒的团长,心里说:怎么这样倒霉,把我这炮兵安排在团指挥所的旁边,我的40发炮弹,要是招来敌人的报复性轰炸,发生意外,再让我们团首长跟我一起倒霉,我的妈呀!作战股是干么吃的?胡乱安排。坏了,再打不准,我要犯大错误,要我的命哟。

赖特斯少校好不容易爬上一辆汽车,挥舞着手里的左轮手枪大叫:"开车,开车。"汽车驾驶员心里说,不用你喊,就你的这身臭气,就能够把车熏跑了。

这时,他发现前边的汽车速度比较慢,有不少从地上争先恐后爬起来的士兵准备搭车逃离。急红了眼的赖特斯少校从车窗探出半个身子,对准两个扒住车帮士兵的屁股,砰砰两枪,倒霉的两名士兵不但没有加速逃离,反而摔在了地上。遗憾的是,到死他们也不知道这要命的枪是发自他们的美国顾问。

车队前边的汽车发疯一样在公路上狂奔,路上来不及躲避的韩军士兵,被自己刚才还在乘坐的汽车撞倒,又从自己身上轧了过去。汽车像是簸箕里颠起谷物,跳着向前跑。枪弹像是狂风中夹杂的雨点一样,不断地追逐在他们的周围呼啸。突然,前边轰的一声爆炸,一枚迫击炮弹在头车的前方爆炸,弹片打伤了几名搭车的士兵。汽车继续向前狂突,稍微疏忽一点,没有抓牢车帮的韩军士兵,不断地被从车上颠落在地上。赖特斯少校心里一阵暗喜,颠下去的越多,汽车重量越小,行进速度就越快,活命的希望就越大。感谢上帝!快带我离开这倒霉的地方。因为是头车,前面路上没有遮拦,虽然路况差一些,但是不影响行车,他心里只有一个念头,立刻离开,越快越好。突然,他听到一枚呼啸的炮弹向他们这里飞来,久经疆场经历使他感到一阵前所未有的恐惧,似乎这个飞来的炮弹是冲他而来,似乎要直接钻进他的耳朵。他把头探出车窗

1950 朝鲜

外，仰脸向天空瞭望，朦胧间有个黑点正在呼啸着扑向他，由远而近，由小而大，由模糊而清晰。他心里咯噔一下，心说完了，见上帝啦。就在这时，只听轰的一声巨响，一颗炮弹正落在他所乘坐卡车的车头上，剧烈的爆炸把车头一下子炸开了花，刚才还做功的发动机，在火花塞被点燃的瞬间，发动机缸盖被炸开了，被点燃的汽油推动着发动机活塞，从缸体中飞了出来，原本还是奔驰的汽车，突然失去了动力，变速箱成为了名副其实的闸箱，迫使汽车迅速停了下来，一头歪在路的中央，后面的汽车来不及刹车，砰砰连撞了两辆，其他跟随的汽车也只好刹车，道路被彻底堵死了。赖特斯少校被巨大的爆炸力震昏了过去，他带着已经垂死挣扎的北共军为什么一下子产生了惊人战斗力的疑问走进了志愿军的战俘营。

志愿军向敌阵地发起猛烈进攻。

"全团，传我的命令，上刺刀，司号员吹冲锋号！"褚传禹看见路被堵死，心中不禁大喜，端起冲锋枪，叫了起来。

"嘀嘀哒哒嘀嘀⋯⋯"嘹亮的军号声在空旷的原野上响起，全团的司号兵几乎在同一时刻吹响了冲锋号，号音冲着同一个地点发出了尖厉的声响，伴着战士的呐喊形成合唱队中的和声，达到了一个新的音阶，激发起志愿军的斗志，撕裂了韩军的胆魄。与此同时，隐蔽在战壕里的354团的战士，端着明晃晃的刺刀，随着军号的吹响，呼喊着越出战壕上前冲锋。手榴弹像是雨点一样砸向韩军的阵地。

政委陈耶和参谋长刘玉珠都同时感到，团长下的命令有些早了，因为韩军的轻重机枪、迫击炮、火焰喷射器、步枪、冲锋枪还在响着，手榴弹还在投掷，还在有效的杀伤我冲锋的战士。不能忘记在春川保卫战中，他们就是利用有利地形有效地阻击了北朝鲜2师的猛烈攻击。致使北朝鲜第2军军长金光侠少将赋予2师的从北面进攻春川，25日加以占领的命令落空。金光侠曾在东北民主联军当中担任延边军分区的司令，打过许多恶仗，现在也不得不调动已经突破南朝鲜第8团防线的北朝鲜第7师回援春川。由此可见，南朝鲜6师还是有一定战斗力的。但是现在想改已经来不及了，因为所有的志愿军战士都像是在弹簧上弹射出去一样冲出了战壕。这时，他们知道，团长出击的原因，就是想迅速结束这里的战斗，因为他还惦记着118师首长的安全。陈耶大叫道："炮兵，把炮弹都给我打出去！"

"快装，快装！"

何易清和战友们的发射速度明显加快，只要对准人多、车多、火力猛的地方开火就可以，他们从来没有这样痛快过。但是他也没有忘记告诉冲锋的步兵们，大喊："伙计，有炮弹可给我看好了！"

30多辆汽车被切成三段，迫击炮弹不断地在汽车中间爆炸。3营长宋大厚在慌乱中听到一种神奇的声音，这种声音在他以往战斗中没有经历过，那是发自人们肺腑的声音，是大兵团作战中形成的和声，声音震耳欲聋，这种声音像是锋利无比的快刀，使得听到的人如同撕心裂肺一样痛苦，这个声音，使他想起现在的韩1师师长白善烨当年在满洲国军当中当中尉，介绍他到中国东北给日

1950 朝鲜

137

本关东军当兵，在和东北抗联杨靖宇的部队作战时的情景，这种声音多少有些相似，巨大的声音汇集在一起形成的就是汉语中的两个字："冲啊！"同时，他看到那些从战壕里跃出的战士手里端着明晃晃的刺刀，他明白了，心里咯噔一下，天啊！果然是中国军队，金日成的部队使用的是苏联的"波波莎"冲锋枪，而眼前的这支部队的武器却是五花八门的，但是那带着寒气的刺刀，这种偏锋单刃刺刀在日本人侵略中国时，是架在日本人三八大盖步枪上的，他在中国看到有多少中国人倒在或惨死在刺刀下之时，也领略到中国人民用缴获来的刺刀来对付日本人的厉害。那时，他作为傀儡，被日本人编入日本关东军中去打中国人，现在，中国人来报仇了。

现在他明白了为什么他的部队兵力来不及展开，火炮来不及卸架，就陷入灭顶之灾的困境。他小时候，听老人讲，从中国明朝开始，朝鲜一旦有事，就要天朝的军队来救援。当时他对"天朝的军队"一词颇有微词，随即就萌生一种想法，立志要在长大成人以后，独立自主，成为一个顶天立地的"鲜子"，能够独当一面，能够洗雪老一辈耻辱。他在中国东北当兵时，看到当时的中国人，他的鼻孔涨大一圈，不屑一顾地说："就你们这帮人凭什么叫天朝？我非给你们翻过来不可！"现在他听到中国军队发出的怒吼声，他的苦胆一下子像是撑破的气球，胆汁外泄，瘪下去了。他哪里知道，早在1392年，朝鲜李氏王朝缔造者李成桂国王就甘愿做中国的进贡国："吾等区区小国，可充作围栏与墙壁，以报效皇上浩荡皇恩。"

忘记历史就意味着背叛，曲解历史就意味着遭殃。

没有想到，迎着机枪喷着火舌，迎着火焰喷射器的燃烧，迎着手榴弹的爆炸，端着一尺多长刺刀的中国士兵从容面对他们的火器，冲上来了，似乎并没有把他们放在眼里，而是一味地向前冲锋，冲锋！前面的人倒下了，后面的人补上来，就如同在第一世界大战中经常使用的精神战。明明是同样人种，却让人发现他们那出奇黑亮的眼睛，与他们截然不同。一种前所未有的气势盘旋在韩军第6师2团3营士兵的头上。他转眼再看看自己的士兵，发现他们似乎是受到了他的疫病传染，阵地上的士兵，先是被这种阵势唬住，呆愣愣不动，然后，突然掉头就跑，就如同决堤大坝的潮水，更像暴雨中的山体滑坡，一发不可收拾。一边跑一边开始扔东西，毯子、大衣、背包，甚至连挂在肩上的子弹袋也摘下来随手就扔，最后连美国人给的 M1 半自动步枪，"二战"中被公认为最优秀的步枪也不要了，有的用大衣把自己一裹，把自己打成一个邮包，像木桶一样，顺着山坡就往山下滚，也不管下边是河流还是山谷，反正滚得越远越好。在逃跑中，或在临终的一瞬间，韩军知道了一个令他们永远不会忘记的名称：中国人民志愿军，并联想到了毛泽东、红色中国！

　　和 118 师警卫连对峙的韩军 6 师 2 团 3 营尖兵连，准备以逸待劳，等到后面的大部队上来以后，一顿炮火，连冲锋都能够省了。可是没有想到的是，3 营的主力被 354 团采取拦头、截尾、斩腰的战法，穿插分割，截成三段聚歼，迎接他们的不是韩军而是 118 师 353 团的主力。

　　1950 年 10 月 25 日，一个极其普通的日子，因为韩军的大胆进攻，把中国人民纪念抗美援朝的日期又向前提。没有捞上仗打的 352 团团首长打电话给邓岳发牢骚："师长，打仗为什么不招呼我们。"

　　邓岳板着面孔："毬，别说他南朝鲜，就是北朝鲜他也没和我打招呼。"

　　大榆洞，志愿军司令部。

　　一阵清脆的电话铃声，"'志司'，请讲话！"参谋高瑞欣接起来说道。

　　"彭总，报告彭总！"年轻的师长邓岳在电话里急切地叫道，高瑞欣对他说的话，似乎他没有听到，而是一味地叫彭总，高瑞欣只好用手盖住话筒，报告正在地图前两眼直勾勾地盯着两水洞的彭德怀。

　　"彭总，邓师长要和您通话。"

　　"哦?"惊奇的彭德怀迅速掀掉身上披着的衣服，大步过来抓起电话："邓岳，我是彭德怀，你讲话。"

　　"报告彭总，我们包饺子啦！"

1950　朝鲜

"是肉馅的吗?"

"报告彭总,清一色纯肉馅。"

"有没有露馅的地方?"

"报告彭总,一个也没有!还有几个虾仁,也全部包住,煮熟,吃掉了。"

"好!漂亮!告诉战士们要再接再厉,迅速打扫战场,注意总结经验,迎接下一场战斗,我要把你们的情况向毛主席汇报。"

电话再响时,高瑞欣接起来报告:"彭总,40军,温玉成军长的电话。"

"呵,"彭德怀大笑了一下,看着邓华说,"告诉温军长,饺子我已经吃过了,下次我要吃肉包子!"

"彭总,温军长说,吃馄饨,遇到了骨头。"

"怎么回事?"

"今早7点,120师360团徐锐团在云山城北262.8高地和韩军1师15团接火。该敌在美军第6坦克营和第9野炮营及第6迫击炮营、第10高炮群的掩护下,凌晨从龙山湖—宁边一带出发,目标是水丰湖。"

彭德怀和几位"志司"首长的目光一下子集中到地图上:"看来徐锐要有个硬仗可打,弄不好馄饨吃不着,连汤都喝不上。"

"我看不会,徐锐有来头。当年辽沈战役的时候,他率领一个营,被称为'旋风部队',深夜捅到廖耀湘兵团的老窝——胡家窝棚。后来廖耀湘在被俘后承认:就这一棒打碎了国民党辽西兵团的脑袋,同时也打碎了新3军、新1军及新6军3个军的司令部。我看,他有能力抗住。韩副司令最清楚。"邓华说。

韩先楚点点头。

"关键是他们打的是阻击战,要顶住韩军的进攻,既要掩护40军迅速展开,同时又要等待39军的到达指定区域,他们的武器抵抗美军的大炮,有些单薄,身上的担子太重了。命令吴信泉、温玉成加快行动!"彭德怀说。

这时,司令部作战处处长丁甘如拿着一份电报跑了进来:"报告!"

司令部里人员的目光一齐集中到了丁甘如的身上。

丁甘如立正向彭德怀报告："东北局高岗主席来电。"

彭德怀和其他"志司"领导对视一下眼光，说："这里刚刚取得一点小胜利，他高麻子来凑什么热闹？念！"

"是！今日下午，南朝鲜军第 6 师第 7 团进占鸭绿江边楚山，并向我国边境炮击。"

"哪个？"彭德怀的目光迅速在地图上搜索着。

"南朝鲜军第 6 师第 7 团，团长林富泽！"

"好个混蛋，命令部队，不管在什么地方遇到南朝鲜军第 6 师第 7 团，务必全歼！"彭德怀大声说。

"是！不管在什么地方遇到南朝鲜军第 6 师第 7 团，务必全歼！"在场的"志司"首长异口同声重复着彭德怀的命令。

在一边的副司令员韩先楚摸着自己的下巴，若有所思地说："彭总，既然邓岳已经完成了对伪 6 师 2 团 3 营的攻击，可以让他掉头北上，在温井一带设防，让 50 军 148 师在北面像赶羊一样，赶它往南走，等伪 6 师 7 团一回来，就给他包饺子。"参谋长解方说："我赞成韩副司令的意见，这样不用再调动其他部队，咱们按部就班一打响，他就得往回跑，正好钻进我们的口袋。"

彭德怀摸了摸自己的脑袋，斜眼看了一下邓华，点头说："同意，命令作战处拟文。"

丁甘如连忙掏出本子，草拟了初稿，让彭德怀看。彭德怀接过来，加上一句话："这是第一个跑到鸭绿江边，第一个朝新中国开炮的敌人部队，在新中国的历史上决不容许再出现一次。坚决消灭它！"

美军记载：

实际上第 7 团中的 3552 人中约有 875 名官兵逃到了见龙里并返回了第 6 师。团长林伯泰（林富泽）上校和他手下的两个营长都逃了出来，而其他一些主要军官和美军顾问们则非战死即被俘。

1950 朝鲜

第七章
云山：中美军队的首次较量

白善烨从战斗中判断，眼前的敌人不再是朝鲜人民军。因为志愿军的出现，这位刚被提拔的韩军第2军军长又跌回了师长的位子。

志愿军第39军意外地发现，与之交锋的是美军骑兵第1师——一支来自美国、成立100多年来没有败绩的王牌部队，两军在朝鲜细长的国土上狭路相逢。

1950 朝鲜

25 日黄昏时分，大榆洞志愿军司令部。

"作战处的人呢?"彭德怀喊。

"有!"作战处副处长成普不知从哪里冒了出来。他就是和军委作战部雷英夫一个办公室的成普，战争开始以后，他写了请战书，来到了朝鲜。

"120 师 360 团的电话要通了没有?"

"没有，电话只通了几分钟，以后就再没有通过。"

"看来他们的仗打得很艰苦。"

"有什么新的情况?"

"中午的战报：有 20 多名李伪军冲上了阵地，当时阵地上弹药不足，眼看阵地就要被占领。260 团 1 营 3 连的战士石宝山，抱着一根爆破筒冲入敌群，与 20 多李伪军同归于尽。他最后一句话是：同志们! 为了祖国，坚决守住阵地! 这是入朝以来第一个与敌人同归于尽的战士。"

彭德怀的大手使劲在自己的头上抹了一下："让我们记住他的名字吧!"作为统帅，每一个战士生命的价值，在他的心里都是等同的。

"彭总，朴宪永同志的电话。"作战处副处长杨迪接住电话对彭德怀说。

"我是彭德怀。嗯，嗯? 金日成同志的意思? 嗯，好，可以，我们开会研究一下，还要向毛主席请示。"

"过来，都过来。"彭德怀放下电话叫道。平时彭德怀招呼"志司"首长时都是直呼其名，现在因为人多，只好这样招呼。

"志司"的首长们纷纷从不同部位聚集在彭德怀身边："刚刚打了两个小仗……我们开个小会。刚才，朴宪永来了电话，被服的事情，简单说了一句，金首相为这事也很着急，他们还在努力。现在有一个关键的问题，上次见到金首相时，他从侧面提出来部队指挥权的问题，当时因为那个史蒂科夫给差过去了，现在又让朴宪永提了出来，看来不解决是不行了，我们要先拿出个方案来。"

这是入朝以来志愿军遇到的第一个问题的延续。

"是的，现在人民军虽然比我们刚入朝时恢复了些秩序，但是误击事件还是频繁出现，没有个统一指挥，肯定要乱套。"洪学智说。

"看来不光是统一指挥的问题，这里面还有听谁指挥的问题。"参谋长解方说。

"解参谋长说的有道理，这才是关键！"邓华吸着烟说。

韩先楚说："彭总是毛主席任命的志愿军司令员，我们要听中央军委的指挥。"韩先楚的意思就是说，志愿军是受中国领导指挥的政策不容改变，哪怕在异国他乡。虽然首相大于司令，但在战火纷飞、国破家亡的时候，志愿军的指挥是不得动摇的。

"我们要请示毛主席以后再说。"政治部主任杜平接过话茬说道。

"我们是要请示毛主席，不过我们要拿出我们的方案才能够上报毛主席。"彭德怀按着搪瓷缸子盖，嚼着已经没有了味道的茶叶说。

"彭总，我们认为，"邓华注视了一下其他志愿军首长，在他们会意的眼神下接着说，"彭总的总指挥地位不得动摇，现在是 30 万大军，将来按照中央的布置还有大批部队要入朝，不久宋时轮的第 9 兵团 3 个军也即将入朝，在这种情况下，朝鲜方面以协助我们指挥为宜，不宜为首指挥，这一点我们要向他们说明，并报毛主席。另外，人民军现在的主要任务应是集结整顿训练部队，把滞留在南方的部队接应回来，恢复战斗力，将来配合志愿军作战。"言外之意，朝鲜目前的任务就是整肃败兵，准备战斗。入朝前，志愿军的部署是："第一线 4 个军 3 个炮兵师共计 25 万人，第二线 15 万人，第三线 20 万人，共计 60 万人。"

彭德怀赞许地点点头说："邓副司令的话，说得非常对，我们是志愿军不是雇佣军，我们是为了朝鲜国家的解放，抗美援朝，我国的边境安全，保家卫国，来尽国际主义义务，完成社会主义阵营的使命。这层意思更为重要。我看，以'志司'的名义向毛主席汇报，听取他的意见以后，再与朝鲜方面商议，最好的办法是成立联合司令部。"

1950 朝鲜

"彭总，我认为中朝应联合组织一支游击队进入敌后，帮助人民军脱险。"洪学智提议道。

"我看行，指挥权可以交给朝方，他们熟悉情况，邓副司令布置吧。"

"那就让 42 军吴瑞林军长由 125 师抽出 2 个营，配合战役作战。"邓华随口说出。

盘踞在温井的韩军第 2 军第 2 团，一边收容几天来的败军，一边通宵构筑工事，等待第 19 团来增援。

40 军军长温玉成看准时机，打算借两水洞和云山阻击战的当口，对温井的敌人来一个趁热打铁一锅烩。他草拟的电报上报"志司"。

彭德怀收到电报以后，心里琢磨。按照原来部署，志愿军本应在温井和熙川一带设防，歼灭韩军 2 到 3 个师。然而，由于联合国军的骄纵狂妄和不可一世，竟然冒犯兵家之大忌，一个团甚至一个营拉着几门炮，横冲直撞如入无人之境，就要赶在感恩节前结束战斗，前面敌人的先头部队，可能早已进入了伏击圈，可其他敌人还远在他处，想用解放战争时期的那种大兵团作战方式一举歼灭敌人，由于敌人的分散不固定及地形的不利，已经不可能，他们根本没有把隐藏在大山当中的 30 万志愿军放在眼里。必须敌变我变，趁敌人没有形成合力之前各个击破。他立即起草电报：

主席、中央军委：

敌以坦克数辆和汽车十数辆组成一支队伍，到处乱窜。我企图一仗聚歼两三个师甚是困难，亦难再保守秘密。故决定以军和师分途歼灭敌之一个团和两个团（今晚开始），求得第一战役中数个战斗歼灭敌人一、两个师，停止敌乱窜，稳定人心，是十分必要的。

当晚，毛泽东复电：

"彭、邓、洪、韩：

先歼灭敌人几个团，逐步扩大，歼灭更多敌人，稳定人心，使我军站稳脚跟，这个方针是正确的。"

收到毛主席的电报，彭德怀随即发布命令："各部队追击敌人！"

10 月 26 日，下午，云山。

云山位于平安北道，是朝鲜北部的一个小城镇，只有千户人家，城区被群山环绕，处于小盆地内，四面环山，丛林茂密，河流纵横，是朝鲜北部的交通枢纽，有 4 条公路从这里穿越而过，公路四通八达。当麦克阿瑟宣布要在"感恩节"前结束战争的言论发表以后，所有被派往北朝鲜西线的美军和韩军士兵都要经过这个重要的交通枢纽。他们没有想到这里却是他们的死结。

此时，39 军已经牢牢地控制了温井的局势，韩军 6 师第 2 团所属的所有重型武器和车辆全部抛弃在阵地上。北面三滩川北岸，韩军第 1 师第 15 团在遭到志愿军的攻击以后败退下来；支援该团的美军第 6 坦克营营长担心部队有被歼灭的危险，又加上必须补充油料和弹药，便命令把坦克开到云山西南；韩军第 12 团在城西高地固守，但是由于志愿军已经从西边包抄过来切断了云山至龙山洞韩军的供应线，正在前往援助韩军预备队第 1 师第 11 团，非但未能突破志愿军的包围，反而在志愿军的围困下，往北撤退，到了云山城边。此时，志愿军 39 军已经利用黑夜的掩护，形成了对云山的包围。然而，在美第 8 集团军定期情报记录 206 号上明确地写着："温井和云山周围出现的中国兵，表明中国为了阻止联合国军向国境推进，以一部分兵力对北傀军进行增援，然而，中国兵是以个人身份参战的。"

韩军第 1 师准将师长白善烨刚刚在韩军第 2 军军长的位子还没坐热屁股，就被志愿军的一顿打削减了人员与装备，3 天以后，又回降到了韩军 1 师师长的位子上。从这点上说，他应该是抗美援朝中的第一个受到打击而损失的个人。这家伙是韩军中的一名骁勇战将，并是个有思想、有远见的人，他的名言是"用西洋的想法考虑东洋的事情，那往往是不合适的。"他曾经在中国的东北参加满州军，任中尉，参加过热河作战，后来在关东军情报部门任职，并在日本的军校学习过，多次和东北抗日联军交手，后又在美国人开办的美军政厅军事英语学校学习。在平壤战役中，率先攻破朝鲜人民军阵地进入北朝鲜首

1950

朝鲜

都——他的家乡。他指挥作战谨慎、稳重、作风凶狠、顽强、剽悍，这些都深受美军将领的喜爱①。25 日发生在云山城北 262.8 高地、间洞南山、玉女峰的战斗，使他敏感地意识到，作战的对手发生了变化，就像是切肉时遇见骨头，不动斧子，说什么也切不动了。

　　间洞南山阻击战打得异常艰苦，韩军 1 师在韩军当中属于王牌部队，装备比其他韩军要好，火炮多且口径大，坦克、汽车也多于其他韩军，是令其他韩军嫉妒和羡慕的对象。

　　间洞南山横卧在云山至熙川、云山至温井两条公路交会处，仅为 100 多米高的小山包，山上长满了茂密的马尾松。沿着云山北上是狄崳山脉，往前再翻过江南山脉，转眼就能够看到江水滔滔的鸭绿江。韩军第 1 师在美军第 6 坦克营、第 9 野炮营、第 6 迫击炮营和第 10 高炮群（由 155 榴弹炮和 90 毫米高炮营组成）的掩护下，目标是水丰湖。第 15 团团长赵在美上校仗着有美军第 6 坦克营帕顿坦克连的支援，首当其冲行进在队伍的最前列。正当他们马不停蹄地匆匆北上，坦克连刚刚行进到三滩川朝阳桥时，突然遭到迎面密集轻火器的袭击。

　　此时白善烨正在平壤接受韩国总统李承晚款待。突然接到 15 团团长赵在美的电报："我们在三滩川遇到顽强阻击。"白善烨连忙告别李承晚，乘车飞速赶到前线云山城云山小学指挥部。李承晚勉励的话还在耳边回响，没有想到就是这么一个小山包，竟然要阻挡他成为第一个饮马鸭绿江的障碍。白善烨心里着急，发誓要夺下来，他一面集中全师的炮火轰击，一面又向美第 1 军军长弗兰克·米尔伯恩将军请求派飞机助战。

　　他不知道，袭击者是志愿军第 40 军 120 师 360 团，团长徐锐。在 118 师奉命前往温井准备阻击韩军 6 师 2 团 3 营的时候，"志司"命令他迅速赶到间

---

① 20 世纪 90 年代，已经退休赋闲的白善烨将军曾经来我国访问，并和已经退休在家的柴成文会见。

洞南山、玉女峰一带设阻，不能让韩军 1 师向温井增援，同时在这里等待大部队的到来。当疲惫的战士们进入防区以后，他把 1 营 3 连部署在间洞南山构筑阵地。

凌晨时分，韩军 1 师的先头部队进入云山城，顿时从城里传来汽车、坦克的马达声和老百姓的哭喊声，接着是敌人开早饭的声音。早上 7 点左右，哭声停止，接着就是坦克和汽车的轰鸣，韩军以一个排的尖兵为先导，浩浩荡荡开出了云山城。

3 连 1 排排长刘汉生带领部队潜伏在阵地最前沿，在韩军吃早饭的时候，他们也利用这仅有的时间，从干粮袋里摸出炒好的黄豆，放在嘴里当糖豆一样地吃，因为潮湿，原本硬脆的黄豆，变成了软皮，嚼不动，咬不烂，还没有多少。四野从司令员林彪算起，大都有吃炒黄豆的习惯？实际这是战争年代无奈中不得已而为之的下策，有好饭吃，谁还以炒黄豆当饭？

呈四路纵队的韩军士兵，像是在逛街一样，丝毫没有恐惧感地向前走着，似乎前面就是光明大道，洒满了绚丽的鲜花，升官发财的美景就在眼前。不一会儿，从后面上来一辆美式吉普，超过队伍后，吱的一声，恰恰停在了设阻 3 连的阵地前。从车上跳下一名韩军小个子军官，指挥着士兵从路旁的小屋里拽出一个老人，拉到路边，伊哩哇啦说了一大堆，老人直挺挺地站在那里就是一声不吭。气得小个子军官哇哇大叫，暴跳如雷，挥手就给了老人两个耳光。

趴在刘汉生旁边的机枪手宋斌，气得用十字镐敲了一下自己身边的石头，恶声恶气地悄声骂了一句："他娘的，你个狗剩下的。"

老人挨了打还是站着一动不动，气急败坏的小个子军官，伸手从腰里拔出手枪，顶在老人的脑门上，号叫着。刘汉生见此机会，挥手"啪"的一枪，正打在那小个子军官的后脑勺上，这小子身体一硬直挺挺地向老人摔了过去，老人趁机一闪身跑了，尸体重重地摔在地上。惊慌失措的韩军士兵还在纳闷的时候，3 连的轻重机枪、步枪一齐开火，一个排的韩军士兵马上就报销了。战士们还抓了几个俘虏回来，连首长指示刘汉生派人把俘虏送到团指挥所。没想到

1950 朝鲜

押解俘虏的战士刚刚走出几步，突然从山坳里窜出几架联合国军的飞机，冲着志愿军战士和俘虏又是投弹又是扫射，瞬间，战士和俘虏被炸得血肉横飞，使得打算摸清敌人情况的徐锐计划落空。

接着，一个连的韩军士兵在8辆坦克和炮火的掩护下，开始向3连的阵地冲锋。阵地上飞沙走石，火光冲天，忽然落下的炮弹炸出一股股黄烟，发出呛人的味道，韩军释放了化学炮弹。刘汉生大声地告诉战士："用毛巾捂住嘴，别吸黄烟。同志们，激战就要开始了，为战友报仇雪恨的时候到啦，进入阵地！"

志愿军战士第一次领略美军坦克的威力。在此之前，他们知道的坦克都是日本人侵华时留下的97式坦克，这种日军97式中型战车，主炮不在车体的中心轴线，而是略为偏右，主炮口径仅为57mm的低膛压火炮，后坐力较小。车体方面，是用钢板以铆钉或螺栓组合，并未使用焊接技术，显示在"二战"时期日本在战车制造技术上并不算先进。日本的97式战车在1938年开始投入侵华战争，总产量约1500辆，日本投降后，有数百辆分别被国共两军接收。1945年12月1日，人民解放军成立第一支装甲部队时，配备的就是改良型97式战车，在中国人民革命军事博物馆中有一辆97式战车，该辆战车曾以赫赫战功获得『功臣号』的荣誉。

虽然97式坦克对于朴实的中国农民士兵来说已经是钢铁怪物了，但与以美国著名将领潘兴名字命名的坦克相比，却仅为侏儒。

在韩军吭哧吭哧爬到离3连阵地还有20米时，阵地上的机枪开火了。密集的子弹，像是横扫出去的大砍刀，齐刷刷把韩军士兵削了下去。远处的美军坦克见势，一边向志愿军阵地冲锋，一边打炮。3连的阵地顿时变成一片火海，宋斌的机枪突然不响了，刘汉生一看，宋斌头部中弹趴在了机枪上。刘汉生连忙抓出急救包给他包扎，扶他靠在一块大石后面，以免炮火再伤着他。

战士石宝山跑过来抱起机枪，冲着韩军狠狠地扫射。这时，刘汉生发现左面大股的韩军士兵正在往上涌，他放下宋斌，冲石宝山喊："宝山快去堵口子，投手榴弹。"刘汉生接过机枪扣住扳机。这时，团里的十几门迫击炮齐鸣，组成了一道火墙，炮弹在坦克的周围爆炸。失去了坦克掩护的韩军士兵，慌忙后退下去。

3连士兵正要加紧修理被炮火炸塌的工事准备再战的时候，韩军士兵在督战队机枪和马鞭的驱赶下，又向3连阵地发起了新的冲锋。

刘汉生抱起机枪，把准星对准挥舞着手枪、用大皮鞋踹韩军士兵屁股的军官，他屏住气，小声地发布命令："把敌人放近前再打，我的枪不响，大家不要开枪。"韩军的炮火不断地在3连的阵地上爆炸，马尾松被接连不断地炸断、燃烧，1排的阵地上只剩下5名战士坚守阵地。战士们把头和身体埋在工事里，等着刘汉生的机枪发布射击的指令。

50米，40米，30米，20米，当韩军督战队军官又一次站起来用皮鞋踹韩军士兵的屁股时，刘汉生的一梭子子弹打了出去，督战队军官的脚被命令抬起准备踹人时，半空中指令取消，扬起的腿变成了毫无生命感的杂物，随着身体的跌倒，一起向后摔去。

"把机枪给我。"巨大的炮弹爆炸声把昏迷中的机枪手宋斌震醒，他大叫一声，从刘汉生的手里接过机枪，不顾枪管热得烫手，抓在手里，对着冲上来的韩军士兵又是一顿猛烈扫射。

韩军士兵纷纷中弹哀叫着跌倒在地上。"手榴弹！"刘汉生叫道。阵地上嗖嗖飞出黑头白棒挂着青烟旋转着的手榴弹，在韩军士兵当中爆炸。

"排长，我快没有子弹啦。"宋斌喘着粗气叫道。

"肖内荣！赶快去连部取子弹。"

"是！"肖内荣从战壕里跑了出来，向山后冲去，可没走多久，就又气喘吁吁地跑了回来，惊异地说："排长，后山发现敌人。"

"排长，我去干掉他们！"战士彭庆云说着，蹿出工事，向后山摸去。

这时宋斌的机枪不响了，原来枪体太热，机件变形，不能自动抛壳。

他的机枪一停，却像是给韩军士兵发布了冲锋的信号，陆续从地上一跃而

1950 朝鲜

起，向上就冲。宋斌把机枪一甩，抄起身边的十字镐。刘汉生叫道："打石头，用石头揍他。"他这么一叫在提醒他的同时，也告诉了大伙。顿时阵地上大小不等的石头，被注入活力，顺着山坡就朝下滚。古代冷兵器时代的滚木雷石被志愿军激活，代替了热兵器的枪炮子弹。不管是站着的还是趴着的韩军士兵连忙躲藏，或抱头就跑，连推带撞，自己又败了下去。

这时，天空中突然出现 20 多架 P-51 野马式战斗轰炸机，这种飞机虽然是活塞式螺旋桨推进，仍是设计思想和制造工艺最完美的战斗机之一。机长 9.83 米，机高 3.71 米，翼展 11.3 米，总重 3990 公斤，最大时速 623 公里 / 小时，实际升限 9560 米，最大航程 1890 公里，机翼上按装 6 挺 12.7MM 机枪，1880 发子弹，还可悬挂 10 枚火箭弹或者 2 枚炸弹。这对于没有制空权的志愿军来说无疑是极大的威胁。

同时，白善烨又组织美军第 6 坦克营、第 9 野炮营、第 6 迫击炮营和第 10 高炮群的 155 榴弹炮和 90MM 高炮，对间洞南山志愿军阵地展开猛烈轰击。阵地上，航空炸弹、凝固汽油弹、火箭弹、坦克炮弹接连不断爆炸，烈火和烟雾笼罩着阵地。韩军又开始进攻，他们在 3 连阵地的左侧撕开了一个口子，20 多名韩军士兵冲了上来。看在眼里急在心里的徐锐，打算让团属迫击炮连截断韩军的进攻，可是敌人的炮火太强，已经把团炮兵压制下去。

韩军 15 团团长赵在美举着望远镜，看到自己的士兵冲上了敌军的阵地，心里一阵狂喜，虽然这股北傀军比较顽强，但是也逃不脱被攻破的命运。他自豪地从参谋手里接过电话神气活现地说："报告白长官，我的部队已经冲上了北傀军阵地，是的，上去了，上去了。"就在他说话的时候，他发现眼前的阵地上火光一闪，顿时传来震天动地的闷雷爆炸声，隐约中，他看到对面阵地上跃起一个人，身上的衣衫已经破烂，脸色黢黑，眼睛黑亮，露出一嘴白牙，拉响了抱在怀里的两根爆破筒，冲上阵地的 20 多名韩军士兵，在这一声巨响中，化作血块，滋润大地去了。赵在美又一次看到，他的士兵像是落潮的海水一样，从阵地上败落下来。

3 连的阵地上飘荡着一个人的名字："石宝山!"

白善烨说什么也不相信对面的是北傀军的阵地，他从没有见过这样坚强的阵地，在此后三天的炮火洗礼中，就是这个阵地，他的部队就始终未能登上一步。

日本人出版的《朝鲜战争》一书中这样记载：

> 早晨，韩军 1 师在优势的炮兵弹幕射击和紧密航空火力支援下，再次向西北方向发起攻击。敌人的装备差、火力弱，是中、轻型迫击炮以下的步兵火器为主，但他们依托经过巧妙伪装的深堑壕进行极顽强的抵抗。所以，进攻毫无进展，第 15 团主攻 262 高地和第 12 团正面的龙浦洞北侧高地，一夜间变成蜂窝一般要塞，尽管遭到反复炮击和轰炸仍毫无畏惧，韩军每迫近一步，都有下雨般的手榴弹劈头盖脑地抛来。

当几个韩军士兵把一名俘虏拉到他跟前的时候，白善烨仔细地打量着他，眼前的这个战俘，圆脸高额头，深凹眼，高颧骨，精瘦，小个子，大约 35 岁左右，戴着护耳的棉帽，穿着棉服，服装上没有任何标志。在他与日军和满洲军接触的过程中，没有见过类似这样的人，他是个典型的中国南方人。

白善烨用眼神把架着俘虏的韩军士兵支开，他用韩语问了一句："姓名?"

俘虏睁着惶恐的眼睛半张着嘴，似乎没有听懂。名副其实的"四语干部"白善烨，又用他在日伪时期在中国东北学的汉语问："你的姓名?"这回俘虏听懂了，而且脸上似乎出现有些惊喜，大有异乡遇故知的感觉。

"你来自哪里?"

"中国南方。"

"所在部队?"

"39 军。"

"曾经参加战役?"

1950 朝鲜

"海南岛战役。"

"是朝鲜族人吗?"

"不,我是汉族。"

俘虏供认,他是1948年被国民党抓来当兵,在1949年北平和平解放时被编入解放军,他是广东人,不习惯北方的生活,却被派到了朝鲜,他开小差跑了出来,他要回到广东去,他不愿意打仗,只想回家。当问到正题时,不禁令白善烨大吃一惊,俘虏供认:云山的北面、西北面有1万名中国人民志愿军,

大举北进的"联合国军"。

另有 1 万名中国人民志愿军士兵正在向熙川方向运动，云山被包围了。

白善烨连忙把审问的情况上报美第 8 集团军司令沃克，并且派人把俘虏押到美军司令部进一步审讯。

看到韩军 1 师在云山受阻，"虎头犬"将军沃克的鼻孔一大，心里说，韩军还是不行，别看是 1 师，装备优于其他韩师也白搭，前进不了，赢不了，就拿个俘虏来说事，中国人怎么啦？中国人就了不起吗？他马上和骑兵 1 师师长霍巴特·盖伊通话："我的将军，韩国人已经不行了，看来还得是你这张王牌，我命令你在云山杀出一条血路，饮马鸭绿江还得是我美军！"

11 月 1 日，鹰峰山矿洞，39 军 116 师指挥所。

按照"志司"的安排，39 军 116 师是担任云山战斗的主攻师，117 师担任助攻，115 师担负阻击打援的任务。其中 343 团在龙头洞东北的 185.8 高地堵住向云山增援的骑兵 5 团，截击从云山逃跑的联合国军。344 团负责将美军 25 师 24 团阻滞在云山以南的龙渊洞，在 38 军配属的 2 个团的协助下，歼灭美 24 团。

事情总有意外，当志愿军还把自己所在之地当做后方的时候，急于立功的韩军，已经进入到了志愿军的防地。

按照"志司"的命令，39 军军长吴信泉为所属 3 个师布置完任务，117 师师长张竭诚、政委李少元、副师长彭金高、政治部主任杨弃及作战科长廖振铎乘车前往鹰峰洞与 40 军联系。当几部汽车越过本师的前卫部队 349 团和 40 军的部队以后，突然遭到韩军巡逻小分队机枪和火焰喷射器的袭击。机枪击毁了汽车，火焰喷射器烧着了他们的衣服，彭金高和杨弃还有两名警卫员受伤。所幸 349 团前卫团 1 营营长黄达宣听到枪声迅速带领部队赶到，为师部解了围。

吴信泉听完汇报，向政委徐斌洲无奈地一笑："好悬！"

吴信泉，湖南平江人，1926 年参加农民协会，是彭德怀同乡。1930 年加入中国工农红军第 5 军，成为彭德怀的部下，曾任军团保卫局执行部长。39 军是一支英勇善战的部队，其前身是徐海东、吴焕先、程子华等领导的红 25 军，以善打硬仗、恶仗而闻名。抗日战争时期，先后改编为八路军第 115 师

1950

朝鲜

344 旅、八路军第 2 纵队、新四军第 3 师。解放战争时期，改编为东北民主联军第 2 纵队。人们常说的，四野的"三只虎"，39 军就是其中一只。在辽沈和平津战役中，39 军就是四野的主力。吴信泉还被戏称为"航空母舰"。一次在聚会中，周恩来问吴信泉夫妇："你们的航空母舰又添军机了没有？"夫妇俩共养育了 10 个孩子。

10 月 31 日，离发起总攻还有一天，40 军解决了韩军 6 师以后，开始向军隅里方向迂回，等 39 军发起攻击以后，逃敌就可能经过云山东南角留下的这个口子，进入军隅里。但是，负责攻占球场、院里，威胁安州调动美 24 师回援的 38 军却迟迟不能到位。

11 月 1 日，116 师师长汪洋从观察所里遥望云山城里的情况，举望远镜的胳膊僵直了，眼睛望酸了，韩军 1 师的火力部署、地形地貌还是没有搞清楚，观察中的汪洋不禁倒吸一口冷气。此时老天爷也似乎在和志愿军作对，用一层层白雾把云山城团团围住，似乎有意为联合国军进行遮挡。

终于在上午 9 点多钟，云山的云雾被风撕裂开了一条小缝。

吴信泉马上打电话，命令配属 116 师作战的炮兵抓紧时间校对步炮协作行动方案。

下午 3 点钟，116 师观察所值班参谋突然给汪洋打来电话："报告师长，阵地上有异常活动，敌人穿梭往来频繁。大约有 1 个连的南朝鲜军背起背包上了汽车往后方开去。云山东北方向，也有敌坦克、汽车、步兵向后转移。"

听到报告，汪洋连忙召集作战处人员共同观察。果然韩 1 师士兵正在纷纷收拾行囊准备撤离。

"问一下右翼 347 团李刚，他那里有什么动静？"

团长李刚报告："美军一个排在朝鲜人引导下往后撤，没有看到上来。"

"不好！敌人要跑。"汪洋心里说。

他知道自己围住的是韩军 1 师。因为 40 军 120 师在间洞南山和玉女峰一带的坚强抵抗，终于赢得了 39 军包围云山宝贵的时间。但是现在敌人往复运动，看来敌人已经知道三面被围，敌人要跑？不能让战友用生命换回来的宝贵时机在我们的手中丧失，必须把握住机会。

他马上请示 39 军首长。吴信泉立即请示彭德怀，是否可以提前发起攻击。

汪洋看看自己的手表，刚刚 16 点整，离"志司"命令发起进攻的时间还有 3 个小时。他组织召开 116 师作战会议。会上，他根据联合国军的特点，首次提出有别于我军传统战法的新打法，对 116 师进攻云山的行动重新进行部署：以 347 团、348 团为一梯队，并肩实施进攻。347 团一部从云山右翼正面进攻，主力从云山西南侧后包围进攻；348 团 1 营从左翼正面进攻，团主力插至云山东南，切断通向龙头洞的公路，与 347 团对云山之敌形成四面包围的态势。346 团为师第二梯队，支援其他两个团的战斗。这个部署与以往战斗方式不同，当敌人是重点防御，每个据点集中有大量的兵力，工事密集坚固的时候，解放战争的打法是采取集中兵力于狭窄正面以及大纵深的战斗队形。而眼前的联合国军采取的是野战防御方式，正面宽大，兵力分散，要点式防御，每个点上兵力不多，工事简单，并配有强大的航空火力和坦克、火炮支援。如果我进攻兵力过于稠密，定会加大伤亡。

实践证明汪洋的决定是正确的，正确在于不断根据实际情况进行必要的调整。

1920 年 10 月汪洋出生于陕西省横山县一个农民家庭，1937 年进入陕北公学读书，同年加入中国共产党。抗战时期任八路军副排长、宣传干事、参谋、团长，解放战争时期任师参谋长、师长。

现在是令人焦急的时候。

由于志愿军各部队分别按照"志司"的命令赶往指定地点，联合国军分头乱窜的行动也在志愿军的不断梳理之下，形成了一定的规矩龟缩在了一起。志愿军各部队也基本上结束了刚入朝时的那种混乱情况，各军目前已经到达指定地点，此时可以集中 10—12 个师 15 万人左右，打一场规模性的战斗了。按照计划，从联合国军的右翼进行突破，正面进攻配合侧面纵深迂回，割断联合国

1950
朝鲜

军南北联系，将联合国军歼灭在清川江以北地区。30 日夜，毛泽东发来电报，除表扬首战胜利以外，着重讲到对敌已经明了，而趁敌人对我出于盲目状态时，全部歼灭伪 1 师、伪 7 师、英 27 旅、美 24 师、及美骑 1 师一部和伪 6 师、伪 8 师残部。只要我 38 军及 42 军 125 师能够切实切断清川江敌人后路，其他各军能勇敢穿插至各部分敌人侧后，实行分割敌人而各个歼灭之，则胜利必然取得。

　　但是此战役的关节点在于 38 军是否能够穿插到位，按照"志司"的指示到达指定位置，即迅速消灭球场的联合国军以后，沿清川江左岸向院里、军隅

志愿军第 39 军在云山地区与美军首次交战，歼灭美军骑兵第一师 1800 余人。

里、新安州方向突击，彻底切断联合国军的退路。如果 38 军不能按时完成任务，或者其他部队提前动手，一旦让机械化的联合国军逃跑，那么，即使让志愿军的两条腿跑断，也是追不上的，毛泽东的歼敌计划就要落空。现在是，38 军还没有到位，云山的敌人就有要溜的迹象。战场的形势瞬息万变，部队执行上级命令的态度又是何等坚决，怎么办？

彭德怀手里拿着 39 军发来的电报，心里一阵犯愁。不提前攻击，有可能造成敌人逃跑；提前攻击，各个穿插部队不知是否能够及时穿插到位。

难，决策真难！

这时，参谋徐亩园拿着一封电报进来："首长，战报。"

"念。"

"我 39 军 115 师 344 团，在泰川一带设伏，美 24 师先头部队乘坦克、汽车向 8 连阵地扑来，美军坦克一边射击一边前进。8 连六〇炮班副班长练兵模范米占云趁敌坦克兵掀开炮塔盖观察情况的时候，用六〇炮瞄准射击，炮弹正好钻进坦克，报销了一辆潘兴坦克及其乘员。"

"真是奇迹，虽说有些巧合，但也是平时训练的结果。这么说迫击炮也可以打坦克，一发炮弹就能够把一辆坦克报销了，以后我们的炮兵都练就这些本领，不要说打进炮塔，就是直接掉在发动机上，也能够造成杀伤。好，通令嘉奖。"彭德怀紧拧的眉头稍微舒展一些。但是怎样回答 39 军的问题还是没有现成的答案。

"不成就 17 点发动进攻，我们同时命令 38 军加速到达指定位置。"邓华望着彭德怀焦急的神态，实在没有别的办法，只好出此下策。对于武器装备极为落后的志愿军来说，关键一个字"先"，抢了先，就能够克服自己的不足，一旦落后就意味着被动挨打。

"看来也就如此了，下命令吧。问一下吴信泉，我从沈阳兵工厂带来的 18 管火箭炮营到达指定位置没有。"

"已经到达。"作战处副处长成普答道。

"好，也让李承晚尝尝我们的厉害。"

彭德怀接受志愿军司令的任务以后，赶到沈阳上任，利用开会的空闲，特地到了沈阳兵工厂，观看了工人组装 18 管火箭炮，他围着火箭炮反复看，爱不释手，当了一辈子军人的彭德怀知道火炮在战斗中的作用，要不为什么拿破仑把火炮叫做"战争之神"？如果这家伙能够多一点，也能够给联合国军以沉重的打击。由于沈阳兵工厂作为苏军的战利品，在撤离时移走了大批机器设备，现在的工厂几乎可以说是白手起家。再加上我们的生产工艺太差，生产能力太低，生产速度太慢，生产设备太少，尽管工人们加班加点赶制，可到志愿军入朝时才勉强装备了一个营。但不是像苏联喀秋莎轨道式火箭炮架在汽车上，进入阵地快，撤出阵地也迅速。而是呈多管型，由骡马牵引。但对于当时落后的志愿军装备来说，也是比较先进的武器了。当年，彭德怀在大冶马底驿成立了红军第 3 军团，占领了岳州（湖南岳阳），并缴获了 4 门 75 野炮和几门山炮。处于长江的英、美、日军舰欺负红军没有重火器，不断向岳州城内打炮。彭德怀凭借在湖南讲武堂学的炮科专业，不顾战士们阻拦，冒着敌人的炮火，直奔野炮，和一名朝鲜族战士武亭共同操炮，对准敌舰连发数十炮，击中敌舰，迫使敌舰停止炮轰，撤离附近水域。

"彭总，42 军吴瑞林军长电话。"

彭德怀摔下铅笔接过电话："我是彭德怀。"

"报告彭总，朝鲜人民军副总司令崔镛健这几天在我这里。"

"噢，有什么新情况？"

"报告彭总，他在元山战斗中腿部负伤，是我 370 团在黄草岭以南三巨里和他相遇，并由团长赵欣然护送到 124 师，然后来到 42 军军部。他对志愿军出兵朝鲜非常兴奋，当听说是您率军出征时，竟然大叫起来，他说这说明党中央、毛主席是下了大决心的，把副总司令都派来了。"

"不谈这个。他对我军的部署有什么建议？"彭德怀打断他的话。

"他认为我军的方案部署战术手段很好，但兵力薄弱，装备太差。对付李承晚伪军尚可，用我们的装备打美军还是不行。"

"……"

此时云山的联合国军并不是要逃跑而是在换防。美骑兵1师盖伊将军命令所属第8团和驻守云山的韩军1师换防。连日来遭到志愿军打击的韩军1师精神上处于崩溃边缘，白善烨不得不向骑兵1师师长盖伊请求换防，以作暂时休整。这又恰巧符合了麦克阿瑟的心思，他为了挽回失败的面子，命令骑兵1师增援韩军1师，火速从平壤驻地北上。

不是到了关键的时候，麦克阿瑟是不准备动用骑兵1师的。因为一个人或一个单位的声誉越高，为了他的声誉就应该越慎重，以免阴沟里翻船。颇为自负的"马头徽记"符号——钉在军服上的臂章，这是美军骑兵第1师区别于其他美军的标志。该师是美国第一任总统华盛顿开国时组建的部队，历史可以追溯到1855年创建的第2骑兵团，1861年美国内战爆发后，第2骑兵团更名为第5骑兵团，作为北方联邦军的主力，参加了与南方军的作战。在战斗中，表现出色，英勇善战，功勋卓著，为维护美国的统一和黑奴的解放做出了突出贡献。1921年9月13日，在骑兵第5团、第7团、第8团的基础上，于得克萨斯州正式组建成立骑兵第1师。到了20世纪40年代，在时任美陆军参谋长麦克阿瑟的极力推崇之下，部队改装机械化，淘汰了马匹。"第1骑兵师拥有巨大的机动优势。实际上，在第二次世界大战期间，美国的一个步兵师就拥有近4000辆汽车，士兵基本上不必步行。此外还有一个坦克营。"但为了保持历史荣誉，仍沿用以往的番号，士兵的臂章上始终保留着一个马头符号。1943年进驻澳大利亚，参加对日的太平洋战争，诸如阿德米雷尔提群岛、雷伊泰——三马岛、吕宋岛战役。被誉为"美军在太平洋的拳头、麦克阿瑟的宠儿、第一队"，"二战"后作为占领军，进驻日本。这是他们荣耀的象征——在骑1师一百多年征战历史上，从无败绩，战功显赫，享有"开国元勋师"、"常胜师"的美誉。1950年7月1日，骑1师作为联合国军的先锋从釜山登陆，后在其他美军配合下，横扫朝鲜南部，率先攻克韩国首都汉城，并直逼北朝鲜。10

1950 朝鲜

月 19 日，又率先占领朝鲜首都平壤。

现在当骑兵 8 团进驻云山以后，美第 8 集团军情报部部长汤姆森上校给 8 团团长帕尔马上校打来电话，告诉他，云山周围有中共军活动的迹象。但是帕尔马嗤之以鼻，他的观念和麦克阿瑟高度一致，中共军介入的时机已经错过。虽然他看大到云山周围升起奇怪的烟火，但却没有引起他的警觉。

可他的下属米勒中尉在基地外巡逻时，碰到一名跌跌撞撞跑来的老农，气喘吁吁地告诉他："有数千名中国的志愿军在该区域内，很多人都骑着马。老农说话简明而又肯定，米勒当下就认为他说的显然是实话。米勒把他带回军部"。但是，整个美军被强烈崇拜麦克阿瑟和西班牙独裁者佛朗哥的来自普鲁士的移民威洛比将军的假情报给忽悠了。

17 时，总攻提前开始。

当五颜六色的信号弹升空以后，在朝鲜战场上第一次出现中国人民志愿军集团火炮急促射击的壮观景象，飞翔的火箭弹穿透静谧的空气，划破"晨谧之邦"的黄昏，带着撕心裂肺的呼叫扑向联合国军的阵地。配属 39 军的火炮最多。

本来是颐指气使的骑兵 8 团团长帕尔马，听到这尖利的呼叫声和急促的爆炸声，他的神经像是被电击一样，他从倒塌的工事里钻出来，急切地观望对方阵地。在炮火刚刚延伸，对面阵地上成群的步兵从战壕里一跃而起，如同受到月亮作用的潮汐，波浪一波接着一波，平端着步枪，亮着寒气逼人的刺刀，眼睛里像是在往外喷火一样，速度非常快，转眼就登上了联合国军的前沿阵地。被对方阵势吓懵了的韩军士兵，一个个如同泥塑一样，丢魂落魄，没有生气，精神恍惚，面无表情，一个个抱着脑袋，把枪一扔，撒腿就跑，像是看见了瘟疫一样。

北朝鲜军队的武器都是苏联式的，而眼前这些部队的武器却是五花八门，各种各样，以步枪为主，三八步枪、中正步枪甚至还有"一战"时的毛瑟步枪，枪的型号杂，口径不一，好像在开武器展览会，唯一相同的是这些部队武器上清一色闪着寒光的刺刀。他明确地感到，对方真有可能是正规的中共军。这时他才真正领略到第 8 集团军情报部的警告是正确的。他连忙叫过身边的副团长艾德森，命他速去骑兵 5 团，找约翰逊团长，请求增援。

天逐渐黑了下来，116 师战士的身影随着爆炸的火光时隐时现在阵地上跳动。山崖上响起了美军的机枪声，冲锋的战士被压在山坡下不能动弹。这是 M1919A4 式 0.30 英寸（7.62mm）口径机枪，是 M1917A1 式勃朗宁重机枪（水冷式）的改进型。该枪采用 250 发弹链供弹，理论射速 600—800 发 / 分，是"二战"以后比较出色的美军连级压制火器。解放军 1956 年式重机枪，也就是这种水平。

这时，347 团 1 营 2 连的一名叫张生的战士，悄悄地绕到美军机枪阵地的后面，看准了正在射击的美军射手，一个饿虎扑食连腰抱住，硬是从几个副手身边把美军射手像老鹰抓小鸡一样提了起来，美军机枪手抢起机枪要砸他，周围的几个美军也准备助攻。此时的张生却没有一点中国古典文学《莺莺传》中的张生给崔莺莺的柔情，竟然一时性起，抱着美军机枪手跳崖了。紧接着在张生身后又扑上来几名战士，各自扑到联合国军的射手跟前，学着张生的样子，抱起联合国军机枪射手来就往崖下跳。在场的联合国军士兵被眼前的情景惊呆了，这叫什么战术？在他们的步兵操典上为什么没有提起过？他们忘记了这是在战场，使劲搜索着匮乏的记忆，呆立不动。他们从来没有见过这种战术，哪里有现成的破解良方，完全是一副不要命的样子，他们检索遍了自己的记忆库，从未见过这种战法，他们像是被跳下去的人把魂魄带走了一样，纷纷扔下装备，扭头就跑。

348 团 2 营沿着三滩川进攻，4 连副连长张玉峰率领一排冲到三滩川两岸沙滩时，突然看见前面 100 米处有四个黑乎乎房屋大小的的物体。他很是纳闷，因为战前他来这里侦查时，这里应该是一片空地，咋现在变成了房子？他带领战士们向前摸去，来到跟前才看清四个物体，原来篷布下是 4 架飞机。他一挥手，1 班副班长李连华带领几名战士冲进机场。突然，从那黑乎乎的东西下面传来一阵枪声，1 班立即卧倒，但已有几名战士中弹倒下。仅剩下李连华和一名战士也都负了伤。李连华随即向枪响的地方投出两颗手榴弹，借助爆炸的火光，他看清了那是飞机下的一个隐蔽点。他挺着刺刀冲了上去，与联合国军士兵展开了拼刺刀比赛。联合国军士兵一个手里端着汤姆森式冲锋枪，另外两个手持 M1 步枪。都比李连华的"七九"步枪先进，但是都没有刺刀，三个乌黑的枪口冲着李连华。李连华对准端冲锋枪的联合国军扑哧就是一刀，一下子扎进对方的肚子，但对方的冲锋枪也响了，值得庆幸的是，巨大的腹痛使得对方射击失常，子弹只擦伤了他的胳膊，他回身又是一刀，刺倒了另一个端 M1 步枪的士兵。在他要转身冲刺另一个士兵时，他的战友的刺刀已经把对方撂倒在地。他忍着伤痛，冲到飞机跟前，把一名飞行员从飞机的座舱中拖了出来，并俘获了飞机上的乘坐人员。李连华心里乐了，天啊，这是 4 架飞机。我们缴获了 4 架飞机，从此我们也有飞机了。再也不用受美帝国主义飞机的气了。怪不得敌人拼得这样凶，原来这里是联合国军的一个简易机场。李连华和战友仔细地搜索完简易机场，确认没有敌人以后，打算命令俘虏把飞机推到安全的地方，可是飞机太重，怎么也推不动。正在李连华为难的时候，在一线指挥的 116 师副师长张峰带人冲到这里，喜出望外，大喊："哪个连缴获的?"

"报告首长，是 4 连。"李连华回答。

"快把飞机拖到山沟里去，你等敌人飞机炸呀。"

"报告首长，我们推不动。"

"那就伪装起来。太好了。"

"是。"李连华连忙找来玉米秸，把飞机伪装起来，还把抓获的飞机驾驶员交给了收容队以后才放心，因为飞机还得有人开，志愿军里别说会开飞机，就是会开汽车的人也寥寥无几。不要说李连华不知道，就连副师长张峰也不知道，他们缴获的不是战斗机，而是 1 架炮兵校射机和 3 架轻型运输机，是在东京的记者打算采访骑兵 1 师，昨天刚从东京飞来。在对军事和武器知识还相对贫乏的志愿军战士来说，他只能区分这是天上飞的飞机，而不是地上跑的汽车就已经不错了，根本不可能区分战斗机与运输机，认为只要是在天上飞的，就是战斗机。不幸的是，第二天美军8架野马式战斗机毫不吝惜地准确轰炸，没有给志愿军留下这点战利品。

美军的炮弹在指挥部的周围不断的爆炸，震得位于鹰峰山矿洞里的浮土扑簌簌直落。指挥部里充满了战火硝烟和爆炸后的火药味道。联合国军的炮兵不断地向战士冲锋的路线上打炮，不断看到有的战士被敌人的炮火击中，但是其他战士似乎没有看到眼前的威胁，依然义无反顾地冲锋。战斗全面展开，绿白红等不同颜色的信号弹不断在空中闪烁，把黑暗的夜空染亮。机枪声、手榴弹、炮弹的爆炸声汇集在一起，好似夏季天边传来的阵阵闷雷。

围攻云山的战斗开始以后，347团负责从西北方向进攻云山。团长李刚亲自到第一线指挥部队沿着松亭洞东南的高地向龙浦洞和云山城进攻。2营4连和6连在96.9高地两侧，并肩突破了美军前沿阵地并且迅速消灭了眼前的联合国军。4连、5连继续向纵深发展，当行进到龙浦洞北侧的阵地时，突然遭到联合国军猛烈炮火的袭击，炮弹呼啸着准确地落在2营前进的道路上，弹片形成一个个小斧头的样子在志愿军的人群中飞舞，巨大的爆炸声将战士耳膜震破，有许多战士因此而失聪，更有不幸的是不少冲锋的战士被联合国军猛烈的炮火吞噬，成片的树林被夷为平地，成群结队冲锋的志愿军战士被联合国军猛烈的炮火夺去生命。

李刚的心里痛苦地叫喊着："2营，2营！"电话线断了，黑暗中，望远镜又没有红外线功能，无法看清具体状况，无线通讯装备在刚入朝的部队中，还不能完全装备到营一级单位。李刚不顾副团长屈泰仁的阻拦，带着1营长穆占魁和警卫员冲到2营的指挥部，冲着指挥的2营长董文才叫："停止攻击，停止攻击！"

部队是军事行动部门，有许多时候是按照上级的命令进行工作的。当上级没有改变命令的时候，一切要按照原来的命令行事，不得有半点马虎。

部队的攻击停顿下来，但是联合国军的炮火却没有停止，依然在2营冲锋

1950 朝鲜

的阵地上炸响。

"我们不能让我们的战士去和敌人的钢铁拼刺刀，得换个方式。眼前的伪1师看样子实力也很强。"李刚伏在地图前说。

"这样，把全团的火力都调给你们，把咱们的老家底那九二步兵炮、迫击炮都整到前沿去，把营属机枪全部集中在一起，3挺为一组，没有命令不准开枪。一营副——"

1营副营长博学君立即答："到！"

"由你率领1营的一个连沿着三滩川水边迂回到龙浦洞东南，由东南往西北打，配合2营夺取龙浦洞。记着，你们到达预定阵地的时间就是炮兵开炮的时间，到达地域后打2颗信号弹。在炮击时你们趁乱摸上去，2营同时进攻。"

2营长董文才和博学君同时立定答："是！"

尽管联合国军的炮声还在响着，但是现在对于志愿军来说就是指示目标罢了，完全可以利用炮声的方位，找到可以穿插的间隙。同时也为347团的炮兵指明了方位。

战术改变以后，347团很快掌握了战场的主动权，一举剿灭了盘踞在龙浦洞的联合国军。

担任冲锋的348团，很快突破了联合国军的前沿阵地，立即向纵深发展。当行进至262高地前的开阔地时，被山腰间响起的几挺重机枪所压制，2营5连两次冲锋都失败了，前进的速度明显慢了下来。

5连指导员付荣山率领5班组成一个战斗小组，悄悄迂回到重机枪阵地的侧后，竟然一声不响地爬到了联合国军射手的身边。

联合国军的射手正在用电话请示骑兵1师8团2营营长米利金中校："我们该往哪里打？"米利金气急败坏地说："还要问我吗？哪里有喇叭声就往哪里打。"接受任务的机枪手，放下电话转过身来，刚要拉动枪栓，突然被付荣山迎面一拳头打在下巴上，顺手把他的机枪调转了枪口，照着眼前的联合国军就是一顿猛烈的射击。突如其来的子弹把联合国军打蒙了，没有被打死的，丢下阵地，撒腿就跑。阵地另一侧的 6 连 1 班也采取 5 连 5 班的战法，悄悄地摸到山顶联合国军的背后，一名战士冲上去也不管机枪是否烫手，抓住联合国军士兵的机枪，就往自己的怀里带，另一名战士挺起刺刀，在对方还没反应过来的时候，刺刀已经穿透了他的肚皮。占领阵地以后，向天空发射两颗绿色信号弹，告诉师首长，348 团已经完成了预定任务。稍作休息，连带打扫战场的 348 团的士兵惊奇地发现，倒在他们跟前的尸体都是一些高鼻梁、蓝眼睛、黄头发，而且，在他们的臂章上有一个明显的马头的标志。团长高克知道这个情况以后，亲自带人查看，并审问俘虏。

"报告师长！"在前沿于 348 团一起行动的 116 师副师长张峰给汪洋打来电话："我们打的不光是韩 1 师，我们和美骑 1 师干上了，高团长刚才亲自审问的俘虏。"

当报告到达 39 军军长吴信泉那里，吴军长也不由得一愣："美军？骑 1 师？"

"对，骑 1 师 8 团，他们是刚和韩 1 师来换防的，就在这节骨眼上。"汪洋在电话里肯定地说。

"乖乖，打兔子赶出只黄羊来。怪不得敌人的火力这么强。不管是谁，不管他王牌还是张牌，就是三头六臂的天牌，这碗肉，志愿军吃定啦！"

在 39 军的仇恨簿上，记载着：在云山北面进行野战防御的 116 师 348 团，由于在布置力量时，没有考虑到美军的现代化军事力量的巨大威胁，在阵地正面兵力密度过大，致使部队直接面对着美军的飞机轰炸、凝固汽油弹燃烧、大量火炮直瞄射击，造成 348 团人员较大伤亡。

消息报到"志司"，彭德怀听到以后，心里一沉，他知道骑 1 师在美军中的分量，如果不能迅速结束战斗，势必遭到敌人更大规模的报复。麦克阿瑟可以狂妄，但他不能丢脸，将军脸面一般比士兵的生命更重要。

他把电话直接要到了汪洋的指挥部："汪洋，我是彭德怀！我命令你坚决消灭美军王牌，让刺刀见红，冲乱它，捣毁它，歼灭它！"

"是，让刺刀见红，冲乱它，捣毁它，歼灭它！"汪洋注视着政委石瑛重复着彭德怀的命令。

"预备队，冲锋！"

346团团长吴宝光带着全团嗷一声就扑了上去。在战场上，指挥员亲自发布命令，有时就是一剂强心剂。与任何对手不同的是，中国人民志愿军得到冲锋的命令，全身心的热血都被调动起来，就如同要过节一样地喜悦。因为，他们的军官冲在第一位。

346团4连作为尖刀连，在其他兄弟部队的配合下，从美军间隙直插云山街内。临走时团长吴宝光嘱咐4连："你们的任务是猛插到底，直至捣毁李伪军的指挥部。要沉着、冷静，这是完成任务的关键，在接近云山之前不要让敌人发现你们，好吧，祝你们成功！"

4连牢记团首长的嘱咐，顺着一直延伸到云山城边的山沟，悄悄地接近敌人。尽管炮弹、机枪弹不断在他们身边飞舞，但是他们毫不畏惧。当他们行进到离公路大桥还有150米时，山沟没有了，眼前是一条公路，没有丝毫屏障，怎样才能完成团长交给的任务。就在4连连长王振斌犹豫时，部队已经整整齐齐地冲到了公路上，排着整齐的队形，继续前进着。

守桥的美军骑1师8团3营M连的卫兵看到大约一个连的士兵排着整齐的队形，堂堂正正、规规整整，十分严肃地冲他们走来，守桥的卫兵不但没有拦他们，反而还给他们让开路，搬走放在路中间的鹿砦，拽走环形铁丝网，他们显然把这支从容不迫、纪律严明而又临危不惧的部队当做友军，认为是韩军1师某部了。为了对美军的友好举动表示感谢，尖刀4连连长王振斌还主动地和对方握了一下手。M连的士兵不解地纳闷：韩军的军服到底是个什么样子？

当4连整齐的队伍行进到骑8团3营的营部时，只听王振斌一声大喊："招呼！"司号员吹起了冲锋号，战士们随即成扇形迅速散开，步枪、冲锋枪、机枪在云山的街道上猛烈射击，手榴弹、炸药包、爆破筒在营部爆炸，美军骑1师8团3营营长罗伯特·奥蒙德被志愿军战士扔进来的手榴弹炸成重伤，他呻吟着，挣扎着向外爬，3营作战主任上尉麦卡比过来搀扶着他一起向外就走，没想到刚出门，麦卡比的钢盔就被打飞了，肩胛骨还中了一颗子弹，噗地一下跌到在地上，他想再拉一下营长，但是此时营长已经没气了，他自己也因为失血过多，浑身乏力，不能动弹。这时冲过来4名志愿军战士，那4名战士看到麦卡比以后，用刺刀指住了他，发现他已经没有回击的可能了，以为他可能会死掉，为了袭击更多的敌人，互相打了声招呼，丢下他，迅速离开了，为麦卡比留了一条命。第99野战炮营C连连长博尔顿上尉，指挥着由20辆车组成的车队，其中有6门105榴弹炮，由三滩川和165高地的峡谷之间通过。"大约走了200码时他回头一看，发现第二辆车没有跟上他，他让司机停下车，等待后边跟上来的汽车再走。"这时，博尔顿用眼扫了一下左边的稻田，借着月光，他发现有一支军容整肃的部队成一路纵队沿着三滩川南岸走来，在月朗星稀的夜晚透过夜空，对方清晰可见，应该说从走路的姿势、持枪的动作、队伍的装束、军容姿态，博尔顿完全可以辨明这支部队与他们不同。但是鬼使神差的博尔顿，却认为那就是第8骑兵团撤下来的步兵，他并没有放在心上，还和司机一起谈论起他们。可当这一路纵队离他还有40多米的时候，突然横向散开，手中的步枪，冲着他的吉普车进行扫射，惊恐的博尔顿，一面用冲锋枪还击，一面慌乱中连忙驾车逃离。当他追上B连的时候，请求担任掩护任务的坦克排返回去开辟道路，遭到了坦克排排长冷漠的拒绝："我们没有炮弹了，要送死，你去！"

竟没有把他这个连长放在眼里。不是看不起他，而是珍惜自己的生命。

4连4班副班长赵子林带领战士李连才、张景臣、陈国华俩人一组，沿着云山街道两边低矮的房子搜索前进。当来到一个十字路口时，忽然听到坦克的轰鸣声由远而近，震得房屋、地面直打颤。一辆美军M6A1重型坦克，车长加上扬起的炮口，长达9米多，车重126500磅，约56吨，行进在狭窄的街道中央，简直就像一座小山堵住了整个的街道，翘起的炮口比两旁的屋顶还高，

1950
朝鲜

169

坦克上爬满了联合国军士兵。

赵子林连忙招呼战友们隐蔽在阴影里,然后冲着坦克上的美军士兵一起开火。坦克上搭载的美军纷纷栽倒在地。但是枪弹对重型坦克来说,几乎没有作用,只有侥幸击中潜望镜,才能使坦克手看不到攻击目标,失去作用。这时,坦克上的0.5英寸口径高射机枪,0.3英寸口径的并列机枪嘎嘎咕咕地开火了,打在周围的墙头上,砖瓦乱飞,李连才的腿被子弹击伤。赵子林打算把他背到隐蔽处,转移到包扎所去。可是李连才硬撑着坐起来对赵子林说:"我不去,我还能射击。副班长你赶快想办法把坦克炸掉。"赵子林想,是啊,如果不把这大家伙干掉,就会成为全连进攻的障碍,可是他们4人身上除了手榴弹以外,没有可以杀伤坦克的武器,应当尽快到连里找来爆破筒,炸掉它。于是他们三人连忙把李连才安顿在一个临时防空洞里。然后绕过坦克,从密集的火网下爬到了另一条街上,遇到6班的战士,从他们那里要了两根爆破筒回来了,顺着联合国军的汽车队朝着坦克的方向就跑。这时汽车上的联合国军士兵发现了他,机枪、手榴弹猛然向他开火。陈国华、张景臣急忙隐蔽,利用房屋作掩体射击,掩护着赵子林接近坦克。

赵子林三步并两步冲到坦克跟前,但是坦克上光秃秃的,没有地方搁置爆破筒,想把爆破筒插到履带里,又因为爆破筒太长,根本就不能插进去。坦克车喷着火舌,愣愣地朝着赵子林轧了过来。性急中,赵子林也懵住了,怎么办?不知道,心里只想,即使让你轧死我,也别想从我这里爬过去。他就这么想着,把爆破筒绑在一起,顺着坦克行进的方向一头拖在地上,眼睛盯着坦克,手里拉紧导火索。

坦克里的联合国军士兵从没有见过这样的阵势,哪有肉身和钢铁比拼的,那好就试试吧。坦克加足马力冲了上来,当就要接触到赵子林的时候,赵子林猛然拉着了爆破筒上的导火索,往坦克下一顺,纵身跳进街边的小屋里。还未等他来得及就地隐蔽,就听一声惊天动地的巨响,赵子林隐蔽的小屋随着爆炸声吱呀呀地倾倒下来。赵子林又一个箭步从即将倒塌的屋里跳了出来,只见巨大的爆炸惯性，把坦克掀起向后一跃，竟然把后面的一辆美军的小吉普车轧扁了，车上的三名士兵顿时成为了肉饼。

云山城里的联合国军开始向南突围。韩军1师师长白善烨却因为美军不认为云山周围有中国军队，或者仅是少量志愿人员，而亲自跑到安州美1军司令部向美1军军长"矮人"米尔伯恩说明。他认为在云山出现的中共军，绝不是少量志愿人员，而是中国的正规军。当时除了他亲自审问的俘虏以外，他没有再见到中国军队。但是当他环视云山周围的山峰的时候，中共军在山上行军，使他感到整个山体都在随之上下起伏运动，而志愿军动用的82毫米火箭炮，更使他的证词增加了砝码。

马歇尔说："我们认为什么都知道，而实际上什么也不知道。然而，对方却一切都知道，于是战争开始了。"

在惨痛的事实面前，第8集团军在11月2日拂晓发布了撤退的命令。当骑1师8团1营营长米尔金在云山的三叉路口，打算将失散的骑兵1师官兵、韩军1师15团的官兵集中在一起，共同进行防御或者是撤退时，惊魂未定的士兵们在短促的集合时，突然发现在他们当中竟然有不少中共军的士兵。刚刚安静下来的队伍顿时炸了营，尽管米尔金喊破了嗓子，但像是触电一样的士兵们，本能地反弹起来，竟然四处逃散，把他一个营长孤零零地扔在了三叉路口。不得已，米尔金举起枪，拦住了20多个溃逃的士兵问道："你的阵地在哪里？"失魂落魄的士兵胡乱用手一指："应该在上边。"

"那你为什么要离开阵地？"米尔金怒吼起来。

士兵们用诧异的眼光注视他一下，嘴上说："长官，你肯定疯了。"

为了拯救被围困的骑8团，从安州开会回来的骑兵1师师长盖伊将军命令位于博川的骑5团2营和作为军预备队的7团1营，由5团团长约翰逊上校统一指挥，立即进行增援。约翰逊上校在就任5团团长之前，曾是8团3营的营长，当时属于驻守在马萨诸塞州福特德本马斯第3步兵师第7团，朝鲜战争爆发以后，被派往朝鲜编入了骑兵1师。而现在3营绝望的呼叫声，通过无线电耳机，频频传到他的耳朵里，战友们的绝望呼喊更增加了他驰援的决心。当骑5团赶至云山以南龙城洞至龙头洞之间的公路时，遭到志愿军39军115师343团的顽强阻击。

343团1营进入阵地，选择好有利地形，迅速挖好工事。1营3连机枪手赵顺山和弹药手于世雄、副射手田有福挖了一个长方形的散兵坑，把机枪架好对准公路。这是343团出国以后的第一仗，而且又是和美军王牌师作战，心里没有底，赵顺山紧紧地握住机枪，准星对准公路上由远而近的美军汽车。副射手田有福问他："副班长，你说美国鬼子是不是红毛野兽？"

"他就是三头六臂，咱们也得给他砸成破铜烂铁。"正在往弹夹里装弹的弹药手于世雄说。

美军以重型坦克开道，汽车大队紧随其后，轰隆隆开了过来。坦克的轰鸣声震得大地在颤抖，支在阵地上的机枪，也随之抖动。这时3连的爆破手抱着炸药包冲了上去，可转一圈又回来了，因为他看见了五角星，误认为是自己的坦克。赵顺山冲他喊："那时白星，不是红星！"但是爆破手还没有反应过来，坦克上的机枪就叫他永远失去了记忆。美军的第一辆坦克碾压着志愿军战士的无知，冲过了他们的阵地。爆破组组长范吉太一看，眼睛都红了，自己抱着炸药包冲了上去，对准行驶在后面的装甲车，把炸药包扔了上去。轰隆一声巨响，装甲车瘫痪在公路上不动了，后面的汽车撞在的装甲车上，可以听到美军士兵钢盔碰撞的声音。这时赵顺山手里的机枪响了，对准跳车的美军就是一顿扫射。

车队后面的美军从爆炸中惊醒，迅速组织好进攻队形，在军官的督促下，一窝蜂似的冲了上来。赵顺山端起机枪，冲着美军兜头又是一阵扫射，跑在前面的几名美军像是被镰刀割过的稻草，纷纷倒下，后面的美军像是一群受惊吓的鸭子，拐回头就跑，踩得浅沟里的稀泥扑哧扑哧直响。就在赵顺山手中的机枪没有了子弹正准备更换弹夹时，突然从汽车驾驶室里传来砰的一开门声，一高个子美军从汽车里跳了出来，伸手抓住了赵顺山的机枪，大叫着拼命往自己怀里拉。志愿军曾经多次上演过夺取敌人机枪的故事，现在美军也要上演力夺机枪的故事。赵顺山还没有回过神来，又从汽车里跳下 2 名美军冲他扑来。原来，这三人在机枪响后，就地隐蔽趴在了驾驶室里，并没有像其他美军那样惊慌失措地从车上往下就蹦，成了赵顺山的活靶子。就在这紧急关头，在赵顺山身边的于世雄、田有福猛地从工事里蹦出来，一人抱住一个扭在一起。战友的出现顿时给了赵顺山巨大的鼓舞，他知道，手里的机枪如果被敌人夺了去，那么将意味着他们的阵地就要丢失，敌人有可能突破他们的阵地，向被围困的骑 8 团增援，从而增加围歼骑 8 团的难度，应该尽快结果了他。他这么想着，对方突然挥起拳头，冲他就是一拳，赵顺山一闪，拳头打在枪托上，疼得美军啊地一叫，手里的力气顿时小了不少，借此机会，赵顺山就势一拉，把这肥胖的美军带了一个跟头栽进散兵坑里，四脚朝天向上仰着，可是他的一只手却死死地拽住机枪不放，另一只手却从腰里摸出一只手枪。赵顺山不知道，美军士兵除了配备步枪以外，大部分还配备防身用的手枪。如果让他把手枪握在手里，我们三个人都得交代了。赵顺山连忙腾出一只手，死死地按住他的手，不让他拔枪。但是胖美军使劲一甩，就把赵顺山的手挣脱了。性急之中，赵顺山急促地喊："于世雄快把他的枪抢过来！"喊完，赵顺山也后悔了。正在和另一个美军扭打在一起的于世雄听到赵顺山的叫声，竟毫不犹豫地腾出一只手来，一拳打掉了胖美军手里的手枪，赵顺山趁势把手枪抓到了自己的手里。可就在这一瞬间，于世雄肋下闪出一道金光，接着就是一声沉闷的枪声。原来，就在于世雄腾出手来打掉胖美军的手枪的时候，他身下的美军就势掏出了手枪，冲着于世雄的肚子开枪。愤怒的赵顺山举起枪就开火，但是还在保险状态的手枪，怎么也打不响。就在这时，身负重伤的于世雄竟然从美军的身下翻倒上面骑在美军士兵的身上，他背后背着的十字镐正好冲着赵顺山。赵顺山立即抽了出来，冲着那胖美军的脑袋就刨了下去，胖美军扑腾跌倒在地。他一死，刚才开枪打于世雄的美军慌忙甩开于世雄撒腿就跑。愤怒至极的赵顺山立即扑上去，抢起八寸长的十字镐，吓得那美军士兵立即用手捂住自己的脑袋，但是十字镐还是穿透了他的手背，直接刨进了脑袋里，白花花的脑浆伴随着血水向外喷了出来。另一个和田有福搏斗的美军，见势不好，拔腿要跑。这时腿部已经受伤的田有福竟然死死地抱住了这个打算逃跑美军的一条大腿，使他不能动弹。刨顺手了的赵顺山直接在他的脑袋上开了天窗。

美军动用飞机、重炮和坦克对准343团的阵地展开了狂轰滥炸，美军飞机扔下的凝固汽油弹，把原本郁郁葱葱的树林烧成一片火海，炮弹不断把刚刚翻新的土壤，又忠实地耕犁一遍。

343团团长王扶之在望远镜里看到，1营的阵地上，由于美军的猛烈轰炸，使得原本两个坚强的战友，一对指挥员，在空前惨烈的炮火面前，一起退缩了。阵地上没有了指挥，一下子乱了阵脚，位于一线的3连阵地被美军突破，

志愿军在云山战斗中缴获美军的装甲车。

接着 1 营的主阵地也被突破。王扶之气得举着望远镜大骂那两个败类。副团长
朱互宁要顶上去，这时侦查股长薛强自报奋勇担起 1 营长的重任。王扶之连忙
命令团属炮兵，把仅有的几门 92 步兵炮拉倒路口，炮口直接瞄准美军进行轰
击，又把 2 营调到 1 营的阵地，终于顶住了美军的攻击。

在一片爆炸以后，美军飞机对着 1 营的阵地投下了大量燃烧弹，大火吞噬
了阵地，王扶之在望远镜里看到阵地上一片火海，他在团指挥部里甚至都能够
感受到烈火的炙热。骑 1 师 5 团团长约翰逊上校对空军战机的卓越表现由衷地
欣赏，甚至他想到了要有机会好好犒劳一下空军弟兄们。当年美军轰炸东京
时，了解到东京已经没有了防空力量时，就是靠凝固汽油弹，把东京人固执的
"一根筋"烧断，让那些没有在战场上战死的日军，在燃烧中失去斗志。而东
京那是一个城市，面积很大，而眼前只是一块小小的阵地，按照这样的燃烧程
度，应该不会有任何生灵的存在。

王扶之的眼泪下来了，预备队已经上去了，身边已经没有了再可以调动的
部队，眼看阵地要丢，115 师、39 军以至"志司"的作战任务将不能完成。

就连冲锋的美军都放慢了自己的脚步，现在冲上去的结果将是和坚守阵地
的中共军的结局一样，都得被烧死，不如让大火尽情地燃烧。

就在懒洋洋的美军看着大火把阵地的每一寸土地都烧透的时候，他们离阵
地不到 20 米了，直挺着身体，打算更清楚地看到中共军队在烈火中痛苦挣扎
的惨状。

然而令人不能相信的事情发生了，在烈火中传出了激烈的枪声，抛出的手
榴弹在美军的头顶上开花。不光约翰逊愣住了，就连王扶之和副团长朱互宁也
愣住了，他们不敢相信自己的眼睛，但是耳朵里传来的却是他们熟悉的玛克辛
重机枪、捷克式轻机枪以及三八步枪、七九步枪的声音。

约翰逊上校惊呆了，口里念叨着：不可能，他离开战壕，打算看得更清楚
一些："难道他们是火神？"一枚迫击炮弹在约翰逊上校的身边爆炸，他带着这
样的疑问，离开了战场，住进医院里去彻底思考。他哪里知道，多数农民出身

1950 朝鲜

的中共军，十分擅长土工作业，当大量的燃烧弹倾注到阵地上的时候，他们在阵地上挖出了一条条断火沟，相当于林区的防火道，这边你爱怎样燃烧就怎么燃烧，是不会烧到断火沟的另一侧的，没有了连接物，火自然只能在一个地点燃烧。同时他们又给自己挖出一个个防火洞，洞口用雨布堆上泥土和荒草，荒草被打着了，他们就把雨布连同泥土推到洞子的外面，使得烈火远离自己。

激战了两天以后，美1军军长米尔伯恩不得不下令，骑8团我不管了，自行突围吧。

幸运的骑兵8团G连排长哈里·特罗洛普中尉在两辆坦克的掩护下形成一个小型防御圈，坚持到晚上9点，在他身边的坦克后撤时，他的厄运来临了。周围中共军的军号声此起彼伏，不断有中共军在他的身边跑过，他趴在山丘上，发现连长戴维斯上尉大腿负了伤，他已经不能走动了。哈里特罗洛普中尉为他盖上雨披，又拔了几把荒草，撒在上面，作为伪装。翻过身，突然发现两名志愿军战士正在查看被打死的士兵的尸体，他悄悄地伸出M1步枪，瞄准了那两个士兵。但是为了安全，他放弃了，因为四周都是中共军的士兵，要是暴露了目标，那么必死无疑。他蹲守在戴维斯的身边，准备等待救援。当他触到戴维斯上尉时，虽然他的身体还有体温，但是人早已没有了呼吸。就在他在绝望中准备另外寻找救援时，刚才的那两名志愿军士兵的步枪抵住了他的脊梁。他在惶恐中觉得其中一人拍拍他的口袋，意思好像是在说有什么值钱的东西没有，而就在他摇手时发现了他手上的结婚戒指恍惚中被摘下来抢走。然后扔给他一把镐头，让他挖坑把戴维斯掩埋掉。恐惧中的哈里·特罗洛普中尉把戴维斯上尉掩埋以后，他的神志似乎清醒了一些，这时他发现在他身边看守着他的中共军士兵手里攥着M1步枪，虽然手指扣住扳机，但步枪的保险却是关闭的。他知道这支性能优良的步枪，来自落后中国的"一些人数众多，武装低劣的农民"士兵根本不会用。他用镐头在贪财的中共军士兵的头上连击三下，夺过M1步枪，跑进山谷。

志愿军赵顺山三下镐头，砍死了三名美军，哈里·特罗洛普中尉三下镐头砍死了一名贪婪的中国士兵。如果这位士兵地下有灵的话，他一定会为自己贪图一枚戒指而失掉性命、失掉人格、失掉志愿军的尊严而后悔。

哈里·特罗洛普中尉疯狂地跑着，生怕另一个中共军士兵翻过劲来找他报复。不想眼前出现一个身穿美式军服的东方人，他的脑袋嗡一下，头发都立了起来。他下意识地举起枪大声命令道："过来，把枪放在左手上，枪口朝下。"东方人顺从地按照他的命令行事，乖乖地举起双手，但当他来到东方人的跟前时，那人竟然冲他一笑说，他也是 G 连的士兵，不过是萨克萨中尉排的，是日本人，刚刚被征召入伍的"二战"老兵叫片山茂下士。他俩结伴向南逃去。不久他俩又遇见了一个散落的加拿大兵：

哈里·特罗洛普中尉问道："兄弟，你好，是那个部队的？海军陆战队的？"

加拿大人翻着眼睛注视着他，回答得比较利落："不，我是加拿大旅的。"

哈里·特罗洛普中尉仔细地端详着他的军服，感慨地说："怪不得不认识你的制服，好在和中共军有所不同，我并没有准备开枪的意思，我知道肯定是自己人，联合国军。你是什么时候应征的？"

"不，我不是应征的，我是志愿来朝鲜的。"

名字叫志愿军的不一定就是"志愿"，在很大程度上是替国分忧。哈里·特罗洛普中尉吃惊地瞪大眼睛："志愿的？你们加拿大人是不是都在家冻糊涂了？你知道吗？这里一点不比加拿大暖和。幸亏上帝让你遇见了我，不然，你就要参加一场中国式的葬礼。走吧，我的志愿兵，让我给你带来生机吧。"其实现在的他，心里想到的，认为狂妄的加拿大人应该认为他就是上帝。

的确，众多加拿大人受西方宣传模式的影响，听说朝鲜发生战争以后义愤填膺，纷纷报名志愿参加"反击侵略"，前后达到 16000 多人。

中尉的队伍逐渐扩大，在经历了 25 天的磨难之后，终于回到了自己的部队——第 9 坦克营。但是不幸的是，他虽然回来了，但是第 9 坦克营却面临着灭顶之灾，已经被取消了部队番号。

1950 朝鲜

第八章
黄草岭、赴战岭

　　麦克阿瑟将两支大军分成东西两路，发动"钳形攻势"。但是他忘了，老虎钳子之所以能够夹断金属条，是因为有一个可以整合两股力量交叉的支撑点。

　　彭德怀敏锐地发现了这个支撑点。随即派兵坚守。使得麦克阿瑟的"钳形攻势"，变为两股各不联系的单独力量。

1950 朝鲜

横贯朝鲜北部南北走向的狼林山脉，起源于慈江道与两江道之间，沿咸镜南道、平安南道与咸镜南道的北大峰山脉遥相呼应，和狼林山脉南端接触的妙香山脉呈倒"丫"字形，在山脉的东侧，狼林湖、长津湖、赴战湖三个湖呈"品"字形在盖马高原的西北方向，正北偏东是咸镜平原。

彭德怀用手使劲地挤着自己的额头，直到有些微微地发热，感冒的症状似乎稍微减轻了一些。夜里温度还是很低的，他把自己的军大衣送给了刚来"志司"协助工作的人民军战士小李。

彭德怀视察高炮阵地。

他看着地图上的箭头所指，若有所思地说："看来敌人行进的速度很快，东、西两线像是在比赛呀！李承晚和麦克阿瑟给他们注射了多少兴奋剂？"他把手在地图上丈量一下，接着说："可惜呀，为什么把东西两部分散得这样远，麦克阿瑟的老虎钳子，不能合并在一起，就没有支撑点，只能变成两支肉肠。这里的地形对我们有利，狼林山脉把敌人割裂开来，这条口子足足有80多公里，足够我们穿插迂回的了，既然你麦克阿瑟给我们留下这个机会，我们也不能不给面子，告诉各军，这两条线都不能放过！"

邓华凑上来，一边看着地图一边说："恐怕是人民军已经没有了抵抗的实力，才导致敌人这样有恃无恐，只是元山海域的水雷，迟滞了陆战1师上岸的时间。"

"解参谋长！"彭德怀叫道。

彭德怀的身边站立着一个身影，手里端着一个搪瓷托盘，上面摆着注射器和药水瓶。

"彭总。"保健医生刘培顺来给彭德怀打针。

彭德怀指着地图说："我看黄草岭、赴战岭一带山高林密，地势险要，利于防守又处于东西线之间，只要把这里卡死，美第10军就会被牢牢地围堵在东线，不能对西线战事形成威胁，对我们打击沃克十分有利。解诸葛，我们在这里有什么部署？"

没有声音。

彭德怀鼻子发出了疑问性的"嗯？"的声音。当他扭过身来，指挥部的几位首长都笑了。彭德怀在给自己的保健医生布置作战任务。

"彭总，您要先打针，我才能回答。"解方答道。

话音未落，就听邓华噗噗地从嘴里吐烟末的声音。

彭德怀接过来顺势说："你没听邓副司令说'噗噗'吗？它代表了我的意见。"

邓华笑了："您真会打趣。这烟潮的，咋使劲噏也不着，腮帮子都酸了。要是有个烟盒，就能够防潮。"邓华一句话，留下了彭德怀的一个念想。1959年4月，彭德怀出访南斯拉夫，接受了南斯拉夫总统铁托赠送的一个金质烟盒。他回来后打算送给邓华。不想庐山风云突变，他被打成反党集团的头子，邓华也受到牵连。从此,两人再没有见过面,1965 年建设大三线,彭德怀到了成都以后,住在永兴巷,离邓华住的前卫街很近,但因为各自的身份,也被局限住了。直到 1978 年彭德怀同志平反以后,他的夫人浦安修才将这个烟盒送到了邓华的手里,上面有彭德怀的手书:"送给邓华同志。"不过,此时,邓华已经因身体状况不佳早就戒了烟。

黄草岭位于长津湖以南约 20 公里,赴战岭在长津湖以东约 22 公里,两地呈直角状之间有两条简易的砂石公路通过,是朝鲜东北部的战略要地。本来没有名气的荒凉地点,因为中国人民志愿军的出现,这里和志愿军的英名共存。

"据我们所知,目前,黄草岭和赴战岭只有人民军的少量部队防守,而且没有重武器,部队也没有后援,比较孤立,一旦遭受打击,必定没有还手之力。"邓华掐灭了香烟指着地图说。

"这个问题很重要,人民军经过长时间苦战已经没有了后劲,我们不能指望他们。事不宜迟,命令 42 军吴瑞林马上派两个营,抢占要点山头,后续部队日夜兼程赶到。你们看怎么样?"

韩先楚望着地图说:"这个办法好,只要先顶住伪首都师的东进,我们西线的文章就好做了。"

"好,下命令。"

参谋长解方开始起草。

"小赵,赵南起!"彭德怀叫道。

赵南起立即从椅子上站了起来答道。他旁边的毛岸英也站起身体看着彭德怀。

彭德怀示意毛岸英坐下,对赵南起说:"小赵,你是朝鲜族,你给我说说,朝鲜族都有哪些风俗习惯,志愿军哪里做得不符合当地习惯的,有什么不足?"

"是,彭总。第一,朝鲜政府不容许老百姓砍树,可志愿军砍得多了一些;第二⋯⋯"心直口快的赵南起说。

10 月 27 日,命令下达到 42 军。

据军长吴瑞林自己说，42军是"资历最浅的一支部队。……在组建时全军红军老干部总计也不过三四十人，没有红军的建制作基础。老八路也仅有370团、372团的（各）一个营。"进军朝鲜的命令下达的时候，中央军委已经确定42军集体转业到黑龙江屯田垦荒。他们丢掉锄头，扛起枪进入了朝鲜。军队去掉戎装换农服，是工作的需要；军队持枪保卫家园，是使命使然。前项是政治任务，后项是政治加军事任务。

接到指示，军长吴瑞林马上命令第124师并配属炮兵第8师第45团，迅速赶往黄草岭以南的1115高地、草芳岭、796高地一线，构筑阵地。

第42军124师370团2营在团长赵欣然的带领下，赶赴黄草岭。他们的

志愿军先敌抢占黄草岭、赴战岭组织防御，阻止东线敌人的进攻。

任务是要在 5 天内，从入朝的辑安赶到作战区域黄草岭、赴战岭。空中行进距离 200 多公里，而在志愿军的脚下都是崎岖的山路，道路不平坦不说，关键的是，他们要和联合国军的汽车轮赛跑，志愿军要在 5 天内追上联合国军的汽车轮。部队卸掉了所有辎重，甚至自行削减了部队的口粮。入朝前，部队已经开始垦荒种田，转为生产建设，现在又要回到战斗部队序列，而且，他们在冒着美军飞机轰炸的危险前进，拼抢时间。

与此同时，当美军第 7 师 17 团在 11 月 19 日进入中朝边境惠山的时候，远在日本东京的联合国军总司令麦克阿瑟将军给联合国军东线总指挥阿尔蒙德将军发来恭贺电报："奈德，恭喜你。衷心给你最大祝福，向出色地夺得众人羡慕的人物巴尔问好。"接着，阿尔蒙德转述了麦克阿瑟的表扬，发电报给美军 7 师师长巴尔："你的师在零度以下的山岳地带，击破反复进行顽强抵抗的敌人，仅 20 天时间即前进 200 英里（合 321 公里），这件事实无疑将作为辉煌的军事成果载入史册。"志愿军是 5 天急行军 200 多公里。都说美国人是夸出来的，一点没错，20 天时间前进 200 英里，都值得表扬，值得鼓励，值得注意的是，美军可都是机械化部队。

志愿军依靠自己的两条腿，冒着美军飞机的轰炸，翻越狼林山脉，冒着零下 40 度的严寒，在雪地上行进，穿梭于朝鲜北部的崇山峻岭之中。即将到达黄草岭的时候，负责带队的副师长萧剑飞，按照"志司"提供的通讯方式，与驻守在黄草岭的人民军取得联系。苦等救援的朝鲜人民军听说中国人民志愿军正在日夜兼程赶往黄草岭，非常兴奋，调集了所有汽车前来接应，终于在柳潭里遇见了已经疲惫不堪的志愿军 124 师 370 团 2 营。随即 2 营的战士们全部登车。不堪重负的汽车被挤得槽帮外鼓，弹簧钢板倒背，发动机黑烟直冒，就是车不动地方。战士们实在不忍心看到钢铁的汽车也有承受不了的时候，就坚持随车步行。人民军司机见此情景实在感动，甩掉了笨重的车门等杂物，把驾驶室暴露在寒风里，试图进一步减少汽车自重。并让步行的战士尽可能乘坐汽车。于是，汽车，驾驶室两旁，两侧的车帮上都站满了志愿军战士。汽车终于在一些战士的助推下向前开动，奔黄草岭而去。当汽车刚刚进入阵地时，联合国军的汽车也到了山腰，志愿军终于先敌一步，于 10 月 24 日进入黄草岭构筑阵地。

在暂时的安静之中，政治部主任杜平来到彭德怀的跟前。

"彭总，我有一个担心。"

彭德怀的眼睛离开地图，看着杜平，脑子里想着他的担心是什么。

"彭总，吴军长派出 124 师的 2 个营前往黄草岭，124 师原系安东军区部队，后改调辽南军区，兼独立 1 师，根底比较浅，驻守北平的蒋军，去年被改编加入 124 师序列。现在 50 军也已经要入朝参战，他们的前身是蒋军第 60 军。"

"我们部队不就是利用敌军中改造好的来补充吗，有问题吗？"

"是这样，从红军时期开始，您是老总，您了解。"

"又是老总？"

"啊，不，彭总，我是说您在解放军中的地位。以前都是在国内，而现在是在国外，我认为要有所重视，国情不同、地域不同、敌人不同。"

"毛主席派这么多的部队来参战，是不是就是要有意锻炼一下他们的意志？吴瑞林说，他们在出发时，留下了一个团的解放战士当留守，现在也该归队了。"

10 月 14 日，在召开师以上干部会议时，彭德怀特地叫 42 军政委周彪汇报了全军的政治思想工作开展情况，着重强调："这次出国作战，我们所进行的是一场抗美援朝保家卫国反对美帝国主义侵略朝鲜、侵略我国的战争，是在党中央、中央军委和毛泽东主席的直接领导下进行的。各军都做了准备，在全军树立起了战争必胜的信念和敢战善战的信心。要把问题想得复杂一些，把问题想得多一些，把问题解决在遇到困难之前，一定要谦虚谨慎，把问题想得周到入微。"

关于战士的稳定问题，彭德怀已经考虑在先了。

"问题就在于，我们的对手太强大，他们对我们军队的策反也在开展，部队每天可以收到大量敌人的策反宣传画册和传单。我们不能给敌人创造机会。"

"有道理，我们作战环境异常艰苦，西方资产阶级给一些人显示的诱惑力又太大，解放战争时期美国给老蒋的甜头，可能有些人会留恋的。我看，要加强政治思想工作，怎么开展，政治部先搞个方案，交'志司'讨论。"

"是!"

42 军自 1950 年时仍有二分之一是解放战士，即由国民党士兵俘虏直接改造、改编后编入解放军序列，往往被认为战斗力比较弱。入朝前，高岗就曾经担心地说过：42 军战斗力不行。但是 42 军根据部队的实际，大胆进行创新，自 1949 年起就在军内办报，起名为《电讯报》，组织专门人员，收听电台播出的时讯，然后经过翻译、筛选、鉴别，从中挑选出有价值的电讯，整理复写出三四十份，发到全军营和营以上单位。干部们根据《电讯报》的见闻，向战士们进行形势宣讲，尤其是把来自各地的土改、解放的讯息及时告知广大战士，使他们及时了解到自己家乡的变化，了解全国的动态，对稳定军心，教育战士，起到一定的积极作用。

在黄草岭、赴战岭地区，"志司"部署第 42 军的 124 师和 126 师进行防御，因 125 师临时配属 38 军，暂时不能归建。而在东线的联合国军却是以美海军陆战 1 师、美军 7 师，韩军首都师、3 师，一个坦克团外加两个坦克营、三个炮兵团，实力远远大于 42 军。而刚才杜平说的话，的确让彭德怀产生较大触动，124 师能否顶得住？

彭德怀要通了 42 军的电话，恰巧吴瑞林没在，政委周彪接听电话："告诉吴瑞林，不要把胜负希望寄托在苏联出动空军掩护上，寄托就会犯错误，一切全要靠我们自己。"

周彪在电话里斩钉截铁地说："报告彭总，我代表 42 军全体指战员向您保证：据险坚守，与敌死战! 把黄草岭、赴战岭变成敌人的鬼门关，除了敌人的游魂野鬼和俘虏以外，一个活的也别想过去。"

这里是一道闸门，把这里关死，东西两线的联合国军就是互不搭界的两条单独的游虫，对付起来相对要容易一些。彭德怀知道42军身上的担子，他为了尽快缓解东线的压力，不得不给毛泽东发报，请求令宋时轮9兵团尽快入朝。

彭德怀的担心并非多余，此后不久，11月13日，被联合国军捕获的42军中的动摇分子，向联合国军供认了自己部队的番号，使得联合国军进一步证实了对中国军队进入朝鲜的判断。

阿尔蒙德将军率领联合国军在东线展开行动。麦克阿瑟有意把他和沃克将军分成东西两线，两人互不干涉，沃克担任西线的总指挥，阿尔蒙德担任东线总指挥。西线不断传来的联合国军的噩耗，不但没有使得阿尔蒙德将军在意，反而他对沃克将军的看法更加根深蒂固。沃克曾经师从于巴顿将军，巴顿将军因为车祸离开人世，现在已经不是沃克将军的天下了。阿尔蒙德在10月20日建立了元山指挥部，完成了麦克阿瑟将军的再次元山登陆梦想，虽然在陆地上的韩军第1军团已经越过元山向北挺进，他所登陆的元山早已成了联合国军的后方，但是在他看来，元山再次登陆和仁川登陆应该是麦克阿瑟将军杰作的姊妹篇。

11月2日清晨，朝鲜咸兴里保后庄的一片山林中，在此集结着待命出击的美军陆战第1师7团及坦克团战斗群，刚才部队接到了擦拭武器准备行动的命令。从这里往北沿着一条"很坏的单车线"进入山区，就是黄草岭、赴战岭隘口。陆战1师是美国海军陆战队中历史最长、参战最多的一支"王牌"部队。"二战"中，它是美军太平洋战场历次登陆战的开路先锋，被誉为"美利坚之剑"。朝鲜战争开始以后，该师在师长史密斯将军的带领下，率先在仁川登陆。

在一道山梁下面的土坡上，随意停放着40多辆美军M-26潘兴中型坦克，这种坦克重41吨，装配有90毫米火炮。坦克手们有的趴在炮塔上，擦拭炮身，有的正在用大锤，击打履带销子。

上士车长汤姆一边擦着炮弹，一边对驾驶员杰克逊说："自从我们五年前从德国战场得胜回来之后，我们陆战1师还没有碰到真正意义上的对手，现在咱们的武器又先进一大块，这次，我估计更不会有谁敢跟咱冒险了。"

杰克逊颇为自信地说："我估计中共军可能早就已经跑了。我听祖父讲，中国军队最不经打，以前有个三五千人，就能把他们的首都占领，割地赔款成为家常便饭。这次我看下达进攻命令也是白搭，可能最后执行的还是追击逃敌。真不如和日耳曼人打仗有意思……"

"这一次可能的话，将军阁下不是已经给我们许愿，可以在感恩节前回家了？"

"是的，早点打完，我们也可以早些回去，看着别人在灯红酒绿、寻欢作乐，而我们却在这穷山沟里无端地受苦，都一样当兵，太不值当了。"

入朝之前的美军在日本大部分是这样生活的：

美国人很乐意到别墅打高尔夫球和行猎，并观察战败人民的女儿在热海和伊东的裸体入浴典礼。"

驻日美军那种养尊处优的舒适生活：只须花上一名少尉二十分之一的军饷即可以雇到一个不断点头哈腰、俯首听命的日本女佣或男仆，为自己干各种擦擦洗洗、打扫卫生之类的脏活；美军的工作轻松自在，闲暇时间很多；还有从日本人那里征用的十分像样的夜总会，供军士和军官们消遣。[①]

他们俩正说着，只见陆战7团团长霍默·利曾伯格上校走了过来。看他们在聊天，就问：

"你们准备得怎么样了？"

"报告长官，全都准备停当，只等您的命令。"

霍默·利曾伯格上校笑了："好的，我勇敢的士兵，很高兴看到你们有这么饱满的士气，这是我们陆战1师的传统与光荣。"

---

① ［苏］库尔干诺夫著：《美国人在日本》，光华书店发行，1949年1月再版，第50页。

"长官，听说中国人很勇猛，不怕死，韩国友军第3师伤亡很大？"汤姆问。

"你只说对了一半，亲爱的上士，中共军是勇猛，但韩国军队也太无能！"

"长官，中共军的炮兵对我们构成威胁吗？"

"这个不必担心，他们的炮兵虽然打得很准，可是炮弹并不多，而且，他们最多的只是仅有60毫米的迫击炮，对我们的'潘兴将军'只能是隔靴搔痒。唯一的大炮，是日军留给他们的步兵炮，嗨，才这么高，炮身不到1米，口径75毫米大轱辘，小身子，发育不正常，典型的侏儒。没有反坦克炮，从这一点上说，中共军根本就没有正规意义的炮兵，对我们坦克几乎不构成任何威胁。"

"那，我们还等什么？司令官先生不是要我们在感恩节前结束战斗吗？我看，长官，我们可以出击了，剩下的就是赛跑的问题，如果您为我配足柴油，

志愿军第42军指挥员在黄草岭阵地上指挥战斗。

我会油门踏到底，一直踏到鸭绿江边。"驾驶员杰克逊说。

"当然，您还要为我配足炮弹。"上士汤姆提议。

"重要的是，我们得打赢这一仗。"霍默·利曾伯格上校终究不是士兵，多少要有些战略眼光。一天前，友军韩军3师在黄草岭前的烟台峰，着实给联合国军丢了一回脸。

烟台峰位于龙水洞西北，标高898.9米，与东北的727高地遥相呼应，站在山顶可以俯视山下的公路，属于黄草岭的门户，是联合国军进攻黄草岭的必经之路。

联合国军连日来不断的轰炸，把黄草岭的山川、土地全部炮耕火犁了一遍。饱受美军炮火之苦的志愿军42军124师师长苏克芝找来副师长萧剑飞说："我们得改改路数，不能光我们挨炸，他们看热闹，也得给他们一些颜色看看。我看，咱们把前沿阵地向后收缩，放敌人进来，三面布网，一面开口，逐渐收缩，让他的大炮使不上劲。现在要吸引敌人上钩。"

萧剑飞说："我去组织火炮，得给咱们的战士壮壮威，不能'飞机是人家的，炸弹是我们的。'"

炮兵第8师45团配属124师，有50多门山炮、野炮和榴弹炮，再加上配属在黄草岭的朝鲜人民军的一个炮兵营和9辆坦克。一声令下多炮齐鸣，对准已经占领志愿军前沿阵地韩军3师一顿猛轰。配属在炮兵阵地上的高炮营也对空射击，转眼间，两架不把志愿军放在眼里的美军远东空军的飞机栽落下来。

山谷中四处炮声隆隆，炮弹飞过山包，在韩军的车队中开花。汽车被打着燃起大火，车上的韩军士兵纷纷跳下车，没命朝山上跑。

开在前面的坦克也遭到了志愿军炮火的拦截射击中弹起火，尾随在坦克旁边的步兵看到依托的活动堡垒失去了作用，像潮水落潮一样退了下去。

阿尔蒙德听到前线传来中共军的炮声，心里彻底明白了这是真的，中共军真的出动了，因为有榴弹炮。他马上命令摸清情况。

两架L-5炮兵观测机一前一后贴着山头飞到志愿军阵地的上空，在盘旋一阵以后，马上发现了志愿军布置在河谷里的炮兵阵地。

"报告长官，发现中共军炮兵阵地，老式火炮 40 余门，沿河谷呈奇怪的一线配置。另外配备 8 挺高射机枪。"

"是否发现另有高炮部队？"

"没有发现，他们将高射机枪和火炮放在一起。"

"奇怪？这真是让人看不明白。"

阿尔蒙德看到了这份报告，眼睛盯住第 1 陆战师师长奥利弗·史密斯少将，努着嘴，半晌没有说话，他的脑海里不断地飞速旋转着，中共军的炮兵阵地呈一线配置，又恰在河谷里，难道是留给我们的靶子？还是中共军在耍圈套？情报显示中共军很少高射炮，虽已经向苏联购买，但是近期还没有到位，不可能是引诱我们的飞机而设下的埋伏。不可能！他把手里的电报掂了一掂似乎在评判电报的分量。

史密斯将军摇着头说："将军，我认为我没有必要犹豫，中共军即使有设圈套的意识，也没有设圈套的能力，命令空军出动，彻底炸毁它。我相信麦克阿瑟将军的话，中共军不过是一群东亚乌合之众，没有什么了不起的。就从他们排兵布阵上可以看出，他们对现代化的战争还缺乏起码的理念。"

"你说得有道理，中共军的炮兵并不多，他们所经历的战争不过是过去的战法，古板而僵化，这正好给我们创造了机会。看来是中共军还没有学会什么叫做防空，来吧，又给斯特拉特麦耶将军一次立功的机会。"

他这么说，但斯特拉特麦耶将军并不领情，在无线电里就抱怨说："将军，我的空军从早到晚连喘气的机会都没有，一天起降八九百次，加油装弹都来不及，飞行员都尿了裤子，您稍微等候一下吧。"

阿尔蒙德心里非常不满，但是他没有冲斯特拉特麦耶将军发火，而是把电报打给了在东京的联合国军总司令麦克阿瑟将军，让他出面，命令第 7 舰队司令官阿瑟·斯特鲁布尔将军调来了 20 架隶属于海军的水上战斗轰炸机和陆战队的海盗式战斗机。

在阿尔蒙德排兵布阵时，初次尝到火炮甜头的志愿军还要利用这次机会扩大战果。其结果，当联合国军用挑逗性的火炮进行试探轰击时，萧剑飞命令炮群还击，就在志愿军炮群击发几炮过后，联合国军的阵地突然变得鸦雀无声。萧剑飞正感到纳闷，突然，美军海军的 20 架水上战斗轰炸机、海盗式战斗机分两批，沿着山沟飞临上空，对准志愿军炮兵阵地展开了狂轰滥炸。炸弹一串串投了下来，在炮兵的阵地上爆炸。混杂在一起的高射机枪因为没有防备，首先被炸翻，想把炮拉走，但是当时为了安全起见，把拉炮的马匹全都隐蔽在离炮兵阵地 5 公里远的另一侧的山沟里，现在去牵马根本就来不及。

"快把炮拉走，把炮拉走！"萧剑飞痛心地喊着。

在没有马匹的情况下，志愿军战士做出了惊人的壮举，他们冒着联合国军飞机的狂轰滥炸，奋不顾身地扑到炮位上，用自己的身体保护火炮、隐蔽火炮。但是损失已经明显出现，经过清点，被敌机炸毁火炮四门，炸坏三门，而且还牺牲了大批战士，可以说牺牲的战士都是炮兵的骨干力量。萧剑飞的心情格外沉重，他怀着沉痛的心情，把损失情况向师长苏克芝做了汇报，并要求给予自己降级处分。

萧剑飞懊恼地回到 124 师指挥部，向政委李铁中简单汇报了一下事情经过，然后伏在桌上写战斗经过，总结经验教训。这时，师指挥部的电话响了，参谋接过来一听，不禁脑门上冒出冷汗，他用手掌盖住话柄，嘴唇有些颤抖地说："报告，'志司'，彭、彭总的电话。"

指挥部里一听是"彭总"，心里激灵一下，就连嘴里呼出的哈气，也都变成了凉气。高炮对志愿军来说少之又少，彭德怀为了让一线战士减少联合国军空军的袭扰，把应该配备给"志司"、保护"志司"安全的高炮和高射机枪，都送到了前线，力争能够尽量减少战士的伤亡。可是，……

萧剑飞一个跨步冲上去，就要夺过电话，如果要是彭总批评的话，就让他批评我吧，萧剑飞心里想。苏克芝同时也跨步上去夺电话，他们知道彭总的脾气，萧副师长在前线出生入死，出现纰漏，应该由师长承担。他俩不断争夺，拿电话的参谋也不知给谁为好，这时电话里传来彭总的声音："124 师没人了吗？"

苏克芝连忙一把抢了过来，立正答道："报告彭总，124 师师长苏克芝在听电话。"

"噢，以后接电话要快。你不在，谁在谁接，不能耽误时间。"

"是！"

"我听说，我们的炮兵阵地遭到了敌机轰炸？伤亡情况怎么样？"

"报告彭总，这都是我指挥不力造成的。"

"我在问你伤亡情况？"

"报告彭总，损失大炮 4 门，受损 3 门。"

"我问战士们的伤亡情况？"

"伤亡惨重……"苏克芝哽咽了一下。

"要爱护我们的战士，他们是胜利的基本保证，炮兵是技术兵种。你们要接受教训，认真查找自己的不足，看看美军是怎样布置炮兵阵地的，多学习没坏处。不过，你们的仗打得非常好，有力地支援了西线作战，我代表'志司'感谢你们，感谢广大指战员。我刚才和吴信泉说了，把我带来的火箭炮营配属给你们，阿尔蒙德以为摧毁了我们的炮兵阵地，他会斗胆进攻的，你们可以利用这次机会狠狠地揍他一顿，准备吧，马上就到。"

苏克芝的眼泪都快掉下来了，放下电话的一瞬间，他一把抱住萧剑飞："老萧，彭总给我们派火箭炮营来了，彭总给我们派火箭炮营来了……"

指挥部里一片欢腾。

火箭炮是靠火箭弹发射，火箭弹靠自身的火箭发动机引燃火箭弹的点火具产生动力飞抵目标区，免脱壳，发射管赋于火箭弹方向，靠火箭尾翼控制弹体稳定，通常为多发连装。其特点是重量轻、射速大、火力猛，富有突然性，适宜对远距离大面积目标实施密集打击。

火箭是中国一大发明，最早的多枚火箭连发装置和齐射装置也是中国发明

1950 朝鲜

的。早在 1621 年，明朝人茅元仪在《武备志》一书中记载了几十种火箭及其发射装置，其中有一次可发射 32 支和 40 支火箭的"一窝峰"和"群豹横奔箭"，有一发百矢的"百虎齐奔箭"和可连续两次齐射的"群鹰逐兔箭"，这些都可看做是现代火箭炮的原始雏形。

世界上第一门现代化火箭炮是 1933 年苏联研制成功的 BM13 型火箭炮。这种自行式火箭炮安装在载重汽车上，装有导轨式定向器，可联装 16 枚 132 毫米尾翼火箭弹，最大射程约 8500 米，1939 年正式装备苏军，1941 年 8 月在斯摩棱斯克的奥尔沙地区首次实战应用。当时苏军的一个火箭炮连以一次齐射，摧毁了德国军队的铁路枢纽和大量军用列车。火箭炮齐射时，像火山喷发炽热岩浆，铺天盖地般倾泻在敌目标上，声似雷鸣虎啸，势若排山倒海。不仅消灭敌人大量有生力量和军事装备，而且给敌人精神上以巨大的震撼，以致德军士兵后来一听到这种炮声，就心胆俱裂。为了保密，当时苏军未给火箭炮定名，但在发射架上标有表示沃罗涅日"共产国际"兵工厂的"K"字。可能由于这个缘故，苏军战士便把这种威力巨大的新式武器，用俄罗斯姑娘特有的昵称亲切地称之为"卡秋莎"。可惜这种威力强大的火箭炮在志愿军入朝之初，一门也没有。而联合国军用于朝鲜战场、具有同等威力的"巴做卡"火箭炮却给志愿军造成较大伤害。

彭德怀电话放下不久，42 军军长吴瑞林的电话也到了，他简单听取苏克芝的汇报以后说："我都知道了，刚才邓副司令转达了彭总的意见，我想，我们给阿尔蒙德来一个双管齐下，这边备着火箭炮，你再选出精干力量，夜袭美军炮兵阵地，我要叫他两头不能开张。"

苏克芝接受任务以后，立即和其他师首长商量，美军陆战 1 师的炮兵群位于烟台峰东南龙水洞，由一个营的美军把守，另外还配备了十几辆坦克，形成一个环形，把炮兵阵地围在中间。124 师决定采取"打头、拦尾、击腰、深入纵深，挖穴掏心"的战术，由副参谋长郭宝恒率领 4 个营的士兵，夜间行动。

这会儿，装备有 12 门多管火箭炮的火箭炮营营长杨松龄到了指挥部门口，声音洪亮地喊着报告。

此时，陆战 1 师的坦克集群已经从松茸洞西侧沿着丘陵和一条窄小的公路，向 124 师阵地地纵深扑了过去。坦克的后面是大量的步兵跟随。苏克芝举起望远镜看了一下，对杨松龄说："敌人的坦克给我们造成了很大的压力，你看怎样能够让我们也见识见识，让阿尔蒙德领教一下我们的厉害？"

杨松龄举起望远镜念叨着："首长可以再放得近一些吗？"此时，志愿军所使用的火箭弹，弹长 36 厘米，重 5.5 公斤，有效射程仅 300 米，命中精度差、射程不大。

这是致命的问题。

政委李铁中说："再近，敌人就冲上来了。"

杨松龄大声说："报告首长，我保证不会的，您就等着看好戏吧。"

眼看着陆战 1 师的坦克集群离 124 师的阵地越来越近，指挥部里都为杨松龄捏着一把汗。

此时的杨松龄倒像是尊泥塑一样，一动不动地望着前方。124 师阵地前沿响起了进入阵地的命令，隐蔽在防炮洞的志愿军战士冒着联合国军的猛烈炮火，纷纷爬到了战壕里，枪口伸向前方。

虽然史密斯将军从心里看不起阿尔蒙德将军，二人积怨很深。但是现在他却充满了感激，没有他的指挥与帮助，陆战 1 师不会进展如此顺利，而且，从海军调来的轰炸机一下子就捣毁了中共军的炮兵阵地，为陆战 1 师进攻扫平了障碍，现在轮到他大显身手的时候了。

都说美国陆战 1 师是个王牌，也都知道陆战 1 师火力强猛。但是有谁知道，就在麦克阿瑟主张要陆战 1 师来朝鲜前，还曾兵员不齐，装备不够。用太平洋舰队海军陆战队直属部队司令小莱缪尔·谢泼德中将的话说："我们不想把一个缺胳膊少腿的陆战旅配属给一个陆战师派往那里。"当时派往日本的仅为陆战 1 旅。

现在陆战 1 师的坦克已经进入到中共军的阵地前沿，眼看着坦克的履带就

1950 朝鲜

要碾压上中共军士兵的身体，史密斯的嘴角不由得露出胜利的微笑。但是他还是笑早了，在他微笑的同时，耳边响起一种奇怪的声音，柔柔地，搅拌空气声音，在一片荒草丛中，一种拖着红色火焰的东西，像是夏夜太空中划过的流星，又像是巨型曳光弹腾空而起，拖着一条又一条长长的尾巴，飞向他的坦克集群，飞向他冲锋的步兵方阵。仅仅在 3 分钟之内，他的坦克集群就陷入一片火海。在望远镜里他看到了中共军的阵地上，士兵们高兴地向天上抛着帽子。

42 军 124 师 371 团 2 营 4 连坚守在烟台峰上，第二天起，他们已经没有口粮，甚至没有饮用水。

11 月 2 日上午大约 10 点多钟，烟台峰前面的公路上烟尘滚滚，371 团参谋长王凤来从望远镜里看到了美军陆战 1 师的坦克，像小爬虫一般挤在公路上。韩军士兵抗不住了，换成了美军的陆战 1 师，从公路上卷起的阵阵烟尘，可以看出美军的急躁。王凤来心想：来吧，非把你这只伸到鸭绿江边的"血爪子"按住。我们是在祖国的大门口打仗，这个阵地无论如何也要守住。

他抄起电话，打给在烟台峰阵地上的 4 连连长刘君："刘君，看来是李伪军把他的美国主子都请出来了，告诉大家做好战斗准备！"

"报告参谋长，我们早就等着他们了！"

"重点要做好打坦克的准备。"

王凤来的话音未落，天空中已经传来飞机的引擎声，只见 50 多架联合国军轰炸机，带着巨大的轰鸣，黑压压遮天蔽日一样飞了过来。阿尔蒙德靠着他担任过远东美军参谋长的威望，特地给美国远东空军司令官斯特拉特麦耶将军打电话，要他倾全力出动战机。斯特拉特迈耶还真给他面子，除了美国海军的飞机没有触动以外，把隶属于他的空军，包括隶属于英国亚洲舰队的海军航空兵飞机也派上阵了。

接着，志愿军防空哨响起。

"马上隐蔽！"王凤来命令道。

话音未落，一串串航空炸弹离开了飞机的机腹，准确地落在志愿军的阵地上，巨大的石块被掀到空中，又化成碎石抛砸下来，气浪卷起滚滚烟雾，呛得人不断咳嗽，更让人睁不开眼睛。紧接着，在飞机的轰炸还在继续的时候，陆战1师的坦克集群开始冲锋，坦克发动机巨大的声响，车体旁边弥漫的青烟，炮膛里飞出的炮弹，延续着航空炸弹爆炸的声音，在4连的阵地上形成巨大弹幕。在这炮轰当中，弹着点的密度，已经很难再看到生灵的存在。炸弹削平了山头，轰倒了所有的树木。

当陆战1师的坦克轰隆隆带着排山倒海之势行至一陡峭山峰的悬崖下面时，突然在他们一侧的悬崖"轰"的发出一声巨响，随着巨响，巨大的山体发生了位移，像是暴雨中发生的泥石流，巨石带着泥土树干、枯枝败叶顿时向山下倾倒下来，形成一座小山，把行进在山下的美军坦克和士兵埋在土里。

这是42军工兵主任白滔的绝活。早在抗日战争时期，42军军长吴瑞林就从日军修公路炸石头时产生联想，叫白滔想办法用到战场上。从此在抗日战场上，白滔有了一个响当当的外号"雷神爷"。面对美军陆战1师先进的坦克，吴瑞林依然把炸山埋坦克的任务交给了白滔。白滔带领工兵，在通往黄草岭的公路两边的山上，寻找倾斜突出的山体，利用山缝，钻开个小洞，埋进炸药，炸开个口子，然后一次埋上几百斤炸药，拉上电线，连接上摇把电话机，依靠摇把电话机的发电性，引爆炸药。

美军陆战1师坦克驾驶员杰克逊在坦克里通过潜望镜观察着外面的情况，上士车长汤姆提议说："亲爱的勇士，你不能开得再快些吗？参加蜗牛比赛，恐怕你也得不了冠军。"

"这不能怪我，这么窄的路，一边是悬崖，一边是峭壁，前边的车不快，你叫我撞他们的屁股吗？"

"你完全可以把头放在外面观察，靠你眼前的两片小镜子，你只能爬。"

"你没有听说中共军的炮弹直接打进炮塔的故事？为了我们的安全和你在感恩节前与你爱妻相聚，我善意地告诉你，还是不要打开的好。"他们俩的对话，通过喉头送话器，经过电台转到其他的坦克里，随即，耳机里传来各车人

1950 朝鲜

员的轻松的笑声。就在这时，猛然听到一声轰隆隆巨响，就连在坦克里带着耳机的上士汤姆和驾驶员杰克逊也感到了强烈的爆炸声，然后是大地的摇晃，像是在地震，接着就是细碎的石头敲击坦克的声音，如同遇到了巨大的冰雹。紧接着汤姆和杰克逊觉得眼前一黑，头顶上传来巨大的轰鸣声，炮塔顿时被压扁，炮身被折断，在他周围的 5 辆坦克被活埋，8 辆坦克被砸坏。

第二次世界大战期间，德国希特勒曾经叫嚣"坦克无敌论"和"坦克万能论"，对在闪电战中先发制人发挥极致作用的坦克加以神化。

现在联合国军续写着弱肉强食中的神话。西方人不知道中国古代有个愚公会移山。

4 连连长刘君看着渐渐冲上来的陆战 1 师的坦克突然被巨大的山体掩埋，高兴地在战壕里一个劲叫好，大家纷纷鼓掌欢呼。终于可以休息一下了。

但是，思维方式还停留在国内解放战争和抗日战争的中国军人，万万没有想到美军的实力。

当行进中的坦克被掩埋以后，天上立即传来飞机引擎的轰鸣声，无数枚航空炸弹再次撒落在志愿军的阵地上，巨大的爆炸，掀起层层石浪，使得在阵地上的志愿军战士只能隐蔽在防炮洞里不敢露头。而就在这时，在空中作战飞机的掩护下，美军的大型工程机械诸如挖掘机、推土机、吊车、牵引车共同上阵，不久，不但抢救出了被埋的坦克，而且还疏通了道路。

刘君等人看得有些目瞪口呆，从落后乡村里出来的中国军人，习惯的是"小米加步枪、仓库在前方"的游击战方式，进入解放战争时期，跟随林彪打的是短促突击。对眼前的这种现代化作战方式，还是一时接受不了，在他们的眼里，这一切是难以想象的。刘君"嗖"地从腰里拔出驳壳枪，说了声："走！"带着连部司号员张群生、通讯员郑兆瑞、理发员陈凯明几个人冲上了枪声逐渐稀疏的主峰阵地。

主峰上，只见机枪手郭忠全浑身上下淌着鲜血，棉衣上的破洞向外翻着棉花，他站在工事里抱着机枪瞄准着迎面冲上来的美军陆战 1 师的士兵。陆战 1

师的士兵们在坦克掩护下，伴随着叽里嘎拉金属的摩擦声向主峰展开了新一轮的冲锋。刘君"呼"地爬到郭忠全的身边："没我的命令不准开枪。"郭忠全看见连长趴到了自己的身边，像是在外边受了委屈的孩子见到了自己的父母一样，带着哭腔说："连长！我们排还剩5个人啦。"那种看到救星，看到希望的神情溢于言表。刘君用手抚摸了一下郭忠全的脑袋。"你们都是好样的！咱们连的牺牲，让我们在西线的友军，打了大胜仗。彭总来电特地感谢我们坚守黄草岭的战士。只要我们坚持到天黑，胜利就是我们的。"

"连长，我们一定能！"

"好，让我们跟西线的战友来一个比赛，看我们这十几个人，在这五六十公尺的前沿，谁能更多的消灭敌人。"

"让他们都来吧！"司号员张群生握着手里擦得锃亮的铜质军号说。

刘君把驳壳枪插在腰里，肩上背着冲锋枪，手里提着三八步枪，对着刚上阵地的几位非战斗员说：趁敌人还没有上来，赶快收拾一下武器，把能够搜集到的都摆在阵地上，要快！"

司号员张群生在入伍前吹过作为乐器的小号。这种小号与军号截然不同，1780年德国乐器制造师约翰·安德丽亚·斯坦图和约盖利造出插管小号，1790年左右又发明了带有一个活塞能够变成两个调，不久又由两个活塞增至三个活塞，就成为今天作为乐器的小号。张群生入伍前，就是这样的一名号手，由于这个特长，他一走进志愿军的队伍，就顺理成章当上了一名司号员。他在老号手的指点下，聪明伶俐的张群生，利用那小口进气，盘了两圈以后大口出气的简易军号，不但可以吹奏出传达各种指令的军用号谱，甚至还能吹出家乡的小曲。

阵地上被炮弹击中烧焦的树干还在冒着缕缕青烟，阵地上一片焦土，布满了累累弹坑，巨大的岩石被烈火烧得滚烫，被烟雾熏得昏黑。

美军的坦克，在陡峭的山坡前止住了前进的步伐，陆战1师的士兵，从坦克后面冒出头来，一顶顶钢盔在阳光下闪闪发光。

1950 朝鲜

199

　　50 米，40 米，30 米，越来越近，直到 10 米时，陆战 1 师士兵的呼吸甚至都能够听到，这时就听刘君一喊："打！"4 连阵地上的所有火器一齐开火，摸在前面的几名士兵噗噗地中弹跌倒在地。

　　久经沙场的陆战 1 师的官兵们，从阵地上传来的枪声判断，这里已经没有几个人了，中共军在这里顽强地抵抗了 6 天 6 夜，他们已经接近弹尽粮绝了。他们停止了冲锋，就地卧倒，在坦克机枪的掩护下，向 4 连阵地投手榴弹。一颗手榴弹恰好落在郭忠全的身边爆炸，正在端着机枪射击的郭忠全的大腿被弹片击中，他又一次负伤，身体重重地扑到在地，机枪也停了。这时趴在地上的陆战 1 师士兵，趁空猛扑上来。刘君大叫："张群生，去把机枪接过来。"张群生立即朝郭忠全摸了过去，可他还没到郭忠全的跟前，突然又听到机枪哒哒地响了起来。张群生抬头一看，哈，只见郭忠全拖着负伤的大腿，跪在工事里射击起来。张群生由衷地大叫一声："真是好样的，英雄！"

　　远处战壕里一名团部的通讯员急速地向 4 连阵地跑着，张群生看到了他，告诉刘君说："连长，团里的通讯员来了。"话音未落，一发炮弹在通讯员的身边爆炸，通讯员只是哼叫了一声："刘连，""长"字还没有说出来就倒下了。他要传达的团首长指示没能到位。

　　"给战友报仇！"张群生喊着，抛出手榴弹。

　　一名身体肥胖的美军军官手里挥着左轮手枪，咿哩哇啦地大叫，只见刘君把三八步枪握到手里，瞄准了他，"叫你喊！""砰"的一枪，把他打了个仰面朝天，摔在地上。他身边的陆战 1 师的士兵见长官倒下，在前沿丢下多具尸体，纷纷向后撤退。阵地上暂时平静下来。张群生迅速跑过来为郭忠全包扎伤口。"老郭，你要顶住，咱们这阵地上还指着你哪。"

　　失血过多的郭忠全，神志有些恍惚，刚一清醒，他强忍着剧痛，用手推开他："我没事，听连长的赶快收拾弹药，准备对付敌人反扑。"

　　刘君说："对，你们几个去把敌人的弹药捡回来，我掩护你们。"说着话，刘君把三八步枪准备好，掏出子弹，把子弹头在岩石上呲呲使劲蹭了几下，然后，压进枪膛。

张群生不解地望了一下连长，一挥手，他们几个按照连长的命令，爬出战壕，向战死的陆战1师的士兵尸体爬去。

他们的行动被陆战1师观察哨发现了，在望远镜的指挥下，嘎嘎咕咕冲着他们发射重机枪弹丸。

连长刘君迎着重机枪发出的火光，伏在工事里瞄准，"叭"的一枪，射手应声跌倒，机枪停止，又补充上来一个，还没有响几声，接着又是"叭"的一枪，第二个照样完蛋。

当张群生几个拖着沉重的弹药，爬回阵地时，刘君高兴了，冲着张群生说："小张司令，有你的！不孬！来一段吧，来一段'小二黑结婚'吧"。

美军陆战1师的卡车，停在了山脚下，下来一群胳膊上裹着绿十字身穿白大褂的人，他们摸索着向4连阵地前的乱石岗爬。张群生看见叫："连长，敌人进攻了。"

刘君笑道："那叫收尸！吹你的吧。"

张群生从腰里取下小号，用缠在小号下面的红绸子轻轻地擦拭一下，舔舔干裂的嘴唇，接着清脆的号声在阵地上飘荡。陆战1师收尸的绿十字人员，听到号声，丢下尸体扭头就跑，把阵地上的战士们都逗笑了。

不久，一个加强连的陆战1师的士兵，在飞机重炮掩护下，开始重新组织冲锋。一阵激烈的阻击以后，刘君冲锋枪的击针狠狠地撞击着空枪膛，没有子弹了，他扔掉冲锋枪，抄起三八步枪，迎着冲上阵地的陆战士兵冲了上去。郭忠全的机枪在这关键时刻也不响了，失血过多的郭忠全，跌到在战壕里。4个人高马大的美军士兵挥舞着刺刀冲上阵地，把刘君围在中间，刘君左突右杀始终不能摆脱眼前的美军，他不禁心里有些起急，他知道全连的战士都在看着他，他是连长，他要表现出个样子。一边想，一边寻找美军士兵的破绽，对面的突刺的美军被脚下的石头拌了一下，身体一趔趄，刘君看准机会一个突刺，一尺多长的刺刀扎进美军的肚子，但当他的刺刀还没有从美军的肚子里拔出来

1950 朝鲜

的时候，另一个美军士兵的刺刀已经到了他的肋下，眼看着就要刺到了他。三班战士郑友良看到连长一人对付 4 人，怕连长有个闪失，连忙抛出自己最后的一颗手榴弹，跃出战壕，奔刘君而来，正好看见美军士兵向刘君冲刺，他挥起枪托，砸了美军的后腿上，美军士兵啊的一声惨叫，刺刀从刘君的腋下扎了过去，后脊梁骨冒汗的刘君借势一枪托砸在了美军的脑门上，顿时被砸个脑浆崩裂。剩下的两名美军士兵见此情景，放弃刺杀，转头就跑。刘君高兴地拍着郑友良的肩膀说："三班，给你们请功！"话音未落，远处美军坦克上的并列机枪的子弹打中了他。他无力地瘫倒在张群生的身边，他强挣扎着，对张群生说："我们人少，守住！你当司令吧。"说完头一歪就牺牲了。张群生裂破嗓子地喊："连长！"可是，刘君再也听不到他的声音了。

"给连长报仇！" 4 连的阵地上回荡着激奋的吼声。

阵地上的怒吼声、叫骂声，炸弹的爆炸声、火器的击发声混杂在一起，昏迷中的郭忠全又一次被震醒，他咬着牙，斜倚在战壕里，又一次扣动了机枪的扳机。

张群生见郭忠全清醒过来，心里似乎有了一些安慰，他大声喊："老郭，打左边的。"

郭忠全有气无力地回应："节约子弹。"

"我们有的是石头！"

现代化装备的美军陆战 1 师，在战场上经历过无数次磨炼，在第二次世界大战中作为胜利者堂而皇之地端坐在优胜者首席，但是他们没有经历过现代化装备热兵器和最原始的冷兵器时代发生碰撞，他们可以忍受子弹的创伤，却无法接受石头的砸伤。天黑时，美军撤退了。

刘君的眼睛始终没有闭上，他在注视着战场的情况。张群生把刘君的驳壳枪摘了下来，挂在了自己的脖子上，他环视了一下，阵地上的十几位战友，大家的十几双大手紧紧地握在一起。这时，他们的身后传来一阵细碎的声音，大家惊奇地在黑暗中看到，被炸掉了一条腿和一只胳膊的团部通讯员凭着坚强的毅力，克服巨大疼痛和失血，爬到了他们跟前，张群生立即抱住了他："同志！同志！"

通讯员只说出一句话："报告情……况。"说完头一歪就牺牲了。

大家静静地为坚韧不屈的通讯员默哀。张群生从自己的腰里摘下小铜号，放在嘴边，使劲地吹起号来。但是干涸的嗓子似乎在与他作对，

志愿军缴获的美军坦克和弹药。

嘴唇也在漏风，半天没有吹响。大家静静地注视着他，郑友良在一块石头后面看到一小片白雪，他奔了过去，双手捧起白雪，小心翼翼地走过来，生怕白雪像水一样漏掉。冰冷的白雪湿润了张群生干裂的脸颊，湿润了他干裂的嘴唇，舌头也有些湿润，他重新抬起头，把军号放在了嘴边。嘹亮的军号声在烟台峰上响起，穿越了高山峻岭把阵地上的情况，报告给团部，团参谋长王凤来含着眼泪解读出："天黑了，我们还在烟台峰上。"

军号在志愿军通讯设备及其落后的情况下，属于唯一较远距离通讯的一种方式，虽然为联合国军所不齿，但它们屡屡在以后的理论文章和回忆文章中被提及，甚至成为联合国军的可怕梦魇。美国历史作家约瑟夫·格登说：

"一阵由尖叫的哨音和军号啸鸣组成的离奇古怪的声音打破了

1950 朝鲜

203

沉寂，在阵阵喧嚣声中可以听见几千只脚在雪地上的嘎吱嘎吱的声音。"

接替麦克阿瑟的美军远东军、联合国军司令李奇微在其所著的回忆文章《朝鲜战争》中说：

"许多美国人第一次听到中国军号的啸鸣，这种铜号看上去就像足球赛巡边员用来表示犯规的喇叭，其粗野的音调夹杂着发狂的吹哨声，似乎在通知新的战斗阶段的开始。这至少有助于使许多自认为中国大规模介入是十足的无稽之谈的人清醒过来。"

第九章
"美国黑人团"

　　38军虽然忠心耿耿地执行"志司"的命令，却因为一个未经核实的假情报贻误了战机，打乱了彭德怀在第一次战役中歼灭李承晚两三个师的战略部署，造成熙川的韩军第8师逃跑。

　　彭德怀大为恼火，连问了三个为什么，吼道："让38军给我追！"

　　38 军 112 师按照军司令部的部署，最后一个进入朝鲜，但是抬起的脚还没有落地，上级的命令变了，要求 38 军 112 师迅速赶到熙川集结。师长杨大易接到命令以后，心里就犯了难：看着满街的北朝鲜败兵、拥挤不堪的公路，真有点老牛掉进水井里——有劲使不出来的感觉。杨大易的美国小吉普在公路上缓慢地走着，时不时就要停下让那些没有精神的朝鲜败兵过去。出来的时候，军政治部特地召开会议，强调部队进入朝鲜以后，要遵守外事纪律，爱护朝鲜的一草一木，要像对待亲人一样对待朝鲜人民，要像对待毛主席一样对待朝鲜人民的伟大领袖金日成。中国军队从成立的那天起，就是军队服从政治，党指挥枪，这没有一点丝毫马虎，不管你是军官还是士兵，政治教育已经深深地根植在他们的脑海里，凡是遇到情况，宁可自己吃亏，也不能让对方为难。

　　突然汽车"吱"地一个紧急刹车，杨大易的头险些撞到汽车挡风玻璃上，也差点把同车的 112 师政委李际春的老腰给扭了。一辆朝鲜老乡的牛车，突然横在了路上，愚钝的老牛瞪着两只牛眼，四蹄钉地，站住不走了。可能是这老牛从来没见过这阵势，吓呆了。任凭车把式怎样喊叫，怎样挥动皮鞭抽打，老牛就是不动地方。无奈，汽车又停了下来。杨大易从车上蹦下来，趁机舒展一下自己的腰。朝鲜乡间 3 级公路，不过是土石结合、凸凹不平的老路，再加上年久失修，战争破坏，虽然坐在车里不用走路，可在车里的那份颠簸也是够受罪的，别人光看见汽车跑得快了，可这汽车的颠簸也真让人够呛。

　　"杨政委！"黑暗中有人叫了一声，杨大易当政委的时候是在抗日战争时期，当时任山东军区特务团政治处主任、滨海军区独立团政治委员。

　　黑暗里走出个人来，来到杨大易的面前，用拳头在他的肩上捶了一下："伙计，我你都不认得了？我是崔仁浩。"

　　"啊？老崔！"他们早就已经相识，那时崔仁浩是营教导员。

　　两人紧紧地拥抱在一起。

　　"伙计，还活着？

　　"嗨，快别说了。如果再晚一点，就别说缺胳膊少腿了，估计连脑袋也得留在南方。就这样，还有4万多人没有退回来，被麦克阿瑟围追堵截，能不能回来还是未知数。"

"怎么能出现这种情况？"

"嗨，说真的，没有毛主席的领导"。崔仁浩压低了声音，左顾右盼地说。

"哟，看你说的！唉，你这家伙眼睛还挺好，黑灯瞎火的能够看得见我。"

"功夫不负有心人呗。刚才，我遇到你们335团，那个范天恩范团长和我聊了几句，我就估摸着能够遇见你，你没见老牛都帮我？要不是它和你顶牛，我怎么能把在汽车里的大官认出来。你们这是要去哪里？"

杨大易警惕地看看四周，他的身边只有政委李际春，警卫班的战士们，早已把他俩围在了中间。"上级命令我们到熙川集结！"

"熙川？早就让美国人给占了。没错，我们就是从那里过来的。一个美国黑人团，黑人，真是黑人。你可能没见过，就是眼睛和牙是白的，其余都是黑的，脑袋上一撮撮卷卷毛。刚一看见，吓了我们一大跳，我还以为是大白天的遇上鬼了。刚刚挨了美国飞机一顿轰炸，美国黑人就上来了。那飞机太厉害了，我他娘的做梦都给吓醒过。"

"你说什么？黑人，美国黑人？有多少？"

"一个团左右，千把人吧。"

"啊？"杨大易心里不禁一惊。进入朝鲜的美军部队，以陆战1师的陆战团为例：为了使得能够具有独立作战能力，通常配属1个105毫米榴弹炮营，1个坦克连和1个工兵连。团以下采取三三制，即配属3个步兵营，每个营配备装备有12门107毫米的重迫击炮连，团反坦克步兵连，除配备75毫米无后坐力炮以外，还装备5辆坦克的坦克排。步兵营由3个步兵连以及支援战斗的火器连。步兵连还要配属带有3门迫击炮的60毫米迫击炮排，9个步兵连，用英文字母从A—I字母编号。就是这样的一个团，它的火力加起来，别说我112师，就是整个38军4万多人加在一起，也没有他们一个团的火力强，如果熙川有一个美国黑人团，除了上述的装备以外，其他部队的火力支持，再加

1950 朝鲜

207

上航空兵的支援，我们打他们一个团，不一定能够有胜算。天啊！这打的叫什么仗，悬殊太大了。

杨大易马上把这个消息报告给军部。

38军司令部里有三位军首长，第一位是军长梁兴初。他是江西吉安人，外号梁大牙，门牙、虎牙不但大，而且还长，还多，别人上下4颗门牙，他8颗，就如同1976年唐山大地震以后，北方城市给楼房安装的圈梁，带有加固性质。说他是江西人，这是真的，可你见到他的本人，如果让你猜测他的家乡，你一定会认定是北方人。他长着长脸，尖下巴，粗眉毛，大眼，大嘴，上薄下厚的嘴唇似乎永远和粗壮的大牙不相配套。一副典型的北方农民形象。梁兴初1930年参加革命，1933年1月，当时他担任红4军11师32团3营营长。可没想到，4个月后，赶上红军改编，他被编入红1军团2师5团，任9连连长，不但没有升迁，反而给降了级。在于都县于都河打伏击战时，他带领战士们连续打退敌人7次冲锋。不想，一颗罪恶的子弹从他的左腮打入，穿透了口腔，飞了出去。他把脸上的血用手一抹，继续指挥战斗，直到战斗结束。当敌人撤退以后，他却昏迷了整整三天三夜，部队给他准备好了棺材。令大家惊奇的是，三天后他却醒了。在死亡线上溜达一圈以后，竟然活了过来，从此落了个"铁打的"威名。至今左腮上还留着一个圆黑点。

梁兴初在长征中任红1军团直属侦察连连长，作为军团前卫担任侦察探路任务。当部队行进到甘肃南部，不知下一步行动方向时，他奉军团长林彪的命令，率领侦察连化装进入哈达铺镇，找到登载陕北红军活动消息的报纸，为党中央正确确定红军长征的落脚点做出了贡献。

抗日战争胜利后，党中央发出命令，要求晋绥、晋察冀和山东军区各以一部兵力进军东北。当时，由山东滨海3团、13团、686团在诸城组建为山东军区第一师，在师长梁兴初、政委梁必业率领下，于1945年8月中旬挺进东北，号称"梁梁部队"。

更让人感到惊奇的是，梁兴初的军长居然是伸手"要来"的，但和今天出现的"跑官、要官"截然不同。1947 年 8 月，中央军委为配合全国大反攻，决定组建东北民主联军第 10 纵队，"东总"首长打算让梁兴初担任副司令员。18 日，梁兴初接到通知，让他火速赶到"东总"司令部所在地哈尔滨林彪办公室。一进办公室，林彪说："梁大牙，东总准备以独立 1、5 师为底子，成立第 10 纵队，你当副司令员。"向来说话不打折扣的林彪，说话时丝毫没有用商量的口吻，一律都是命令式的，甚至连必要的语气助词都省掉。

不过，这次林彪在自己的部下面前，碰了一鼻子灰。

梁兴初撇着大嘴回答得很干脆："林总，您还是让我回 1 纵 1 师当师长吧。我宁做鸡头，不做牛后，要么就让我当司令员，要么……"他不说了，给领导出了个难题。

他走后，林彪征求罗荣桓的意见，罗荣桓说："好钢还是要用在刀刃上。"

命令下来时，梁兴初的这个官还真要来了。他居然就任东北民主联军第 10 纵队的司令员。1949 年 4 月，在中国人民解放军即将占领南京的时候，他接到命令，转任 38 军军长，5 月上任。1950 年 8 月上旬，38 军从河南到达辽宁省铁岭、开原一带集结整训。10 月 8 日，中央发布命令，东北边防军改为中国人民志愿军。10 月 19 日晚，志愿军 4 个军及 3 个炮兵师一个高射炮团奉命分别从安东、长甸河口、集安三个方向秘密渡过鸭绿江向预定作战地区开进。

第二位是政委刘西元。他原名叫刘熙元，和梁兴初是老乡，也是江西吉安人。抗战胜利后，中共中央决定经营东北。刘西元曾改名叫"刘东元"，身着便装，赴东北任中共通化地委书记。刘西元的慈眉善目中带有的眉清目秀，一副南方人形象。他 1930 年参加少年先锋队，1931 年 5 月参加中国工农红军红 3 军团，11 月加入中国共产主义青年团。1932 年 5 月转为中国共产党党员。后来在红一方面军任司号员、通讯员。1933 年任红军学校政治部青年干事。1934 年任红一方面军直属队青年干事、红 3 军团第 6 师政治部青年干事。刘西元参加过中央革命根据地第四、第五次反"围剿"作战和长征。到陕北后

1950

朝鲜

任红 1 军团第 4 师政治部青年干事、师直属队总支书记。1936 年 6 月入红军大学第一期学习。1937 年 1 月任红军大学俱乐部主任，6 月任红 1 军团第 4 师第 12 团政治委员。抗日战争时期曾任八路军 115 师 343 旅第 686 团政治委员。1940 年 4 月 4 日，为统一鲁南地区主力部队军事力量，第 115 师第 686 团与冀鲁边第 6 支队 7 团合编为鲁南支队。下辖第 686 团、第 7 团，支队长张仁初，政治委员刘西元。刘西元给人的印象是一员思想敏锐、富有感召力的儒将。

解放战争时期，刘西元历任东北民主联军通化支队司令员兼政治委员、独立第 2 师师长兼政治委员、东北野战军第 3 纵队副政治委员、第 4 野战军第 47 军副政治委员兼政治部主任，率部参加解放东北和进军中南的多次重要战役。解放以后，38 军政委梁必业调离。此时担任中南军区政治部组织部部长、政治部副主任、第一副主任兼干部部部长的刘西元，接令到 38 军担任政委，成为梁兴初的搭档。

第三位是江拥辉，38 军的副军长，也是梁兴初的恩人。1939 年 5 月，日伪军 8000 余人突然包围了八路军 115 师师部和鲁西特委所在地陆房，时任苏鲁豫支队第 4 大队大队长的梁兴初带领部队，在兄弟部队的配合下，奋起反击，连续打退日伪军 9 次疯狂进攻，成功地掩护了 115 师师部和鲁西特委机关转移。在击毙日军大佐联队长在内的 1300 多名日军后成功突围，受到师政委罗荣桓的表扬。不想，在此之后 4 个月的一天，罗荣桓突然得到消息，梁兴初在"肃托"运动中被当做日本特务，等待处决。他连忙带着师保卫部干部 686 团 2 营营长江拥辉及师特务营 1 连，赶到湖西地区江谷厅处理此事。苏鲁豫支队第 4 大队政治委员一口咬定梁兴初是日本特务。他所在的部队 2000 多人，已经抓了 600 多人，处决了 200 多人，就连湖西地委宣传部长、统战部长、军事部长也未能幸免。现在轮到大队长梁兴初了。在了解情况时，江拥辉说，一个身上穿过 9 个窟窿、一仗打死 1000 多鬼子的人，说什么也不相信他是日本特务。罗荣桓接着江拥辉的话说，这样的人说他是日本特务，鬼才相信，梁兴初没有问题，继续当他的大队长，准备打仗。后来，梁兴初感激万分，找到领导,磨破嘴皮子把江拥辉调到自己的部队来了。他当团长,江拥辉当副团长;他当师长,江拥辉当副师长;他当上了38军军长,江拥辉是副军长。

1950年2月,梁兴初率38军完成南方剿匪任务凯旋北上,奉命在河南信阳地区驻扎。新中国刚刚诞生,当时一些城市发生了粮荒,尤其是上海等大城市资本家囤积居奇,要给共产党一些颜色看看。上海市委向中央报告,要求帮助解决上海粮荒。为此38军接受中央指示参与运粮工作。各部队分散去农村收集粮食,并通过人挑肩扛、马驮牛运等各种办法把粮食护送到车站、码头,再统一装车运往上海等城市。

1950年6月25日,朝鲜半岛战争爆发。6月27日,美国总统杜鲁门公开宣布干涉朝鲜、出兵台湾海峡。虽然中国人民沉浸在祖国解放的欢乐之中,但国际上的风云突变,战争的阴霾逼近中国,这不能不引起梁兴初的关注。他每天清晨都要收听中央人民广播电台的新闻,下午报纸一到,就命令参谋专门留意朝鲜战争的报道,汇集在一起,留作资料。

晚饭后,梁兴初约上政委刘西元、副军长江拥辉到信阳河边散步,把近期汇集的材料在脑子里像是过电影一样,一场场、一幕幕,围绕朝鲜战局叙述出来。说着说着,突然,梁兴初站住脚,拉长的脸上泛着红光:"不好!我们的收粮队要迅速集中。"

38军的部队分散到河南省信阳各地去筹粮,路途遥远,通讯不畅。江拥辉明白了他的意思,看着梁兴初说:"你的看法是我们要打这一仗?"

"是,不但要打,而且我们38军首当其冲。"

"何以见得?"刘西元问。

"你们想,38军成军在东北,东北的地形、气候与朝鲜相仿,我们现在又是预备役,作为战略总机动,肯定我们上。"

刘西元点头说:"老梁说得有道理。老江,命令部队立即停止运粮、开荒,停止老兵复员,尽快回防,等待命令。"

"还有,"梁兴初补充道,"要我们的战士丢掉锄头,重新拿起枪杆子,该

1950
朝鲜

除锈的要除锈，该上油的要上油。"

江拥辉点点头答应。忽然他冲着梁兴初狡黠地笑了一下，就这么一笑，梁兴初感到有些莫名其妙，他撇开大嘴说："老江，你又耍什么鬼心眼?"

江拥辉摇摇头："不是的，我在想，你刚把老太太接来没住几天，你又老下部队，这又要回东北打仗，什么时候能真正陪老太太待会儿?"

江拥辉这么一说，刘西元也有所醒悟："可不，苦了老人家了。"

全国解放以后，部队从南方来到了河南。梁兴初心想，祖国也解放了，自己离开家已经有 20 多年，至今没有回去看过，年迈的母亲不知怎么样了。他这么想着，派人回家乡把老人接到了部队。可是老人到了部队以后，娘俩就是来的那天见了一面，其后，因为梁兴初工作繁忙，很少陪老人在一起。乡下的老太太光听说儿子当了挺大挺大的官，很多人见了都敬礼，可老人也没有弄懂军长到底有多大。过去见过伪乡长，那架势也比现在的梁兴初架子大，估计军长没有乡长大吧。老人平时也没有人聊天，又在家里忙活惯了，乍一停下来身体不舒服，总想找些事情做做。可军长的母亲，谁也不能给她事情做，到伙房帮厨，倒让伙头兵们拘谨得很，这几天老人也正闹着要回江西老家呢。

梁兴初看看刘西元说："是的，要回去，就回去吧。只是咱们俩的家属……"

江拥辉说："等把美国鬼子赶出了朝鲜，我就带我们老爷子、老太太到朝鲜逛一遭，也算是出回国吧。"

军人就有军人的敏锐和智慧。果然，在 7 月 7 日中央军委副主席周恩来组织召开了保卫国防第一次会议，朱德总司令、聂荣臻代总参谋长、第四野战军司令员兼中南军区司令员林彪、总政治部主任罗荣桓等出席。会上作出《关于保卫东北边防的决定》，抽调第 13 兵团的 38、39、40 军及在东北开荒种地的 42 军及部分炮兵、工程兵组成东北边防军。7 月 8 日，毛泽东在周恩来送来的会议纪要上批示："同意，照此执行。"7 月 13 日，中央军委正式作出了《关于保卫东北边防的决定》。7 月 15 日，梁兴初、刘西元接到命令，38 军从河南信阳出发，限 8 月 1 日之前赶到辽宁辽阳一带集结待命。远在湘西剿匪的 114 师，也要求在 8 月 4 日前抵达辽阳。接到命令后，梁兴初和刘西元会心地一笑，当即召开紧急会议，会上决定，全军迅速收拢，为抓紧时间，采取集中一个营就开拔一个营的办法，分批行动星夜赶赴东北。在中央军委规定的时间内，38 军分散在不同地点的 49015 人，完成了千里大移防，全军顺利抵达辽阳，投入到紧张的战前备训当中。

吉林省东部辑安（今集安）毗邻朝鲜，战争气氛明显浓于河南，大街小巷到处张贴着有关朝鲜战局的宣传画和标语，人们所关心和谈论最多的话题，也是有关朝鲜战争问题。当梁兴初再次踏上这片熟悉的黑土地后，他那双大眼就瞄住了东部的朝鲜。他敏锐地意识到一场新的更为严峻的考验即将来临。

"不打无准备之仗"这句话，在梁兴初的脑海里留下深刻的印象，多年战斗的洗礼，让他养成一个习惯，那就是每战战前都要尽可能多地了解敌情。过去的对手是日本军队和国民党军队，早已摸透了他们的脾气，打起仗来轻车熟路，而今面对完全陌生的敌人，心里没底。为此，在部队尚未行动前，他与军政委刘西元带着部分参谋先期抵达辑安。

辑安是鸭绿江中游的一座边陲重镇，顺江乘船而下，可到辽宁丹东，北有铁路可到达吉林通化、梅河口与沈（阳）吉（林）铁路相接，隔江而望是朝鲜的满浦镇。辑安在和平年代水陆交通方便，人烟稠密，市井繁华。而在战争阴云笼罩下的辑安，街道冷清，行人稀少，除有一些部队匆匆走过外，店铺和大部分居民早已迁往内地。

此时，朝鲜形势发生了急剧变化。美军占领平壤后，更加不可一世，认为朝鲜军队已经失败。麦克阿瑟为了实现在感恩节（11 月 27 日）前结束战争的诺言，集中了 4 个军 10 个师约 13 万人的兵力，分东西两线，向朝中边境疯狂推进。

为熟悉敌情、地形、民情，梁兴初和刘西元决定组织一支先遣队提前入朝，担负侦察联络任务。先遣队由军侦察连、112 师侦察连、113 师侦察连、

1950 朝鲜

113 师一个加强营组成，共 1000 多人，由江拥辉副军长指挥。3 个侦察连由军侦察科长张魁印领导，加强营由 113 师副师长刘海清领导。先遣队于 19 日先于大部队悄悄跨过鸭绿江，进至朝鲜的满浦，找到朝鲜人民军后方基地负责人吴挺少将。

吴挺看到志愿军的军首长来到他的面前，欢欣鼓舞，一扫往日脸上的阴霾，他向江拥辉详细介绍了朝鲜的战局和美军的基本情况，并答应为志愿军派出联络员。同时，鉴于情况紧急，请求 38 军派部队火速赶往熙川以北的狗岘岭，抢运人民军撤退时未及运出的人民军 3 个师的装备和一个大型工厂及武器库。

梁兴初接到江拥辉的电报以后，望着刘西元，嘴上没有说话，但心里却在打鼓。他们知道此时"志司"交给他们的任务是在辑安休整，等到苏联装备到达更换以后，再行入朝。因为 38 军作为全军的总预备队，自己相对先进一些的武器都转交给了三野，准备解放台湾使用，自己留下的仅仅是最基本的装备。等装备配齐还需要一定时间。梁兴初和刘西元商量后，答应了吴挺的请求，立即命令先遣队乘汽车前往狗岘岭进行警戒，同时又命令仍在辑安的前卫113 师 338 团、339 团火速渡江，赶往 110 公里之外的狗岘岭，完成武器装备和军工厂抢运任务。

梁兴初看着远去的部队，心里说，抢运出来的物资，起码可以首先装备我38 军一部分吧。

作为军人的梁兴初此时忽略了一个关键的问题，在吴挺介绍朝鲜战局时，并没有着重强调为什么要抢运物资，也没有把联合国军分兵向北疾进的真相告知梁兴初，而只是为了保存北朝鲜的实力和向金日成请功。此时的梁兴初却是凭着中国人所固有的一方有难八方支援的团结友爱精神去为朝鲜排忧解难。

没想到，事情突变。在 38 军继 42 军之后从辑安渡过鸭绿江不久，志愿军司令部便命令 38 军迅速到熙川地区集结。梁兴初命令 113 师迂回军隅里占领清川江渡口，随即命令 112 师向安州、新安州攻击前进。

熙川离鸭绿江江边 200 多里，这要是在国内战争时期，部队甩开铁脚板，一天半就跑到了。可是在朝鲜战场上情况就不一样了。白天是美军飞机的天下，且美军弹药充足，并没有出现中央在讨论出兵朝鲜利弊时毛泽东讲到的，美军战线长，后方补给困难的问题。"远涉重洋作战，补给运输困难，来回一次即需时 38 天。"志愿军的防空力量又是那样的薄弱，几乎不能实施有效的防空，美国空军的战机擦着山头、顺着公路、擦着树尖、贴着地面飞，猖狂至极。志愿军恨得牙根痒痒，可对飞机无能为力，只好采取夜间行军的办法，加上人生地不熟，语言不通，没有向导，地图不清，又因为部队多，可通过的道路少，且都要按照命令赶到指定地域，大家互相挤到一起，每夜行军不过几十里。113 师师长江潮率领部队翻山越岭，觅道寻路，艰难行军。由于过度疲劳与着急，江潮晕倒在地，被战士们用担架抬着，继续行军指挥。在球场遇见韩军第 8 师的 10 团，113 师立即投入战斗，但是被击溃的韩军四处奔逃，113 师怕走漏了消息，又忙于抓俘虏（俘敌数百）归案，影响了全师的行进速度。

38 军尚未赶到熙川，志愿军司令部又发来电报，说韩军第 6 师已经占领了熙川，第 8 师已经占领宁远。而志愿军除了 40 军接近预定区域以外，其余各军距离预定地区尚远。"志司"调整预定的作战计划，命令 38 军及配合作战的 42 军 125 师迅速集结熙川以北地区，准备歼灭韩军第 8 师。这是 38 军入朝的第一仗。

梁兴初当即召集政委刘西元、副军长江拥辉、参谋长管松涛商议，决定以 113 师担任主攻，112 师迂回到熙川以东包抄敌人，断其退路，114 师为预备队。命令下达以后，梁兴初是乐观的，38 军是四野主力，几乎历来都是打头阵，现在到了朝鲜一定能够旗开得胜。猝不及防中的韩国军队是经不起中国王牌军打击的。

不料，就在这时，112 师发来电报，说熙川不是韩军第 8 师，而是美国一个黑人团。

梁兴初接到 112 师的电报后，大为惊讶，搓着长脸说对政委刘西元说："杨大易报告说熙川有美军黑人团，这要慎重了，美军装备好，火力强，我们进攻必须有充分的把握才能实施，不然的话，狐狸没打着，倒惹一身臊，可就麻烦了。"上次军党委决定组织一支先遣队提前入朝，江拥辉向朝鲜人民军"前指"了解战况和联合国军作战的主要特点，并请朝方帮助解决向导和翻译问题。北朝鲜部队知道的也不是很多，只能提供一个字"猛"。除此之外，了解到的情况和现实发生了冲突，他们带回的情报当中没有黑人团的信息。

此时38军军部距离熙川尚远，除"志司"的敌情通报外，尚无其他情报来源。

现在他和刘西元都同时想到了这些。

"对，毛主席说过，不打无准备之仗，我们贸然和美军黑人团接火，在部队没有集结完毕之前，没有胜算，还是报告'志司'为好。"刘西元说。副军长江拥辉也点头同意政委的意见。

在作战部署上，部队严格按照党中央和毛泽东指出的：在第一时期，应以打防御战为主，歼灭小股敌人，然后再配合朝鲜人民军进行反攻。毛泽东作出上述指示，是基于这样的判断：一、我军首次入朝作战，各方面情况还不熟悉，各种关系的协调还要时间；二、苏联虽然不直接参战，但答应为我军提供装备，因此要等苏联的武器到达并装备起来形成一定的战斗力，再配合人民军进行反攻；三、志愿军首战应稳扎稳打，争取一小块根据地，从而稳定整个战局，在朝鲜站稳脚跟。"要打好出国第一仗"的原则，在38军党委一班人中根深蒂固，认为在尚未弄准敌情前，宁可将其当作美军一个"黑人团"来打，以期获得更大的胜利把握，而不要冒险。

于是，梁兴初将此情报上报给了志愿军司令部。

38军的电报送到彭德怀手里，这位久经沙场的志愿军统帅注视着"黑人团"几个字，思索一阵，用粗铅笔在黑人团下面狠狠地画上几条杠杠，对身边的副司令邓华说道："38军怎么搞的，行军磨磨蹭蹭，现在又说熙川冒出个'黑人团'？林彪大军四野1纵的威风哪里去了，简直是乱弹琴！"

邓华想了想说："部队刚刚入朝，情况摸不准，也可能对美军不摸底，指挥上有些犹豫。"

彭德怀有些气恼，"我看是右倾，给梁兴初发报，让他们火速围攻熙川之敌，不得拖延。"

10月28日，113师的338团逼近熙川外围与小股联合国军遭遇，毙、俘韩军各1人。337团在熙川以北的馆岱洞与联合国军遭遇，毙、伤、俘韩军17名。

歼灭少量敌人，两团随即向师部请示可否向熙川发起攻击。113师江潮又向军部进行了请示。此时梁兴初没有打定主意，因为38军各路大军还没有完全到位。

29日晨，335团刚刚赶到，尚未来得及休息，即接到112师师长杨大易的命令。令孙洪瑞副团长率一个营，白天渗透到熙川以南，断敌退路。为避开联合国军飞机的袭扰，孙洪瑞带领部队攀越荒山野岭隐蔽前进，按时到达指定位置。

入夜，杨大易师长又令335团团长范天恩率该团另外两个营插到熙川以南、清川江东岸的南木洞。范天恩率部队于午夜泅过清川江，切断了熙川通住德川的公路，缴获联合国军五辆满载军用物资的汽车。

等到29日，112师赶到熙川以东地区完全部署完毕，梁兴初决定动手，于29日下午5时黄昏时分，发起总攻。但是一切都晚了。除334团在熙川外围俘虏百名韩军外，熙川已是一座空城，根本就没有什么美国"黑人团"。军部经过审问俘虏得知，韩军第8师主力于29日凌晨刚刚经熙川南撤。

在美军侵朝的部队系列中还真存在一个"美国黑人团"——24团。但是，这个黑人团并没有像朝鲜军官渲染得那么厉害。7月20日，第8集团军美5师抽调步兵24团扼守醴泉小城。这支根据1878年美国会通过法令组建的清一色黑人步兵团，在19世纪七八十年代与印第安人作战中战功显赫，但从那时以后，却沦为美军中盛行的种族主义的牺牲品，他们虽然英勇善战却被当

1950

朝鲜

做"次等士兵",人格上备受侮辱,心灵遭到摧残。从此,该团大部分人认为:你不把我等当人看,为何还要替你送死?结果醴泉小城开战没有几个小时,24团就乱了阵脚仓皇逃跑,自此每日开小差的人维持在70人以上,最多时达到150人。一年以后,美军中竟然有人为他们编排了讽刺挖苦的小调《逃跑舞蹈》:"中国人的迫击炮轰轰叫,24团的老爷们撒腿跑。"

情况查明后,梁兴初捶胸顿足苦不堪言。然而,后续的事情更让彭德怀恼火。"志司"11月1日9时下达作战命令,要38军迅速歼灭球场之敌,而后沿清川江左岸向院里、军隅里、新安州方向突击,切断敌人退路。

按说38军是能够完成断敌退路的任务,此举如成功就有可能各个歼灭清川江以北的敌人。因对敌人的情况不了解,38军接到命令没有采取果断措施,迅速歼灭或摆脱当面之敌,而是求胜心切,恋战不舍,未能按时到达指定位置断敌退路。彭德怀闻讯勃然大怒,他厉声连着提出三个为什么:那里敌人空虚你们为什么慢慢腾腾?为什么这样迟缓?为什么因小失大贻误战机?由于38军贻误战机,致使韩军第1师、美军第2师逃走。29日,熙川的韩军第8师弃城逃跑以后,彭德怀更加恼火,吼道:"让38军给我追,追!"

因为熙川韩军逃脱,志愿军司令部令38军迅速追击南逃敌人,拿下球场,向军隅里攻击前进,切断敌人南撤清川江的通路,配合正面的39军、40军歼灭敌人。

形势清楚地摆在面前,39军已经在云山包围了美军骑1师和韩军1师,40军也围住了韩军的一个团,而只有38军尚未抓住一股成建制敌人。

面对作战示意图,梁兴初着急了,对政委刘西元、副军长江拥辉、参谋长管松涛、政治部主任吴岱说:"咱们军的形势很危急,搞不好不但吃不上肉,连骨头也啃不上了。"

大家围着地图,开始领会什么叫做面面相觑。

梁兴初愤愤地向地图上一击,说:"分兵两路南下,113师先打新兴洞,然后攻击球场,进逼院里、军隅里;112师拿下苏民洞后迅即攻占飞虎山。飞虎山在军隅里以东，拿下飞虎山，直接威胁了军隅里，协助 113 师，攻打军隅里。不拿下他，心头这口恶气非要我们的命不可。"

偏巧这时，112 师师长杨大易派师部管理科科长给军首长送来缴获的美国罐头和香烟。这本是一件长脸的事情，可来的不是时候，梁兴初心里正窝着一肚子火，没地方撒，尽管管理科科长笑嘻嘻地敬礼："首长，我们杨师长让我给您送来缴获的美国佬的洋捞，味道不错，您尝尝。"

没想到，不但没有得到首长的还礼，反而遭到了梁兴初劈头盖脸的一顿臭骂："你少给我拍马屁！带着你的这些破玩意赶快给我回去，我要你在战场上杀敌，不是让你小子来讨好！告诉杨大易，不打下熙川，我就让他背着这堆破烂，去见彭总！"管理科长连忙转身灰溜溜地走了。刘西元觉得梁兴初批评得太狠，怕来人接受不了，连忙一努嘴，叫一名参谋追上去，道声抱歉。

梁兴初听到参谋正在嘀咕，瞪着大眼睛又要发火，这时候电话响了，参谋王培德连忙接起来，然后递给梁兴初："军长，112 师长杨大易找您。"

一听说是杨大易，梁兴初几乎是一把抢过电话，没等他开口，电话里传来杨大易的声音："军长，东西怎么样？我们还在打扫战场，军首长还需要什么东西？我管够。比蒋介石那个运输大队长富裕多了。"

"你个杨大易，你好大的胆子！"梁兴初这么一吼，把杨大易震蒙了，他以为是梁兴初对他送的东西不满意，连忙解释说："军长，这只是李伪军，要是美国佬东西更多。"

"呸，我要你 28 号拿下熙川，你 112 师竟敢 29 号才到，整个 38 军因为你们晚到整整耽误了一天，你杨大易拿着军令当儿戏？"

"不是啊，军长，您听我说，112 师晚到我杨大易有无可推卸的责任。但是，问题也不都在我们呀。军长，我们是作为预备队随着 42 军过江的，开始也没说有什么，我们接到迂回熙川以东的命令时，334 团不在江界，火车也不通，部队要步行赶到熙川，335 团刚过鸭绿江，还算是范天恩有福气找到一列火车，可又装不下一个整团，连火车头上都是人，白天不敢开，晚上又靠

1950 朝鲜

219

手电筒照亮，您说行进速度能快的了吗？半道上火车还断成两截，把那半个团甩出 20 里地。"

"杨大易！我让你找客观理由开脱呢？告诉你，38 军从来没有这么窝囊过，老子的脸再长也丢不起。你带领部队马上往苏民洞打，两天必须给我拿下来，告诉范天恩，让他 335 团主攻飞虎山，谁让他最后一个赶到熙川，拖了全军的后腿，告诉他，令他将功补过，听见没有？"

"啊，是，军长，我们缴获的物资，还没来得及隐蔽，就叫美国鬼子的飞机给炸了。"杨大易的心里一个劲犯堵。

"你还提这个！"

10 月 31 日，38 军攻占了新兴里、苏民里，在 39 军于云山打响时，他们扑向球场，力图从侧面插入美第 8 集团军的身后。只要他们拿下军隅里、价川，就可以把整个清川江以北的 5 万多联合国军包围了①。不要说是武装到牙齿的联合国军，就是死人也够折腾一气的。在开战之初，麦克阿瑟藐视中国军队进入朝鲜人数；中国军队首领也把联合国军混同于蒋介石的国军了。

藐视有余，重视不够。

"报告！"

1 营长王宿启跑步过来，向范天恩和赵霄云敬礼："团长、政委。"

赵霄云回礼。

"我们刚才伏击了美军的一个运输车队，缴获了不少洋捞，有饼干、罐头、方糖和酒，那酒也不是味，叫，好像叫'喂食鸡'。可车上还有的东西我们也没有弄明白是什么？有人怀疑是化学武器，我带来让首长看看。"说完，王宿

---

① 确切地说：美第 8 集团军下属为第 2 步兵师 17498 人；第 24 步兵师 14739 人；第 25 步兵师 15007 人；第 1 骑兵师 14703 人；韩军 91696 人；美第 1 暂编海军陆战旅 4290 人；英军第 27 步兵旅 1578 人；美第 5 航空队 3603 人。合计 179929 人。

启从挎包里摸出几样东西，包装纸上都是外文。一个是扁扁的长方形，比较硬实，一面光滑，一面带有一棱一棱，像是小型搓板，颜色深棕还发黑。

赵霄云说："看样子是吃的东西。"

王宿启说："有的战士也说是吃的东西，他们胆大的还咬了一口尝了尝，都给吐了，说苦得很。"

这是美军的"赫尔希"牌巧克力。

"还有什么?"范天恩问。

"这个，黑豆豆，也硬得很，咬不动，还愣苦愣苦的。"

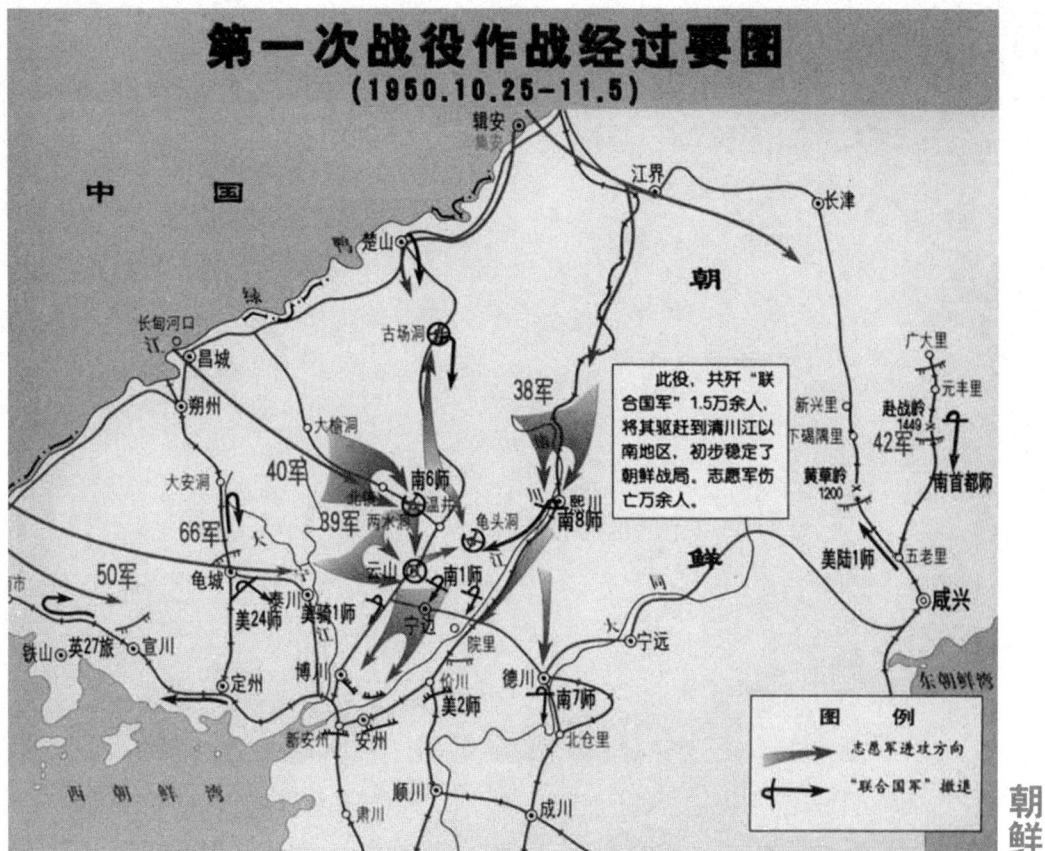

第一次战役经过要图。

范天恩接过来仔细看着，这东西大小和炒糊的黄豆一样，颜色深棕发黑，用牙咬很硬，带有一种苦味。

"啥鬼东西，鬼子的东西，都是稀奇古怪的。"

"还有这个。"王宿启摸出一个绿纸盒子扁长方形。

"也不知道这里是什么玩意儿，轻得很，装了一卡车，一打开'里边是一个一拃来长的皮筒子，还有个咂儿头，他们说是给女人接奶用的。"

范天恩和赵霄云一听就乐了，战场上怎么会出来这玩意儿？这西洋东西真古怪。

"我看这样吧，好东西给我收起来，饼干罐头每人一份，其他东西先不要扔，在没有弄懂之前，先找个地方掩藏起来，看看美国人是不是着急抢回去，如果着急往回抢，肯定就是重要的东西，我们正好来个守株待兔，消灭他。他要是不要，就叫咱们军后勤来人，让他们去辨别。"

范天恩下了命令。

王宿启敬个礼转身跑了。

第十章
攻守飞虎山

　　飞虎山是通往军隅里和价川的必经之路。如果"联合国军"通过这里，就可以继续北上；如果志愿军占领了飞虎山，那么"联合国军"的脖子就卡在了志愿军的手里。

　　335团在断水断粮的困难情况下，扼守飞虎山5天5夜，歼灭"联合国军"1900余人，为志愿军转移集结，积蓄力量，准备进行第二次战役立下汗马功劳。

112 师的 334 团、335 团接到迂回熙川的命令时，尚在江界、新清里一带，距熙川还有四五天的路程。这还不算途中等候后方粮车补给养的时间。结果由于 38 军晚到和迟疑，在熙川扑了空，军首长们懊悔不已。

这时，38 军收到"志司"来电。电报上说，毛泽东同意了"志司"提出的"采取向敌后实施战役迂回结合正面突击的战法，集中兵力各个歼灭云山、泰川、球场之敌"的作战方案，并指出，只要我 38 军全部及 42 军 124 师能确实切断敌人清川江后路，其他各军、师能勇敢穿插到各部敌人侧后，实行分割而各个歼灭之，则胜利必将取得。

梁兴初见到"志司"电令后，一致表态，坚决打好下一仗。决定由 113 师从侧面穿插迂回断敌退路，112 师正面突击，并派副军长江拥辉到 113 师亲自下达命令。

江拥辉赶到 113 师，加强指挥。他在距新兴洞 30 里处追上 113 师，传达了军部命令，介绍了全局战况，要求他们遇到敌人不要恋战，以小部队同敌接触，主力从球场东面绕过去，直逼军隅里。112 师、113 师接令后，立即沿平（壤）满（浦）公路奋起直追。

应当看到中美之间的差距。在第一战略部署没有达到预期目后，应当迅速调整，改变原来的方案，就地休整，以逸待劳，力图减少不必要的付出。结果，出于义愤，志愿军拼命追击，造成人为疲惫。

联合国军在云山、温井遭到打击后，沃克将军立即意识到其侧翼已暴露，29 日急调韩军 7 师进至球场、新兴洞一带，利用有利地形构筑阵地，组织防御。

30 日，当 112 师 334 团赶到新兴洞时，联合国军已经部署完毕，113 师派往新兴洞东侧迂回的部队，遭到联合国军强大火力网的阻拦。

梁兴初焦急万分，不住地催问部队进展。副军长江拥辉带人找到了正心急如焚的 334 团团长牟立善，了解新兴洞的战斗情况。

牟立善懊恼地说：“两个营的兵力已攻击了十几次，还一直没能拿下。”

江拥辉急了，喊到：“别留老本了，你赶快把2营派出去，立即攻打新兴洞。”

牟立善接受命令，连忙调整了部署，组织3个营的兵力从几个不同方向同时展开强攻。终于，韩军支撑不住，向后败退。334团穷追不舍，一连攻下5座山头，拿下了新兴洞。

新兴洞东南是深山区，荆棘丛生山高林密，仅有一条山间小路又陡又滑。担任迂回任务的113师，没能找到向导，只好摸索前进。朝鲜半岛属于海洋性气候，天气变化无常，入冬以来，刚下过一场大雪，可这会儿却又是大雨倾盆。出国备装时，因为已经入冬，因而没有配发雨具，不想会遇到这种天气，部队只好冒雨行进。

担任师前卫的338团，翻过一座大山后，突然山洪暴发切断了道路。

第二天拂晓，来到一个村庄前，暴雨暂时停歇。团长朱月华命令部队停下烘烤湿漉漉的棉衣，同时用电台联系师部。没想到，新报务员没有经验，在下雨的情况下，还把发报机背在身上，经过一夜的雨淋，又没有防雨设备，发报机和电池被雨水浸泡，已经无法使用。朱月华急了大叫：“想办法，无论如何也得把电报给我发出去。”

随行的113师报务主任张甫捶胸顿足地喊：“犯罪，我们这是犯罪呀。”

小报务员急得抱着发报机哇哇直哭。

张甫心疼了一会儿，回过劲来，顾不上脱下身上湿漉漉的棉衣。他把发报机一点点拆开，用自己仅有的一件半干的衬衣擦去机器里面的水气，放在柴火堆边上烘烤，又把电池被水浸泡的部分挖去，把电池擦拭干净，放在火边烤烫，重新装进发报机里，终于把朱月华拟就的仅60个字的电报发送了出去。

此时，113师也为与338团失去联系而焦急万分。昨夜冒雨攀越大山时，师长江潮不慎滑倒摔昏了过去。政委于敬山急忙命令战士们用担架抬着师长继续前进。可是因山陡路窄，抬着担架走十分困难，行军的速度愈加缓慢，拉

1950 朝鲜

开了与前卫团的距离。师部电台不住地呼叫，然而在这茫茫的大山里，就是没有回音。直到下午时分，师部电台里才传来了 338 团的简短电报，告知师部 338 团的方位。江潮立即命令："继续前进。"此时江潮已经没有心情再回想当时堵在路上的情景了，如果早一点把拥堵在路上的汽车推到山沟里去，如果随行汽车不被击毁……

留下的只有遗憾。

11 月 2 日晨，338 团 3 营在瓦院附近，歼灭韩军一个加强连，毙伤 18 人，俘 150 余人。同时，1 营攻入联合国军驻守的龙山煤矿，打退联合国军的几次反扑，支援 2 营攻占球场至军隅里公路上的玉泉车站。2 营 5 连控制玉泉车站北山制高点后，发现在球场方向遭到 112 师痛击的联合国军正沿着公路溃退，便派一个排占领公路两则阵地，阻击南逃之敌。韩军发现退路被切断，更加惊慌，集中炮火拼命轰击 338 团的阵地，妄图打通一条生路。5 连坚决予以回击，并趁着韩军混乱之际，主动发起冲锋，打乱了韩军的阵容。韩军士兵见大势已去，纷纷扔下武器，跳进冰冷的清川江里，泅水奔西北逃命而去。

112 师于 11 月 2 日下午攻占院里后，继续向军隅里推进。军隅里、价川是这一地区的交通枢纽，南通顺川、平壤，东往德川、古城江，西连龟城、新义州，北达熙川、江界、满浦。同时，这里又是联合国军北进的补给站。如果被志愿军控制，就等于卡住联合国军的脖子，切断清川江以北联合国军的退路。

此时，志愿军进行的几乎都是尾巴战或称追尾战，没有抓到一个成建制的联合国军。

美第 8 集团军司令沃克将军发现志愿军 38 军正在沿清川江左岸向南推进后，急忙调美 2 师、韩军 7 师及大量飞机、大炮、坦克，于飞虎山一线布防，准备迟滞 38 军行动。

军隅里以北、价川以东的飞虎山，高 600 余米，是道天然屏障。

11 月 2 日凌晨 2 时，接连几天都在奔波的 335 团团长范天恩来到师部接受任务。可是他一进师部，竟然要求允许他睡会儿觉。还没有等到师首长招呼他，范天恩就已经倚在潮湿的隧洞的岩石壁上呼呼大睡起来。

29 日，335 团拖了 38 军的后腿，在熙川扑了空以后，就拼命地追击敌人。335 团是梁兴初在抗日时期从苏鲁豫根据地带出来的老部队。这支部队能征惯战，并以善打硬仗闻名，在山东滨海地区时，当日伪军一听说老八路 13 团来了，都胆战心惊，退避三舍，不愿与他们直接交锋。梁兴初把这个团交给他，是对他最大的信任。来团那天起，范天恩就暗下决心，无论如何不能给军长丢脸，一定要打出名堂来。可这次，因为他，38 军不但吃不上肉，估计连骨头都啃不上。

杨大易脸上纵横交错的皱纹中呈现了一脑门的官司。由于听信了北朝鲜军官的话，使得整个 38 军失去了在熙川消灭韩军 8 师的极好机会，一种懊恼和悔恨在 112 师指挥部的上空回旋。其实他不知道，直到 1948 年，美国陆军和美国全境一样，还是实行普遍的种族隔离政策，黑人士兵被编入纯黑人的部队，最大单位只是连一级（24 团例外），而从来没有编过整团的建制。负责执行各种勤务包括工兵，而不能参加战斗。

在朝鲜战场，志愿军 39 军 116 师 347 团云山战斗中俘虏的黑人最大编制仅是一个工兵连。这也是抗美援朝战争中唯一一次成建制俘获美军。1950 年 11 月 26 日，美军步兵第 25 师黑人步兵第 24 团 C 连 115 人，在连长斯坦莱、副连长阿爱考乌斯·杜尔夫的率领下，在朝鲜云山以南的柴山洞，向志愿军缴械投降。值得一提的是：美军第 25 步兵师于 1941 年 10 月 1 日在夏威夷组建，在美军步兵师中是建军历史最短的师之一。其前身为夏威夷师的第 22 旅（辖第 35 团、第 27 团），主要活动于远东、太平洋地区。该师于 1950 年 7 月 18 日在釜山登陆，参加朝鲜战争，被称为在朝鲜"最优良的战争机器"。该师自我标榜为"热带闪电师"，要求部队保持发扬这种勇猛突击的战斗作风。其第 24 团别号为"金龙团"，该团自称在八国联军侵略中国时首先攻进北京。至今，他们的团徽上还画有一条金龙。

1950 朝鲜

事后，恼羞成怒的美军 25 师师长威廉基恩少将极力主张拆散黑人单独编制，实行黑人白人混编。杜鲁门 1948 年 7 月当选总统时，为了得到黑人群体的拥护，提出过"在各军种中，所有人员，不论其种族、肤色如何，也不分宗教信仰和国籍，一律享受平等待遇"的主张。美军中成建制的黑人部队被逐渐打散，接着，布莱德雷按照杜鲁门的指示逐步在军队中实行种族合编。而真正把白人黑人编在一起是第 8 集团军沃克将军因车祸殉职以后继任司令长官李奇微的功劳了。即美军 25 师师长威廉·基恩为了推卸责任，提出这个设想并报给第 8 集团军司令李奇微。李奇微认为可行，就在 1951 年 3 月拟订了计划，而后报联合国军总司令麦克阿瑟。同年 6 月，时任国防部长的马歇尔将军到朝鲜访问时，李奇微就这份计划和他进行了讨论，马歇尔把计划带回华盛顿。不久被批准。

不仅杨大易，就连 38 军领导也不知道美军的这种情况。万分懊恼的杨大易命令部队连续追击了 5 天。可是，虽然部队拼了命地追击敌人，但是在志愿军强大的阵势威慑下，美军乘车逃跑的速度远远地赛过了 38 军战士们的双腿。习惯于国内战争的志愿军战士们，头一次体会到现代战争的味道。而由于他们的晚到，致使 113 师没有按照"志司"的命令在 28 日展开对熙川的攻击，迟滞到 29 日，结果仅抓了十几个残兵败将，缴获一些武器弹药，美军"黑人团"连影子都没有看到，自己却已经变成了"疲惫之师"。

看到这情景，气得杨大易掏出枪来，冲着熙川大街小巷一顿乱打，嘴里还不断地骂着朝鲜军官的名字，懊恼的心情无法弥补，当时的他用脑袋撞墙的心都有。

杨大易走到范天恩跟前，伸出手，像是要推醒他，但伸出的手又在空中停住了。他转过身去，用手指了一下熟睡的范天恩，命令作战参谋推醒他。

睡得迷迷瞪瞪的范天恩站在沙盘前，杨大易指着一座高山，对着还在迷糊的范天恩说："如果你再睡觉的话，就把你的被窝给我铺在这个山顶上。"

杨大易接到了"志司"彭德怀司令员的命令："拿下飞虎山!"

这座高山就是位于军隅里和价川北面的飞虎山。

"你给我听着"，杨大易厉声说。

范天恩发现不知什么时候副军长江拥辉也在 112 师的师部里。他连忙立正向江拥辉敬礼。

"你听着，范老虎。驻守在清川河谷的李伪军 7 师后退到了院里，李 8 师也退到了院里的西北侧，关键的部位就是这个飞虎山。我的脑袋已经有一半不是我的了，这个地方要是再拿不下来，不但我的脑袋要搬家，你的脑袋也留不住，我们 38 军已经输不起了，我们没有退路!"范天恩的睡意一下子没有了，他用眼瞟瞟副军长江拥辉，已经意识到任务的重要性。

飞虎山是著名的战略重地，标高 622 米，鸟瞰清川江河谷，是通往军隅里和价川的必经之路，就像一个大十字路口，联合国军通过这里，就可以继续北上，如果志愿军占领了飞虎山，那么联合国军的脖子就卡在了志愿军的手上，这个巨大的交通枢纽，对于交战双方都是至关重要的。

杨大易问："限期攻下飞虎山有问题吗?"

范天恩揉了一下眼睛："没有。"

江拥辉问："部队情绪怎么样?"

范天恩答道："情绪很高，请军、师首长放心，保证完成任务。"

江拥辉和范天恩握手以后，范天恩领命告别离去。

江拥辉望着范天恩的背影，有些担心地对杨大易说："我看这范天恩的样子好像是很累呀!"

杨大易瞄着范天恩的背影接过话来说："是的，335 团搜索、扫荡溃散的敌人，已经两天两夜没休息了，确实很累。不过请首长放心，只要一有战斗任务，他范老虎就好像明天娶媳妇那么高兴，劲头马上就来。"

"噢?"两人相视，但笑不出来。

1950 朝鲜

　　杨大易说得不错，范天恩的确是又困又乏。但当接受了攻打飞虎山的任务后，再困再乏也全都忘在了脑后。

　　范天恩带领团里的营连干部和号称是团里"活地图"的测绘员王春祥悄悄摸到飞虎山脚下，举起望远镜观察。

　　飞虎山高 622 米，像一把弯曲的镰刀，刀背冲着军隅里，身后是九龙山，与北朝鲜其他陡峭的山峰来比较，飞虎山可不像名字那样唬人，似乎显得平缓一些，山顶上的树木不如半山腰多，进攻的路上有一片低矮的油松，可以作为掩护的天然屏障，山前大约有一片 2 公里长的开阔地，这是冲锋中最忌讳的地方，远处山上有一片新土，说明韩国第 7 师 5 团已经筑起了野战工事。

　　范天恩放下望远镜轻声叫道："小鬼，都记下了没有？"

　　测绘员王春祥闪着两只黑眼睛说："报告团长，没问题。"

　　范天恩赞许地点点头。他知道王春祥虽然年岁不大，但浑身是胆，聪明绝顶，每次都能够完成上级交给的测绘任务。

　　团后勤股发下来玉米粒，范天恩命各连自行用清水煮熟，装进布袋送到前沿部队。玉米粒子煮熟趁热吃还可以，等送到战士们手里，已冻得邦硬，一咬里面是白茬，腮帮子都嚼酸了，也吃不完几粒。最要命的是，吃后便秘，大部分战士拉不出屎来，涨得肚子生疼。

　　范天恩举着望远镜观察着阵地上的情景，他不能放过任何可疑的目标。突然，他把放在嘴里没有嚼烂的玉米粒吐了出来。他在望远镜里看到，眼前的一片环状铁丝网明显缺少一段，似乎是专门留下来的一个陷阱。他在心里一个劲儿地叫苦，坏了，看来敌人是有防范的，我们的突击口选择在什么地方？在范天恩心里琢磨突击问题时候，他没料到美军第 2 师的一个榴弹炮营在远处价川的阵地上张着粗粗的炮口在迎候着他。

　　回到指挥所，范天恩的心里就犯起了嘀咕。敌人有了准备，我们只能趁夜里偷袭了。无意之间，他看到立在门边上的一把铁锹把上，新缠上了一圈粗铁丝。看来是为了使已经断成两截的铁锹能够继续利用。

"车子！"范天恩喊了一声。

车成玉从参谋长的屋里蹦了出来。

"团长。"

"这铁锹是谁缠的？"

"我，我缠的。团长那铁丝太粗，我拧不动，缠得不好。"

"我没问你这个，你的铁丝是哪里来的？"

"宝贵给我的。"

"你去把宝贵给我找来。"

"是！"

不一会儿，张宝贵跟着车成玉来了，跑到范天恩跟前，举手敬礼叫道："报告！"

"宝贵，你的铁丝是哪里来的？"

张宝贵一听团长问这个，脸色微微一红嗫嚅着说："我偷的。"

"偷的？在哪里偷的？"

"老乡家的牛棚里，他那里有一团铁丝网，我就铰了一段用。"

"带我去看看！"

来到老乡家的牛棚，房屋的主人早已不知去向，空荡荡的牛棚里堆着一团铁丝。范天恩从铁丝网的质地上看不像当地百姓的产物，应该说比当年见到的小日本的和蒋介石的铁丝网的铁丝还要好。范天恩不禁想起刚才侦察时，那个滚网的缺口，说不定老乡是从那里剪来的。

这时王春祥已经把飞虎山的沙盘制作完成了，几个参谋正说着话，把沙盘摆在了团指挥所里。

范天恩怕有闪失，就叫车成玉把侦察班班长张中和叫来。不一会儿，张中和跑步来到范天恩的面前，范天恩指着沙盘对他说："你带两个人，摸到李伪军的后方，把他的炮兵阵地搞清楚，顺便给我带个舌头回来。"

"是！请首长放心，只要我在就一定完成任务！"张中和立正答道。

1950 朝鲜

231

　　天一擦黑，张中和与战士郭马年、刘青山三人，带上绘图纸和白毛巾出发了。

　　天上有几个星星在眨眼，大地一片朦胧夜色，从飞虎山上不断传来断断续续的零星枪声。张中和三人急促地飞奔，不一会儿就顺着公路插到联合国军阵地的后方。远处听到有人挖土的声音，夹杂着韩军士兵的说话声。就在他们停住脚步准备躲过这伙敌人的时候，突然，挖工事的韩军士兵发现了他们，冲他们使劲地摇着白毛巾。巧了，本来张中和他们出来时带的白毛巾是为了区别敌我，不想和韩军的暗号吻合上了，张中和叫郭马年摘下毛巾学着韩军士兵的样子也摆动起来。暗号对上了，没有人来找他们的麻烦，三个人顺利地通过了第一个关口。

　　张中和三人来到大同江边，江面很宽，江水在黑暗的夜色中静静地流淌。张中和停下看看大同江，又看一下江对岸。临出来时，团长明确地告诉他，要他搞到敌人的炮兵阵地图，江这边没有，那么敌人的炮兵阵地肯定在江的南岸，而不远处的江桥上，韩军士兵的岗哨在来回走动，看来只有从江里涉水而过才不会被敌人发现。

　　张中和给大家做了个手势，然后摸到江边，脱下身上的棉衣、棉裤，脱掉鞋子，用皮带把衣物打成一个卷，把子弹袋挂在脖子上，举着枪，光着屁股，钻到冰冷的江水里。江面上凛冽的寒风吹起的波浪打在他们的脸上、头上，三个人不住地颤抖着，上下牙不断地打战。

　　当他们从冰冷的江水里出来时，冻得都不会说话了，手僵硬得拉不开皮带口子。年轻的战士刘青山急得直掉眼泪，张中和看到这情景，扔掉自己的棉衣，光着屁股在寒风里用牙齿帮他打开皮带扣，然后自己才去穿衣服。等三个人穿上衣服以后，冰冷的身体，丝毫没有温暖的感觉。三个人稍稍整理一下装备，登上鞋，然后，静悄悄地向前猛跑，直到身上开始冒热气为止。

　　他们三人刚要喘口气，忽然又听到挖工事的声音，他们伏在地上仔细观察，发现不远处有三个韩军士兵在挖工事。看那工事的样子不像一般的步兵散兵坑，挖出来的土形成一个大土堆。为了观察清楚，张中和冲郭马年和刘青山挥了一下手，三个人悄悄地摸了上去。张中和停住，用手指住左面的一个敌人，然后用手点了一下郭马年，接着用手指了一下右边的敌人后示意刘青山，两人点点头用枪分别瞄准住目标。张中和独自一个人悄悄地摸向中间的那个高个子敌人。挖土的韩军士兵扬出的脏土，正砸在张中和的身上，他全然不顾，就在他马上就要到韩军士兵的跟前的时候，其中的一个韩军士兵突然发现了他，由于是黑夜，可能是在他们的阵地后方，也可能是被召来当兵时间不长，就在发现有对方的侦察兵时，这个韩军士兵傻眼了，张开大嘴要喊，可又发不出来声音。就在这时，随着张中和的手势，从他的身后传来两声枪响，顿时左右两名韩军士兵像是木桩子一样，扑通扑通纷纷跌倒在地。张中和借此机会，一个饿虎扑食把中间那个惊呆了的韩军士兵扑倒在地，郭马年和刘青山跟上来一起压住他，取下那家伙脖子上的白毛巾，几下给捅到俘虏的嘴里，然后，绳子一捆，两人一架俘虏的胳膊，张中和从后边用枪一顶俘虏的后腰，被俘的韩军士兵虽然人高马大，但也不得不规规矩矩跟着走。

张中和等三人押着俘虏顺利地回到阵地，把俘虏交给团部审问。

范天恩根据俘虏交代的情况召集团党委成员和各营首长开会，会上，指着现场给 2 营下达攻打飞虎山的命令："飞虎山上有李伪军一个团，我们的任务就是拿下飞虎山，进攻军隅里。"

政委赵霄云补充说："我们要用轻兵器与具有飞机大炮的敌人作战，虽然任务艰巨，但我相信，我们每个战士都知道为谁作战，就凭这些，我们就可以打败敌人。"

各营首长刚走，范天恩叫人把 2 营营长陈端文等 3 人叫住，问道："你们吃饭了吗？"

"没有，因为团里叫我们轻装疾进，把干粮都丢在后面了。"

"明天是场硬仗，两天不吃饭怎能顶得住？车子，去把我和政委的粮食袋子取来，瞪什么眼？你还不给我快去！"范天恩扬起一只脚，作出要踢人

1950 朝鲜

233

的样子。

这是刚刚缴获的饼干和白糖，赵霄云亲自打开干粮袋，举到他们跟前。这是他们唯一的干粮。为了急行军，团部也没有带够粮食。

天渐渐黑了下来，2营长陈端文、教导员刘成斋、副营长陈德俊连夜合计，决定让6连打头阵，5连做第二梯队，4连做预备队，按团首长要求在第二天8点以前攻占飞虎山，然后配合团主力直插军隅里，拿下韩军的这个北进补给总站，卡住联合国军的脖子。

会后，陈德俊立即来到6连。

6连的士兵听说要他们打头冲锋，副营长又亲自来坐镇，个个捋胳膊挽袖子，摩拳擦掌，非要出口恶气不可。

拂晓，开始下起的小雨此时变成飘起的雪花，飞虎山笼罩在一片白茫茫的雨雾和雪幕当中。如果不是打仗，这里倒是个景色优美、赏心悦目的好地方。

335团2营在副营长陈德俊的带领下进入攻击阵地。

范天恩集中全团的炮火，对准飞虎山开始轰击。借助炮火掩护，2营开始冲锋。

环状的铁丝网之间敞开着，那是被人用利器割断的，2营的士兵从这个豁口鱼贯而入。细雨和小雪变成了团团白雾，环绕在飞虎山上。2营3个连身着轻装的战士，端着明晃晃的刺刀疾步如飞，边打边走，韩军一个排驻在一个小村子里，还没等反应过来，就已经被6连抓了30多个俘虏。

当2营扑到飞虎山右侧脚下的时候，按照事先看好的路线，顺着山洼就往上冲。山上的韩军发现人影，连忙开枪，枪声越打越密。6连也不管三七二十一，闷头就向上爬。在他们的心里回响着团长的话，一定要在早上8点以前占领阵地。这时，早有准备的美军2师的榴弹营开始对韩军阵地进行强有力的支持，12门155榴弹炮、105榴弹炮开始对冲锋的2营展开了绞杀，巨大的爆炸声响不断地传来，范天恩持住望远镜的手不住地颤抖，他的心在颤抖，心在流泪。命令已经下达，不能停下来，可是联合国军的炮火太强烈了。

远远超出了当年蒋军的炮火，甚至超出了他的想象。每一颗炮弹爆炸，都有战士被掀入空中，甩在坚硬的岩石上。虽然白雾阻挡了美军的视线，虽然白雾为志愿军战士提供了掩护的屏障，但是却没有阻挡住他们的炮弹，因为炮弹的密度太大，刚才还是呐喊着冲锋的战士，转眼间伤亡惨重。虽然在335团入朝时被补充了一个连的解放战士，他们在进入解放军队伍以后，时间不会多久，他们就能够锻炼成坚强的解放军战士。而现在，就在冲锋的路上，他们被无情的炮弹夺去了生命。在日本编纂的《朝鲜战争》一书中描绘到这段时说：

第8集团军紧急派出所掌握的全部炮兵，空军也在恶劣的气象条件下进行了支援。夹杂着雪花的寒风疯狂地吹动，在岩石裸露的山顶和山麓一带，尸山血河的激战终日不停地进行。中国军队的攻势似乎已达到了最高潮。

4连副连长派出两名通讯员去撤回2排，但是都因为负伤，倒在半路上。身边没有了通讯员，他叫过2班战士潘云，命他去2排阵地。

战士张有打完自己所有的子弹，冲入韩军士兵人群，用刺刀挑，用枪托砸，最后，他抓住一名韩军士兵，把他推下山去，他又扑向另一名韩军士兵。这时，一枚炮弹在他的眼前爆炸，伸出的双臂瞬间被齐刷刷地削了下去。他摇晃几下，倒在了阵地上。

"他娘的！他娘的！我的兵呀。"范天恩痛心疾首地用自己的拳头捶击着团隐蔽部的墙壁。俘虏给他带回来的情报中没有说到美军的榴弹炮营，他没有考虑到敌情的变化，还是按照原来俘虏供述的情况安排进攻。

"炮兵！命令炮兵进行压制射击。"

然而，所谓压制射击，不过是他的一相情愿。335团仅有的炮兵不过是十几门六零迫击炮，炮弹不多，射程不远，威力不大。与其说是压制射击，其实仅仅为干扰性射击。联合国军根本没有把335团的炮兵放在眼里。

尽管美军的炮弹不断地战士的身边爆炸，尽管眼看着自己的战友被炮弹夺去生命，但是2营的冲锋还在继续，团部的命令，就是他们的发条，一旦下

1950 朝鲜

达，就不能逆转，哪怕出现再大的牺牲也在所不惜。还有一个关键的问题，就是当与自己朝夕相处亲爱的战友被夺去生命时，中国人从骨子里迸发出来的那种后发制人复仇的心态，汇成无法抑制的巨大洪流，谁也阻挡不住。

曾在朝鲜战争期间作为美国陆军部派驻前线的战史分遣队队长、美各大报纸自由撰稿人贝文·亚历山大撰文惊呼："这支军队不寻常。令人吃惊的是，中共军队充其量只有迫击炮，却在朝鲜打败了全世界军队中火力最强，又完全拥有制空权的美国军队。"

6连即将接近山顶时，陈德俊一声令下："打！"全连所有还可以支配的轻重火力顿时织成一张巨大的火网向山顶罩去，据守的韩军还没有看到对方的人影，明晃晃的刺刀已经顶在胸前。在寒冷的浓雾里传来白刃格斗的声音。没有了美军炮火的支援，韩军顿时军心动摇，在没有人做思想政治工作的情况下，丢下几十具尸体和若干伤兵，连滚带爬地滚下山去。6连登上了飞虎山主峰，班长刘殿厚大声地嚷着："嗨，爬了大半天，牺牲了这么多的战友，就打死这几个敌人，副营长，让我们追击吧。"副营长陈德俊说："别着急，老鼠拉木锨，大头在后头呢。"这时5连也来到山顶，陈俊德命令他们："迅速占领左边主峰。"

副团长孙洪瑞和2营长陈端文、教导员刘成斋已经带领预备队4连来到山脚下。他们听到左侧山头枪声紧密，便决定4连留下3排在后面做预备队，1、2排立即散开向左侧主峰冲去。

早上7点40分，2营全部占领飞虎山主峰及其左右两侧山头。孙洪瑞立即向范天恩作了报告。范天恩抄起电话命令道："留下一部分人坚守阵地，你带2营向军隅里追击，一定要截住敌人。"

"是！"孙洪瑞答应。

部队带着浑身的疲惫和饥饿开始新的追击。范天恩的心紧紧地揪在一起，如果在军隅里再追不上敌人，38军的整个第一次战役就要泡汤。他用拳头砸在自己的手掌上，心里念叨着：老孙，你一定赶快占领军隅里，为咱们军挽回声誉。而就在这时，杨大易的电话从苏民洞直接打给了他："听着，命令部队停止追击，就地防御。"

范天恩简直不敢相信自己的耳朵："什么？师长，停止追击？你让我们烧鸡大窝脖呀？"

"少罗嗦，停止追击，就地防御！"

"师长，你没有给炮弹震糊涂吧？"

"你格老子，执行命令！"杨大易在电话里把家乡话吼了出来。实际上他和范天恩一样，也不明白为什么要停止追击，停止占领军隅里。

明白的是彭德怀。由于38军11月2日才赶到院里，第8集团军司令沃克将军已经命令部队撤至清川江以南，并在南岸构筑工事，形成阻击防线。38军没有形成对联合国军左翼的包抄，未能完成断敌后路的任务。再追击下去只是无端地消耗战士的生命和体力。他开始酝酿新一轮的战斗，命令112师335

志愿军第38军在飞虎山组织防御。

团就地防御，让335团顶住联合国军的攻击，为大部队休整部署赢得时间。同时要335团采取诱敌深入的方法，把联合国军带进志愿军的包围圈。

洪学智听完彭德怀的部署，认为诱敌深入完全可以选用战斗力偏弱的部队完成，应该把335团这块好钢用在刀刃上。而彭德怀气恼的劲还没有过去，他要看看不争气的38军到底有什么出息。

38军112师335团2营全部占领了飞虎山。

带队的孙副团长和2营营长、教导员兴高采烈地在电话里向团长范天恩报告："团长，我们已经拿下了飞虎山，我们怎么办？从这冲下去，速度肯定快。"

"冲什么冲？注意勘察地形，准备修工事。"

这三人一听就傻眼了，连忙追问："团长，我们不是要继续追击敌人吗？你把我们扔在这么个破地方，团长您到这儿看看，这哪能打防御战？"

"注意，打扫战场，警戒，我马上就到。"

本以为还要进攻的2营一听傻眼了，由于不让进攻，心里一个劲起急。当听说要在飞虎山上构筑工事，大家全都犯了难，出发前为了加快行进速度，把随身携带的锹镐一类的工具都放下了，现在拿什么来撬开坚硬的岩石、冻实的土地来修筑工事？

然而，这就是命令！

在冰冷坚硬的岩石和冻土上，335团的士兵开始利用一切可以利用的家什修筑工事。先是用刺刀在石头缝里刨出个沟来，再用石头砸酥冻土或其他岩石，然后用手把冻土一块一块搬出来。刺刀磨钝了，指甲出血了，但是工事的修筑还是没有多少进展。汗水雨水浸透的棉衣，在寒风中冻得硬邦邦的，像是穿着一身盔甲，干起活来显得十分笨拙。不少战士居然甩掉了棉衣，穿着内衣大干。

范天恩在阵地上巡视着，忽然发现张宝贵在哼哼唧唧地哭，他想起张宝贵在火车站逃跑的情景，心想可能这小子吃不了苦了。他一脑门子的火正没有地方发，看见这情景，他一下子蹦了过去。

张宝贵见是团长，委屈地哭着，把自己的刺刀递给他看，原来用于挖工事的刺刀折断了，手上全是血泡。范天恩一把搂住他，看着他的手说："好兄弟，坚持一下，坚持一下。还好一门榴弹'泡'都没有，也就是小六〇'泡'，没关系。"

车成玉把自己的刺刀摘下来，递给他："宝贵，你用我的。"

张宝贵一扭身子："你保护团长，我哪能……"后面的"用你的"几个字没说。这时突然从远处传来一阵重机枪的射击声音，范天恩拉住张宝贵和车成玉趴在地上，子弹是射向他们的阵地。临近中午，太阳倔强地刺破浓雾，送来一缕阳光，借着阳光，可以看到在身后的山洼洼有一个人伏在弹坑里躲避子弹。范天恩判断可能是我们的通讯员来传达上级的指示，被敌人发现，用机枪封锁住他。

"拿来！"范天恩一个翻身，仰面朝上，抓过张宝贵的三八步枪，哗啦拉开枪栓，退出一颗子弹，把子弹在岩石上使劲磨着，直到把子弹尖磨秃，然后再装进枪膛，把枪口指向机枪响起的地方，一双大眼似乎要穿透迷雾，看到机枪的火力点。随着一个机枪的长射，范天恩扣动了扳机，机枪只是停了一下，接着又响了起来。

"娘的。"范天恩骂着，退出弹壳，又顶上一颗，重新瞄准枪响的地方，随着一声闷哑的枪声，机枪声没有了。

范天恩自信地点点头说："这还差不多！"张宝贵和车成玉被范天恩的精湛枪法折服了，一时不知说什么好，嘴里只会发出"唔唔"的赞叹声音。

这时，阵地外传来一阵金属碰撞岩石的声响，大家不禁观看，只见团部文化教员魏笃伯身上绑着一根绳子，使劲地拖着一大堆洋镐铁锹爬到了阵地前沿，寒冷的天气里，他的脑门上不断地冒着热气。他还把战士们的水壶都灌满了水，叮叮当当背了一身。

"好样的！"范天恩等从地上一跃而起，帮助魏笃伯把工具拉了上来。张宝贵抱住魏笃伯感动得呜呜地哭了起来。

"能攻不能守，等于一只手。干吧！把工事修好，等敌人来了，我们好好收拾他们。"范天恩说道。

阵地上传来一阵锹镐声。

"好样的，你这知识分子不孬！"范天恩拍着魏笃伯的肩膀说。说他是知识分子，实际上他也就是在老家湖南汉寿县读完了中学就参军的中学生。因为部队战士基本上来自各地农村，大部分是文盲，有这么个中学生，也当大知识分子使用了。

"下去休息吧，顺便搞些吃的来。"

魏笃伯摇摇头说："不，团长，我要和你们在一起，粮食，民运股长冯孝先已经找去了。"

车成玉问："团长，您刚才为什么把子弹头磨平？"

"噢，小鬼，你不知道，这日本人的三八大盖，穿透力很强，打得远，威力大，可是打在人身上，一般也就穿个眼，身体好一点的还能抗得住。噢，咱们军长的脸上就有一个枪眼，但不是三八枪打的。闹日本那年，我就发现了这个问题，每次打仗的时候我们就把子弹头磨秃了，这样能一枪就要一个小鬼子的命。你别看小鬼子发明的步枪，却不如咱会使。对了说到这儿，传我的命令，把三八步枪弹尖磨秃，这样能要命。快！一会儿到卫生队找我。"

范天恩回到团部马上找到政委赵霄云、副团长孙洪瑞："来，来，咱们开个会。政委，今天看着我们这么多的战士倒在敌人的炮弹下，我的心都快碎了。我们的仗不能这样个打法，守在这里挨打，一个我们的武器不行，一个我们的花样太少，飞虎山巴掌大的地方，就冲今天美国鬼子的炮火，我估计不出一个时辰，就得给我们炸平。这么着，我看了，把我们的部队分一下，现在是2营在主峰，1、3营在左右两侧高地，我们不能在这儿等着敌人来打我们，他们不是依靠炮兵吗？我们就派出一支小分队去捣毁他，实在不行也能够延迟他们的射击。还有，我们的半山腰有一大片马尾松树林，而我们的山顶上却他娘的光秃秃啥也没有，那是给敌人留下偷袭的隐蔽场所了。我看……"

副团长孙洪瑞接过来说："你是说烧了它?"

"别，那树长成今天的样子也费老劲了，我是说，我们利用那片松树林，在里面隐藏一些部队，等敌人进攻的时候，抄他们的后路。"范天恩说。

"我看行。"赵霄云点头说。

"在敌人炮火猛烈的时候，山上人过多，容易造成伤亡，我们把部队分散隐蔽，既可以躲避敌人的炮火攻击，也可以袭击敌人，好。"孙洪瑞赞道。

"给 3 个营发布命令，让他们选派部队潜伏到阵地前沿去，多给他们一些棉被，老苞米豆子尽着他们吃。"范天恩的命令随着通讯员的离开发布到各个营的阵地。

2 营 5 连 3 排在排长马增奎的带领下，悄悄钻进了松树林，在松树下构筑工事，挖好防炮洞，把自己尽量埋在较深的土里，借此可以达到保温取暖的作用。

夜幕降临以后，山间冷风嗖嗖，在松枝上掠过的寒风发出沙沙声响。趴在哨位上的班长刘殿厚忽然听到一阵异样的声响，像是踩断枯树枝的声音，同时还有铁器碰撞的声音。他连忙拉住马增奎的衣角，把排长马增奎弄醒，共同注视着发出声响的地方。不久看到几个人出现在他们的眼前，手里拿着像是机枪一样的东西，身后背着两个钢瓶，那些人手里拿的是火焰喷射器。

"坏了，敌人要烧山。"

就在这时，班里的小鬼仅 17 岁的曾贵，在睡梦中翻了个身，嘴里巴叽巴叽地吃着什么，然后就是咯吱吱使劲咬牙的声音。

他的声音虽然不大，但还是惊动了行进的人影，突然站住，打开了火焰喷射器上的防火帽。就在这时，只见刘殿厚从地上一跃而起，一脚勾在手持火焰喷射器那家伙的脖子上，一下把他兜了个跟头，背着火焰喷射器的身子重重地摔在地上。另外的几个人吓得大叫一声转身想跑，又被马增奎和刘殿厚抢起的铁锹削到了小腿上，扑通人摔在了地上。这里的声响，惊动了另外几处的敌

1950 朝鲜

人，惊吓中，点燃了火焰喷射器，扑扑的火苗从枪口喷了出来。马增奎一看已经暴露了，干脆，他抄起一挺机枪，冲着韩军就是一顿扫射。手持火焰喷射器的家伙被打倒在地，大火没有烧起来。

听到枪声被惊醒的曾贵迷迷糊糊地准备坐起来看看究竟，被战士宋世才一把按住，火焰喷射器喷出的火苗，从他们的头顶上飞了过去。

马增奎和刘殿厚马上清理战场，发现打死 4 人，活捉 3 人，缴获 3 具火焰喷射器。他命令刘殿厚继续坚守阵地监视敌人，自己带着宋世才押着俘虏向营部报告情况。

11 月 6 日，韩军 7 师在美军的配合下，对飞虎山展开进攻，阵地最前沿遭到的轰击最多。一阵炮火过后，接着又飞来 20 多架飞机，对着飞虎山一顿狂轰滥炸。

硝烟和浓雾裹在一起弥漫在飞虎山上，刺鼻的火药味直钻战士的肺腑，饥饿受冻的战士被美军的炮火呛得不住地咳嗽，空荡荡的胃里不住地向外倒着酸水。战士的棉衣在炮火和枪弹的肆虐下，又经历树枝和拼杀的洗礼，满身尽是大窟窿小眼睛，衣服破绽、棉花外露，在寒风中已经失去了保暖的作用。

排长马增奎看着身边的曾贵，忽然觉得他一下子长大了许多，面对敌人炮火猛烈的轰炸，躲在防炮洞里的他不慌不忙地把一颗颗手榴弹的底盖拧开，用小手指勾出引信拉环，摆在阵地上，他用眼睛盯了他一下，意思是让他多准备一些。几位烟瘾大的战士在轮流抽着一只烟。刘殿厚从雪里摸出一片潮湿的树叶子，贴在自己脑门上，冰碴子的清凉，让人更加清醒。他身边的战士宋世才趴在防炮洞里等待着出击的命令。突然一发炮弹在他的身边爆炸，一下子把宋世才的防炮洞震塌了，掀起的土块把宋世才埋在土里。曾贵连忙爬出自己的防炮洞，来到震塌的宋世才工事的旁边，用手使劲地刨着，张宝贵也爬过来帮助曾贵一起刨出被活埋的宋世才，给他喂了几口水，宋世才苏醒过来。

曾贵大声地喊："排长，宋世才醒了，宋世才醒了。"然后，用手把宋世才的脸摸了一把，惊喜地叫道："活啦，你活啦，我们俩好不容易才把你从土里刨了出来。"

宋世才挣扎着坐在战壕里，眼睛看着天空，说："我从坟墓里爬了出来，阎王爷还想多留我一会儿，我说，不行，敌人马上要进攻了。"

话音未落，就听马增奎叫道："准备战斗！"

宋世才爬到一棵被炸倒的松树后面，伸出了步枪。一个连的韩军士兵，在督战队机枪和大刀的胁迫下，开始向山上冲锋。

6连的主阵地上响起了枪声，缩头缩脑的韩军士兵端着卡宾枪和M-1步枪冲了上来。

美军的飞机擦着树梢，贴着山脊，飞过来，冲过去，对335团的阵地展开了新一轮的狂轰滥炸，树木被削平，岩石被炸碎，工事被炸塌，阵地上到处是燃烧的火焰，弥漫着硝烟。战士们被爆炸的烟雾尘土呛得不住地咳嗽流泪。机枪手李景龙实在忍受不了了，从地上抄起机枪仰面朝天，对准俯冲投弹的飞机就是一梭子。

马增奎大吼一声："李景龙不许违犯纪律！"

入朝初期，由于志愿军没有制空权，部队严禁使用轻武器对空射击，因为这样不会给敌机造成多大威胁，反而会暴露目标，遭到更大的报复。

李景龙抱起机枪又缩到了工事里，但是他的眼睛却没有离开飞机。他仔细地观察着飞机的飞行路径，琢磨着对付飞机的方法。马增奎不知道，早在1947年9月30日，当时在辽宁省昌图县，336团炮兵连步枪排机枪班副班长刘云霞，曾首创用轻机枪仅以17发子弹就击落一架蒋军飞机的光辉范例。而那天的飞机就是今天的野马式。

这时，山上传来激烈的枪声和手榴弹的爆炸声，2营唯一的一挺玛克辛重机枪也咕咕地叫了起来，马增奎知道连里已经和敌人接上火了。他没有动，因为在接受命令时，他的任务是在关键的时候出击，现在还不到时候。

飞虎山上四处响起爆炸声，335团反击开始。

激烈的战斗在阵地前不断翻新，韩军的冲锋接连不断地被打退。范天恩看到，李伪军士兵不能给志愿军战士造成多大的伤害，而真正的伤害来自美军的大炮、坦克和航空器。炸弹的爆炸威力，远大于在国内战争时期，美军的坦克水平也大大超过原来熟悉的日本人坦克的水平，爬坡高、越沟宽、机动性强、火力猛，这些在国内时是没有经历过的。美军巨大的火力支援，无疑给韩军注射了强心剂，一轮又一轮的进攻不断展开，部队的伤亡在不断加大。现在美军自己也亲自上阵了。范天恩打算突破美军第5团战斗群的防御，他命令3营组织一支小分队，突袭美军的炮兵阵地。

但是组织的小分队竟没有找到可以穿插的缝隙，他们没走出多远就被美军给打了回来，向山上进攻的美军越来越多，而且，包围圈越来越小，阵地也随之越来越小。

团警卫连的一名副指导员和3排长发现自己的阵地眼看就要被韩军攻破，两人被这阵势吓坏了，抽回自己的枪向回就跑。看到他们跑了，阵地上的七八名战士也随着他们跑了下来。

迎面正撞见范天恩和赵霄云，他们慌慌张张地说："团长，政委快撤，李承晚上来了。"

范天恩厉声喝问："你把我给你的阵地丢了？"

两人面面相觑，虽然平时经常和团首长在一起，但是看到团长发火还很少见。俩人支支吾吾说不清楚。

范天恩心里明白了："他奶奶的，你们敢临阵脱逃？尹曰友，何庆亮，你们把这两个混蛋给我押回阵地，如果阵地没丢，就给我就地枪毙。"

"是！"

"团长——"俩人哀求地叫道。

赵霄云认为人命关天，又是最关键时刻，还是向上级请示一下为好，就说："老范，你冷静一下，现在我们正是用人的时候，刚才战士们都看到了李承晚的军官用棒子打自己的士兵，现在又要枪毙自己的同志，是不是还是和上级请示一下？"

范天恩不情愿地和师部通了电话，接电话的副师长李忠信不敢做主，把电话转给了政委李际泰。

李际泰接过电话问清楚事情的缘由以后，耐心地说："范老虎，你不要太生气，战争是残酷的，有人产生胆怯和畏惧也是可以理解的，不要动不动就要枪毙谁，你可以叫他们戴罪立功嘛！你想想，我说的有道理不？"

范天恩的手心有些出汗，他挂上电话以后，厉声喊道："车成玉，快把尹曰友追回来，取消命令。"

"是！"车成玉答应着飞快离开了指挥部。

尹曰友与何庆亮押着警卫连副指导员和3排长摸索着爬上了警卫连的阵地。这时，阵地上的战斗刚刚结束，新一轮韩军进攻被警卫连击溃了。战士们用异样的眼光望着被迫返回的副指导员和3排长。眼前的悲剧可能就要发生，不愿意看到眼前惨景的警卫连长和指导员把驳壳枪插到腰里，转头把目光投向对方阵地。

尹曰友、何庆亮同时抬起了自己手里的驳壳枪。

突然，尹曰友"哇"的一声大哭起来："副指导员，你看看，阵地还在我们的手里，你干吗要逃跑呀？打老蒋你也过来了，几个李承晚有什么了不起？"

侦察参谋和警卫连平时可以说是经常在一起打牌唱歌，眼看着经过自己的手，以前的战友就要从此消失，他的心里实在难以接受。

副指导员和3排长的眼泪也掉了下来："连长、指导员、尹参谋，警卫连的同志们，我们对不起你们，来生再做你们的战友吧！"

尹曰友的枪响了，但是子弹没有击中他们，而是打到了天上。

正在这时，身后传来一阵尖利的枪声："尹参谋，尹参谋！不要开枪。"

大家转身向下望去，只见车成玉一面拼命向上爬着，一面开枪喊着。

何庆亮明白了车成玉的意思，立即给他俩松绑。副指导员和3排长紧紧

1950 朝鲜

地拥抱住尹曰友和何庆亮："兄弟，回去告诉团首长，警卫连只有英雄，没有孬种！"

　　这时，5连3排排长马增奎接到了营部的暗号，他立即率领全排果断杀入美军的背后，各种火器共同开火，手榴弹在美军的头顶上爆炸，中弹的美军纷纷倒下。

　　但是，远处的美军也发现了他们的阵地，马上呼叫飞机，一排排燃烧弹落到了他们的身边，松树林被打着，燃起熊熊大火，后续的美军狞笑着看着在火场里拼命挣扎志愿军士兵。

　　当把屠杀看做是一场游戏的时候，人性的良知就已经泯灭殆尽，随之而来的就是对等性的报复。

　　112师师部位于一个名叫瓦洞的小山沟里，美军的侦察机发现这里不断有人出入，随即招来大量飞机进行轰炸。原来这里还是112师的师部医院，不断抬送伤员的担架，无疑给美军飞机指示了目标。战勤人员又忽视安全警示，把缴获的美军汽油桶随意堆放在山洞口，结果美军飞机的扫射，打着了汽油桶，猛烈的燃烧造成山洞内空气稀薄，大量人员集中涌出山洞，又遭致美军飞机的集体轰炸。232名同志牺牲，其中光团营干部就几十人。两位女卫生员抬着伤员向外就跑，结果，一位被炮弹炸破了肚子，肠子从肚子里流出来，摊了一地，人顿时就牺牲了，另一个失去一条腿，成为终身残废。师政委李际春的腰部也受了伤。

　　师部给各团的电报说：虽然遭到空袭，但是师司令部还在正常指挥。

　　范天恩看到这个电报愤怒不已，他抄起电话，命令各营一定要把眼前的敌人打退，给牺牲的同志报仇。

　　机枪手李景龙趁着马增奎没有注意，一挺身体，把机枪架到了树杈上，瞄准了天上的飞机。

当美军一架野马式战机，完成一个对飞虎山的俯冲投弹动作以后，拉起机头，扬脸朝上的时候，它的机腹恰恰留给了李景龙，他对准野马飞机狠狠地射出一连串的子弹。

马增奎的注意力集中在阵地上，突然他发现自己的机枪的声音不对劲，扭头一找，正看到李景龙对空射击，他的火一下子冲到了脑门上，对着李景龙叫喊："留着地上这么多的敌人你不打，你打飞机，打得着吗？小心给你处分！"

话音被李景龙的机枪发射的声音所淹没，李景龙对着野马飞机，又是一长梭子子弹。

瞪大眼睛注视着飞机的李景龙，发现飞机只是轻微抖动一下，没有什么大的反应，照样掉头朝阵地飞来，机腹和机翼下的机枪，还对着阵地开火。李景龙心里说，完了，飞机没打着，处分是背上了，娘的，只能从地面上美国鬼子的身上找齐了。他把机枪从树杈上抬下来，对准正往山上爬的美军。还没有开火，突然听到一阵异样的飞机滑翔的声音，顺着声音望去，刚才的那架野马式飞机，机身冒出浓烟，机头朝下，正在迅速地朝地面栽了下来。

"打中了？打中了，排长，我打着飞机了！你看。"李景龙狂喜地喊到。

马增奎顺着声音抬头望去，只见一架野马式飞机，拖着滚滚浓烟，拼命地向上做着爬升的动作，但是，它已经不能摆脱失控的状态，猛然机舱盖飞了，从里边弹出一个人来，竟是坐在椅子上的，接着他的头上方，冒出一个白点，但是没等这白点完全打开，坐在椅子上飞行员的重量已经使他迅速下坠，被他的飞机炸断、烧焦早已没有了树冠仅为枝杈的树林，用类似木杈一样的朝天锥迎接了他，把他挑在了树杈上，飞机卷着浓烟撞到了山上爆炸起火。

1950 年 11 月 10 日，彭德怀发布命令，进行有计划、有组织地选择有经验的射手，用轻重机枪对空射击，在敌机轰炸、扫射时打击之，并通报了 124 师 11 月 8 日用步兵火器击落 2 架敌机、112 师 336 团 8 日用步兵火器击落 1 架敌机的情况。到了战争的中后期，防空哨兵庞林竟然仅用 4 发步枪子弹就打下来一架美军夜航机。

1950 朝鲜

但是，随着战斗的不断推进，山上的弹药和粮食都快没有了，各营纷纷给范天恩打来电话要武器弹药，范天恩狠狠地说："弹药，我连一个子弹壳都没，我只要阵地，谁要是把阵地丢了，就别活着回来！"

赵霄云知道，不但士兵没有了弹药，而且更缺少的是粮食，为了追击敌人，战士们把身上的所有负重都扔掉了，甚至扔掉了自己的口粮。

5连机枪手梁仁江饿得眼前直冒金花，看到地上的一块石头，误认为是土豆，放在嘴里就啃，结果差点把牙崩掉。李景龙看见惊奇地问他："石头能当饭吃？"

梁仁江小时候在老家赶上闹饥荒的时候，跟着父母一起吃过观音土，既然土能吃，为什么石头不能吃，无非是硬一些吧。家里养的鸡，还时不时地吃一点石头呢。

这时民运股长冯孝先正带着当地的里委员长金斗焕来到阵地，向团部汇报找粮的经过。部队已经4天没有吃到粮食了，团政治处主任刘鸣鹤命令民运股长冯孝先为部队筹粮。

冯孝先想起入朝前的那场讨论会，有些没好气地说："打电报叫空投啊，不是苏联老大哥帮我们嘛？"

刘鸣鹤气恼地喊道："冯孝先！"

冯孝先知道自己此时发牢骚不对，赶紧吐了下舌头，接受筹粮的任务，带着工作队员胡今夫和联络员去书堂东站去筹粮。

现在，金斗焕拉住范天恩的手，老泪纵横久久没有放开。

"范团长，这位同志找到我，向我买粮，可我们的粮食也都让狗日的李承晚给抢走了，我想你们从关内来，应该带着粮食，我还要找你们要一些哪。唉，这样吧，我马上回去动员一下乡亲，我还藏着一头牛，你们再等等。"

赵霄云上前拉住老人的手："我们给你补偿，我们给你补偿，冯孝先记住，用了老乡多少东西，加倍返还。"

"是，可，我们的钱也不多。"

"有多少给多少，没有的欠着，找李承晚要回来再补。"范天恩说。

"是。"

与志愿军对峙的联合国军也遇到了后勤供应问题的困扰。第 8 集团军司令沃克担忧的是每天支持进攻需要 4000 吨物资的供应，而现在他仅仅得到一半。可就是这一半的供应，也着实让志愿军吃尽苦头。更不幸的是，没有过多久，联合国军物资供应问题已经彻底解决了。

领略到了敌人的猖狂，认识到了自己的落后。现在大家开始理解在出发前的誓师大会上冯孝先说的话了。

这位以"拥爱模范"著称的冯孝先，原来在家里时仅仅是个会拉大锯的木匠。可谁也没有想到当了 3 年的八路军以后，他已经变成能说会道，讲起话来有条有理，让人口服心服，可以称得上是一名宣传模范和助民模范。一次剿匪中，路过一个刚被国民党军抢掠过的村子，村里的老百姓没吃没喝，就向一家姓赵的地主借粮。可姓赵的地主不但不给反而说："我这 100 多石粮食就是烂掉，也不借给你们。"冯孝先知道以后，本来想发动老百姓召开个批斗会，给这老地主点颜色看看，可是时间来不及，况且，这样做的后果会促使地主在八路军走后向老百姓反攻倒算。强攻不行，就智取。他来到赵姓地主家，通过反复做工作，使他深明大义，慷慨开仓放粮救济百姓。

335 团在召开营以上干部会议讨论入朝有什么困难时，他心里琢磨的就是在朝鲜人生地不熟的地方筹粮，语言不通，当地老百姓生活又极为困难，工作起来还不难死了。那会儿部队南下时，听着满嘴南方话的老乡，一句也听不懂的他，急得就差掉眼泪了，要是到了朝鲜，不就更麻烦了。团政治处主任刘鸣鹄见大家发言都非常热烈，唯独冯孝先一个人愁眉苦脸地看着地面发愁，以为他产生了畏惧情绪，就点名叫他："冯孝先，你还没发言呢？是不是有顾虑啦？"

"有！如果到了朝鲜，不让我筹粮，我就没有顾虑。要说有顾虑，就是这个。"

1950 朝鲜

他话音未落，引来大伙的一片嬉笑声："你真是老眼光看新事物。如今我们解放了，天上有飞机，地上有火车，饼干罐头白干酒，还缺了你吃的？"

"朝鲜都是山沟沟，不通车咋办？"

"放心吧，给毛主席他老人家打电报，叫苏联老大哥的飞机给我们空投哇。"

"那敢情好，我转行当步兵得了。"

没想到，话被他言中了。不仅幻想中的苏联老大哥在这个关键时刻，没有出现踪影。就连人们幻想中的飞机大炮也没有到达朝鲜战场，更不用说空投了。到志愿军地上的只有联合国军空投的炸弹。

这时，联合国军又开始了新的进攻，范天恩在团指挥部里，立即举起望远镜观察阵地上的动静。忽然他发现自己的眼前好像出现一层迷雾，他使劲地揉了一下，还是不行，而且迷雾越来越多，甚至眼前开始乱冒金星。接着，他的身体发软，身子一歪，扑通倒在了地上。

团司令部里顿时乱了营，参谋、助理齐上阵又叫又喊："团长、团长！"

政委赵霄云一声怒吼："停！"把众人的喊声止住。他过去扶住范天恩，为他把把脉，说："乱叫什么？打算让敌人知道啊？来，把团长抬到行军床上。"

大家一起动手，把范天恩抬到行军床上放平，赵霄云为他托住脑袋，接过水壶，给他喂了一口水，这时通讯员车成玉已经到卫生队把军医叫了过来。

军医为范天恩听听心脏，又翻看一下他的眼底，对赵霄云说："政委，团长没大碍，是饿晕了。我去把昨天团长送给伤员的罐头拿来，他吃点饭就能够恢复。"

赵霄云这才明白，分给他的那份，让他送到卫生队去了。

这时，阵地上又响起了剧烈的爆炸声，远处联合国军的重炮、坦克炮、重迫击炮以及航空兵又开始新一轮的攻击。

赵霄云端起望远镜向山下一看，密密麻麻的美军又开始了新的冲锋。他的眼睛没有离开望远镜,嘴里命令道:"各就各位准备战斗。"司令部里的人员迅速奔向自己的岗位。

"老赵。"喝过水又吃了点东西的范天恩,竟然自己坐了起来,把身边的车成玉推到一边:"老赵,我要知道你替我指挥,我就多睡会儿。"

"团长,您不是睡觉,您是晕过去了。"车成玉叫道。

赵霄云回了一下头,看了一眼没有了精神的范天恩说:"打小晕过去,就叫睡觉。哎,谁没挨过饿呀,你再坚持坚持,别一团之长,你先趴下了。"

"谁让他美国鬼子刚才不打炮的,它要是老一个劲揍着,我哪儿还有心思睡觉哇?"

炮弹剧烈的爆炸,从洞外闯了进来,崩起的碎石,打中了守卫在门口的哨兵身上,哨兵"啊"的一声惨叫,倒在地上。立即有人把他拖进洞来。

"老赵,不能再心疼我们的宝贝啦,揍不着他的炮兵,我揍他步兵。"

"不留着你的看家的家什啦?"当时的作战要求是:"准、狠、省"。

"我的人都快打没了,要它干啥?尹曰友!"

"到!"参谋尹曰友答道。

"命令炮兵,瞄准敌人步兵开炮。"

"是!"

一阵急促的迫击炮弹飞到了联合国军的冲锋阵营,大批的联合国军,被炮弹炸倒,没有被炸倒的士兵,连忙就地卧倒,躲避炮弹。335团阵地上传来战士的欢呼声。

但是,团迫击炮阵地马上遭到了远在价川联合国军远程炮火的猛烈报复,335团炮兵阵地上射出的炮弹越来越少。

有了大炮的撑腰,趴在地上的联合国军又重新爬起来,继续向山上冲锋。

这时从指挥部的边上传来一个人撕心裂肺的哭声,范天恩连忙让车成玉出去看个究竟。

一会儿,车成玉脸上带着泪痕,不断地揉着自己屁股回来了。

1950 朝鲜

原来，用于驮炮的战马被联合国军的炮弹炸死了，饲养员大老刘搂着死去的战马号啕大哭。这个大老刘在河南军垦的时候就已经 42 岁，部队考虑他年岁大，应该成个家，决定让他转业。正在这时，部队来了命令要赶赴东北成立东北边防军，一听有新任务，他死活就是不走了，半夜敲开教导员的门请求留下。部队没有办法只得答应他，考虑到他年岁比较大，就不让他再当炊事员，而是在炮连当饲养员喂马。

车成玉见战马也死了，就掏出刺刀准备割下马肉给团长拿来。不想大老刘就是不干，说军马是我们的无言战友，不管是谁都不行。车成玉趁大老刘不备，自己上去准备动刀子，不想，被大老刘从后面照着他的屁股狠狠地踢了一脚。

马增奎派到连部要武器的宋世才，这时爬回了阵地，哭着对马增奎说："排长，连长和指导员都牺牲了，副连长也受了伤，现在他正代替指挥，马德占被任命为排长了，我们没有了武器和弹药，副连长命令我们用石头。"

"用石头?"

马增奎吃惊地望着宋世才，费了半天劲，换回来的就是用石头?

不行！他望着大家说："我如果光荣了，李景龙接替我，李景龙光荣了宋世才接替，就这样往下。小鬼。"

曾贵像是从土里爬出来一样："排长。"

"咱俩去搞洋捞，我们要节约弹药，一个用六五(三八步枪)，自动打一批，机枪打一片，这是团长说的。大家坚守阵地!"说完，带着曾贵，向阵地前的联合国军尸体爬去。

11 月 8 日，112 师 335 团在团长范天恩指挥下，攻占军隅里北边要地飞虎山，在断水断粮的困难情况下，坚守阵地 5 昼夜，歼灭联合国军 1900 余人。

战后，朝鲜人民为纪念志愿军英勇作战，在飞虎山建立一座纪念碑，上面用中、朝文铭刻着：

飞虎山上万虎飞，

成仁取义英名垂。

血洒朝鲜金碧土，

中朝友谊共日辉！

38 军第一次战役不理想，与不能保障供应有很大的关系。由于遭敌机轰炸，全军入朝时的 129 辆运输汽车，第一次战役后期只剩下 62 辆。大量的物资弹药不能前运，部队为了执行"志司"的诱敌深入的指示，又纷纷回撤，致使在飞虎山抗击的 335 团左右无援，几近弹尽粮绝。就这一点，就像是刀子剜肉一样疼在梁兴初的心头。当初，他同意范天恩到 335 团任团长的时候，是打算把那些可以助威兴军的事情交给他。没想到，一上来就遇到这么个难啃的骨头，真叫他心疼。

1950

朝鲜

第十一章
补给线

由于中美两国国力的巨大差异，"联合国军"并未出现运输线长、补给困难的问题；相反，真正发生后勤供应问题的却是志愿军，成为束缚志愿军进一步扩大战果的绊脚石。

然而，麦克阿瑟却得出"敌人的后方近在咫尺，其补给随手可得"的臆断。

11 月 23 日，是美国的感恩节。

"感恩节（Thanksgiving Day）原意是为了感谢印第安人，后来人们常在这一天感谢他人。在美国，自 1941 年起，感恩节是在每年 11 月的第四个星期四，并从这一天起将休假两天。在这一天，成千上万的人们不管多忙，都要和自己的家人团聚。感恩节是美国人民一个古老节日，也是美国人合家欢聚的节日，因此美国人提起感恩节总是倍感亲切。感恩节是美国法定假日中最地道、最美国式的节日，它和早期美国历史最为密切相关。

但 1950 年的感恩节，却让美国士兵在不幸的阴影中煎熬。中国人民志愿军对这个假期不认，也不放假，包括后来的圣诞节，属于正常工作日。

为了继承传统，为表彰或是犒赏陆战 1 师的功绩，阿尔蒙德将军在 11 月 23 日感恩节这天，特地举办了一次极为铺张又与前线紧张战事极不协调的节日大餐，"大批火鸡、酸果酱罐头、南瓜馅饼运抵朝鲜，让每个在打仗的妈妈的宝贝儿子享受传统的感恩节聚餐"。

阿尔蒙德将军这场铺张的进攻前的聚餐事后被人戏称为"育肥以供屠宰"。

当戴维·巴尔将军的陆军第 7 师第 17 团的部分部队到达了惠山镇鸭绿江边时，精力充沛的阿尔蒙德将军亲赴惠山镇，并与一群高级军官以满洲为背景摄影留念。事后，美国人约瑟夫·格登说："巴尔（美 7 师师长）的神速进展使他获得了求胜心切的麦克阿瑟和阿尔蒙德的祝贺，这也注定使他的师中大部分人极度痛苦地挣扎在由风雪严寒和中国人子弹铸成的死亡线上。"

这位戴夫·巴尔将军，中国内战期间曾作为美军的顾问进入中国，与当时国军第 60 军军长曾泽生成为朋友。现在他作为美军的将领，率军前往鸭绿江边实现美军统一朝鲜的梦想的时候，曾泽生将军率领着中国人民志愿军第 50 军正在持枪迎候着他。

陆军第 7 师的壮举，大大激发了麦克阿瑟的热情，他在新安州的美第 8 集团军司令部，抚摸着美第 1 军军长弗兰克·米尔伯恩将军的德国种爱犬埃贝，对美军第 24 师师长约翰·库尔特将军说："我已经向 24 师的小伙子们的妻子和母亲打了包票，让小伙子们在圣诞节回国，可别让我当骗子哟。"

麦克阿瑟的主观愿望是按照正常逻辑发展的，但是他忽略了一个问题，正如美国著名学者，被西方誉为"头号中国通"的美国最负盛名的中国问题观察家，曾经在 1945—1946 年担任美国驻华新闻处处长的费正清曾经说过的："欲知中国的潜力、前途与局限所在，首先须了解中国的历史。"遗憾的是，作为联合国军主官的麦克阿瑟将军，没有听到这个忠告。麦克阿瑟把早已沉浸在他脑海的形象，未经筛选、辨别，抛开表象看本质，一味地把中国人誉为"洗衣匠"，混同于他在菲律宾时雇用的中国保姆——阿周。在这点上，麦克阿瑟处于僵化呆板的境遇。起码他也要听一下拿破仑的话："中国？那是一个沉睡的巨人。让他睡吧！因为他醒来的时候将撼动整个世界。"

大部分中、美描绘朝鲜战争的书籍、回忆录等都把一切责任归咎于麦克阿瑟，因为他固执己见，拒不相信眼前的证据，坚持要重新发动攻势。而贝文·亚历山大在他的著作《朝鲜：我们第一次战败》中说："但同样的证据也摆在华盛顿参谋长联席会议成员和政府领导人的眼前，尽管他们说得头头是道，但并没有采取任何行动以避免灾难的发生。华盛顿的这些要员应当同麦克阿瑟一道对即将发生的事情负责。实际上，他们是麦克阿瑟的顶头上司，他们有权把他那种务求全胜的思想压制住。"他认为这是政府的"失职"。

不仅如此，美国作为世界老大地位的不容动摇性，也致使美国要放手一搏，他们头顶"二战"胜利的桂冠，身居西方自由世界的领袖地位，没有理由屈居一个贫穷落后国家之后。善于"慎独"的美国政府总认为，西方自由世界在用期盼的眼光注视着他，等待他的进一步行动。

由此可见，他们不是失职，而是最大化地行使自己的职权，只是他们遇到了真正的对手。

沃克将军望着麦克阿瑟远去的飞机，他"把军职豁出去了"做了一件"必须服从上级无理命令和顾及下级安危之间作出抉择"的事情，对 24 师师长约翰·丘奇将军说："你告诉第 21 步兵团斯蒂芬斯上校，要他一闻到有中国炒面

1950 朝鲜

的味道就撤退。"有意违背了上级的作战命令，"擅自将全面进攻改为试探性进攻。"

踌躇满志的统帅和心有余悸的将军，本无顾忌地排列在一起。因为中国人民志愿军的出现，不幸地在同一历史舞台上的表演出现了裂痕。

麦克阿瑟将军返回了东京大本营，却留下了一个笑柄。东线的美海军陆战队第1师，幽默了自己的司令官一回，送给了他一个绰号："超龄的屎壳郎"。

此时，陆战1师并没有因为麦克阿瑟的指挥失误而迁怒于他，也没有因为阿尔蒙德是他的嫡系而反感。许多人恰恰是看到了他的年龄和他的位置。

正在专心致志批改文件的38军副军长江拥辉，被参谋王培德的报告声打断，他答了一声"进来"后，抬起头来看着进来的王培德。忽然感到眼前一阵昏眩，似乎脚和头瞬间交换了位置，眼前一黑，身体一歪，突然昏倒在地。

王培德吓了一跳，他连忙上前抱住江拥辉，拼命地喊着："副军长！副军长！"

他的喊声惊动了军部的所有人，大家纷纷跑过来，这时军部的医生也到了。大家把江拥辉平放在行军床上。军医仔细地听听江拥辉的心脏，又看看他的眼底，然后，低着头在四下里寻找着什么？大家不知军医在做什么，不约而同地跟着他的眼神转。

军医喊着："通风，通风。"

梁兴初急了大叫一声："老江有事吗？"

军医郑重地说："江副军长是一氧化碳中毒。"

一氧化碳俗称煤气，而作为当时没有多少科学知识的中国农民军人来说，根本不知道一氧化碳是什么东西。只是一听说是"中毒"两字，脑海里顿时反应出敌情，中毒可能是有敌特进行暗杀和破坏。

梁兴初一听就炸了营，大吼一声："老管，去把警卫营长给我传来！"参谋

258

长管松涛刚要张嘴，忽然看见警卫营副教导员薛燕公就站在跟前，这时梁兴初也看到了他，大嘴一裂就骂上了："你他娘的，咋搞的警卫？"

薛燕公急得不知自己说什么好，嘴里呜呜着，发出奇怪的声音。

这时，只见军医一个劲摆手，并用手指着小屋内的"瓦斯"灯，从口罩上边翻着两只大眼急忙辩解："不是，军长，不是。"

"什么不是？"观察仔细的政委刘西元问。

"政委，江副军长中毒不是特务干的，是灯，那个瓦斯灯熏的。"

"啊？"不就是那么个丁点小火头，谁听说过点灯还能让人中毒？军首长们面面相觑，疑惑不解。

进入朝鲜以后，由于联合国军的飞机对运输线的封锁，许多部队急需的物资供应不上。部队随身携带的蜡烛用完了，部队也不能老是摸黑待着。军后勤部的同志就带着朝鲜联络员，找到当地百姓，就向他们借用"瓦斯"灯。即在一个小铁桶里放入电石，然后加上水，电石和水发生反应，冒出气体，再用另一个铁桶盖在上面，留出一个小孔，让反应出来的气体，从小孔冒出，然后点燃，就成为了灯。由于联合国军具有绝对的制空权，可以在任何时候和地点，进行准确轰炸，为此部队付出了沉重的代价。为了躲避敌机，在使用时只好用毯子等遮严门窗，不能露出一丝光线。时间久了，屋里空气不流通，"瓦斯"灯在燃烧时放出大量一氧化碳，致使在灯下长时间批阅电报、文件的江拥辉头部暂时供氧不足，产生了昏厥。

"娘卖屁，家越穷孩子越多！"梁兴初狠狠地骂了句，掏出烟来狠狠地吸着。

"军长，您要是在灯下时间长了，再吸烟，中毒的可能性就更大。"

梁兴初的手抖了一下，他没有停住嘴巴。

江拥辉是梁兴初的得力助手，对他又有救命之恩，要是有个三长两短，还真叫梁兴初难受。

这次他本打算叫江副军长去抓后勤。现在突然病倒了，怎能不着急？

"政委，这要武器没武器，要干粮没干粮，你叫我怎么和这美国鬼子打仗？

1950 朝鲜

259

范老虎在飞虎山上顶了5天5夜，水米没打牙，我们的战士就是钢铁也得饿死，我还打个屁仗。哪个战士不是娘养的，摊上谁家不是灾难？"

梁兴初一边骂，一边在屋子里乱转，急得直蹦。

刘西元也皱着眉头说："这要在咱们家乡，也可以找找当地老百姓，要不挖些野菜。这倒好，除了苦松树枝子，就是黑石头，吃口雪还是黑的。"

政治部主任吴岱站出来说："军长、政委，老江病了，只要政治部离得开，我去协助后勤部工作吧。"

吴岱和梁兴初是老战友，总是在梁兴初最关键的时刻出场力挽狂澜。早在山东滨海支队时，日寇宣布投降的那天，梁兴初接到命令，叫他马上去中疃子开会，走到贾悦时，突然遭遇到一个中队日本鬼子的围堵。当时，梁兴初认为鬼子已经宣布投降，抗战胜利了，不会再有什么问题，就只带着两名警卫员，现在遇到了麻烦。鬼子看到他骑着马，身背公文包，还有两名警卫，认定是个大官，就想趁机收拾他。梁兴初不敢恋战，急于脱身，拨马便走，结果鬼子在后面紧追不舍。梁兴初和两名警卫员加在一起仅3支短枪，要和一个中队百十名鬼子交手，这个仗真够他呛。就在梁兴初心里琢磨着怎么样脱身时，鬼子们已经在机枪的掩护下开始进攻。就在这紧要关头，得知消息的滨海军区第3军分区第4团政委吴岱亲率一个连的八路军迅速赶来，从侧翼对日军发起突击。正在专心准备钓大鱼的日军，没想到自己的身边响起枪声。本来就心虚的日军，连忙退出战斗，仓皇逃命。还有一次，在解放战争时期攻打诸城时，被围困在城内的200多美式装备的蒋军士兵突然从东小门蹿了出来，直冲梁兴初所在的师指挥所。这时梁兴初的身边只有一个警卫连担负警卫。就在这万分危急中，又是吴岱在前沿阵地发现了这里的情况，急忙抽调出两个营，及时赶到把蒋军士兵包围歼灭。梁兴初多次说："我这条命，自己挺过来一次，江拥辉救过一次，吴岱救过两次。"

这次又是在梁兴初为后勤焦虑时，吴岱主动请缨为他分忧，梁兴初感激之情溢于言表。

他把脸转向政委刘西元问："你能舍得让他走吗？现在的政治工作也非常需要人呢，我们还有那么多的解放战士？"

刘西元看着吴岱说："老吴可以去，政治工作有我和王树君就足够了。"

王树君是军政治部副主任。

说完，刘西元望着吴岱说："老吴，你十几岁就当指导员，22岁当团政委，是个典型的政治家，可不是火头军哟，你有什么想法，需要军里干什么尽管提出来。"

刘西元的意思是想问他有什么困难。吴岱定了定神说："我到后勤要狠抓两件事：一是广泛动员，发动群众想办法，树立完成任务的信心；二是调整机构，减少层次，适应朝鲜战场情况，形成从后方到前线的物资保障体系。请军长、政委放心！政治部的工作，树君同志完全可以胜任。"

实际上，中共中央十分重视后勤保障问题。

时隔不久，1951年1月22日至30日，东北军区在沈阳专门召开后勤会议，具体研究志愿军后勤保障工作问题。参加会议的有志愿军各军后勤部、各分部以及东北军区后勤部、东北人民政府有关部门负责人。政务院总理兼外交部长周恩来亲率中国人民解放军代总参谋长聂荣臻、总后勤部部长杨立三、空军司令刘亚楼、炮兵司令陈锡联、军委运输司令吕正操等，专程来沈阳参加会议。周恩来在会上明确提出要建设一条"打不垮、炸不烂的钢铁运输线"，为最后取得抗美援朝的胜利奠定坚实的基础。①

一次战役后，38军政治部副主任王树君根据志愿军政工会议精神，主持编发了《朝北反击战役胜利》宣传提纲，针对第一次战役中暴露出来的问题，开始纠正不良情绪，在部队中树立宣传胜利、敢打必胜的观念。

出国前，由于宣传上的误差，大多数情况下对战士们讲有利条件多，讲困

① 到了1953年停战协定生效时，志愿军修复、修建的铁路里程达到1382公里，几乎比战争爆发时多出1000公里。

难少；政治宣教多，针对性训练少，追求远大理想多，重视实际问题少。致使部队曾一度出现盲目乐观、轻敌思想。当时流传有这样的打油诗："从北到南，一推就完，消灭敌人，回国过年。"第一次战役遇到了实际困难以后，又产生了埋怨情绪："出国前说，敌人有啥，我们有啥。出国一看，发现敌人啥都有，我们有啥？"有的战士发牢骚说："飞机是敌人的，炸弹是我们的；敌人有大炮，我们挨炮弹。"盲目乐观、轻敌思想转变成畏惧、沮丧情绪。

为此，宣传提纲以"朝北反击战"的胜利与失利为主题，展开有针对性的教育：

一、思想上，解决能不能打，敢不敢打的问题。虽然敌人有现代化武器装备、空中优势，但攻击精神不强，过分地依靠飞机、大炮。事实证明，我军不仅能打、敢打，还打了胜仗，今后只要我们采取近战、夜战、迂回、穿插、分割、包围等战术，是完全可以打败敌人的。

二、道义上，志愿军的正义行动赢得全中国、全世界人民的拥护和支持。

三、宣传上，全军上下把"创造英雄部队"和宣传胜利的思想教育结合起来。总结一次战役的经验教训，研究在敌机猖狂、炮火猛烈下，如何减少伤亡，消灭敌人的战术问题。同时要求部队，"不打糊涂仗"，"不打哑巴仗"，做到战前动员，战中鼓励，战后评功，开展"火线立功"、"火线入党"、"火线入团"等活动。

38军后勤部主任邸怀臻正在为后勤工作滞后发愁，军部连续发出3封电报，要求后勤准备粮食，他端着蜡烛，在地图面前琢磨解决粮食物资运输问题。

军运输科的刘守信同志带领军部仅剩的5辆汽车去拉物资，天亮时赶到一个火车隧道。当地百姓说许久没有看到火车来了。为了防空，刘守信命令把车开到隧道里隐蔽，然后就在隧道内休息。不料，一列朝鲜火车贸然开来，撞进隧道，十几名同志负伤，刘守信同志不幸牺牲。

这时，军政治部主任吴岱和警卫员来到了跟前。

邸怀臻主任举手敬着军礼，说："报告主任，我们没有完成任务，请……"

他的话还没有说完，吴岱上前，把他们举起的手放了下来："军首长知道你们遇到的困难，特地叫我来和你们一起工作。来，我们讨论一下现在的情况，叫人把各个分部的首长找来我们开个会。"

等人都到齐了以后，吴岱从椅子上站立起来："同志们，我们38军入朝以来，受到各方面不利因素的困扰，还没有发挥出我们军的特点。现在，又面临后勤补给困难的难题，112师师部在瓦洞遭到美国鬼子的空袭，损失严重。我们是一支钢铁的部队，还没有什么问题在我们38军面前出现过。现在要大家群策群力，俗话说：三个臭皮匠顶个诸葛亮。彭总在'志司'，就是遇到问题就召开诸葛亮会。今天我们大家也各自发挥聪明才智，开动脑筋，解决我们眼前的困难。大家有没有信心？"

"有！"气壮山河的声音从每个人的心底迸发，形成巨大的智慧和勇气力量。

会后天色已晚，吴岱说："走，到335团看看去。"邸怀臻等一起行动。

到达335团后勤处时，值班参谋报告，杜文英和郑际言两位主任在围着地图商讨怎样解决给养困难的问题以后，现在到火车站去了。

吴岱和邸怀臻等顺着铁路追了上去。不远处只见黑压压的一片人群，伴随着人的脚步声传来粗粗的喘气声。他们停住脚步，警卫员上去询问。回来时带来两个人，正是335团后勤处主任杜文英和副主任郑际言。

两人来到吴岱、邸怀臻跟前举手敬礼。

吴岱发现他们脸上红胀，腾腾冒着热气，头顶雪花，融化后又在帽檐处结成冰，后背上也结出一层冰霜。他举手还礼问道："你们这是搞啥名堂？"

原来，几辆载着粮食弹药的汽车在给335团运输的途中，被前面一段飞机炸毁的公路挡住去路，这里离335团的驻地还有15公里，他们只好把物资卸到一个小山沟里，通知335团后勤处组织力量来取。

1950 朝鲜

这哥俩接到电话可发了愁。道路不通，车辆上不去，全团只剩下 6 匹马，即使这 6 匹马昼夜不停运输，最少也得 7 天。335 团在飞虎山上忍饥挨饿，已经坚守了 5 天 5 夜，怎能再让部队用空枪、空炮、空肚子，单衣、单裤、单帽子和武装到牙齿的联合国军交战？两人一合计，也别在屋里瞎琢磨了，出去走走兴许还有办法。

他们出门顺着铁道行进，不远处发现三节破旧车皮，用手一推，居然能动。俩人高兴坏了，连忙回去集合后勤所有人员和两个连的士兵，要把物资装在车皮上，推着车皮要送到 335 团的驻地。将这批物资运到，就可以满足 335 团 20 天的粮食，10 天的油盐和一个基数的弹药补给。现在他们正在推车行进。

邸怀臻叹口气说："吴主任，就是有了粮食，可是运不出去，也是麻烦呀。"

吴岱说："335 团不是榜样吗？我们要变集中为分散，让部队自己就地筹粮也是好办法。"

"对呀，由军里统一发出借粮证，不足的部分由当地筹措，也可以解决一些问题。"

吴岱和军后勤部的同志针对原来由于业务部门协调不够，机构层次多，工作中出现争运力、抢头功造成效率低的问题。采取以下措施：一、调整后勤编组，业务相近的部门尽量合并；二、突击补充物资。像 335 团后勤股的做法，开动脑筋，积极筹措，提高夜行能力；三、明确打扫战场分工，针对缴获物资多，又要统一上缴的传统做法，规定各级处理权限，营连可自行处理零散物资，自行补齐缺编武器和弹药、给养携带量；四、制定防卫措施，加配战勤营武器装备，加强各兵站医疗所的防卫，加强对物资的伪装，充分利用夜间工作；五、加强通讯联系，对无线电不能逐级保障的情况下，利用往来人员、车辆进行阶梯式传递联络。

当中国军队在为后勤补给线遭到联合国军的猛烈轰炸出现运输问题大伤脑

筋的时候，在美军与美国政府之间却发生了是否要进入中国境内轰炸后勤补给线的争论。

11 月 6 日，麦克阿瑟将军给华盛顿发电报："一支可能有大量的后备力量和充足的补给作为后盾的生力军却又要面对我们。敌人的后方近在咫尺，其补给垂手可得，但对我们而言却在目前军事行动所能及的范围之外。"

麦克阿瑟恼怒地对参谋长多伊尔·希基将军说："你看，华盛顿在给我什么？都是些杂乱无章的限制。将军，请命令空军司令斯托拉特迈耶将军出动 90 架 B-29，给我彻底切断鸭绿江大桥。"

但是，当斯托拉特迈耶将军的飞机抵达鸭绿江上空时，麦克阿瑟却接到了国防部长马歇尔将军的紧急电报，命令他的飞机："凡离满洲边界五英里之内的目标一律暂缓轰炸。"在麦克阿瑟的强烈抗议下，命令改为："允许轰炸鸭绿江的朝鲜一端。"

"执行！"麦克阿瑟恼怒地重复了华盛顿的命令。

但是，面对麦克阿瑟的这种啼笑皆非的命令，远东空军司令斯托拉特迈耶将军和远东轰炸机指挥部司令艾米特奥·唐纳少将却不能接受，他们来到东京远东军司令部抗议。

麦克阿瑟把华盛顿的命令拿给了他们。

斯特拉特迈耶看过命令，诧异地说："这不可能做到，华盛顿一定知道这是不可能做到的。"

作为轰炸专家，远东轰炸机指挥部司令艾米特奥·唐纳少将走到麦克阿瑟将军巨大的军用地图跟前，用指示杆在地图上比画着说："司令官先生，让我们看一下这份命令的实质：为了不侵犯满洲，我飞行的航线必须同河流最南端的河湾相切。河是弯的，飞行航线是直的，如果你从河流最南端的弯子画一条直线到桥梁，那就是我们的飞行航线。河那边的人也当然知道这一点，他们沿着这条线架起火炮，把密集的炮弹一路上像雨点般直向我们喷射过来，当然，我们只得挨打而无法还击。除此之外，当我们的飞行接近投弹点的时候，他们派出战斗机从旁飞出并在约 2 英里以外的隐蔽处与我们的飞行队形保持一致，在鸭绿江的那一边以同样的速度飞行，正当我们达到投弹位置，差不多转身准备投弹的时候，他们正好对我们轰炸机的尾巴做正面攻击。"

艾米特奥·唐纳少将放下指示杆，回到桌前，端起咖啡抿了一口说："将军，我的那些有幸躲过攻击负伤回来的飞行员会问，华盛顿和联合国究竟站在那一边？我如何作答？"

麦克阿瑟听到这样的问话，顿时咆哮起来："要么听我的，要么就给我解职，这种窝囊的仗实在没有办法坚持下去。"

可以说，美国政府慑于国际政治考虑，采取囿于局限战争的指挥，大有捆绑住前线将士的手脚，使之不能放开之嫌，为中国人民志愿军赢得战斗的胜利，创造了有利的条件。

此时的中国仅组建了两个歼击航空兵师——第 3、第 4 师，各种类型的飞机不足 200 架，平均每个飞行员飞行米格 -15 飞机仅 56 小时，没有作战经验。斯大林终于在 1950 年 11 月 1 日派来了苏联航空兵参战，但仅限于鸭绿江中国一侧。飞行员大腿下压着用俄语标注的汉语词汇语音，要求作战时，飞行员在空中使用俄音汉语，遭到了广大作战飞行员的抵制。1951 年 1 月 21 日，中国空军首次升空与联合国军空军交战，1951 年 3 月 15 日，中朝空军联合司令部在丹东正式成立。

苏联空军第 64 防空集团军在军长洛博夫的率领下，进驻丹东。1950 年 11 月 10 日，苏联空军与联合国军空军在丹东地区上空进行了首次空战。苏军第 28 歼击航空兵师中尉飞行员谢戈列夫击落 1 架美军 P-51"野马"式战斗机。11 日，这个师又在同一地区击落美军 F-80"流星"式战斗机和 P-47"雷电"式战斗轰炸机各 1 架。12 日，由第 50 歼击航空兵师 139 团大队长哈里科夫斯基少校率领的两架米格 -15 战斗机，在朝鲜新义州附近击落 1 架号称"超级空中堡垒"的美军 B-29 轰炸机。14 日，该团的 8 架米格 -15 战斗机与美军一个庞大的机群相遇。战斗中，苏军击落美军轰炸机 3 架。在战争初期的空战中，苏军仅损失 2 架米格 -15 飞机。但是，由于苏军严格执行斯大林的命令，战斗飞行被限制在朝鲜东西海岸上空，也就是说，不能向海上飞，这就大大地束缚了苏联空军的作战半径，让出了美空军活动空间，抵消了对美空军作战的能力。而美国飞行员则利用这一点，抓住机会，每逢危急关头，就向海上逃窜。

在此之前的 10 月 8 日，位于苏联海参崴的苏克哈亚阿耶契卡空军基地遭到了美国喷气式战斗机的挑衅式攻击，若干苏军飞机被击中，一些人员受伤。该基地位于太平洋沿岸附近，进入苏联境内 60 多英里处，却不明不白地遭到美军飞机攻击。这是自冷战以来，发生的唯一一次一个超级大国的武装力量对另一个超级大国本土的攻击。在攻击后的最初 11 天里，美国曾竭力否认有此事件的发生。接着，又说成这是一次意外，并被迫对参与此次行动的飞行员予以轻微的处罚。而斯大林却意识到，这一事件不仅仅是一个失误，这只是通常所说的借口，是对苏联与中国人打交道或者干涉朝鲜战争的一个意味深长的警告。遗憾的是斯大林记住了，因此也束缚住了苏联空军的作战半径。

麦克阿瑟在咆哮他不能淋漓尽致地发挥空中力量的时候，他不知道对方的手脚实际上也是被无形的枷锁禁锢。

在第二次战役开始前，一篇名为《38 军后勤工作经验谈》的通报送到了彭德怀的手里，他一边把早已没有了味道的茶叶放在嘴里咀嚼，一边看通报：

吴岱整合部队力量，把三个师的后勤人员集中在一起，又把因原有的汽车被炸毁后多余的司机编成两个徒手司机排，分别派往 113 师和 114 师，跟随部队行动。当部队在战斗中缴获到联合国军的汽车时，马上抢开出，并隐蔽起来，为以后抢运物资积蓄力量。

将第一兵站留于华山洞、江界、别河里等地的 148 万斤粮食, 7000 斤副食，两个基数的弹药，转运到第二兵站黄镜站、花坪站。同时，又将黄镜站接收的 10 万斤粮食、近万斤副食和 16 万发子弹、炮弹及若干手榴弹，冲破敌机封锁

1950 朝鲜

运送到部队。

为了完成这次运输任务，汽车兵在与敌机斗争中，表现出了非凡的毅力和大智大勇。部队刚入朝时，为躲避敌机轰炸，往往要等到天黑透了汽车才上路。而这次运输，为了争取时间，广大汽车兵和敌机展开了斗智斗勇的大博弈。他们不等到天黑，只要敌机一离去就开车，每天争取行车 9 小时以上。原来夜间行驶，驾驶员不敢开大灯，摸着黑由副驾驶员在车前跑步引路，躲坑绕堆避石头，闪枪让炮藏飞机，一晚上也跑不了 30 公里，还把人累得半死。现在是趁着天色未全黑上路，加大马力猛跑一段，天黑下来再开着大灯跑上一个时间段，然后闭灯停车，观察有没有飞机出现，一旦发现有飞机就马上隐蔽，没来飞机还继续开灯跑。几天后，战士们又发明了用"人达"代替"雷达"的方法，即设立汽车防空哨，在沿着公路二三公里设置一名防空哨兵，发现敌机后即鸣枪报警，汽车兵一旦听到枪声，就把汽车开到就近地方隐蔽，关灯熄火，等飞机过去再跑。同时对汽车的伪装也进行了改进。以前是车上盖着稻草，不仅容易被敌机发现，而且一旦中弹，汽车和物资就极易一齐烧掉。改进后汽车隐蔽时，首先卸下物资，拆掉车篷减小目标，即使遭到轰炸，也只损失汽车，而保护了物资。负责防空的哨兵事先找好山谷或小河沟，一旦飞机来袭，随即指示将车开进山谷或小河沟，再进行伪装，和地一样平，使得在空中飞行相对速度较快的敌机不易发现目标。防空哨还有一个任务，是在没有飞机来袭时，沿公路根据地势挖出不少山洞、坑槽，一旦遇到敌机，汽车就可以直接开进去。

敢于和敌机捉迷藏的汽车队 5 班长张梦春，带领 3 辆汽车，满载着弹药在公路上行驶，由于防空哨的疏忽被敌机发现，尾随追来。他马上关闭大灯摸黑行驶。敌机的机关炮弹不断在他的身边爆炸。他凭着娴熟的技术，摸黑顺路拐过一个山头，躲过了这次袭击。敌机扫射没打中，就丢下了一串照明弹，打算把他从黑暗中找出来。机智勇敢的张梦春略加思索，就势趁着照明弹的光亮，带领 3 台汽车高速猛冲通过了照明区。等敌机盘旋回来，却找不见了汽车。

于是，狡猾的敌机也改变了招数，他们一架在前面投掷照明弹，一架在后面接着照明弹的光亮跟着扫射轰炸。

敌机换招，机智的张梦春也随之改变。当第一架飞机投下照明弹，照明弹还没有完全大亮时，他把汽车停在黑暗处，看着敌机在照亮的地方盲目扫射。就在照明弹照亮一分多钟内，敌机轰炸扫射也冲过去时，张梦春率领3台车立即趁着照明弹的余光，追着敌机的屁股赶紧借光猛跑。就这样，敌机在前面为他们照着亮，相当于打着灯笼，张梦春借着"天灯"把3车弹药及时送到了前线。

他们的经验被迅速推广，果然取得巨大效果：汽车行驶里程、相对汽车数量直线上升，由原来的夜行最多30公里，提升到每晚可达200公里以上；汽车损失直线下降。刚入朝时每百辆车被炸掉40辆，到了1953年即使美军使用空中绞杀战，也仅有少辆汽车被炸。

"小景。"彭德怀叫道。

19岁的警卫员景希珍连忙跑了过来。

1950年10月下旬，景希珍奉命从大西北的陕西老家来到朝鲜，担任彭德怀的警卫员。

"小景，我喝的茶叶是哪里来的？"

"是我从管理员那里领来的。"

"好你个鬼伢子，上次我问你，我有什么浪费没有，你给我嘟嘟囔囔说没有，让你找管理员问，对我有什么意见，你却给我领来了茶叶？我们的战士连口开水都喝不上，我却有茶叶喝？我们的吃穿都是祖国一车一车运来的，我们的国家这么穷，我不能浪费！去把王管理员、炊事员叫来。"

景希珍的神经一下绷紧了，撒腿就向外跑，招呼上管理员和炊事员以后，又赶紧往回跑。正巧和志愿军副司令邓华撞个满怀。

1950
朝鲜

"小鬼，有什么急事？"

景希珍见是邓华副司令员，心里有些委屈，小娃娃脸涨得通红，带着哭腔说："副司令，您帮我说说彭总，他经常熬夜，我们给他领一些茶叶，他还嫌浪费。"

邓华笑了笑，拍拍他的肩膀。彭德怀艰苦奋斗的精神是全军有目共睹、众人皆知的，他从军几十年，哪一天不是和战士们同呼吸共命运？这方面的事迹，不是口述可以囊括的。说明部队的领导者和战士是平等的，这是中国共产党军队与其他军队的根本区别。抗美援朝结束几年后，一次，彭德怀参加连队班集体讨论，对为什么新独立的国家总是闹政变议题，战士们踊跃发表意见，从帝国主义干涉到没有马列政党领导，又说到民主革命不彻底等。把中国民主革命当中发生的问题移植了过来。彭德怀听后，举手发言："还有一个原因，就是他们的领导不愿意和大家一样坐矮板凳、硬板凳，可能他们以前也是坐矮板凳的，后来他们只能做高板凳，比你们叫我坐的那个还高，高得很！"非常朴素的语言却道出了一个普遍的真理。

邓华抬起头，看到洪学智正快步走了过来，他身边跟着一个年轻的身穿人民军服装的战士小李。

"别难过，小景，来救兵了，你看！"邓华用手指着洪学智说。

景希珍快步跑过去，拉着洪学智的手一边说一边摇着，洪学智哈哈大笑着和景希珍一起走了过来。

"老伙计，我也没辙呀。"

"老哥，你就别客气了。"邓华笑着说。

邓华、洪学智以及景希珍等一同走进彭德怀那潮湿低矮的作战室。

彭德怀见进来这么多的人，把手里的铅笔望地图上一扔："小景，我让你检查我的问题，哪个叫你去搬救兵了？正好，你们两个也不许隐瞒，一块交代有什么浪费没有？"把邓华与洪学智也捎上了。

"得！"邓华与洪学智相对而笑。

王管理员连忙上前："报告彭总，您让小景转告我们的话，我们都对照检查了一下，您和司令部的首长们没有浪费的现象。倒是我们时常浪费，如您看到的把菜叶扔掉，您告诉我们，可以捡回来洗干净吃，老百姓种菜不容易，运到朝鲜更不容易。我们都记下了。"

"报告！"人民军的小李，挺身出来报告。

"噢，小李，你有什么意见？"彭德怀望着刚从人民军来到志愿军司令部担任翻译的小李说。

"报告司令员同志，我对你有意见。我刚一来司令部，您就把您的大衣和被子给了我，大冷的天，您就剩一条军毯，还不让我告诉其他首长和同志们，我有意见。"

"坏了，彭总引火烧身了，干脆我们撤吧。"洪学智冲着彭德怀眨眨眼说。

邓华笑了，冲景希珍一摆手："我们要自我批评，你们先出去，有时间我们再民主。"

邓华望着彭德怀想想说："彭总，为了把诱敌深入做得更加逼真，应该再加把作料。"

"喔，我们是想到一起去了，你是想到了吴信泉了吧？"

"我们什么心眼也逃不过彭总的眼睛。"邓华这么一说，在场的"志司"首长都笑了。

11 月 16 日，吴信泉遵照"志司"电令，率部北撤，并停止向进攻之敌进行反击。同时，吴信泉根据彭德怀的指示，下令各师将不便押送的美军 100 余名重伤员进行一番救治后，用担架抬到阵地前的公路上释放。并告诉他们，志愿军后勤补给困难，不能维持他们的救护，把他们转交给联合国军，志愿军要撤退了。

在飞虎山阵地上，副营长陈德俊从望远镜里看到 5 连的阵地，遭到联合国军猛烈的攻击。炸弹把石头炸为粉末，阵地上战士的身影越来越少。韩军第 3

1950 朝鲜

团眼看着就要在 5 连阵地上打开缺口，头部受伤的战士李兴旺，挣扎着掏出急救包为自己包扎伤口，这时，摸上阵地的 3 名美军一下子围住了他，其中一个把他拦腰抱住，另外两个过来就要夺他的枪。在志愿军看来，枪是战士的第二生命，而且，他的枪可能是其他战友用生命换来的。李兴旺拼命地握住自己的枪，和 3 名美军展开搏斗。他看准一个空当，把一名站在悬崖边上的美军一脚给踢了下去，就在另一名美军发愣的时候，他又叩响了扳机，把发愣的美军打倒，抱住他的美军人高马大，力大无比，又经过饱餐战饭，而李兴旺是连续三天没有吃过一点东西的，肚子里早已空空荡荡，就连喝的水，也有一部分是自己的尿液。他被美军重重地摔在地上，脑袋碰倒了刚被他打倒的美军腰里挂着的手榴弹上，顿时，刚才还未包扎好的伤口，现在又被撞裂一个大口子，鲜血顿时冒了出来。

陈俊德心里咯噔一下，喊着：完了，我们的战士吃亏了。他用衣袖蹭了一下眼角的泪水，突然就见眼前火光一闪，随着一声爆炸，高大美军的胸口被炸出个大洞。接着，就见李兴旺抄起美军的冲锋枪对准冲上阵地的美军一顿扫射。

炮弹、燃烧弹在阵地上不断爆炸燃烧。2 营副营长陈俊德带着团长配给他的几名警卫连的几名战士，迅速增援 5 连阵地。

一颗凝固汽油燃烧弹，内含 110 加仑汽油，相当于 500 多升，爆炸以后可以使 45 平方米的土地在没有任何助燃物的情况下连续燃烧 20 秒，烈焰可将厚度达到 20 毫米的厚钢板烧穿。如果遇上易燃物、助燃物等，燃烧时间要加长而且阵地上的一切可燃物在燃烧中都会发生化学反应。

烈火在 5 连阵地上熊熊燃烧，阵地上不断传来在烈火中被引燃的子弹和爆炸物的声音。即将攻占山头的美军，持枪盯住燃烧的山头，慢慢向火边移动，不时地用手中的武器，盲目地朝烈火中扫射。美军就等着烈火熄灭，因为一颗燃烧弹要燃烧 20 秒，具体美军飞机投下多少颗，他们自己也无从算起，再加上爆炸后引燃的其他燃烧物，这需要时间，他们在等待，等大火熄灭的时候，可以轻松地占领山头阵地。①

令联合国士兵们意想不到的是，就在他们临近火场的时候，突然从火堆中蹦出一个人，他拖着一条被炸断的伤腿，浑身上下冒着火苗，手里举着手榴弹奔向美军人群。

在场的美军惊呆了。在他们看来，这完全不可能，燃烧的火堆当中不可能

志愿军向"联合国军"阵地发动进攻。

---

① 美军在朝鲜战场上投入的各型飞机每天最多时达 2400 多架次，战争期间联合国军空军共出动 104 万多架次，共投掷和发射各种弹药 69 万多吨。按照朝鲜战争 3 年又一个月的时间计算，每天平均联合国军投下的炸弹就有 612 吨，其中不含地面和海上炮火。在第一战役基本结束的情况下，所有朝北的战事都集中在了飞虎山，所以，这 612 吨炸弹是实实在在的数字。

有活着的人或者生物，阵地上的一切生物，都应该在白磷燃烧弹的爆炸中消失，石头都被烧得爆裂，何况人的肉身？但是眼前的的确确蹦出的就是一个人，他大吼着朝着美军投出手里的手榴弹。美军从心里彻底服了，当韩军士兵把中共军当做天朝的天兵天将时，美军认为韩军是迷信和落后，从根本上看不起韩军士兵，因为他们从心里看不起韩军士兵谈"兵"色变，什么天兵天将，神仙永远是人类对不能克服自然力的一种想象和精神寄托，世上只有上帝，没有天兵天将。但是眼前的问题却让他们糊涂了，不怕烧，人是怕烧的，不怕烧的就不是人，只有神灵。神灵的手榴弹在他们的头上爆炸，没有被炸死的，也被眼前的情景吓破了胆，撒手扔下武器，掉头就往山下跑。独腿士兵，从美军扔下的武器中搜罗一遍，挑自己有用的，拿上，向大火中抛出两颗手榴弹，把火炸灭一块，然后，又背着缴获的武器回到自己的阵地上去。

当陈俊德来到他的跟前时，他看到这名独腿英雄，已经昏死过去，他是在解放战争时期就被任命为"独胆英雄"的5连战士李永桂。

陈俊德等来到5连的阵地上，只见他蜷曲着，躲藏在散兵坑内，脑袋扎在泥土里，并且用泥土盖住自己的身体，以尽量减少火焰的烧灼。陈俊德连忙和战士们一起用铁锹为李永桂拍灭了身边的烈火，又扑打灭他身上的火焰，陈俊德一把将李永桂抱在怀里，那张被烈火熏黑的脸上，又被烧出一串串大水泡，有的水泡已经被新的烧伤代替，直接就是焦糊的肉质，陈俊德已经非常难辨他的模样了。战士们用水壶为他干裂的嘴唇滴上几滴水，李永桂许久才微微地睁开自己的眼睛，嘴里念叨着："我是自愿来朝鲜打鬼子的，我是自愿来朝鲜打鬼子的，我饿。"说完头一歪，就牺牲在陈俊德的怀里。

陈俊德给李永桂带来了朝鲜老乡炖好的牛肉汤，但是，李永桂永远闻不到香味了。几天来，他几乎没有吃过一次饭，没有喝过一口水。我们的志愿军战士，自从进入朝鲜以后，就已经把自己的个人幸福与荣辱，牢牢地与祖国的繁荣和不可侵犯结合在一起，他们把自己的幸福指数降到了最低，把幸福的外延扩展到最大，自己的幸福、国家的幸福、人民的幸福，三点在一条线上，他们知足了，满意了，看到战友们来到自己的身边，他把通过自己的生命换来的阵地，可以坦然地交给其他战友，他的使命完成了，幸福指数达到了极点。

给战友报仇！

陈德俊等人，握紧拳头，吼着。

但是，联合国军已经看到山上的志愿军没有弹药了，更没有人来支援他们，他们只有在阵地上挣扎，失败是迟早的事情。被335团打乖了的联合国士兵，也接受了教训，攻不上去，就在半山腰上休息，等缓过劲来再接着攻，不行就再退下来，只是这时向后退却的距离与飞虎山主阵地越来越近，从50米、40米、30米直到20米，联合国军就像在等着看335团的笑话一样，反正我们也不着急，等把你们都饿死、累死、困死、炸死、烧死以后，我们再上去也不迟。

当范天恩吃了一顿美国罐头食品、喝了几口牛肉汤以后，眼睛不那么艰涩，也逐渐开始明亮起来。他心里暗暗地责怪，他看到政委赵霄云等一班人，都没有因为营养问题而发生昏厥或是眼睛暂时失明，他琢磨半天，认定是自己入朝前提前进入婚期有关，那会儿自己不应该结婚，要是……范天恩突然发现自己走神了，身体发生了异样的变动，他紧张地看了四周一眼，只见大家在看他和政委说完话以后，都各自忙活自己的事情，没有把注意力放在他这里，只有车成玉在自己的身边，他才放下心，向下拉了一下自己的上衣，从行军床上坐了起来，车成玉连忙去扶他，被他用手甩开。

这时，天上80多架飞机在不停地对准阵地投弹，联合国军的数百门远程炮火，不间断地对准飞虎山轰击。

范天恩来到赵霄云跟前，用望远镜观看。

不好！他心里一个劲儿叫苦。我们这样不行，等敌人的飞机、大炮炸够了，我们再和他步兵拼命，里外都是我吃亏，不行，赔本的买卖不干。

1950 朝鲜

范天恩自己念叨了出来:"老赵,你盯着指挥部,我上前沿一趟。"

"你这范老虎,刚好一点,你还要休息。"

"呸,他妈的,麦克阿瑟不让咱们休息,我先去。"

说完,范天恩带着车成玉奔了出去,径直摸上1营阵地,见到1营长王宿启,问:"还有子弹吗?"

王宿启拉开枪栓指着里面的两粒黄澄澄的子弹说:"哎,就剩他们哥俩啦。"

范天恩按住他的肩膀说:"别动,我们得换个打法,命令还能动的战士,把自己身边的石头,都起出来,堆在一起,听我的命令,我让投的时候,一块往下推石头,大家也别歇着,顺着石头一起追,顺便把武器给我拾掇回来。车子,去把我的话告诉2营、3营。等我们的大炮和飞机还得有些日子。"

"是!"说着,车成玉向2营阵地摸去。由于剧烈的轰炸,山上的电话线早已被炸断,各营之间与团部之间只有靠哨子、军号或者是通讯员来联系了。

智慧老人不是偏袒会庆祝的人,而是喜欢善于总结和汲取教训的人。

不久,阵地上传来一片撬动石头的声音。等到联合国军的轰炸一停,趴在半山腰的联合国士兵,抬起头来朝上面望着,看见上面没有动静了,就小心翼翼地站起来,端着枪向上冲锋。可是没等他们走几步,范天恩看差不多了,大吼一声:"招呼!"说着话,把自己眼前的一块大石头推了下去,接着,其他的战士也开始推石头。

当联合国军听到声音的时候,从山上滚下的石头就到他们的跟前了,他们连忙躲避或者后退,躲避不及的,被石头砸断胳膊或砸断腿。这还不算,随着石头的到来,山上的志愿军战士已经冲到了他们的跟前,躲过了石头的士兵,不一定能够躲过志愿军的刺刀,这回,他们不能以逸待劳了,扔下武器,抱着脑袋随着石头一起向山下滚。范天恩带着战士追了一阵,当战士们各自找到了自己合手的武器以后,一阵哨音,战士们又迅速回到自己的阵地。

4连机枪手唐永强捡到了一大串机枪子弹,乐得嘴都合不上了:"哈哈发财了，发财了，今天我是连里的老财。”

天渐渐地黑了下来，联合国军停止了攻击，阵地上只是偶尔传来零星的枪声。

看来晚上不会再有战事，范天恩回到指挥所。门前的黑影里蹿出一个士兵，一看是范天恩，连忙放他们进去。范天恩感到有些异样，一进指挥部发现政委赵霄云正在和民运股长冯孝先说话，平时非常机敏的赵霄云此时好像也没有了主张。

冯孝先手里拿着一只带着枪眼和炮弹皮划伤痕迹的木盆，左右看着。

他们看见范天恩回来了，就把眼光集中在他的身上。

“小冯，叫你相对象啊，把个木盆看的跟花似的？”

“不是，团长，拿这个木盆的妇女叫朴孝男，她顶着这支木盆为我们阵地送米饭，半道上被弹片打断了腿，她爬着把木盆拖上了阵地，我们的战士们看着都哭了，一定要为她报仇。”

范天恩愣了一下，走过来接过木盆，仔细地端详着。

“老范”，赵霄云说。

“这只是一部分，现在我们有一个棘手的问题。你没见给我们送饭的老乡吗？除了老人和小孩就只有女的了。”

“是啊，他们的爷们儿都上了前线，可不就没人了嘛。”范天恩没有在意赵霄云在说什么。

“团长，刚才政委叫在门前加了岗。本来我们的战士已经牺牲了很多，可还是……”冯孝先说。

这时，范天恩才发现赵霄云有些难为情。

原来，战斗结束以后，送饭的朝鲜老乡就待在阵地上不走，有的朝鲜姑娘还凑到战士们跟前，大声和战士们说话，还竖大拇指。有的竟捧来白雪为战士们擦脸。后来联络员给大家翻译了朝鲜话，那是她们在夸战士们长得漂亮，有的大胆的还直接问战士们结婚了没有，要不要在朝鲜安家？

1950
朝鲜

赵霄云接到报告以后，认为这样会出事，就命令冯孝先带领一个警卫班把阵地上送饭老乡护送下山。可金斗焕委员长非拉着赵霄云一起到村子里看看，说是他们村子里有李承晚。赵霄云一听认为非同小可，老乡们为志愿军送饭，家里遭到了洗劫，心里非常不落忍，让副团长坚守团部，自己率领警卫连下山，快到村子的时候，还真发现村里有火光以及妇女的哭叫声音。赵霄云马上率队冲了进去。

村子里有一个排的韩国士兵在挨家挨户搜查，还放火烧毁老乡的房子。

赵霄云观察完毕以后，命令部队左右夹攻，冲进村子，机枪、冲锋枪一阵猛打，一个排的韩军士兵马上就被报销了。赵霄云立即组织人救火，抢救老乡屋子里的物品。

班长魏芳铭率领全班的战士把几名躲在一间房子里的韩军士兵消灭以后，冲进房子，迎面扑来一阵阵果香。被烟熏火燎了半天的战士们顿时感到喉咙干涩发痒，他们已经有几天没有正常喝到水了。

屋内，几名韩军士兵的尸体横卧在墙角，地上随便扔了一地的被啃过一口半口的苹果和零落的衣物，屋内还码放着不少的草包，被刺刀豁开的草包里露出一个个红灿灿的苹果。

魏芳铭命令战士们把韩军士兵的尸体拉出去，把房间打扫出来。

战士小刘从地上捡起半个苹果，趁人不注意悄悄啃上一口，一股酸甜顿时爽透口腔。不想被班长魏芳铭看到，冲他大吼一声："小刘，你犯纪律！"吓得小刘连忙把半个苹果扔在地上。

1组组长李堂使劲地咽口吐沫，说："也怪，口干得连口水都没了，不怪他。"

其他的战士也说："几天没喝上水了，嘴里都是苦的。"

"那也不行！这是朝鲜老乡的东西，我们入朝前政委是怎么教育我们的？大家不要忘了。把地上的苹果收拾在一起，我们撤出房子。"

"好，做得对！"

随着声音大家一回头，原来是政委赵霄云带着股长冯孝先和金斗焕里委员长路过这里。

不久前，同样的故事也发生在39军，他们几天没有吃过蔬菜，每日靠玉米粒填肚子。这天，联合国军的炮弹爆炸，把朝鲜百姓种植的萝卜从土里翻了出来。战士们在连队首长同意的情况下，拣拾了萝卜，并在每个被翻出的坑里放进朝币，同时留下书信一封。

金委员长看到这情景使劲地和赵霄云握手，并跑上来和大家一起握手，来到小刘跟前，看着他不过是个十七八岁的孩子，不禁老泪纵横，他从草包里摸出几个苹果硬往小刘的怀里塞。小刘使劲地推挡着。老人见此情景，转身扑通跪在赵霄云的跟前，哭着说："政委呀，你就让孩子们吃个苹果吧，孩子们把命都搭在了朝鲜，朝鲜连个苹果都不让孩子们吃，不行呀，我的心都碎了。"

赵霄云连忙扶住老人，拉他起来："老人家，我们是解救你们来的，怎么能再给你们带来困苦？"

赵霄云把老人拉起来，向大家使了个眼色，和冯孝先一道拉着老人走了。

电话响了，范天恩一步蹦过去，接起电话。

电话是师部参谋崔学思打来的，他告诉范天恩，师长杨大易要他马上到师部开会。

范天恩看了一眼赵霄云，对着电话说："就我一个人去？"

"对，师长说就你参加！"

"不行！阵地上离不开！"

他的话音刚落，师长杨大易沙哑的嗓子已经在他的耳鼓里震响了："范老虎，命令部队后撤30公里！"

"啊？"范天恩没有想到师长竟然命令他后撤。

"师长，我们335团，拼死拼活地没让鬼子前进一步，你一句话，就让我

1950
朝鲜

279

们撤了，我们哪里打得不好了，我死了那么多的弟兄，战士们的思想工作怎么做呀？"

"你少废话！叫你撤你就撤，别强调客观，不撤就撤你的职。"杨大易吼着。

范天恩不知道杨大易的心里堵得是多么难受。一个美国"黑人团"的误传，丧失了一次绝好的机会，瓦洞又遭到了轰炸，死伤那么多人。

想不通，但也要执行命令。这是军人的特色。

335团迟滞了联合国军5天5夜以后，派出一个加强连保持与联合国军的接触，边打边撤，把联合国军引诱到我军预定的战场。

第十二章
诱敌北进

尽管38军付出了巨大的牺牲，还是没有完成"志司"布置的任务，军长梁兴初受到了彭德怀严厉批评。梁兴初觉得委屈，不免要申辩几句。

彭德怀见梁兴初不服气，顿时火冒三丈："我彭德怀别的本事没有，挥泪斩马谡的本事还是有的！"

11 月 13 日傍晚，大榆洞金矿，"志司"作战室。

朝鲜北部山区降了一场雨雪，山峰的顶部披上了银装。志愿军党委在这里举行成立后的第一次党委扩大会，对第一次战役进行总结并对下一步的战事进行部署。司令员兼政委彭德怀，第一副司令员兼副政委邓华，副司令员洪学智、韩先楚，参谋长解方，政治部主任杜平、38 军军长梁兴初、39 军军长吴信泉、40 军长温玉成、42 军长吴瑞林、66 军政委王紫峰出席。当温玉成、吴信泉、吴瑞林相继进入会场时，彭德怀与他们有说有笑，并一一握手。而当梁兴初走进会议室时，与彭德怀的目光对视了一下，发现彭总的脸上一丝笑容也没有，冷冰冰地似乎没有看到他一样，眼光跳了过去，也没有握手。梁兴初郁郁寡欢地坐在南面的角落里等着挨批评。

会议由邓华主持，他走到地图跟前，简略地总结第一战役的情况。他说："第一次战役，我军共歼灭伪 6 师的 2 个团；伪 8 师的 2 个营；美军骑兵 1 师 8 团的 2 个营，5 团的 1 个营，共计 11 个营，另有 14 个营被击溃。尤其值得一提的是 40 军的 118 师、120 师首先揭开了抗美援朝的序幕，打了一场漂亮的伏击战，这一点受到毛主席的通电表扬，39 军在云山敢于和美军硬碰硬，打掉了美军的士气，打出了我军的威风，歼灭敌人 1800 余人，功劳巨大；42 军在东线阻击敌人打得也非常出色，就是以后要避免不必要的伤亡。但是，总的来说，开始时敌人分散冒进，我军占有突然袭击之利，但歼敌不多，远未达到中央军委和'志司'布置的歼灭敌人三个师的预定目标。第一次战役没有完成'志司'下达的各项任务，击溃敌人大于消灭敌人。客观上时间仓促，准备不充分，再加上山高林密，道路不通，语言不通，散敌难俘等原因。除此之外，主观上是有的部队在敌我力量相当的情况下，不是采取首先用小部队正面阻击，大部队迂回截断敌人侧翼和敌后，切断敌人的退路，突然袭击的办法，尤其是在熙川、球场战斗中，李伪军的两个团本来已被我军截断了退路，可 38 军 113 师却只去了一个团，师主力却在二三十里地以外休息，迟迟不发起进攻，结果让敌人跑掉。我们还有的部队，动作太慢，白天不敢行动，怕飞机来扫射，怕暴露目标，夜晚本来是我们的拿手好戏，又对敌人估计过高，拴住了自己的手脚。"

邓华本想把他的讲话拖得长一些，缓和一下会场的紧张空气，可是，他发现坐在炮弹箱子上的彭德怀已经坐不住了，不断地用目光扫视会场，身体不断地扭动，呼呼地喘着粗气。他知道彭德怀要说话，连忙止住自己的话头，说："现在请彭总讲话。"

彭德怀努着厚嘴唇站起来，用腿肚子拱了一下身后的炮弹箱子，叹着气说："我们志愿军入朝以来的第一战打胜了，毛主席很高兴。起初，担心我们在没有制空权的情况下，和美伪军作战会吃亏，现在看来，这个困难被我们的志愿军用他们的铁拳彻底击碎，我们有近战夜战的法宝，没有飞机坦克一样可以打仗，而且可以打胜仗。"

彭德怀端起茶杯咕咚喝了一大口水，使劲咽了一口说："当然了，困难我们也要充分认识到，没有飞机，后勤保障就成问题。由于敌人的狂轰滥炸，我们有四分之三的物资和运输物资的汽车被炸毁在路上，真正送到前线的粮食、弹药很少，我们的部队是在饿着肚子、缺乏弹药的情况下进行战斗的。即使这样，我们还是打了大胜仗，看来美军没什么了不起，我们不只是打了伪军，我们也打了美军的王牌骑兵1师，39军在云山基本上歼灭了骑兵1师第8团，起初我还担心在没有制空权的情况下，与世界头号强敌美军作战，我们要吃亏，现在看来，39军给了我信心，这个困难是可以克服的。没有飞机，缺少大炮、坦克，一样可以打仗，打胜仗！美国的王牌军骑兵1师，在美国很有名，又一直没有吃过败仗，这回败了，败在我们39军的手下嘛！并且还击溃了他的第5团，打得好！42军在东线顽强激战13昼夜，顶住了敌人的进攻，完成了总部交给的牵制敌人的任务。335团，范天恩在飞虎山打得也不错，坚守5天5夜。40军的118师也表现出色，首战两水洞，歼灭李伪军一个加强营。总政行文已经报请毛主席，决定将10月25日定为志愿军抗美援朝纪念日。"

说完，彭德怀停住了话音，喘气逐渐粗起来，他用目光扫了一下会场：

283

"在胜利面跟前，我们也要看到，我们的问题还是不少哇，如果不解决这些问题，后边的战役也打不好。"说到这，他顿了一下，屏住呼吸，把目光定在坐在角落里的梁兴初身上。

"38军梁兴初来了没有？"彭德怀的声音由小到大。

"到！"梁兴初连忙答应，"志司"党委扩大会点名要他参加，进入会场的时候，彭总已经看到了他，而现在这么叫分明是要发火。

众人的目光在彭德怀和梁兴初之间交叉碰撞。只见彭德怀脸色铁青，猛地拍了一下桌子，震得桌上的小煤油灯突突直跳，猛地大叫一声"梁兴初！"

四野虎将、号称"常胜将军"，在与日、蒋军战斗中从没有胆怯过的梁兴初，此时也有些害怕，怯生生地站了起来。

彭德怀的右手抬在半空中指着梁兴初剧烈地颤抖着，似乎是被自己的左手按住才制止了颤抖。他厉声骂道："娘妈的！出门不带伞，看你好大胆！"

梁兴初努了努嘴，遮住大牙："不要骂嘛。"

彭德怀"啪"的又是一掌重重拍在桌子上，眼珠凸爆似乎不能在受眼眶的拘束，即将蹦出来一样，全屋里的人不禁为梁兴初捏一把汗。

"我也知道骂人的话不好听，可你延误了向军隅里、新安州猛插的时间，你个梁兴初胆大包天，指挥部下的命令居然不遵照执行？磨磨蹭蹭。我命令你打熙川，你说有个什么'黑人团'，吓了你们自己，用个鸟'黑人团'吓唬自己。你还是不是志愿军？临来的时候，人家都说你梁大牙是打铁的出身，是名虎将，我还没领教。今天可好，领教了，什么虎将，分明是老鼠，鼠将！一个'黑人团'就把你们吓唬住了，要是美国鬼子说要扔原子弹，你是不是得调腚就跑？"

梁兴初试图分辩几句："下面的情况复杂，地图不清，语言不通，有些吃不准，为求得有把握。"

但是，彭德怀不容梁兴初解释打断他的话："你这是临战怯阵！吃不准为什么不去抓几个舌头？"

邓华在一边接过话茬，打算分散一下彭总的注意力，为梁兴初解脱："38军还是主力嘛，这一仗没有打好，争取下一仗打好。"

"什么主力？"彭德怀的目光"砰"的和邓华的目光撞在一起："主力个鸟！不管你有什么光荣历史，那都是过去。主力是打出来的，不是躺着睡大觉睡出来的。怕美国人，就不是主力！老子在西北就2万人，1万条破枪，也没有惧怕过胡宗南的25万美式装备大军。"

"骂我可以，不要骂38军！ 38军也打过硬仗。"梁兴初的腿在颤抖，长脸通红，撅着厚嘴唇念叨了一句。

彭德怀见梁兴初不服气，更加火冒三丈："不要骂？你梁兴初没有打好，不是没有打好，你是没有胆量打！不骂你？我彭德怀要是胆小怯阵，你们一样可以骂我彭德怀的娘，甚至可以枪毙我。但是你没有打好，我彭德怀别的本事没有，挥泪斩马谡的本事还是有的。毛主席三令五申要克服困难，不怕牺牲打好入朝第一仗，这是政治任务！我不管你以前立过多大的功劳，是谁的下属。只要在我这里打不好仗，丢志愿军的脸，丢毛主席的脸，我彭德怀不干！"

在座的人的心情像是被数九寒天冷风吹过一样冻结了，大家的目光一律集中在彭德怀的身上。以前谁都听说过彭德怀治军严格，但是到底严格到啥程度，都是"口口相授"，在座的人没有直接领略的机会。土地革命战争时期，彭德怀作为红3军团军团长，与林彪的红1军团成为毛泽东的左膀右臂的时候，在座的各位首长还是初出茅庐。尤其抗日战争时期，彭德怀坐镇八路军总部，他们都是各个军区作战部队的旅团领导，没有机会直接领教，现在算是领教到了。

"你为什么没有按时赶到，你把'志司'的命令放在哪里？"

"我们一入朝，就赶上朝鲜司令部要求去搬运物资，113师尽了最大的努力，还是没有追上。"

"我命你打熙川，你却当什么运输大队长？从满浦到狗岘岭往返200多公里，道路那么崎岖坎坷，你不过想趁机捞点便宜，为那几支破枪，竟敢把'志司'的命令放在脑后于不顾。如果下次再打不好，军长要撤职，部队要取消番号。"

作为一名中国军人，因为没有打好仗，造成重大损失，以致被撤职，作为个人来讲，他是可以接受的。然而，如果因此而影响到部队的前途，以致一个久经疆场的部队被撤销了番号，这样的打击不管哪个部队的领导都是无法接受的。撤销番号证明这个部队不存在了。作为四野三只虎之一，别的军都立功受奖，唯独咱这个军被撤销番号，这样的打击实在不能令人接受。

梁兴初不免又要分辩几句："彭总，我们耽误那两天，也是开始'志司'让我们当预备队，准备集训三个月，等苏联老大哥的装备，练习空、步、炮、坦协同作战。我们的团尚不能达到九二步兵炮 4 门，迫击炮连炮 6 门的最基本建制。可一进入朝鲜什么也没有，还是我们步兵，我们该挨炸还是挨炸，天上飞的都是美国鬼子的飞机，我们又要防空，又要疏导群众，任务很重，这也不能完全怪我们。"

"那么，你没有打好仗，倒要怪老夫不成。你翻翻历史，中国共产党军队打仗哪次是靠外国人取得胜利的？你的 112 师杨大易去捡破烂，开洋荤，耽误时间，你作为军首长，为什么不加以制止？看着人家的东西好，就不要命令？以后，你要是做了大官，人家给你个糖药丸，你是不是就不要原则了呢？"

"不是。"梁兴初小声说。

在外间的作战处长福建人丁甘如，早在梁兴初任东北民主联军 1 纵 1 师师长的时候，就是他的参谋长。现在他急得冬天里脑门上直冒汗，心里说着："你就叫彭总说几句，你没有完成任务，你知道彭总的心里压力有多大？主席的电报三天两头催，不但全国人民看着我们，就连苏联老大哥也在看着我们。不把美国鬼子打败，就让人家看不起，彭总身上的担子重呀。"

"也不是怪您，当然和我们尤其是我个人处置问题不果断、不坚决有很大的关系。"

"你是以讹传讹，作为一级指挥员，要有自己的独立判断，他一个败兵说熙川有一个美国'黑人团'，你就信？为什么不派侦察兵探个究竟？"

"我们当时只想到是否'志司'的情报有误，也想给您提个醒，于是就只顾给您发报，而忽略了进一步侦察。从主观上讲，对打好入朝第一仗，我们军党委决心很大，这不仅因为 38 军是一支英雄的部队，在历次战斗中能征善战，屡建奇功，战斗力极强著称，而且其中一部分是您彭总领导过的红 3 军团中的一支演变发展而来，军政委刘西元就曾是红 3 军团的老兵。这次重新在您指挥下作战，我们发誓无论如何要打出我们军的威风。为此，我们制订了慎重作战计划，我与刘西元政委、江拥辉副军长、管松涛参谋长、吴岱主任反复研究、仔细推敲每个细节，从突击迂回，到通讯联络、防空、后勤保障都做了细致的安排。部队行动前，我们还反复做了干部战士的思想政治工作，并对各级指挥员强调一定要慎重初战，不打无把握之仗。"

参谋长解方用手擦了一下脑门上的汗，心里也在一个劲儿地叫苦。入朝前他在给林彪的报告中，就战术思想特地提到："要掌握四快一慢，打有准备有把握的仗，尤其慎重初战。"可以说 38 军是贯彻兵团指示精神的。

"作为我的老部队，就更应该打出个样子来。我们不是土匪流寇，是共产党武装起来的人民军队，凡事要开动脑筋，不打无准备之仗，这话没错，但也从来没有准备好了才打仗。我们是和美帝国主义打一场现代化的战争，不能用原来老一套思维来处理问题。这一点，不光是 38 军，今后我们所有的部队都要注意。"

在座的"志司"的首长和各军首长都频频点头。彭德怀缓了口气继续说："毛主席三番五次指示我们，要在第一仗利用敌人没有料到的突然性全歼两个、三个甚至四个伪军师，我们做到了吗？1.5 万人，离毛主席的要求差远了。还有你们 66 军！"

听到点名，早已被彭德怀的气势吓倒的 66 军政委王紫峰也屏声敛气地答："到"。

邓华看着王紫峰，心里说："紫峰，你可要有心理准备呀。"

1950
朝鲜

"你们好哇，让美军24师差点把总医院给端了窝，给你们打电话要拦住他，可你们又给放了回去。美军的飞机就那么可怕？部队没有了医院，伤员没有地方救治，你让我这司令员拿什么去面对我们英勇杀敌的战士伤员？自己有了点资本，就怕上战场拼命，怕自己成了光杆司令？刚建国一年，就把国民党的那套学来了。你保存了实力，但是你丢了战机，照样可以撤你的职！在这之前，毛主席就已经把后果给预料到了，杨秘书，杨凤安。"

"到！"守在门外杨凤安，连忙进入会议室立正答道。

"你把主席10月23日的电报给诸位首长念念，第一段的后半部分。"

杨凤安从公文包里面取出电报，看了一眼彭德怀，然后低声地念道："如果这次突然性的作战胜利不大，伪六、七、八师主力未被迅速歼灭，或被逃脱，或竟固守待援，伪一师、伪首都师及美军一部增援到达，使我不得不于阵前撤退，则形势改到于敌人有利，熙川、长津两处的保守也将发生困难。全局关键，在于我38军全军以猛速动作攻占军隅里、价川、安州、新安州一带，割断南北敌人联系，并坚决歼灭北进的美军第二师。此是第一紧要事，其余都是第二位。"

"听到了吗？主席在战役开始前就预示到了，而我们却没有完成任务。我们对得起主席吗？我们对得起支持我们作战的全体中国人民吗？告诉你们一点秘密，我志愿军入朝参战，在中央政治局会上也是有不同意见的，确切地说，也是有阻力的，民族资本家在观望我们，那些处于摇摆的人们在等着我们胜利来坚定他们跟党走的信心，我们甚至在给社会主义阵营看，我们要让苏联知道，没有他的空军，我们照样打胜仗，毛主席寄希望于我们，而我们却辜负了他的希望。还有，这一仗没有打好，却把我们暴露给了麦克阿瑟，造成下一个战役的难度陡然加大，我们丧失了先发制人的时机，没有了先发制人，就靠我们装备的现状，你要让我多少战士的宝贵生命去和美帝国主义的大炮去拼刺刀？国内有人在享受着胜利的果实，而我们却在和敌人拼命，我们的战士心里平衡，是他们崇高的道德风范。而我们指挥员，要尽可能为他们提供生机。不要以为敌人都是愚蠢的，告诉你，二战时期，麦克阿瑟可是在打击日本的时候战功卓著的，他这美军著名的五星上将是靠打出来的，不是吹出来的。"

听到这里，梁兴初"腾"地脸色涨红，厚厚的嘴唇像是蟋蟀振翅鸣叫一样抖动，瞪起大眼珠子对着彭德怀，大跨步来到他的跟前，"噌"地从腰里把别在武装带枪套里的勃朗宁手枪拽了出来，双手捧在胸前，递到彭德怀跟前："彭总，请您再给我们一次机会，38 军要是再打不好，我要是活着跑回来，您就用这把枪亲手枪毙我！"

彭德怀接过梁兴初递过来的手枪，在手里摆弄一下："是把好枪，我知道，这是你们胜利的成果，陈长捷曾经提出要求保留这把手枪，可他成了战犯，也就丧失了这个资格。"

彭德怀把手枪在手掌中灵巧地一转，扑地又插回到梁兴初的枪套里，然后，用手拍了拍梁兴初的肩膀，示意叫他坐下，说："枪是要留着打敌人。机会都是均等的，机会是我们多次努力的结果，我们一次机会没有抓住，就等于把机会拱手让给了对方，下次机会来临会更难。每一次机会都是上次努力的结果，这将意味着大家要为此付出的更多。大家各自回去以后，要认真地总结经验，彻底挖掘我们的不足，美军不是老蒋，他们进行的再不是正义的战争，但是他们的优势摆在那里，他们的好胜心摆在那里，他们的历史摆在那里，不能小觑。要站在客观的角度，认真反思，大家对'志司'，尤其是对我个人，在指挥上哪里存在问题，你们都可以写出来，如果是不对的，通过'志司'讨论、实践证明是不正确的，我彭德怀甘愿受罚，降职罚俸都行。我只要干货，汤汤水水的我可是不要。'志司'已经向中央起草了报告，主要责任还在我，我已经向毛主席作出了检讨。"

"彭总！"在座的军长们齐刷刷地站了起来。

彭德怀身体有些沉重地坐在了炮弹箱子上，用手握住茶杯，他的嘴上起满了血泡。邓华、洪学智、韩先楚、解方、杜平等"志司"首长们则从炮弹箱子上站了起来。

1950 朝鲜

邓华示意大家坐下："刚才彭总说了，要大家认真地总结，因为我们是在朝鲜，在一个陌生的环境，我们的对手又是那样的强大，还有，还有诸多不可预见因素，受到的干扰也较大，既然'志司'已经下达命令，就要按照命令去办，不能临时因为什么或者顾全面子而置命令于不顾，也不能心存侥幸，按照以往的做法照方抓药，现在是彭总领导，各个领导之间的风格不同，不要让领导去适应我们，而我们要主动适应领导，远古的猴子适应了环境，成为了今天的人，屈从于环境的至今还在树上。闲话少说。同志们，我们是在新中国成立以后，第一次应对来自西方列强的挑战，这是在考验我们，验证我们。近百年来，那顶屈辱的、落后的帽子是否真的摘掉了，用句古人的话说：'取威定霸，报施救患，于是乎在矣。'我们共产党人虽然不是要争什么霸权，但是我们要为我们的政权存在而验证她存在的真理性和不可替代性，大家肩膀上的重担不轻呀。"

"下面，我布置下个战役的方针。按照彭总的意见是我军采取后退，诱敌深入的作战方针。"

邓华的话还没有说完，只见毛岸英从会议桌旁边站起来，径直来到军用地图跟前，对着地图说："副司令，我认为我们应该向南进攻！兵书上说：'善战者，见利不失，遇时不疑。'敌人不是败了吗？我们为什么不乘胜追击，把美帝国主义赶出朝鲜，为什么要后退呢？"因为在苏联卫国战争时期担任过苏军坦克连的指导员，毛岸英曾经参加过千里追歼德军的大反攻，从白俄罗斯、波兰、捷克斯洛伐克，一直打到柏林，一气呵成，哪里有打胜了倒后退的道理？

"志司"首长、各军军长，就连彭德怀也静静地听着毛岸英的发言，没有一个人插话。

"志司"作战处副处长杨迪按捺不住，对处长丁甘如说："这个小翻译也太没有规矩了吧？在这种高级军事会议上，哪里有他说话的资格。"因为要保密，毛岸英的身份仅有几位"志司"首长知道。

丁甘如小声说："有些情况你还不了解，再听听。"

　　杨迪转眼瞥见毛岸英的顶头上司成普坐在那里心急火燎地抓耳挠腮。

　　邓华在彭德怀的示意下吸着烟说："孙子说：能而示之不能，用而示之不用。我们不与美军硬碰硬，而先示弱于敌。彭总判断，麦克阿瑟不会计较眼前的失利，他已经夸下海口，要在感恩节前结束战斗，虽然这是他刘备摔孩子——收买人心之计，但是我们也不能放过，彭总命令我们将计就计，避其锐气，诱敌深入，然后采取运动战、阵地战、游击战的方式消灭敌人的有生力量。"

　　听到这儿，毛岸英赶紧吐下舌头，他知道自己对战役来说，仅仅知道些皮毛。他放下手中的指示杆，赶紧回到会议桌前坐下。成普不禁擦了一把脑门上的汗水，冬天也有出汗的时候，出汗不一定是因为热，有时是因为紧张。

　　大家散去以后，政治部主任杜平拿过一张纸递给彭德怀。他接过一看，是刚刚创作的《彭德怀将军之歌》歌词，他吼了起来："谁写的？乱弹琴！"

　　杜平连忙说："是一位文艺工作者送来征求意见的。"

　　彭德怀拔出钢笔，"刷刷"地把"彭德怀将军"几个字划掉了，在旁边添上"战士"两个字。

　　"看别人有什么，我们也得有什么？毫无道理！"当年红军长征后期，毛泽东为他创造《彭大将军》一诗，到了彭德怀的手里，他还将最后一句改为"是我英勇红军"后，退回毛泽东。

　　杜平说："《战士之歌》，你这样改是不是要征求作者意见呀？"

　　彭德怀气呼呼地说："你去告诉那个作者，让他到前线去体验体验，不要把眼光就集中于一两个领导，真正抵御美帝国主义的是谁？真正功勋应当给那些战士，不是我彭德怀！是他们用血肉之躯消灭了敌人，打退了敌人。我可不当麦克阿瑟！"

　　彭德怀入朝以后，身边总放着三本书，一有工夫，他就要拿出来翻看，其中一本就是有关麦克阿瑟生平及"二战"经历。他缓了口气，拍了一下杜平

1950 朝鲜

的肩膀："相比之下，还是战士的功勋大啊！而且，写一首《志愿军战士之歌》把我们和几十万志愿军战士都包括了，把他们不怕牺牲，英勇奋战的气势写出来，多好啊！"

杜平的手颤抖着。

志愿军有了这样的司令，志愿军有了那样大无畏的战士，才有了以劣势装备战胜现代化武装联合国军的可能。中国共产党自 1927 年建立了自己的武装，经过从无到有，从小到大，靠的就是官兵之间的亲密无间，官兵之间的团结，这是战胜一切敌人的法宝。著名作家巴金在《我们会见了彭德怀司令员》一文中说：

> 我们十几个从祖国来的文艺工作者坐在板凳上，怀着兴奋的心情，用期待的眼光望着门外半昏半暗的通道，我们等待了一刻钟，我们等待着这样一个人，他（彭德怀）不愿意别人多提他的名字，可是全世界的人民都尊敬他为一个伟大的和平战士。全世界的母亲都感谢他，因为他救了朝鲜的母亲和孩子。全中国人民都愿意到他面前说一句感谢的话，因为他保护着祖国的母亲和孩子们的和平生活。拿他对世界的和平贡献来说，拿他的保卫祖国的功勋来说，我们在他的面前显得太渺小了。

当巴金等带着崇仰的心情聆听彭德怀讲话时，彭德怀却对"个人"作出了定义：

> 作战主要的是靠兵。自古以来兵强第一，强将不过是利益跟士兵一致的指挥员。指挥员好比乐队的指挥，有好的乐队没有好的指挥固然不行，可是单有好的指挥没有好的乐队也不行。个人要是不能代表绝大多数群众的利益，他便是渺小的。

由于彭德怀的阻拦，作为志愿军普通一兵的炮兵 1 师 26 团 5 连政治指导员麻扶摇创作的短诗，被著名作曲家，即后来大型音乐舞蹈史诗《东方红》的曲作者及导演周繁峙谱了曲，成为了志愿军军歌歌词。从此："雄赳赳，气昂昂,跨过鸭绿江"的歌曲响遍大江南北,长城内外,三千里江山。

散会以后,各军首长陆续离开了会场,刚才还是充满了火药味的会场,现在也寂静了下来。

梁兴初一手托着下巴,坐在炮弹箱子上一动不动,眼睛盯着挂在墙上的地图发呆。

这时,"志司"作战处处长丁甘如见梁兴初没有随大家一起出来,心里想,可能他还在心里犯堵,一个人生闷气呢,就特地跑回来拉着梁兴初,叫他一同去吃饭。

"我吃饭?早就气饱了,还吃什么饭?不吃了。"梁兴初气呼呼地说。

丁甘如拉起梁兴初,边往外走边笑着说:"梁军长,你还生气?你可不能生彭总的气哟,我来找你,是刚才彭总见我,跟我说:'你告诉梁兴初,会上我可能批他批重了些。我彭德怀就是这个脾气,告诉他不要因为挨了批就泄气,下一仗要打好!'"

"泄气?我梁兴初是打铁出身,只有火上浇油,从来不会泄气,更不会生彭总的气,我只是生我自己的气。38军是打出来的,不是纸糊出来的!下一仗不打出38军的威风来,告诉你,老丁,我就不是梁兴初!"

说罢甩开丁甘如的手:"不吃了,回头见。"出门奔到自己的吉普车跟前,一步跨了上去,冲司机向前一摆手,吼道:"开车——"平时挂挡不易的吉普车今天好像也特别理解梁兴初的心思,噶的一声拨叉入挡,车屁股喷出一股蓝烟,呼啸着在坑坑洼洼的公路上疾驶而去。

梁兴初回到位于球场东面鹤首岩的降仙洞38军指挥部。

一进门,刘西元看他急火火地回来,就笑着问:"回来了,带来什么好消息?"

梁兴初把军帽递给身后的警卫员小董,没好气地说:"屁好消息!挨批了,挨了彭总一顿臭骂!"

1950 朝鲜

这时，刘西元这才发现梁兴初的脸色铁青，厚嘴唇上绷得没有一丝皱纹。他忙宽慰道："老梁，坐下先喝点水。"

警卫员小董对刘西元说："政委，军长到现在还没吃饭呢。"

年仅33岁颇有儒将风度的刘西元，用手点了一下梁兴初，笑着把参谋王培德叫来，让他安排人去弄饭。然后，笑着有意说道："'志司'也真够呛，再怎么着也该管顿饭嘛！"

"管饭。老丁叫我了，我没去吃！"梁兴初依然呼呼地喘着粗气，他刚想起来要吸烟，从口袋里摸起来，可是口袋里的烟没有了。这时他才仿佛记得，在"志司"开会时，他在那里吸过烟，后来，被彭总一训，烟也给扔在会议室的炮弹箱子上忘记拿了。

这时，副军长江拥辉、政治部副主任王树君二人走进指挥部作战室。他们已知道梁兴初在"志司"挨了批评，进屋后见梁兴初在摸烟，也就没吭声，就把自己口袋里的烟卷递给他以后，默默坐在一旁。四人闷坐在一起，无声地看着各自烟头的火亮，一明一暗，带着桌上的烛光摇摇晃晃地不住晃动。

突然，梁兴初"噌"地站起身，痛苦地吼道："骂我梁兴初可以，可骂38军，我实在受不了——"

刘西元劝道："老梁，别着急，你把会上的情况给大家传达传达，慢慢说。"

梁兴初长长地叹了一口气，喝了几口水，平静了自己心态，就将在会场上的情景一五一十地传达给了大家。

刘西元听完，笑着说："老梁呀，彭总的脾气，全军是有名的，想当初还和刘帅发过火呢，急了连朱总司令、毛主席他都发火，这是在气头上的话，没关系。38军是不是主力？不在这一次，有过去的战绩，下一仗我们打好不就行了？你也不要想得太多了。"

梁兴初内疚地叹口气："咳，主要是我梁兴初没有指挥好，真成了鼠将，连累了大家。我对不起全军的弟兄们……"

刘西元诚恳地说:"这一仗打得不好,原因很多,也不能都怪你,这主要是打熙川前我们搞错了情报,又没有及时地去核实。作为政委我是主张慎重初战的,所以要讲责任,我应当承担主要责任。"

副军长江拥辉接过来说:"整个战役我是一直跟在前卫师的,仗没打好,这应由我负直接责任。"

王树君也说:"是,是,熙川有没有'黑人团',谁也吃不准。当时我就说,宁可信其有,不可信其无。作出这个错误的判断,我也有责任……"

作为一军之长看到大家都在查找自己的原因,他不愿意看到自己的责任由别人来负,他吼道:"你们争什么,我是军长,责任全在我身上!"

梁兴初打了半辈子的仗,从来没有失败过,更没有挨过上级如此严厉的批评。要不他也不会在林彪和罗荣桓面前说:要不你让我当一把手,要不我还回去当我的师长去。这次仗没打好,不管其他同志怎样推功揽过,梁兴初认为主意是他拿的,责任必须由他来负。

他把牙齿咬得咯蹦响,一字一顿地说道:"同志们,抗美援朝,也不是只打这一仗就完了。我已经在彭总和'志司'首长面前许愿,下次战役,非打出个名堂,为 38 军挽回面子,要不,我就不叫梁兴初!"

窗外,天空中又纷纷扬扬飘落起雪花。刘西元眺望着远山,心情和梁兴初一样起伏跌宕。自 10 月 25 日朝鲜北部下了第一场雪后,雪似乎在有意纠缠着只是靠双腿在野外行进的志愿军,下下停停,停了又下,连续不断。第一次战役又没有打好,大家的心头像压着一块沉重的巨石,使人透不过气来。如何提高士气,保持战斗力,焕发战士昂扬斗志,是当前摆在政治工作者面前的首要问题。要变压力为动力,关键在于军党委要统一认识。刘西元仔细回忆第一次战役的过程,认为出现的问题,与作战方案和部队斗志无关,关键是过分强调慎重初战,强调充分把握,强调打好第一仗,无形中使各级指挥员产生了过重的压力,谨慎大于果敢,再加上一些客观原因,致使战机一失再失。彭总的批评是正确的,现在的当务之急应尽快召开军党委扩大会议,总结经验教训,统

1950

朝鲜

一思想，找出存在的问题，研究相应措施。

刘西元看了一下一反常态而寂静的指挥部，梁兴初铁青着脸瞪着双牛眼冲着墙上的作战地图运气，江拥辉、王树君对着地面一个劲地吸烟，参谋们大气不敢出，小气不敢喘，蹑手蹑脚地走路。

刘西元笑了一下，为缓和一下紧张的气氛，他边唱边说："嗨嗨，钢铁的部队，钢铁的英雄，我们要把彭总的批评，变成打好下一次战役的动力。我提议，开个党委扩大会，进行彻底反思，统一思想，拿出行动来。"

梁兴初猛地转过身，直直地看了刘西元一眼，这位铁匠出身的硬汉子，布满血丝的眼中充满了泪花，上前紧握着刘西元的手，大嘴张着半天，好不容易顺着气流吐出一个字："好"。

11 月 16 日，38 军在降仙洞召开了党委扩大会议，各师师长、政委参加。

会上，梁兴初首先传达了志愿军党委会精神，原原本本地讲了彭德怀的批评，并承担了责任："同志们，我梁兴初在'志司'的会上，当着那么多'志司'首长和军首长的面，我挨了彭总的骂。起初，我对彭总的批评心里还不服，认为彭总在上面不了解下面的具体情况，甚至还认为，我们干掉了 4600 个敌人，范老虎在飞虎山阻击敌人又打得不错，一次战役总共歼灭一万五，我们占的比例也不小。可是，这几天，通过反思，我和刘政委、江副军长对这次战役进行了充分的反思，不想不知道，一想还真出了一身冷汗。大家知道嘛，毛主席从 10 月 20 日到 11 月 5 日，曾 8 次给 38 军下达作战任务，这在我军的建军史上极为罕见。特别是 11 月 5 日这一天，三小时内，两次电报提到要'注意使用 38 军'，'只要此着成功，即是战略上的胜利'。毛主席强调，这次战役'全局关键，在于 38 军以迅速动作攻战军隅里、价川、安州、新安州一带，割断敌人联系，并坚决歼灭北进的美 2 师。此是第一紧要的事，其余都是第二位'。应该说我们军没有打好，是没有充分认识到，我们的眼底子太浅，功力不够，没有看出来。结果辜负了毛主席、彭总的对我们的信任。"

会前各师都通过自己的渠道知道了军长梁兴初在"志司"会上挨批的事情，

这些经历了抗日战争、解放战争，有的甚至还是"老红军"的中高级指挥员，在无数次艰苦卓绝的战斗里，立下了赫赫战功，创造了无数辉煌，铸就了今天38军的英名。在他们的心目中，38军永远是胜利、立功、受表扬的对象。大家神情沉重，特别是112师师长杨大易，小眼睛眯得不敢睁开，大脑袋垂着像是怕子弹打着一样。会场气氛极为严肃，大家都回避着梁兴初的目光。

见此情景，梁兴初提高语调说："38军没打好，主要责任在我。我梁兴初对不起全军的干部、战士。"说着话，梁兴初站起身来深深地给大家鞠了一躬。在座的师长、政委一下子不知怎样才好，站起来、鼓掌、敬礼，都忘了。大家只是呆呆地发愣。

只见梁兴初坐下接着说："彭总的严厉批评，批评得好！现在回想到入朝前在军长会议上，彭总为什么点我的名，不是我梁兴初的大长脸长得漂亮，而是对我们不放心，果然被说着了。38军怎么啦？我们不能翘尾巴，错就是错了，不要强调客观，我们还是缺乏和世界上头号强敌斗争的经验和勇气，多少在我们的身上存在着'恐美'的现象，换个角度，当时如果情报说是老蒋或者是小日本在熙川，要是李承晚在熙川，我们是不是也就准备动手了？如果我们面前的敌人不是美帝国主义，我们是不是也不会过多地考虑我们的装备差的问题，中国革命的开始是把装备的好坏当成是否要革命的首要条件吗？我们该从主观上找找原因，找找教训了。"

说完，梁兴初停住了，他的心里还有许多话要说，但是，他的心情决定他不能再说了。

政委刘西元见此情景带头鼓起掌来，梁兴初站起来给大家回礼。刘西元笑着说："军长都给大家回礼了，作为军首长，我、江副军长、管参谋长、吴主任，我们也一同给大家赔礼，接受彭总的批评，请大家监督我们。"说完，几位军首长都站起来给大家敬礼。

按照会议议程，应该由江拥辉作朝北反击战的总结发言。可江拥辉上来就先冲自己开了炮："我是副军长，又在前沿指挥，没有当好军长的助手，彭总

1950 朝鲜

批评 38 军，实际上就是在批评我。我一定接受教训。没有深刻的批评就没有巨大的进步，彭总的批评，也使我们头脑冷静下来。经过这几天的思考，我们认为：朝北反击战的教训有这么几点：第一，情况掌握得不准。今后要加强侦察部队的活动，及时掌握敌情；第二，通讯联络不及时。朝北反击作战中，无线电、有线电都没有充分发挥作用，主要靠通讯员传达命令，过去还行，现在和美帝国主义打仗，太慢，贻误战机。我们的通讯手段落后，器材不足，是实际问题，这就更需要保护好设备，发挥现有装备的作用。此外还可以利用敌人的器材，如敌人撤退丢下的电话线，我们应该注意收集利用；第三，各级指挥员要灵活指挥，特别是前卫营、团，一定要明确上级总的战役意图，机动灵活完成任务；第四，要树立打歼灭战的观念，以全局为重，大胆迂回，切断敌人退路。不能图小胜而恋战，小富即安延误整个战役的战机；第五，要扬己之长，击敌之短。敌人的步兵是靠飞机、大炮壮胆。只要发挥我军近战、夜战的特点，采取大胆的迂回、穿插，就可以最大限度地减少敌机、大炮的威胁，达到消灭敌人的目的。"

本来是准备等着挨骂的 112 师师长杨大易，脸色通红，憋粗了脑门上的青筋，站起来无比痛心地说："打熙川，我不该提供了假情况……误导了军首长，责……"

梁兴初大手一挥，打断他的话："是人民军提供的情报，你应该报告，报告是对的，不必再说，下次注意就是了。"

113 师师长江潮站起来说："插过清川江，是我们师耽误了时间……"

刘西元也摆手阻止道："老江，情况我们都知道了，不要说了。现在的问题不是追究谁的责任，而是讨论如何把下次战役打好。"

接着，刘西元站起来说："我代表军党委念一下为创造大批英雄团、营、连而奋斗的号召信。"

这次的总结应了彭德怀那句话，都是干货，实实在在，没有套话假话，把战役没有打好的问题彻底揭露出来。人要善于总结，不但要总结成功的经验，更要总结失败的教训，从中发现自己的不足，并及时加以改正。

114 师师长翟仲禹从会上下来，心里也不是滋味，虽然在这次战斗中 114 师的失误不是很大，没有什么直接责任，但是，为了下一次战斗的胜利，他接受教训，要做到未雨绸缪。回到师部，他就命令 342 团捉两个俘虏送到师里来。

翟仲禹抓舌头的命令到了 342 团以后，团首长把任务布置给了 2 营副营长姚玉荣。他带着 4 连去龙峰里抓舌头。

龙峰里位于价川到德川的公路上，大约驻敌一个排。西面是美军防区，东面是韩军防区，南面是美军的榴弹炮阵地。奇袭这里抓俘虏，好比是"虎口拔牙"。

姚玉荣带领战士们穿过前线阵地后，发现由碎水岭方向哼哼唧唧走来两个人。他做了个手势，于长江率领尖刀班隐伏路边，等那俩家伙过来以后，一个饿虎扑食，出其不意地将他们按倒在地，抓了两个活口，还缴获了一个鼓鼓囊囊的文件包。姚玉荣命于长江带人押送俘虏回团部，然后带领战士们继续前进。

当部队摸到龙峰里山顶，姚玉荣正在观察地形的时候，押送俘虏回团部的于长江已经追了上来，向姚玉荣报告说俘虏是韩军的通讯参谋和传令兵，去给龙峰里的韩军送文件。据俘虏交代，龙峰里刚到了两个连，一个步兵连住村里，一个机枪连在村北小桥露营。

姚玉荣眉头一皱，这么说有两个连的韩军士兵在我们的面前。虽然韩军战斗力弱一些，但是一个连打两个连，又是在敌后，困难肯定不少。可姚玉荣转念又一想，既然来了不打一下又不过瘾，再者说了，我们在暗处，韩军在明处，给他们来个突然袭击，肯定会有意外的收获。他把自己的想法向 4 连连首长一说，大家都表示同意。接着姚玉荣开始布置任务：连长张崇义带 2 排 3 排袭击村里的步兵连，副连长李茂带 1 排袭击村北露营的机枪连。姚玉荣说："这

1950
朝鲜

299

一仗关键是要出其不意，速战速决，奇袭制胜，你们达到指定地点，等李茂打响以后，一起动手，打完迅速撤离。"

半夜 11 时多钟，张崇义率领 2 排、3 排悄悄摸进龙峰里，在和韩军哨兵对上口令以后，大摇大摆来到哨兵跟前，没费劲就把哨兵收拾了，接着，张崇义命令 5 班携带两挺重机枪占领了东侧山头作为策应，然后让战士用枪顶着俘虏，令他带路，包围了韩军睡觉的三栋大房子，各种火器对准了还在睡觉当中的韩军士兵。

李茂带领 1 排悄悄地接近位于村北机枪连露营处，隐隐约约看到韩军士兵大部分在东倒西歪地睡觉，只有少数人在围着篝火闲聊。李茂叫过 2 班长，在他的耳边小声说了几句，2 班长带领全班下去了，他又叫过 1 班长、3 班长向他们交代，1、3 班悄悄迂回到韩军侧后。

这时扮作韩军巡逻队的 2 班大摇大摆地走了过去。

正在烤火的韩军发现有一队士兵走来，扭着身子问了句口令，2 班按照刚才俘虏交代的应答，果然对上了，依然大摇大摆向前走。等到了韩军近前，借助火光，韩军才看清来人是志愿军，慌忙鸣枪示警。

这时 2 班早已准备好捏在手里的十几颗手榴弹，嗖嗖飞仍向敌群，接着就是全班的各种火器一起射击。睡梦中的韩军士兵被突如其来的打击搞得蒙头转向，从睡袋里爬出来掉头就向后跑，没跑几步，迎面正遇迂回侧后的 1、3 班，迎头一通扫射，顿时打倒一片，接着又是一顿手榴弹猛打。三下五除二，一个韩军机枪连就让 1 排打死 60 多人，俘虏了 5 人，剩下几个腿快的，滚进一边的河沟，借助夜色向龙峰里村里逃去。

张崇义一听到村北的枪响，立即低喝一声："干"，随着他的话音，一颗颗像是长了眼睛的手榴弹从三栋大房子的窗户飞进屋里，手榴弹的爆炸声和韩军士兵的惊叫声汇在一起，惊皇失措的韩军士兵有的没穿衣服，有的光着脚，拼命地想从屋里从出来，但是迎接他们的是设在门口的机枪。不到十分钟一个韩军步兵连被全部消灭，还活捉了三个负伤的韩军士兵。

刚才被 1 排打散的几名腿快的韩军士兵，刚刚跑到龙峰里村外，听到村里也传来了枪声，吓得不知怎么办好。

不幸的是，美军支援他们的炮弹落到了龙峰里，这几位刚刚躲过了志愿军的手榴弹，又要挨自家的炮弹。

姚玉荣奇袭缴获的文件包，被团部送到师部，随即又送到了军部梁兴初的手里。里面有一份极其重要的情报。这是麦克阿瑟发动"圣诞节结束朝鲜战争的总攻势"的命令。大意如下：

西线美第 8 集团军下辖的美 24 师进至博川以西的嘉山，韩国 1 师进至博川北的长新洞，英 27 旅进至龙山洞，美骑 1 师由军隅里地区东移至德川、龙门山，韩国 8 师进至宁远及其以北，美 25 师、英 29 旅、土耳其旅相继由二线前调，东线美 10 军下辖的陆战 1 师进至下碣隅里以北，美 7 师主力进至丰山、鸭绿江边的惠山镇，韩国首都师进至清津以南的永院洞，美 3 师进至咸兴、永兴……各部于 11 月 21 日从攻击开始线展开。

这份情报与"麦克阿瑟广播电台"播报的联合国军信息几乎分毫不差。

梁兴初看过麦克阿瑟的这份命令后，脸上露出了半个月来的第一次笑容。他的笑有两种含义：一是看到部队已经适应了战场环境，获取这么重要的情报，是发自内心的微笑；二是战机来临，38 军终于可以打个翻身仗了，这是对狂妄的麦克阿瑟发出的蔑笑。

朝北反击战是 38 军初次到朝鲜，在对敌情、地形、战场环境尚不熟悉的情况下，实施的第一次战役，虽然没有完成"志司"交给的任务，未能给敌军以沉重打击，尤其是"志司"采取的主动撤离战场的方法，也给敌人造成一种错觉，认为我们并不可怕。从这份情报上看，麦克阿瑟的狂妄野心还没有被遏制，他为了挽回自己的面子必然还会北进冒险，发动更大规模的进攻。"志司"是正确的，是有战略眼光，决定示弱于敌，实施纵敌、逐步后撤、诱敌上钩的策略，将敌诱至云山、温井地区，争取在 11 月末至 12 月初，西线、东线各打一二个胜仗，歼敌七八个团，将战线推至平壤、元山一线。38 军要抓住这次机会，打一个翻身仗。

诱敌深入，关键是一个"诱"字。能不能把敌人"诱"出来，是关系到能否打好下一仗的重要一步。"志司"经过慎重考虑，决定把诱敌的任务交给 38 军。其余各军后撤到金谷德山、狼虎岭、妙香山、兄弟峰一带隐蔽待命。看来"志司"对 38 军还是相当重视的，同时，也在把下一次战役的胜负寄托于 38 军身上，这个担子的分量重啊！

11 月 12 日，梁兴初收到"志司"电令：

敌为牵制我主力，有沿清川江北进，配合其东线迂回江界企图。我为以逸待劳，便于后方运输，拟仍以诱敌深入，各个歼击方针。西线部署：以 38 军一个师沿清川江东岸节节抗击，引敌至妙香山地区，坚决扼守之；主力隐蔽集结于下杏洞、球场以东，德川以北之山地。42 军主力担任掩护任务，待宋兵团^①到后，靠近 125 师，集结于德川东北、德岘、杏川洞、校馆里地区；待宋兵团打响后，协同 38 军主力由东北向西南出击，但不放弃消灭伪军之一切机会……

为完成诱敌北进的任务，梁兴初要求各部队精心策划，严密组织，假戏真做，不露马脚。在诱敌中做到有进有退，有攻有守，既要打疼敌人，让他感到中国军队是在认真对付他，但也要让敌人尝到甜头，觉得中国军队不是他的对手，促使敌人作出错误的判断，大踏步北进。

11 月 8 日夜间，335 团在飞虎山顽强地阻击了韩军 7 师和美军 2 师一部 5 天 5 夜，歼灭了联合国军 1900 人以后，悄悄撤离了飞虎山，随即转移到了九龙里一带，师长杨大易的命令是继续设防诱敌深入。

范天恩看着自己的部队，经过这场顽强的阻击战，伤亡过大，许多建制已经不全，如果再进行飞虎山那样的阻击战，部队肯定吃不消。他和政委赵霄云商量一下，开始发挥在国内战争时的长处，和联合国军搞起捉迷藏式的游戏。

---

① 即 9 兵团，宋时轮任兵团司令兼政治委员。

他在阵地上组织一次有力的阻击，把联合国军的进攻打下去，然后命令部队迅速撤离，躲到另一个山头上去看热闹。

联合国军遇到了抵抗，立即施展炮火优势，对准志愿军阵地一阵猛轰，然后，步兵发起冲锋，等到了阵地上面，发现一个中共军也没有，正在纳闷时，被派遣来执行轰炸任务的美军飞机，已经进入到了指定区域，开始俯冲射击投弹，然而，阵地上的主人却是联合国军，炸弹在他们自己的部队里爆炸，威力是一样的，不同的是一个有防备，一个是干挨炸。阵地上顿时哭爹喊娘一片咒骂声。

当范天恩打得正顺手时，他接到了梁兴初亲自打来的电话："范老虎，你撤得太慢了。"

范天恩回答道：

"不慢，军长，再撤，就是鸭绿江啦。"

"别废话，这是命令！你再往北后撤 10 公里。"

"啊？军长，再撤 10 公里？从飞虎山上下来，我和政委就遭到了战士们的白眼，这次……"

"这次一样，你还要装出败退的架势，沿途给我多丢些破烂东西，把你的破鞋烂袜子多扔一些，还有不能用的枪支。这是任务，你懂吗？"

范天恩原是军部作战科长，又在梁兴初身边工作过，当然懂得命令的重要性和不可动摇性，即使一时不能理解，也得坚决执行。他连忙大声答道："是！我懂，坚决执行命令，马上后撤 10 公里。"

11 月 21 日 18 时，梁兴初收到了彭、邓、洪致各军并报军委的电报："我对来犯之敌决采诱敌深入，集中优势兵力各个歼灭的方针。"

梁兴初手持电报，命令参谋们在地图上标示出敌军位置和我军作战方案，反复推敲着敌我态势。目前韩军 7 师在德川，韩军 8 师在宁远，韩军 6 师在德川以南，按照方案计划，要等这三个师全部进至球场后再发起攻击。梁兴初想，既然要歼灭伪 6、7、8 师，为什么要等他们到了球场再动手呢？再说美 2 师已在球场以南，等到球场时，要打的就不止三个韩军师，恐怕他们就要支援，还要加上美 2 师和骑 1 师。38、42 两个军歼灭联合国军 5 个师，这个仗不大好打。而韩军 3 个师至球场，必经的虎狼岭、妙香山、下杏洞正为 38 军集结地域，如果像平型关大战那样，在途中伏击歼灭，岂不更有利？

梁兴初认为这个作战方案不很理想，想提出自己的考虑，但又想到刚挨过批评，本来就说右倾、怯战，再提这种建议，会不会引起彭总的误解？

这就是顾虑。因为被批评了，所以考虑问题就倍加谨慎。

梁兴初闷着头，使劲地吸着烟，他站在地图跟前，反复琢磨，衡量利弊。提不提？提，刚因为保守右倾挨了批评，没过两天，又提这种保守右倾的建议？不提，明显战况将对志愿军不利，是个人的脸面重要，还是志愿军的成功与失败重要？梁兴初不也是个打铁的汉子吗？"骂我可以，不要骂 38 军！38 军也打过硬仗。"为什么要说这话，因为 38 军的名誉大于梁兴初个人的名誉，那么志愿军的名誉呢？是不是更应大于 38 军？

梁兴初深吸一口烟，把志愿军党委扩大会上的情景又从头过了一遍。猛然，他觉得彭总是个心底坦荡的人，他既然能够这样严厉批评他，说明在他的心里全身心考虑的是为了作战的胜利，而不是对他梁兴初心存偏见，彭总是针对战斗的失误而发的脾气，我们应该正确理解和领会，不应被一时的冲动制约住自己的才智。

坦荡之间无阴影，无私当中无瑕疵。在这样的平台上，梁兴初与彭德怀的想法是一致的，即使想法错了，彭总也会认真考虑的。

古往今来，出现过多少帅将不和的例子，战场上的帅将不和导致的将是战士要流更多的血。

在彭德怀雷霆盛怒之下，梁兴初丝毫没有顾忌一军之长的尊严，能够抛弃自我，不把个人恩怨当做自己工作的风向标，以国家、民族利益为重，展现了志愿军将帅之间的一致性。

　　决心下定，他来到志愿军副司令韩先楚的房间。

　　当年被红 25 军军长吴焕先倍加赞赏的"唯楚有材，先楚为例！"的副司令韩先楚，此时正根据彭德怀的命令坐镇 38 军，同时指挥 42 军。此时也正拿着电报，举着蜡烛在地图前沉思。见梁兴初拿着电报进来，脸拉得很长，知道他肯定是一直沉着脸思考问题。想起他奉命来到 38 军时看到梁兴初，这家伙正裹着个大衣蒙头大睡。见到他赌气地说："你指挥，让打哪里打哪，我上前边去。"韩先楚骂道："呸，你以为我是给你当军长的？再打不好，还得收拾你。"就笑问道："怎么，是不是你对预定方案有了新的看法？"

　　梁兴初诚恳地点点头说："副司令，我是有想法，请'志司'首长考虑。既然我们的作战目标是要歼灭伪 6、7、8 师，那为什么要等他们到了球场以后再动手呢？到那时，美 2 师和骑兵 1 师也已经到达球场以南，等我们赶到球场时，再面对的可就不止是三个伪军师，恐怕还得加上美 2 师和骑 1 师。副司令，不是我怯战和右倾，而是我想既然我们要消灭敌人的主力，就要有把握，仅仅靠目前我们 38、42 两个军去歼灭敌人 5 个师，凭现在的装备和军力，胜算的可能性不大。即使我们要藐视敌人，但我们在具体战术上也要重视敌人呀。"

　　"看来你有了新的想法，不妨说说看。"韩先楚说。

　　"是！我想伪军 3 个师要北上至球场，必然要经过虎狼岭、妙香山、下杏洞一带，而这一带正是我 38 军的集结地域，如果像平型关大战那样，选择有利地形在途中伏击，首先歼灭伪 3 个师，回过头来再和美 2 师、骑 1 师干，岂不更为有利？"梁兴初一口气说出了自己的想法。

　　韩先楚点点头，用手拍着他的肩膀，指着自己手上的地图，画出的铅笔道道说："好啊，老梁，我们想到一起去了。"

　　梁兴初歪头仔细地端详了一下，韩先楚副司令在地图上的标识，果然和他想的分毫不差，非常高兴："我看要打开战役缺口，不如打德川。"

　　"理由？"

　　"打德川，理由有四条。第一，德川是敌人西线的一翼，伪 7 师就在德川，合乎战役要求;第二,德川是伪军,战斗力比较弱,好打;第三,德川是敌人东西线的结合部,而东西两股敌人间隔几十公里,难以援助;第四,打下德川可以由此向敌后迂回,为更多地歼灭敌人创造条件。"

韩先楚听罢,哈哈大笑起来:"我说嘛,38 军的威风没有丢掉。上一仗 38 军没有打好,这次彭总依然把最重要的任务交给你,为啥? 因为 38 军是主力,主力就是最能打硬仗,就是无坚不摧、攻无不克,不在任何敌人面前低头屈服! 好,老梁,我看就以我俩的名义,向彭总正式提出建议。"

梁兴初连忙摆手:"不行不行,你是副司令,又是这一翼的前线指挥员,主意由你定,我挂不上边。我把意见提出来了,供你参考。采纳了是你的决策,如果不采纳,或者'志司'有其他的作战意图,我还是坚决执行上级命令。"

他俩是同龄人,家乡一个在湖北黄安,一个在江西吉安。老韩比老梁早一年参加革命,都是老红军,抗日时又都在 115 师,然后又都在四野,是名副其实的战友。

"好!"

韩先楚望着梁兴初刚毅的嘴角,知道他说的是心里话,不禁暗暗赞叹他的心胸坦荡。

彭德怀在制定这个作战方案时,为什么没有注意到? 他没有注意到,邓华、洪学智、解方等"志司"首长是否注意到? 他们把行动计划上报中央军委,上报毛泽东时,是否已经注意到?

但这样的部署,不一定说就是漏洞。彭德怀在考虑此次作战方案时,也看到这种情况的存在。但担心韩军 3 个师首先被歼灭以后,会造成美军骑兵 1 师和美 2 师行动迟缓或后退,从而影响整个战局的发展,不能完成毛泽东歼灭美军骑兵 1 师、2 师的任务。

这时,政委刘西元进来,手里拿着份文件,向韩先楚敬礼以后,对梁兴初说:"老伙计,你看 39 军吴信泉的这法子。他深入 116 师基层连队调查,搜集到战士穿草鞋走冰面防滑涉水御寒之法；用雨衣缝制防水袜涉水御寒之法；将用过的罐头盒分发给尖刀连战士，解决他们长时间隐蔽大小便救急问题等办法和建议。都是高招，我们也要效仿一下。"

梁兴初看着通报说："好，命令部队广泛采用。还有，11月16日吴信泉遵照'志司'电令，率部北撤，并停止向进攻之敌进行反击。同时，还根据彭总的指示，下令各师将不便押送的美军100余名重伤员进行救治后，用担架抬到公路上于阵地前释放。这对我军突袭和瓦解敌军的作用很大，以后我们也照方抓药。"

志愿军整体资源、经验共享，不存在专利。

11月21日，位于东线联合国军先遣军的5个团已经进至惠山镇。而位于西线的美第8集团军在向北进兵力中，兵力越加分散，而且与东线的美10军的缺口越来越大。因为朝鲜的地形，从西海岸的清川江口身弥岛到东海岸的咸兴，恰恰是兔子站立时的脖子最细处，而由此再向北则如同喇叭口陡然加宽。处在西线右翼的韩军2军团6、7、8师，由此向北与东线美10军愈来愈远，而德川、宁远间的山区，又不便展开机械化运动。

这个薄弱环节，形成一个绝好的战役开口处。

自打电报发出以后，梁兴初就站在地图前面没有动窝，他深信"志司"首长是会注意到这点的，他坚信自己的主张。

果然，第二天晚上即22日23时，志愿军彭、邓、洪、解首长给38军和42军并报军委的电报说：

> 你们应以求得全歼德川地区伪7、8两师为目的。其部署特提议：42军以一个师，迅速攻歼孟山、北仓里之敌后，即在北仓里地区集结，准备打援；另以一个师由大同江南插向武陵里、长安里、安山洞之后，由南而北，向德川攻击；另一个师则由大同江北岸向德川攻击前进。38军以一个师插到德川与兴里之间，准备打击价川、军隅里

1950 朝鲜

来援之敌，并以一部由西向东，攻击德川；另一个师由北而南攻击德川；如球场洞之敌人向德川增援，则112师主力由东北向西南，侧歼敌人（正面之团是否攻球场，视情况而定）。你们攻击时间，于25日晚开始，宋兵团于26日开始，清川江西岸各军，则视情况发展再定。以上请韩先楚同志根据实际情况作调整。总之，以先切断、包围，求得全歼伪7、8两师为原则。

韩先楚接到电报，兴高采烈地来找梁兴初，一进门就叫道："老梁，我们的建议彭总批准了。你还有什么意见尽管提出来，彭总给我权力了，我可以根据具体情况调整你们两军的行动。"

此时，梁兴初也收到了电报，他正在琢磨着怎样具体实施，听见韩副司令进来，连忙站起来，立正答道道："副司令，我想我们和42军要歼灭伪7、8两个师，是不是可以分一下工。我们包打德川的伪7师，让42军打宁远的伪8师。"

韩先楚摸着自己的下巴，看着地图说："德川不同于宁远，敌人多，堡垒牢固，位置重要。这样吧。为了慎重起见，我让42军派过一个师来配合你们作战。"

梁兴初说："不必了，副司令，38军包打德川，我保证全歼伪7师。"从解放战争时期走过来的将军，似乎对"全歼"一词特别执著。出国作战的中国士兵对异国作战还没有充分的思想准备。

"你有把握？"

"是的。"

这时，彭德怀打来电话找韩先楚询问38军情况。

韩先楚马上报告38军和42军的情况，然后又汇报了梁兴初的决心。

彭德怀道："呵，这个梁大牙的口气不小嘛。告诉他，可不能赶得敌人像是放了羊，我要的是全部聚歼！全部。"

解放战争时期的三大战役，造就了中国人民解放军将领的思维定式。

彭德怀在电话里的声音很大，整个作战室里的人都听得清清楚楚，当听到彭德怀说到梁兴初的名字，大家目光不约而同地都聚到梁兴初脸上。

梁兴初上前一步接过话筒，就像是彭总就在他的对面，立定身体，斩钉截铁地回答：

"报告彭总，军无戏言。我代表 38 军全体指战员向您保证，我们保证完成总部交给的作战任务！"

"好嘛！不光有决心，还要拿出行动来。你的建议非常好，我代表'志司'谢谢你！但动作要快，干净利索！"

"是。不过，建议是韩副……"

"不说了，祖国人民在注视着你，毛主席在注视着你，把你的铁匠精神拿出来，我预祝你们成功！"说完，不等梁兴初再说话，彭德怀就放下了电话。志愿军司令部经过认真研究，认为在韩军遭到打击以后，根据麦克阿瑟的脾气秉性，不会同意美军后撤，他把韩军和志愿军的实力估计过低，对美军实力估计过高，又要抢时间，实现他的诺言，因此，出于此判断，采纳了梁兴初的意见。

彭德怀并没有因为他是下级，并没有因为他刚刚犯过错误，就高高在上，置之不理。只要是对整个战役有利，他都可以全盘接受。只有你坦荡地对待别人，才会换回别人的坦荡，彼此心照不宣，互相之间不存在阴影，何愁战斗不胜？

作战室里大家热烈鼓掌，梁兴初激动地和韩先楚握手。

韩先楚命令道："采纳你的意见！38 军必须在 5 天内打下德川，时间从 25 日黄昏算起。"

"是，坚决完成任务！"

11 月 23 日 21 时，毛泽东对志愿军二次战役作战计划作了如下补充：

21 日 18 时、22 日 12 时两电均悉，我对作战有如下建议，请考虑：

（一）截至此时为止，伪7、8师已进抵德川、宁远线，并向北继续推进，伪6师三个团亦由价川地区东移北仓里、假仓里。确息，美2师一部已接伪6师价川地区防务，美骑1师、24师、英27旅及伪1师均已进入球场、龙山洞、博川一线。

（二）我清川江东岸发起攻击后，应估计到美2师、骑1师向东增援的极大可能性（当然也有继续北进或原地停止及退至清川江桥头阵地的几种可能）。

（三）根据这种情况判断，我39、40两军在美2师、骑1师东援或据守桥头阵地体情况下，均难达成配合42军、38军歼敌伪7、8两师之目的，因而可能影响到下步的作战；也将因42军、38军所形成的迂回突击力量不够，使战局难以发展。

（四）因此，建议以40军东进与38军靠拢，增强我左翼的突击力量，而以42军3个师全部首先歼灭宁远地区之伪8师，然后向孟山、北仓里进击伪6师，以38军全力首先歼灭德川地区之伪7师，以40军对付球场、院里方面可能向东增援之美2师和骑1师，以保证我38军、42军首先歼灭伪7、8两师，并对下一步对美军作战造成战役迂回的有利条件……

（五）以上各项，是否可行，请按情况酌定。如因时间仓促，可将战役发起时间推迟一两天。

这就是说，毛泽东远在千里之外的北京，也看出了战场上的态势，并且理解38军的处境。梁兴初甚感欣慰，他看到自己的想法和伟大领袖、最高统帅不谋而合，更觉得获得巨大的鼓舞，沉寂有半个月的长脸，开始有了些笑容。

11月18日晚，志愿军司令部组织科科长司东初带上司机王大海，冒着凛冽的寒风开着车来到战俘营，把27名美军战俘和76名韩军战俘聚集到一起，先是理发，接着又破例让洗了一回热水澡，又加了餐还换了新衣服。俘房们不解，北朝鲜对待战俘的做法，在他们的脑海里留下深刻的印象，使得他们心有余悸。但是几天来的接触已经彻底打消了"中共军虐待俘虏"的恐惧，有人举手提问。司东初笑嘻嘻地回答："别问了，还要发给你们回家的路费。"伤重的士兵被放在担架上，抬上汽车。

俘虏们乱哄哄地叫："带我们上哪里？光给我们钱，不告诉我们，我们不去！"

在此之前，一名美军战俘利用美军飞机轰炸的机会，连夜逃跑了。看押战俘的 335 团 17 岁的小战士胡今夫，鸣枪示警还是没有追上。

不料第二天一早，逃跑的美军战俘，自己又回来了，一身乱草，一脸尘土，头上还有伤。冲着胡今夫捂着后脑勺说："还是这里更安全。"原来，朝鲜老百姓的石块没有放过他。

司东初指着南方不远的云山城对战俘说："送你们回去，你们的伤员伤势太重，志愿军没有足够的医疗设备，不能保证伤员的安全，你们的飞机又不断轰炸。"

俘虏们将信将疑地随着颠簸的汽车来到阵地前沿，站在那里看着志愿军士兵把伤员从车上抬下来，放在路边，他们的身后果然没有令人恐惧专打后脑勺的行刑队出现。

司东初看着俘虏说："大家放心，已经和你们当局说好了，他们来接你们回去，如果他们不让你们过去，志愿军欢迎你们还回来！"

俘虏们哭了，他们没有想到战场上被描绘成魔鬼的志愿军对待他们却具有上帝一般的仁慈。

1950 朝鲜

第十三章
圣诞节攻势

　　踌躇满志的麦克阿瑟得到华盛顿的支持，将在圣诞节前展开攻势，以便完成统一朝鲜的任务。

　　与此同时，志愿军根据彭德怀的命令已完成了战役部署。

1950年秋冬季的道格拉斯·麦克阿瑟挟仁川登陆之余威，他要让士兵的父母在圣诞节前，看到征战归来的孩子。他要求联合国军："在敌人健全组织加强抵抗能力之前，推进至韩满边境线，尽早结束韩国战争"。

麦克阿瑟决定继续迅速发动下一步大规模攻势，随即向第8集团军司令官沃克下达指示：

一、我军要发起反攻，将敌驱逐出韩满边境，为韩半岛的统一大业作出贡献。为此，所有参加部队都应密切协同，在同敌人对峙时，也应时刻提高警惕，保持进攻力；

二、进攻发起线定为仁处里（社仓里西5公里）、熙川、温井、云山、泰川至西海岸线纳清亭（博川西20公里）一线（正面宽100公里）；

三、部队配置的机动计划是：韩第2军团（辖第8、7、6师）为右翼，经宁远、熙川、德川，攻占满浦和江界；美第9军团（辖第2、25师）为中央，经云山、温井，攻占楚山至碧潼的鸭绿江沿岸；美第1军团（辖韩第1师、美第4师）为左翼，经安州、泰川，攻占鸭绿江下游一带，美骑兵1师和土耳其旅为预备队，担任后方警戒，同时视战况随时支援前线部队。在总攻开始前，前线部队应实施火力侦察和地形侦察。

美第8集团军司令官沃克将军接到命令，怎么看怎么生气。这就是麦克阿瑟所倡导的钳型攻势，东西两路大军，彼此之间相隔130公里，在北韩茂密的森林、崎岖的山路、湍急的河流、寒冷的冬季发动进攻，互相之间没有照应。沃克认为，仁川登陆虽然取得了空前的轰动效应，但现在回顾起来，性急的麦克阿瑟越过三八线的时间太早了，在韩国境内还残留四五万金日成北共军的情况下，尚未站稳脚跟就急于行动，造成立足未稳，且超出了国力所能实现的军事目标。麦帅不把对方放在眼里，在战场上拼命厮杀的中共军在他的眼里仅仅是"中国的洗衣匠"或者"一些人数众多，武器低劣的农民"，充满着极端的蔑视。

自负是人生的大敌，而"二战"中战胜不可一世日本人的辉煌桂冠，不能不让麦克阿瑟自负。可他的自负却要让美军付出惨重代价。

麦克阿瑟出身于军人世家，父亲老麦克阿瑟曾经担任美军中将，后任驻菲律宾的军事总督。而麦克阿瑟自己身躯高大、气宇轩昂、潇洒倜傥。毕业于被称为"美国将军的摇篮"的西点军校。"一战"时在欧洲锤炼于彩虹师，1930年时任美国陆军参谋长，当时50岁，是美国历史上最年轻的陆军参谋长，也是当时美国唯一的一位四星上将，从历史的角度上讲，他是唯一参加过两次世界大战和朝鲜战争的美军五星上将。第二次世界大战中，麦克阿瑟作为远东美军司令，在亚洲对日本侵略军的作战中，靠"越岛战术"或叫"跳蛙战术"而声威大震。他还有一个过人的地方，即作战勇敢，哪里有炮火就往哪里去，从不考虑个人安危。他曾经带领士兵数十次进入日军火力封锁区，一次又一次地率领攻击部队一起进行登陆作战。当有人为了他的安全劝阻时，麦克阿瑟曾经诙谐地说："能打死我的日本子弹还没造好！"他的许多知名战例已经成为美军教科书的经典，他也成为制造神话的人。

麦克阿瑟带着与生俱来的优越感和捆绑在一起的骄横，也有受到冷落和奚落以后奋发崛起的傲骨，表现在他一生的各个方面。威克岛与杜鲁门会见，按说他应该对杜鲁门总统更加谦和一些，但是他的表现却让人刮目相看。先是借口忙离不开身，让杜鲁门总统屈尊飞行7000公里，以至于杜鲁门的"独立号"专机在威克岛上空转了几圈，在确信麦克阿瑟已经在等候时，才命令飞机降落。但迎接总统时他没有敬礼，而只是握了握手，他从心里就看不起这位密苏里的乡巴佬。在新闻秘书、联合国代表、总统法律顾问草拟公报时，"麦克阿瑟不时地从口袋中掏出表来看时间，不用说，他的心早已回到东京去处理朝鲜战争的许多重大问题了。"当杜鲁门问及中国是否会出兵时，他肯定地说，中国不会出兵，因为"那一定会遭受极为惨重的伤亡"。一种先入为主的霸道心态促使他不能正视现实。在他的心中，朝鲜战争进行得越快越好，最好是不等

1950 朝鲜

中国人反应过来，就结束战斗。

对自己的总统尚且如此，可以想象他对对手会采取什么样的态度了。当 10 月 25 日，志愿军在温井打响第一枪，韩军第 6 师 500 多人被歼时，麦克阿瑟对死个把韩国人根本不放在眼里，继续执行他的进攻命令。就是第一次战役结束联合国军被歼灭了 1.5 万人时，他仍不相信中国人民志愿军主力已经参战。用他的话说"我始终认为中国出兵是象征性的"、"因兵力不足，装备低劣而怯战后退"、"联合国军对鸭绿江沿岸实施的空军突击，已迫使中共后续部队不能进入战场"，保证"我肯定，战争在两个星期之内就会结束"，并对中国军队进行定性概说："不是一个不可侮的势力"，甚至表达出要士兵们"回家过圣诞节"的强烈愿望。联合国军的钳形进攻计划安排，时间是一个月，从开始到结束的时间都通过广播和记者向外界公布，战场上美军的坦克、直升机公然播放向鸭绿江进军的音乐，联合国军士兵们（韩国士兵除外）加紧收集朝鲜百姓使用的"金碗金勺"（实际是铜制品），恐怕动手晚了，自己捞不到战利品。

麦克阿瑟是从心里着实瞧不起中国，甚至不屑一顾，嗤之以鼻。这可能与他早年贫穷落后的中国给他留下太深的印象而形成固定的心理定式有关。

出于对华盛顿当局的不满，朝鲜战争爆发没几天，1950 年 6 月 30 日，在未经华府同意的情况下，麦克阿瑟擅自出访中国台湾，并和蒋介石签署协议，要台湾出兵 3.3 万人到朝鲜。他还制订核战争计划：如果中国军队渡过鸭绿江，则切断其退路并加以包围，然后用原子弹一举将其歼灭；在鸭绿江一侧的中国境内散布大量的放射性钴，造成一条死亡地带，以阻止中国军队的到来；如有必要，通过战略轰炸彻底摧毁中国东北地区的经济基础。

不幸的是，出于对中国发自内心的仇恨，使得他作为一个远东美军司令要左右美国政府，对中国全面开战。这事中国还没有作出强烈反应，美国总统杜鲁门却已经不能忍受。这是对另外一个国家宣战，是政治事件。越俎代庖，不要说美国，在任何一个国家，这都是不能容忍的。

如果，我们从中美两国首脑与将帅之间的关系作一个对比，不难发现，实际上在麦克阿瑟与杜鲁门威克岛见面以后，就已经预示着联合国军的失败，因为彼此之间产生了隔阂，彼此之间互不信任。

从这里，不难理解为什么当麦克阿瑟被解除职务以后，以麦卡锡、塔夫脱等人为首共和党议员会说："我国，今天已落入一小撮掌权的内奸手里，他们受苏联间谍的秘密领导。我们必须立即从政府中清除这个阴谋集团，像切除癌肿似的把它整个挖掉。我们的唯一办法就是弹劾杜鲁门总统，查明谁是这个秘密政府的领导人，他们居然能如此高明地把我国引向毁灭的道路。"甚至说杜鲁门是："狗娘养的。"

虽然他们都把"反共"作为自己的神圣职责，因为神经的过度紧张，以致达到了"逢赤必反"的疯狂境地。美国政府与国会之间这种争执，无疑为贫穷落后的中国提供了机遇，将帅之间的争执又为中国人民志愿军赢得了宝贵的战争空间。

如入无人之境的"联合国军"，打到鸭绿江边用炮火和机枪扫射过江躲避战火的朝鲜士兵时，却遭到了埋伏在半路上的中国人民志愿军的有力反击。被誉为美国国宝级的人物麦克阿瑟凭着直觉认为眼前的事情不是真的，而是有人在杜撰，或者是韩军的恐惧心理在作祟。他曾对惠特尼说："如果中国人真的进行干涉，那么我们的空军就会使鸭绿江血流成河。中共不会那么冒险，不要庸人自扰。"麦克阿瑟凭借以往印象和西方式的生死观、价值观来评价中国军队，而没有对前线传递回来的情报作细致和透彻的分析，更没有理会 CIA 的建议，即使参谋长联席会议电示给他，要他"鉴于中国人似乎已对朝进行了干涉，请你立即对朝鲜战局及其前景作出准确的判断"的指示以后，他对华盛顿那些"神经脆弱而睡不着觉的先生们"的问话，根本就没有放在心上。曾在"二战"中称雄世界的日本，现在在他这个太上皇面前也变得唯唯诺诺，唯麦氏马首是瞻，上帝的智慧双手在不断向他挥动。对于他来说，朝鲜战争是被捆住手脚的战争，不能让他放开手脚大胆地随意发挥。他本来可以利用朝鲜战争"拔掉共产党在亚洲扩张的毒牙"。

　　麦克阿瑟虽然并未把中国军队放在眼里，而吃过中国军队亏的沃克却不能与他苟同。心想，反正你在千里之外的日本，前线指挥还得听我的，不能一味地由着你的性子来，我们要稳扎稳打。沃克将军忧虑的是第 8 集团军与第 10 军之间的巨大的间隙，所要面临的扑朔迷离的战场，暴露的两翼，以及被吓破了胆的韩军。这些将成为战场上未知的变数，"中国军队肯定在什么地方等着我们"，这点让沃克感到恐惧。

　　11 月 7 日，志愿军采取诱敌深入的态势，终于迷惑住联合国军总司令麦克阿瑟，甚至远在太平洋西岸的美国最高统治集团，从新任国防部长马歇尔，到被誉为"军中智囊"的参谋长联席会议主席布莱德雷以及三军参谋长，最后连总统杜鲁门都认为，有必要让麦克阿瑟再冒一次险，放手一搏。麦克阿瑟得到了总统、参谋长联席会议的认可和国防部三军参谋长的支持。

　　11 月 23 日，只是美国的一个普通的"感恩节"，而 1950 年的"感恩节"，却因为麦克阿瑟的一句话赋有了特殊意义，让联合国士兵看到了冬天里的阳光："开始圣诞节结束朝鲜战争的总攻势。"

　　来自西伯利亚的刺骨寒风肆虐着北朝鲜高耸陡峭的山峰和变化莫测的山谷，近年来最寒冷的严冬笼罩了这块大地。有资料显示，1950 年 11 月 27 日的气温已经达到零下 42 度。冻僵了的联合国军士兵痛苦不堪，围着空油桶里临时点起的火堆，大家凑在一起取暖。

　　医疗队利用战时的空间开始处理第一批由于冻伤造成的病员。在朝鲜的联合国军士兵们领略到了"天寒地冻"的真正含义。要想使车辆等装备里面的油管不结冰，必须把酒精与汽油混合在一起，血浆也得加热几分钟后才能使用。到了晚上，水溶性的药品冻成了冰块，士兵靴子里积聚的汗水也结成了冰，发乳擦枪比枪油好。

　　麦克阿瑟亲率远东航空军司令官斯特拉特迈耶中将、作战部长赖特准将、情报部长威洛比少将和民政局长兼副官惠特尼少将以及一批西方通讯社驻东京的记者，同乘斯卡普号座机飞抵朝鲜美第8集团军驻地——安州。

第8集团军中将司令官沃克，陪同麦克阿瑟一行视察联合国军部队。一辆辆整装待发的坦克，一门门扬起炮口的大炮，一队队卡车上准备向北进发的士兵，其后各种装备和物资的车队。视察完毕，麦克阿瑟戏谑地对远东空军中将斯特拉特迈耶说："亲爱的将军，在我的士兵翘首以盼你的空军是否能够到来的时候，你能否及时给予中共军以致命的打击？"

"是的，将军，历次的经验告诉我，毋庸置疑。"斯特拉特迈耶望了一眼在身边的作战部长雷特，心里说："只要别像轰炸鸭绿江大桥那样就行"。

麦克阿瑟满意地点点头，对着绰号"虎头犬"的沃克将军和自己的爱将阿尔蒙德将军爽朗地大笑："看我们的空军是多么的有把握。"随行的记者们一阵欷歔声。

"我看是可以发布命令的时候了，现在我以联合国军最高司令官的名义，命令：沃克将军的第8集团军主力，同阿尔蒙德将军的第10军，向敌人退却道路开始总攻击，你们要像一把老虎钳，将在鸭绿江边压缩合并起来，大规模的围歼战，现在将要进入决定性的阶段，24日10时结束朝鲜战争的总攻势，如果搞得好，可以在圣诞节以前让大家回祖国。现在开始！"

当部队隆隆开进的时候，70岁的麦克阿瑟不禁满心欢喜，终于可以在冬日完全来临之前结束战斗，他也可以在新的一轮战役中浓墨重彩地书写上一笔，为他的军旅生涯画上一个圆满的句号。

麦克阿瑟不是开玩笑，也不是简单地说笑，他是认真的，因为朝鲜这个地方与他心目中的理想的天国尚有较大距离，他的士兵在这里受不了寒冷的煎熬。利用军事上的优势，一举打垮北朝鲜，实现统一朝鲜的目的，他有这个实力，也有这个决心。然后就可以悠然地离开，回到日本，继续做他的太上皇。

美第1军军长米尔伯恩，望着他的主帅笑了一下。

1950
朝鲜

麦克阿瑟更加增添了信心，他慷慨地说："你告诉你的军官们，他们可以回家过圣诞节。"麦克阿瑟就是在这样的环境中生活的人，他也难免留下胜利者沾沾自喜的烙印。

随行的军官和记者们不禁发出欢呼声。

中国军队有传统，美国军队有传承。美国内战时，威廉·谢尔曼将军也是把他的所有作战计划都告诉记者，与麦克阿瑟不同的是，随即将记者全部投入监狱——封锁消息。而现在是为了展现。

麦克阿瑟下达命令后，按议程应飞回东京，坐等胜利消息。但他登上飞机后，却指示飞行员托尼·斯托里少校飞往鸭绿江上空。径直向北飞。他要让随军记者临空感受一下即将开战的战场。

当日傍晚，麦克阿瑟飞回东京，立即向美国参谋长联席会议报告说，总攻势已经开始。还发了一个"黄昏公报"，宣称："韩境联军新攻势按计划进展，我方损失极为轻微，官兵士气高昂，总攻势可望迅速完成"。"如果成功的话，还应该说在实际上结束了战争。"

按麦克阿瑟的命令，东西两线同时发起了猛烈的进攻。沿清川江北上的美军进到球场以北的新兴洞。德川的韩军 7 师，宁远的韩军 8 师，同时北进。韩军 7 师已进到东仓、阳地洞、新丰里、马山里一线，向中国人民志愿军第 38 军 114 师和 113 师 339 团的牛岘洞、王榆里、秋洞里阵地猛攻。韩军 8 师进到宁远西北的半田里，向 337 团桥上里、巨门洞阵地攻击。

麦克阿瑟此时认为胜利是有把握的。他在 3000 米的高空，看到地上存在的只有皑皑白雪和黑黝黝的森林，阻击他的中共军现在已经不知逃往何方。在皑皑白雪中，根本就不是人柔弱的身躯可以抵抗得住的，至今还没有一个人可以说他是不怕严寒，再加上中共军那种低劣的御寒装备，别说鸭绒睡袋，就连衣不遮体的棉大衣也不能尽数而发，在不具备人生存条件的地方会有人的存在吗？况且是几十万活生生的大军？透过飞机的舷窗，麦克阿瑟完全有理由相信，胜利就在眼前，可以陶醉在"胜利的前进中"。他亲自确定 11 月 24 日是联军的最后攻击日，届时麦克阿瑟要在美国驻日本大使馆与家人共进了"感恩节晚餐"，以预祝胜利。

布置完任务以后，晚上回到官邸，麦克阿瑟看着自己的儿子，一种父亲对儿子的怜爱油然而生，当即为自己的儿子写下了一篇祈祷词：

主啊！求你培育我的儿子，使他成为一个坚强的人，知道自己的弱点。使他成为勇敢的人，能够面对畏怯时的自己，败不馁而胜不骄。

请培育我的儿子，让他不要以愿望代替行动，而能认识主，认清自知是知识的基础。

我祈祷，请勿引领他步入平安和舒适的道路，而要让他经历困难和挑战的磨炼和策励，使他能在暴风雨中站起来，让他学会同情失败者。

培育我的儿子，使他心底清澈，目标崇高，在他企图驾驭别人之前能先驾驭自己。要高瞻远瞩，但也不要忘记过去。

等他学会了这些，我再祈祷，让他有幽默感，这样他虽永远严肃，但是不会自视非凡，教他谦虚，使他记得真正伟大的淳朴，真正智慧的虚怀若谷，真正力量的谦冲。

然后作父亲的我，就能够放心地低声自语：我已不虚此生。

他在教育子女方面为励志者留下了宝贵的精神力量，值得以后的人们去借鉴学习。但是，他自己犯了经验主义的错误，被自己脑子里固有的印象与心理定势所打败，没有在新的场合重新审视环境的变化，而是沿袭了以往的经验。他没有能够客观地认识自己，与时俱进，而是把希望寄托在孩子的身上。直到他离开军界，孤身投入到对以往记忆的追思当中的 1964 年，创作完成了回忆录。遗憾的是，朝鲜战争结束已经十几年，他却始终认为与他交手的中国军队司令是林彪。

就在麦克阿瑟紧锣密鼓地进行战争准备时，志愿军在彭德怀的命令下已完

1950 朝鲜

成了战役部署：西线 50 军、60 军、39 军、40 军、42 军、38 军已分别到达定州西北、龟城、泰川、云山、德川以北及宁远东北地区；东线宋时轮 9 兵团的 3 个军也完成战役集结。将于 11 月 25 日（东线为 26 日）的黄昏，发起扭转朝鲜局势的第二次战役。

在这个"感恩节"里，麦克阿瑟"收获"的将是永远令他心悸的厄运。

11 月 25 日，彭德怀用双手围成圈，环绕在自己的头上，胳膊肘支在膝盖上，久久没有说话。他对第一次战役赋予了太大的希望，这其中除了战役本身的问题外，他还要利用麦克阿瑟冒进骄横的心理，给予他狠狠一击，打掉他的锐气，彻底击垮韩军力量，给美军造成巨大的心理震撼，从而提高志愿军在世

志愿军第 40 军向新兴洞的"联合国军"发起进攻。

界人民心目中的地位，完成毛泽东交给他的神圣使命。然而战役刚刚开始，不但第一战役不理想，没有达到预期效果，而且在空袭中毛岸英又身遭不幸，两件事情像突然倒塌的泰山一样压在他的身上。他拿着"志司"政治部草拟的一篇仅几十个字的电报稿，足足改写了一个多钟头，也没有能够满意。

洪学智走到彭德怀跟前，递给他一个热气腾腾的搪瓷缸子，轻轻地说："彭总，喝点水吧。"

彭德怀接过冒着热气的搪瓷缸子，抬头看着洪学智，敦厚的嘴唇蠕动了几下。

"洪麻子，老夫休矣。"一种发自肺腑的辛酸。

洪学智听到彭德怀这样说，感到有些诧异。刚刚发生的悲剧，实在是来得太突然了：

由于志愿军没有制空权，联合国军的飞机可以随时出现在志愿军阵地的上空进行任意轰炸。志愿军进入朝鲜，是在苏联斯大林提出为志愿军提供空中支援的情况下决定的。但是在志愿军即将入朝的那一时刻，斯大林以苏联空军还未准备好为由，改变了主意。虽然，苏联空军在 1950 年 11 月 1 日进行了首次空战，但也是局限在鸭绿江上空中国一侧。因此，志愿军的空中安全系数，不管是一线部队还是志愿军司令部是一个样——几乎为零。

中央几次发电报，要注意防空，特别要保证彭德怀同志的安全。但是，这也不过是无奈之举，在没有其他防护措施的情况下，只能做"注意安全"的提醒了。

邓华和洪学智商议，按照中央要求，派工兵在山脚下给彭德怀挖了一个防空洞。当彭德怀知道那么多人在为他挖防空洞以后，说："你个洪学智，是不是没有事干了，在山下瞎鼓捣啥?!"

洪学智解释说："这不是瞎鼓捣，这是为防空，贯彻军委指示精神，同时要保证你你的安全!"

"那玩意儿没有用!"彭德怀有些漫不经心地说。彭德怀虽然作为中国人民

1950 朝鲜

解放军的副总司令、志愿军的司令员，从土地革命到抗日战争，再到打败蒋介石，可以说是身经百战，任何艰难险阻都见过，也经历过。然而，面对现代化战争，彭德怀还缺乏新知识。

11 月 24 日，4 架美国飞机在"志司"总部大榆洞上空转了一圈，炸坏了坡上的变电所。

天快黑时，又来了一架侦察机。洪学智看着美国飞机的举动，感到有些不对劲，就找到邓华说："伙计，我看情况不对，今天美国飞机不停转悠，闹不好明天要出事。"

邓华望着洪学智说："你这老伙计观察得还挺细，我看有道理，明天要研究下一步的作战方案。我看伙计，你把彭总屋里的地图给摘走，先挂进防空洞。到时候，彭总一看地图没有了，肯定就得进防空洞。另外，我们明天要提前吃早饭，白天不能冒烟。"

洪学智说："还是你这智囊点子多，我马上派人办。"

第二天一早，大家都进了防空洞，可偏偏就是司令员彭德怀没有来。

"志司"首长命令参谋去叫了几次，彭德怀还是不肯离开他的木板房。叫烦了他，就冲着参谋发火。

邓华对洪学智说："老伙计，还是你出马吧，彭总平时爱和你开玩笑，这个重任还是交给你吧，你就说我们研究了重大事项，要他拍板。"

洪学智听了邓华的话，看看"志司"其他首长，大家都点头赞许邓华的主张，没有办法，只好硬着头皮走进了彭德怀的办公室。

此时彭德怀正叉着腰冲着墙壁运气。他有一个习惯，每天早上起来，都要站在地图跟前琢磨一下当天的军事部署。今天早上起来，忽然发现挂在墙上的地图不见了，让他大为光火。一见洪学智进来，气就不打一处来，指着他的鼻子吼道："洪麻子，你把我的作战地图弄到哪里去了？"

洪学智连忙说："彭总，不是弄哪去了，而是给你换了个安全的地方，那边地图都挂好了，火也烧起来了，大家研究了事项，就等你去……"

"我哪也不去，我就在这里！"

"彭总，您的安全是志愿军的大事情，来不得半点儿戏，毛主席三令五申要您注意安全，已经来过四次电报。"

听到"毛主席"几个字，彭德怀不再说话了，因为毛主席的分量在他的心中太重。10月27日，毛主席来电说，在适当地点构筑防空洞，保障志愿军司令部的安全；10月28日，又致电彭德怀请他注意把指挥所移至安全地点；10月29日，就好像毛泽东有先知先觉一样，来电报，要指挥所应速建坚固防空洞，而且要立即修建，万勿疏忽；11月24日，毛泽东给彭德怀发电："请你们充分注意机关的安全，千万不可大意。"

洪学智见彭德怀不说话，就推着他说："彭总，快走吧，你就听我这一次！"连推带拉，总算把他拉出来了。回身又叫警卫员郭洪光：

"小郭，去把彭总的铺盖也拿到洞里去。"

彭德怀倔强地说："不要搬，我晚上还要来睡的。"

这次警卫员居然没有听从彭总的命令，一转身跑进屋里，把彭德怀的铺盖都抱了出来，实际上就是一床被子，一条褥子和一条军毯，他的大衣捐给了朝鲜人民军派驻"志司"的小李。

战争在需要勇气的时候，往往伴随着运气。

创造"有备无患"这个词的人，是经历了历史的教训留给后人的经验。当"志司"召开的作战会议还没有开多久，联合国军的战机就飞临大榆洞的上空，朝着彭德怀住过的房子一阵狂轰滥炸，一枚凝固汽油弹正好落在了他住室的顶上，房子很快被烧掉了。

联合国军飞机轰炸完以后，飞走了。在防空洞里的参谋们看到敌机走了，又纷纷回到作战室。不料这时意想不到的事情发生了，这批飞机走后不久，另一批飞机又飞临作战室上空。成普、徐亩元立即从作战室里奔了出来，而蹲坐

1950 朝鲜

在凳子上热饭的毛岸英、高瑞欣，却一头躲到了桌子底下。一颗凝固汽油弹击中了木板房的作战室，这里原来仅仅就为存放矿山变压器修建的木板房，哪里经得住汽油弹的剧烈燃烧。结果炙热的火焰顿时吞噬了整个作战室，俩人被活活烧死在房间内。

听到毛岸英还在作战室里没有出来，彭德怀忽地从防空洞里奔出来，一面高喊救人，一面自己奔向火海。

"岸英，快跑出来呀！"彭德怀喊这话时，他没有注意，自己的语气居然像是一位老太婆。

他身边的警卫参谋杨凤安、景希珍拼死抱住他不让他动。气得彭德怀连娘老子都骂了出来，景希珍死死地抱住他说："就是你枪毙我，也别想出去。"

联合国军的战机还在不断地轰炸，警卫团5连的战士们在指导员邵发亮的带领下，冒死钻进燃烧未尽的作战室，从桌子下抱出两具焦糊的尸体。由于烧灼面积过大，已经无法辨别。当时又没有现在的DNA检测技术检测，大家望着两具焦糊的尸体放声大哭。被燃烧弹的气浪掀到沟里的成普，半面脸被烧去一层皮，身上的棉衣也被烧掉了大襟。他顾不得自己的伤痛，跑到尸体跟前，仔细辨认，最后他的目光盯住了个子稍高一些，左手腕子上带着的德国产自动夜光手表，腰里别着一把别致的手枪的遗体上。这块手表，是毛岸英入朝前到他岳母张文秋那里告别时借来的，当时说去出差，回来时就归还；手枪是离开苏联时斯大林赠送的。

毛岸英同志带着他对新中国的美好憧憬，带着共产党员应有的素质，离开了他所热爱的祖国和人民。

听到毛岸英和高瑞欣的死讯，彭德怀"脸色苍白，眼含热泪，悲愤交加"，一整天没有说话，坐在防空洞里像是一尊雕塑。入朝时，毛岸英的妻子刘思齐因患阑尾炎住院；高瑞欣被彭德怀调往志愿军司令部时，他的妻子即将分娩。

现在看见洪学智在自己的跟前，彭德怀缓缓地抬起头，望着洪学智说："洪大个子，我看你还是个好人哪！"

洪学智见他说话了，就顺势说："我当然是个好人啦。"

"今日不是你，老夫休矣！"

听了彭德怀的话，洪学智感到格外吃惊，他不明白为什么彭德怀会说出这样的话？革命了一辈子、出生入死一辈子、赴汤蹈火一辈子的彭德怀，难道在联合国军的狂轰滥炸面前退缩啦？

毛泽东与毛岸英在一起。

"为什么？为什么偏偏把岸英炸死呀？他是我的第一个志愿兵啊！这可让我怎么和毛主席交代呀？"这才是问题的关键所在。

彭德怀望着远处的山峰，心情愈加沉闷。

"毛主席把他的儿子托付给我，我怎么向他交代哟！"生活了50多年的彭德怀，从来没有因为自己的不幸和痛苦而伤心，即使在被诬陷蒙冤身患癌症，被关在窗户用报纸糊住密不透光的301医院里，他强忍着直肠癌的剧痛始终在喊："不把我的问题搞清楚，死也不上手术台。"毛岸英的不幸逝世，无疑在他的心头留下巨大创伤。可悲的是，没有任何可以弥合创伤的灵丹妙药。弥合痛苦，有时需要用更大的痛苦来承担。

一场惨绝人寰的战斗，一场为争取新中国独立的战斗，一场预示新中国崛起的战斗，一场与世界上头号强国的战斗，其惨烈程度，军人肩上的重担是可

1950 朝鲜

以预想到的。毛泽东作为共和国领袖毅然将自己的儿子作为第一个"志愿兵"送上朝鲜前线。世界上所有革命者革命的目的无外乎是为人类和自己谋求幸福。唯独中国老一代无产阶级革命家所进行的革命，是以牺牲自家人生命为代价。因此，他们赢得了全中国人民的爱戴，甚至赢得了全世界人民的尊敬，在人们心目中具有至高无上的地位。他们失去亲人时内心是极度痛苦的，以致当毛泽东听到毛岸英牺牲的消息，沉寂了好几分钟，眼里噙着泪花，说："战争嘛，总要有伤亡的，谁让他是毛泽东的儿子。"

彭德怀内心极度痛苦，现在靠什么也无法挽救毛岸英的生命了。浴血奋战一生，赢得了党、祖国和人民信任与爱戴，没有想到，在革命一辈子即将看到光明的时刻又要经历新的磨难。

第十四章
冻馁长津湖

　　志愿军在朝鲜遇到的困难，实在超出了一般人的想象。

　　荆棘丛生，道路曲折，白雪皑皑，饥寒交迫的十数万将士在与险恶的大自然、与武装到牙齿的"联合国军"做殊死博斗，部队每前进一步，都在用鲜血和肉体与死神做无情的抗争。

　　为了牵制敌人，梁兴初又看上了"998"高地。这是位于院里以东，是军隅里通往球场公路的中段。无论进攻还是防守，"998"高地都应是敌我必争之地，如我轻易放弃，很可能会引起韩军的怀疑。想到这儿，梁兴初命令参谋要通112师杨大易的电话，他命令杨大易务必夺回这个高地，然后坚守它两三天，当敌人进攻最猛烈时再撤离。

　　当晚，334团8连按照师部指示，在夜幕掩护下向"998"高地扑去。继而演出一场争夺、固守、撤离的好戏。

　　11月16日晚，志愿军副司令韩先楚撑着瘦弱的身体来到38军军部，对梁兴初等38军首长说："今天上午，彭总和我们研究了二次战役的准备情况。自11月6日敌人进行试探性进攻开始，我军相继放弃了飞虎山和博川，但敌人北进速度却十分缓慢。到昨天为止，只进到博川、龙山洞、宁边、德川一线，也就是说只前进了9到16公里。彭总分析可能是范老虎他们在飞虎山顶得太硬，把沃克吓住了，对我军的意图产生了怀疑。为解除敌人的疑虑，决定不再实施反击，大步后撤。但彭总强调要掌握好分寸，一定不能叫敌人看出我军意图，而要给敌人个错觉，以为我们打不赢他们，是撤退，是逃跑。"

　　梁兴初爽快地回答说："这好办，我通知部队只准后撤，不准反击就行了。"

　　梁兴初说着轻松，实际上对于惯于打攻坚战的38军来说，撤退比进攻还要难，尤其要装成败军溃逃。

　　西线联合国军前进缓慢确与美第8集团军司令官沃克对中共军队战斗力产生了怀疑有关。他叫来美第8集团军情报部长汤姆森上校，不解地问道："不是说中共军是小部队吗？为什么小部队打得这样厉害，这么能打？"

　　汤姆森也一时语塞，无法回答。作为一名美军普通上校，他怎么能对中国这个遥远的国度有清楚的认识？在他的认识世界里还停留在过去的记忆当中，满清的落后与被动挨打的事实给他们留下深刻的印象，以为现在不过是过去的

延续。他哪里知道，早在缔造这支隶属于中国共产党的军队时，就已经把他的
性质和精神面貌固定了下来，形成特有的战斗精神。毛泽东在 1945 年 4 月的
《论联合政府》中对人民军队就已经有了定义："这个军队之所以有力量，是因
为所有参加这个军队的人，都具有自觉的纪律；他们不是为了少数人的或狭隘
集团的私利，而是为着广大人民群众的利益，为着全民族的利益，而结合，而
战斗的。紧紧地和中国人民站在一起，全心全意地为中国人民服务，就是这个
军队的唯一宗旨。在这个宗旨下面，这个军队具有一往无前的精神，它要压倒
一切敌人，而绝不被敌人所屈服。无论在任何艰难困苦的场合，只要还有一个
人，这个人就要继续战斗下去。"这与美军的操典截然不同，一种个人服从组
织的认同理念。

　　自 10 月 25 日，118 师在温井打响了抗美援朝的第一枪以后，各种中国军
队参战的情报纷至沓来，联合国军在朝鲜的所有侦缉机关都开始行动，开动所
有的情报网跑遍全世界。第 8 集团军也力求揭开这个谜。侦察飞机 24 小时出
动，对整个区域进行拍照取样分析，派出大量侦查员，四面八方地出击寻找。
最后，在"54、55、56 部队"的称呼面前困惑不解。11 月 1 日，认定是两个团，
到了 4 日，进行了提升，认定是两个师，仅此而已。此外，美军北进缓慢，还
有一个天气原因。入冬以来的第一个寒流，这时正袭扰朝鲜北部。合众社的一
则消息说："大兵们 15 日碰到了美军从未经历过的严寒，零下 20 度的寒冷几
乎和敌人一样厉害。"驻日几年以后的美军和他们的将领一样，头顶着占领军
的荣耀，肩扛着保卫"二战"成果的重任，享受日本女性具有东方特点的柔软
与温存（绝非仅日本妓女）。把寒冷只是停留在文字上的记忆，寒冷的真正含
义已经被搁置在文献当中形成尘封的历史忘掉了。而现在，脚趾发黑，血浆凝
固，脚底出的汗也随时可以结冰，前进中的坦克，竟然出现被冻坏变速箱的现
象，任你离合器、变速杆怎样摆动，拨叉就是黏着在原有的齿轮上不动。所有
汽车和坦克不得不每 15 分钟就要发动一次，就连迫击炮的口径，在寒冷中也
发生了莫名其妙的变化，同样口径的炮弹竟然不能正常发射。

1950 朝鲜

更大的麻烦发生在东线。严寒已经使得东西南北的"东"失去了方向感，呈现更多的是冰雪交加、饥寒交迫的"冻"。

11月5日，彭德怀命令第9兵团司令员兼政委宋时轮、副司令员陶勇，迅速入朝参加东线作战。11月6日，又电告9兵团，要求在小白山以东诱敌深入至旧津里、长津线，首先歼灭美陆战第1师的两个团。

狼林湖、长津湖、赴战湖呈"品"字形位于朝鲜半岛的东北部，长津湖、赴战湖分别是长津江、赴战江流域水电站的人工蓄水湖，四周被群山包围，海拔1300多米，只有一条蜿蜒北上的简易公路犹如长蛇盘桓在崇山峻岭之间，"道路的一侧是耸立的悬崖，其另一侧则为断崖深谷"，地势险要，形成典型的长隘路。

志愿军第二次战役的东线战场就设在这个地区。

10月22日，志愿军第42军124、126师开始在黄草岭、赴战岭执行阻击任务，之后按照"志司"的命令逐步后撤，实行诱敌深入的战术。接替他们的是志愿军第9兵团。

深谙水性、善于挥桨划船、熟悉闽南话、客家话又在福建前线积极准备越海作战解放台湾的解放军第9兵团，辖20、26、27军，随着东北亚战事的加剧，在司令员兼政治委员宋时轮、副司令员陶勇的率领下，毅然赶赴东北参加抗美援朝战争。10月28日，朱德总司令亲赴山东曲阜，为9兵团团以上干部作形势与任务的报告。31日，毛泽东致电宋时轮、陶勇：

> 9兵团全部着于11月1日开始先开一个军，其余两个军接着开动，不要间断。""该兵团到后受'志司'指挥，以寻机各个歼灭南朝鲜首都师、第3师、美军第7师及陆战1师为目标。

命令下达的时候，9兵团放弃了原本要整训一段时间的计划，带着征尘匆匆进入到陌生的朝鲜。在他们的心中，解放全中国与保卫全中国是权值相等的一件事，军人的使命就是为国效忠，军人的天职就是服从，没有挑剔的理由。

没有人向他们介绍朝鲜的情况，更没有熟悉朝鲜并和联合国军已经交过战的指战员来到他们的部队，告诉他们眼前是什么样的敌人，朝鲜又是什么一种状况。第 9 兵团满怀豪情壮志、肩负祖国赋予的神圣使命进入朝鲜，但多少有些茫然。

东北军区副司令员兼参谋长贺晋年到沈阳火车站看望即将入朝的 20 军官兵，并受总参委托检查 9 兵团入朝准备情况。

车厢门打开以后，贺晋年不禁大吃一惊：大檐帽、单皮的翻毛皮鞋、仅有的一层薄棉的南方制式棉服、小得仅有两本书大小的薄被，更不用说皮衣鞋帽手套了。这些装备在属于亚热带海洋性季风气候，多数地区长夏无冬，气候温和，年平均气温 17℃—21℃，最低值仅短暂在零度徘徊的福建来说，完全可以抵御寒潮。但是到了东北，就拿吉林来说，年平均气温仅在 5 度左右，与吉林一江之隔的朝鲜北部为世界寒区之一，温差达 20 多度。

"这种被服，别说打仗，冻，也会把你们冻僵的。"贺晋年冲着前来接洽的 20 军副军长廖政国说。宋时轮与华东军区后勤部部长邝任农商定，9 兵团的军需被服等，12 月 15 日如数赶制完成并换装。

廖政国的心里燃烧着一团火，这团火是中国军人对祖国的强烈责任感。

贺晋年命令军列在沈阳站多停留 2 个小时，他去想办法。

什么办法可以在两个小时以内满足第 9 兵团 15 万人的被服问题，孙悟空可以在性急中拔下根毫毛，想变什么就变什么。贺晋年没有这样的本事，他只有命令东北军区司政后机关的干部战士扒下自己身上的被服，仓库中仅存的原日军被装"悉数"转交给 20 军的官兵。但是机关的工作人员有限，相对一个作战部队来说，只有象征意义，不能解决燃眉之急。

1950 年 10 月 9 日，彭德怀组织召开了志愿军军以上干部会议，传达党中央出兵决定以后，下午随即召集东北军区苏联顾问和军区后勤部长商讨由苏联供应的武器装备和后勤保障问题。东北军区后勤部长李聚奎、副部长张明远、苏焕清、副政委兼政治部主任张平凯、参谋长关靖寰参加。李聚奎早年在湘军

1950
朝鲜

独立 5 师 1 团 3 营当军士班长，彭德怀时任 1 团团长，在大革命遭到严重挫折的 1928 年，参加了 7 月 22 日的平江暴动，从此成为红 5 军中的一员。

彭德怀见过他们以后，对李聚奎说："我们这次出国作战，同过去在国内打仗可不一样。在国内打仗，作战物资可以就地筹措，可以取之于民、取之于敌，这次可是全部物资都要从国内运去，我们的对手绝不会让你顺利地送过去，你的预算要大些，要有个预备数，要准备至少损失百分之二十。"

李聚奎说："我们已经有所准备。"

彭德怀抬眼看着他说："志愿军过江作战，要是没有弹药，没有饭吃，我可要找你算账！怎么样，能不能保证？"

李聚奎立定答道："一定保证！但从目前的情况来看，不知道能保证到什么程度。"

彭德怀一听就火了，眼睛直直地盯住李聚奎："仗还没打，你怎么就保证不了啦？"

"报告彭总，我的 400 辆汽车，才用了 3 天就损失了一半。"

彭德怀顿了一下："困难是不少，但要用一切办法去解决，实在解决不了的向上反映，我也想办法。可是有一点，作战物资是一定要保证的。"

从志愿军的高级指挥员，到志愿军的普通一兵，大家把作战杀敌放在了自己使命的第一线，而对生命保障的必需却尽可能降低。

10 月 25 日，美陆战 1 师在元山登陆，在元山、兴南留一个团掩护后方以后，师主力接替韩军第 3 师向长津湖推进，随后长驱北上会同西线部队夹击江界（朝鲜政府临时首都）；韩军第 3 师待陆战 1 师到达后沿东海岸向图门江推进；美第 7 师在利原登陆后则经丰山向鸭绿江推进。11 月 26 日，刚过了感恩节，美陆战第 1 师在师长奥利弗·史密斯将军率领下进入长津湖地区。

10 月 26 日至 11 月 9 日，第 7 团团长霍默·利曾伯格上校率领第 7 战斗群，在配属的第 11 炮兵团第 3 营的等配合下，在黄草岭、赴战岭一带与 124 师发生过迟滞战斗。

靠近长津湖南端的下碣隅里是整个长津军事行动的焦点。一条通往西北柳潭里和一条通往东北赴战里的公路在此交汇。它又是穿越这一山区的唯一道路，因此成为高地上海军陆战师和陆战部队的主要补给线。

11月7日，阿尔蒙德将军飞抵兴南，与具有"稳定学者风度、心中隐藏着冷静的判断力和自尊心、当时57岁的史密斯海军少将"会谈。言语中不乏带有谴责陆战1师行动缓慢的意味。

按照麦克阿瑟的意见，第10军要有效地支援第8集团军，"只有一个行动方案，即向西北方向进攻，从而威胁第8集团军当面的中国军队的后方，并迫使他们后撤才能免遭包围。"

史密斯耐着性子，比画着对阿尔蒙德说："从真兴里到下碣隅里，路途大约35公里，这里是凸凹不平的单车道，弯多路窄，是一条细长的长隘路，卡车通过很困难，一旦被中共军切断，我军将失去一切补给，坐以待毙。"在此之后，懊恼的史密斯将军把心中的所有烦恼，写给远在美国本土的海军陆战队司令凯茨将军，在信中，无可奈何地说："说实在的，我对第10军在战术上的判断力和他们制订计划的现实性没有什么把握，我在这方面的信心仍未恢复。"

阿尔蒙德虽是东线部队总指挥，又带有麦克阿瑟"全速突进"的命令，但是面对隶属于海军的陆战1师，军长对师长，少将对少将，他也只好忍耐。史密斯认为：阿尔蒙德北进计划是基于"我们正在追歼被打垮的北韩军队这一假设，没有考虑到中国共产党军队的介入。更合理的进攻路线应是沿东北部的海岸前进，陆战队在那里可以依赖海上支援，还可以使用两栖包围战术打击敌人据点。"史密斯的话不无道理，对于陆战队作战可以提供有效的海上后援，这是基于陆战队的作战特点而设计的。但是应该说，这种设计与麦克阿瑟要形成两股老虎钳力量的进攻方案相差甚远，如果那样东西两线部队之间的空隙将更大，更容易被对方穿插，彼此照应的难度将陡然上升。这也不能完全怪史密斯，因为麦克阿瑟将军的具体部署，作为一线指挥官，他几乎不了解。直

1950 朝鲜

到 11 月 16 日，他的一位老友访问过骑兵 1 师，无意中给他带来了西线第 8 集团军的势态图以后，他才对麦克阿瑟的作战动机有了全盘了解。听完史密斯的汇报以后，他们在地图前研究决定：利用第 7 战斗群占领下碣隅里，第 5 战斗群到达古土里的有利时机，命师属工兵在下碣隅里抢建一座物资仓库，一座医院，并修建一座可以起降 C—47 双引擎运输机的机场，用以确保物资供应，危急时刻撤离伤员。阿尔蒙德实际认为在敌方炮火封锁下，又是在冻土上作业，海拔又较高，修建机场几乎是不可能。在抢建机场之前，还要把用于通过大型机械车辆的道路修通，工程量巨大，工作条件异常艰苦。但史密斯将军竭力坚持要做。不能不说这是一条英明的决定，由于陆战 1 师工兵们艰苦努力，由于机场的存在，使得陆战 1 师在关键时刻迅速脱离战场，转危为安。

美陆战 1 师第 7 团团长霍默·利曾伯格上校率领第 7 战斗群，第 5 团团长雷蒙德·默里中校率两个营进至柳潭里，并打算穿过第 7 团驻地，在第 10 军 11 月 27 日进攻武坪的战斗中充当先锋；师部和第 1 陆战团的 1 个营由 H 连、I 连和武器连的 1 个排到达下碣隅里，由托马斯·L. 里奇中校指挥，第 1 团主力在团长刘易斯·晋勒上校的带领下抵达古土里、富盛里地区。虽然部队在前进，但是史密斯将军却准备悄然命令部队就地停止前进并掘壕据守等待冬天过去。11 月 8 日，他派出一支侦察分队，深入到古土里东南大约 18 公里的新兴山谷，在一所民房里俘虏了一名睡在里面的中国士兵。从中国士兵的口中得到情报，约有 24 个师的中国军队在茫茫雪原中静候敌人的到来。远东情报主官威洛比将军认为一名普通士兵不可能知道军事秘密，这一定是个骗局。实际上中国士兵所说却是事实：东部第 9 兵团 3 个军，每军 4 个师；西部 4 个军，每军 3 个师，加在一起恰恰 24 个师。事后，美军研究认为：中国军队在灌输有关作战对象和希望他们完成的任务的时候，往往为激励士兵的士气，表现出本部队无往而不胜的精神，有时有意过度渲染和强调自己的强大，有时又有意贬低对方或藐视对方。

11 月 24 日，"志司"发给第 9 兵团并中央军委的电报提出作战部署：

> 你们应以一个师于 26 日晚围歼社仓里、黑水里之伪军 26 团，得手后即向黄草岭以南之上下通攻击前进，确实占领该线，阻击北援之敌；另以一个师由仓里向黄草岭、堡后庄攻击前进，歼灭美陆战 1 师师指，得手后向谷土水攻击前进，协同主力围歼谷土水、柳潭里地区之美 5、7 团全部。

命令到达第 9 兵团时，宋时轮却在冬天里把电报捏出了汗水。在入朝前，毛泽东、周恩来特地把在山东兖州的宋时轮招到北京，毛泽东说：之所以劳你远师而未就近，是因为用人所长，用部队所长，解放战争中 9 兵团练就了阻击勇战恶敌的本领。你到达长津湖地区，那里是西线志愿军的侧后，要在这里画一条线，绝不能让联合国军跨过这条线，占领有利地区，割裂敌东西联系，以消灭美军两个主力团为主要目标，特别是美陆战 1 师。立足于单独作战，不要寄希望增援，德怀同志也没有兵力支援东线，战役部署指挥完全由你全权承担，我们不遥制。任务似千钧重担落在 9 兵团的身上。但是因为第 9 兵团入朝仓促，战前准备不充分，进军的路上又反复遭到联合国军的空袭，导致后勤补给未能够及时到位。长津湖地区人烟稀少，部队无法就地解决食宿，因冻带饿造成较大非战斗减员，27 军又未能及时跟上，22 日才能全部入朝。从未因为困难而退缩的宋时轮不得已向彭德怀请示，延迟一天进攻。但是实际情况不仅是一个时间问题，更加困难的是气候的突变，大雪封山、道路坎坷，导致在人迹罕至的长津湖地区，竟然无路可行。西线部队进入朝鲜遇到的是道路拥挤，东线部队却是自然冻害。

> 部队继续前进着，逐渐接近狼林山脉的主峰。山峦越发高大，天气也越来越冷，狂风怒号，丛林冷得抖动着。大雪漫天遍野地飘落，把溪流和山谷掩盖起来，把树丛和悬崖也隐藏起来，一阵阵狂风把积雪卷起二尺多高，又猛烈扑打地面。
> 行军就是和风雪的搏斗，狂风猛烈扑来，前进两步就要后退一

步，大块的积雪不断迎面打过来，像钢刀一样刺着露出的皮肤。部队由于战争形势而匆促地跨过鸭绿江来，没有棉帽，没有棉鞋，也没有棉大衣。光穿棉军衣，在风雪里像什么都没有穿一样。浑身血液好像已不再流动，睫毛、鼻孔和口髭都结起一圈冰霜，整个脸部也像是凝着薄冰，绷得紧紧的，又冷又痛。

11月27日上午，东线美第10军部队摆开"长蛇阵"，沿新兴里、柳潭里、下碣隅里、古土里、真兴里等地开始发动进攻。与此同时，因故拖延的志愿军第9兵团第27军和第20军也开始向柳潭里、下碣隅里、古土里等地的美陆战第1师发起攻击。虽然部队攻击非常顽强，但是，由于时间的拖延导致部队没有及时调整作战部署，依然按照原来的方针作战，为了有效地执行在某点战役

志愿军第9兵团日夜兼程向长津湖地区挺进。

打响，过早地投入了战斗，失去了痛击陆战 1 师两个陆战团的大好时机。

11 月 28 日晨，志愿军第 20、27 军的 8 个整编师，向美陆战 1 师发起猛攻。

20 军 58 师从三面包围了在下碣隅里的美军陆战 1 团驻守简易机场的 3 营，首先选择了 H 连、I 连阵地为突破口，进行突袭。里奇中校率领美军进行了强有力的抵抗，I 连连长萨姆·贾斯基尔卡上尉命令士兵在最后一刻才开枪射击，大量的杀伤进攻的中国士兵；而 H 连却没有那么幸运，"中国兵在轻重迫击炮的支援下，不顾伤亡反复冲击，冒着美军的炮火反击，在 23 时 30 分许，突破了 H 连的中央部位"，连长勒鲁瓦·库克上尉被打死。"中国兵的火力压制了 H 连的地域，压倒了这个少数人的狙击阵地，其一部跑到利用皎洁的照明继续施工的机场跑道上。正在施工的 D 连工兵，以随身携带的步枪进行反冲击，肃清进入跑道一带的中国兵后，再次开动推土机继续施工。"不幸的是，58 师没有后备力量，不能一鼓作气对据守下碣隅里环形防御圈的美军实施有效打击。虽然到达的是 58 师，但仅仅是一部分，因为大部队无法在有限的时间内突破路障，又有大部分战士严重冻伤。贝文亚历山大说："虽然中共军队在这里取得了突破，但他们并没有利用此次突破扩大战果，表明这只是他们用有限的兵力进行的佯攻。"他显然估计错了。志愿军用他们仅有的战斗力去完成祖国赋予的使命。

20 军第 60 师 180 团攻占死鹰岭、乾磁开和小民泰里地区，切断了古土里以北的公路，阻止敌军增援下碣隅里。截断了柳潭里美军同下碣隅里的联系。但是"几天来一直没有消息，敌军突围部队经过时该连也没有什么动作。当派人到该阵地时，看到的是全连 100 多人全部是射击姿势冻死在阵地上。"

由近 200 辆坦克分点组成的美陆战第 1 师各个环形防御圈，被志愿军彻底包围。美 7 师 31 团，极不情愿地上演了被全歼的一幕。这支在巴丹经历过日寇铁蹄蹂躏下的"死亡行军"，在公平的"美国国外军团"的称号照耀下，终于完成了它的使命。

28 日，一架直升机降落在美 7 师第 32 团 1 营的阵地上，美第 10 军军长

1950 朝鲜

志愿军战士在零下 30 摄氏度的阵地上狠狠地打击敌人。

阿尔蒙德将军亲临前线慰问前线将士。他告诫 1 营营长费思中校:"目前阻止你们前进的敌人,只不过是向北逃窜的共军残部而已。我们还在攻击中,我们还要向鸭绿江前进。不要让这一点共军挡住你们的前进。"说完,掏出 3 枚银星奖章,一枚他亲自挂在费思中校的胸前,另外两枚,让他再挑选两人,费思随意挑选了排长斯莫里和炊事军士长斯坦利两人。在十几个人的观礼下,阿尔蒙德将军把银星奖章佩戴在这 3 人的胸前,然后登机离去。费思中校带着白色手套的手,随即把奖章一把拽了下来,扔在雪地里,并愤愤地骂了一句。有人看见他气急败坏地亲手枪毙了一名受伤而不肯撤退的日本籍逃兵。

此时,志愿军和联合国军都遇到了第二次世界大战时期德国法西斯希特勒同样的麻烦:希特勒过高的估计自己,在制订"巴巴罗莎"进攻计划时,认为一个半月即可征服苏联,没有准备过冬物资。结果 12 月在莫斯科零下 20℃—30℃的低温下,德军在没有御寒设备下,孤零在寒风旷野中煎熬。一个月以前,斯大林发布"焦土政策",炸毁、焚烧了前沿纵深 60 公里的民房居住区。

美军也是如此:

一名小兵去厕所,几分钟后同伴听到呼喊声,原来屁股冻在了马桶上,只好请军医把他弄下来。这些步兵只有加衬的作战服上装和单薄的棉裤,羊毛皮手套在如此的严寒中根本不顶用,所谓防水裤已破破烂烂，哪里还防水。带护耳的便帽对防止金属头盔吸收头部热量多少有些作用。简而言之，当前的大敌不是中国人，而是严寒。

志愿军20、27军虽然有兵力10万余众，可入朝时因为隐蔽机动需要，重型火炮都留在了祖国没有跟进，每个团仅有8具90毫米火箭筒作为有效火器，水冷式马克辛重机枪，由于水桶冻结而不能击发，迫击炮口径因寒冷缩小，炮弹不能放进炮筒，就连轻机枪，也必须每2个小时就得发射一次，才能保证用时可以打响。剩下的只有步枪和手榴弹。这是无生命的固体，那么作为生命力的活体志愿军，他们怎样忍耐寒冷？战士们发明了玉米壳（玉米的包衣）裹脚、稻草缠身、拆被取棉做手套、护耳等手段，但是在零下40度的严寒中，这种原始的御寒方法，又能够起到多大作用？免不了脚冻得像地瓜、耳朵冻得像蒲扇，这还不危及生命？

落实到具体战斗上——只剩下有限的打击。我们不能责怪9兵团没有完成志愿军司令部的布置的任务，不能责怪他们动作太慢，不能责怪他们火力太弱，不能责怪他们快到天亮时就刹住火力。志愿军在朝鲜遇到的困难，实在超出了一般人可以想象得到的程度。

29日晨，据不完全统计，全师（80师）战斗和非战斗减员已达2/3。万余人的师在不到两天的时间里损失6000多人。

条件异常恶劣，荆棘丛生，大雪皑皑，饥饿冻馁的十数万将士与险恶的大自然、与用现代化装备武装到牙齿的联合国军做殊死搏斗，部队每前进一步，都在用鲜血和肉体与死神做无情的抗争。

即使如此，他们依然坚守着下碣隅里外围制高点——飞鹤山，即著名的1071高地，这是下碣隅里通往古土里、咸兴、元山的咽喉，20军58师172团1营3连3排守卫在这里。

问题发生在白天，11月29日上午，美军发现已经四面被围，美陆战第1师师长史密斯命令位于古土里的第1陆战团和英国皇家陆战队等千余人组成德赖斯代尔特遣队北上，企图救出德洞山口的美第7团F连，并打通下碣隅里至柳潭里的道路，增援下碣隅里的里奇营。美陆战第 5 团在 30 多架飞机和数 10 辆坦克的掩护下，随即把主攻方向定在 1071 高地，企图突破咽喉，打通突围的道路。

杨根思带领一个排坚守在 1071 高地东南侧的小高岭阵地上。小高岭是美军从下碣隅里南撤的唯一通道，因而成了敌我双方的必争之地，小高岭的战斗，是影响全局胜负的关键一仗。

11 月 29 日拂晓，为了争夺逃路，美军动用飞机、大炮向阵地上倾泻了大量炮弹、燃烧弹，阵地已变成一片火海。战斗减员越来越严重。

3 排副排长鲍嗣功被从侧面射来的子弹打中，他撑着步枪站立起来，口里喃喃地喊道："连长，我还没有完成任务！"又摇摇晃晃地倒了下去。

战士王顺堂带花了，伤口的鲜血糊住了眼睛。班长命令他："下去吧，小同志。"王顺堂说："不下去！"

临近中午时分，杨根思带领 3 排已经打退了美军的 8 次进攻。重机枪排的子弹打光了，排长负疚似地爬到杨根思跟前，杨根思命令道："撤下去！"

排长问："你呢?"

杨根思说："有我在阵地就可以守住！武器是同志们用鲜血换来的，是革命的财产，不能损失。"

阵地上只剩下杨根思一个人了。朝鲜的冬日，下午 3 点多钟近 4 点的时候，就黑了下来。下碣隅里的机场不断有飞机起降，八班长刘玉亭还端起机枪朝着机场扫射，但是距离太远，美军的环形防御工事挡住了志愿军的冲锋。刚才阵地上还在议论说那里在进行飞机展览："小流氓、油挑子、黑寡妇、三个头、五个头、蓝头、红头。"现在这些给飞机起外号的同志已经都不在了，他们的鲜血已经浸透了小高岭的每一寸土地，他们临牺牲时，仅在 2 天前每人吃过两个冻土豆，战士们说寒冷加上饥饿"使你肚子里也快凝成冰块了。"

中国军队已经在东丘占据牢固的地位。如果投入兵力一举扩张战果，突破山麓的防御线进入环形阵地，进攻补给品堆积所和师司令部，看来是很容易的。

第二次世界大战后，日本人站着说话不腰痛评论当时的战况。日本人有自己的武士道，有自己的训练方法，也不乏对中国研究透彻的专家，也不乏深研战术的专家。他们依靠自己的理解，依靠他们的思维方式去理解和评论志愿军。但是，他们哪里知道，此时的志愿军，为消灭眼前的敌人所付出的努力，是他们永远也想象不到也无法理解的。他们为志愿军的一发炮弹侥幸未落到油料和弹药库上而庆幸，志愿军战士却为无端发射一发经过千辛万苦背到朝鲜的炮弹而自责。

志愿军在长津湖战斗中击毁的联合国军汽车、装甲现场。

韩国人自责地说:"G连与迈尔斯特攻队联合对东侧高地发起进攻,但因地形险峻,敌军强大,进攻毫无进展。"所谓强大,不过是一个排。

这时,又有40多名美军挥舞着蓝底白字的美军陆战1师的军旗向阵地拥来,大有势将一举勇夺阵地的意思。杨根思想起他对战士们说过的话:"只要有我们的勇敢,就没有敌人的顽强。"

他环顾一下阵地,除了一个5公斤重的炸药包以外,阵地上已经没有了自己的战友,甚至也没有了其他武器。远处增援的战友们冒着美军密集的弹幕封锁,以最大的牺牲,不顾一切地冲锋支援小高岭,他们的双手、双脚、面部严重冻伤,他们要接替战友守住阵地。而美军的炮火,却要掩护即将冲上阵地的美军,夺取小高岭(东丘)阵地。双方的胶着点,聚集在小高岭到底归谁所有。守住小高岭,就能够截断联合国军后退的道路;夺取小高岭(东丘)就可以使得困在下碣隅里的联合国军求得一条生路。40多名美军士兵,其中夹杂着韩国士兵,狰狞而兴奋地冲上小高岭,但是他们怎么也没有想到,迎面冲上来一个人,身上单薄的军服早已支离破碎,面孔焦黑,耳朵绛紫,双手皲裂,他的怀里抱着一个5公斤重的炸药包,而这个炸药包的导火索在嗤嗤地冒着青烟。在他之前,曾经在志愿军当中出现过怀抱两根爆破筒与联合国军同归于尽的志愿军战士石宝山。他牺牲的时候,杨根思及部队还在前往朝鲜的路上,石宝山的英雄事迹还没有来得及在志愿军中广泛宣扬,但这种视死如归的大无畏气概,是中国人民志愿军所共有的,是中国人民捍卫民族尊严的传承。

当听远东司令部有人指责说陆战1师是在撤退时,史密斯将军暴怒了,大声吼道:"这绝非是退却。这是向另一个方向进攻。通往海边的道路上有比我们面前更多的中国人在围堵拦截。"

这是真的。在包围圈中要想向外撤退,从哪个方向走都是突围,一种变相的进攻,一种怕死而寻生的进攻。

兴南计划中撤离的陆战1师炸毁了堆积如山的军需物品(这些物资足可以

装满5000节车皮），眼看着就可以成为自己的战利品，眼看着这些战利品可以挽救濒临死亡志愿军生命的时候，一声巨响，让志愿军战士的希望化为了泡影，饥饿和寒冷仍将继续。

陆战队史学家林恩·蒙特罗斯写道：

> 他们（陆战队）从未见过如此众多的中国人蜂拥而至，或是一次次地顽强进攻。夜空时而被曳光弹交织成一片火网，时而有一发照明弹发出可怕的光亮，把跑步前进的中国军队暴露无遗，使他们按原来的部署成堆地卧倒。陆战队的坦克、大炮、迫击炮和机关枪大显身手，战果赫赫，但是中国人仍然源源而来，他们视死如归的精神使陆战队肃然起敬。

约翰·托兰说：

> 他们好像并不在乎美国飞机架数和炸弹重量的增加，这或许是因为他们知道没有多少工业可摧毁的，同样，他们知道美国人花上一百年来制造炸弹也无法有效地摧毁中国的人力。

11月30日晚，志愿军9兵团集中第80师和81师向新兴里的美军发起攻击，消灭美军一个团。新兴里惨败，使美第10军士气开始动摇。阿尔蒙德命令美陆战第1师将柳潭里的部队收缩至下碣隅里，准备南逃。为了逃窜，美陆战第1师决定以第5团殿后，第7团向下碣隅里进攻，以打开南逃的通路。同时，命令在下碣隅里的部队守住阵地，然后待机后撤。

为表彰杨根思的英勇事迹，1951年5月9日，志愿军司令部政治部颁布命令：授予杨根思生前所在连队以"杨根思连"光荣称号。授予杨根思特级英雄称号。朝鲜民主主义人民共和国也授予杨根思"朝鲜民主主义人民共和国英雄"称号，并授予一级国旗勋章和金星奖章。

1950
朝鲜

38军命令113师于25日17时出发，经德川东迁回德川南的遮阳岭一线，

345

切断敌后路，由南往北向德川攻击；命令 112 师（欠 335 团）于 25 日 16 时分别由中草洞、杜门洞出发，在美 2 师与韩军 7 师的结合部越过战线，沿龙渊洞、泉洞到达海拔 1200 米的妙香山兄弟峰，经德川西面插到云松里，由西向德川攻击；命令 114 师于 25 日 20 时出发，正面向德川发起攻击。

遵照梁兴初的命令，38 军的 3 个师按规定时间分别开始了行动。

112 师沿人迹罕至的崎岖山径，攀崖越涧，于 26 日凌晨抵达兄弟峰南麓，隐蔽在密林中。3 时，收到军部电示："继续向预定目标前进。"师长杨大易向各团下达了命令："遇到敌人，不准恋战。派少量部队顶住，主力向里猛插。"

德川以西是韩军 7 师与美军 25 师、土耳其旅的结合部。112 师借着月光急行军。突然，前面灯光闪耀。随前卫团行进的副师长李忠信命令部队立即投入战斗。

公路上驶来韩军 7 师的运输车队，前后 6 辆汽车。336 团几颗手榴弹投出，随着爆炸升起的烟雾，战士们已经上到了车顶，仅用了几分钟就结束了战斗。手榴弹炸毁了两部吉普车，随车的十几名韩军士兵也成了俘虏，还缴获了 4 辆卡车，车上满装食品，还有上万只活鸡。因为有前车之鉴，再好的东西杨大易也没有时间折腾它，他果断命令："什么也不许动。俘虏捆起来，存放山沟。部队继续前进。"

志愿军在长津湖俘虏的"联合国军"官兵。

韩军士兵老老实实地束手就擒，而随车的两名美国顾问却像刚出水的鱼扑棱扑棱不听话。

李忠信用手电照了照他们，说："捆起来，抬走。"战士们扒下两个美军顾问的袜子，给他们塞到嘴里，松开了他们的裤腰带，反剪双手五花大绑，用担架一抬，随着行军队伍一起前进。本来单人行走都困难的山路，又增加了两个担架的分量，战士们轮流抬着。

部队在悄悄行进中，山沟里不时有联合国军士兵用手电筒在观察情况。李忠信示意大家压低身体，加快速度，只管赶路。第一次战役的经历，使他们接受了太多的教训。

女护士臧福英正巧赶上经期，在加上气候寒冷，没有吃过热饭，肚子里像刀割一样痛，几次痛昏过去。但她在战友们的帮助下，努力跟上队伍，绝不做落伍者。

离德川还有 20 里时，天已发亮。杨大易立即命令部队变四路纵队跑步前进。

112 师终于在 26 日 5 时前赶到预定地域，占领了钱山里、钱城里、云松里、安下里一带，并分别向嘎日岭和苏民洞方向派出警戒分队。至此，112 师完成了切断韩军 7 师通向价川、安州之路，并随之构筑好野战阵地，做好由西向东攻击德川的准备。

25 日 18 时，113 师奉命由德川东北韩军 7 师、8 师的结合部向德川以南穿插，"德川东面宁远有伪军第 8 师，南面假仓里有伪军第 6 师，西南面顺川有美军第 1 骑兵师，西面价川有土耳其旅，西北面有美军第 2 师和第 5 师，我之行动一旦被敌发觉，就有遭到包围的危险。"师长江潮决心以 337 团、338 团为第一梯队，占领古城江渡口，强渡大同江，割裂德川、宁远韩 7 师与韩 8 师的联系，然后，由南向北攻击德川；339 团为二梯队跟进，在大同江以南加入战斗，同时以一部占领有利地形，切断敌人南逃的退路。江潮要求各团接受第一次战役的教训，沿途不要恋战，不可因小利而忘大局，要求各团都要准备当先锋，第一梯队两个团，每团要准备两个营为前卫，遇到敌人，一个营与敌人纠缠，另一个营继续前进。绝不能因前卫营被敌人牵制而延误穿插时间。

4个小时后，部队到达新坪里的大同江古城江渡口。

一江寒水挡了113师338团官兵的面前，江水湍急，两岸水流和缓处结着厚厚的一层冰。部队不约而同地停住了脚步，望着冰冷渗透的江水发愣。

师政委于敬山发现前面的部队停止了前进，他快步来到江边，二话不说，脱掉鞋袜、棉裤，往头上一顶，说："大家随我一起过江。"说着话，光着身子涉入了冰冷的江水中。骑在马上的师军务科长陈锦渡望着寒气逼人的江水，本来打算骑马过江，当他看到于政委的样子，连忙从马上跳下来，脱掉棉裤走进冰冷的江水中。战士们也纷纷效仿政委的样子，迅速过河。

338团大部分刚刚过了江，正赶上韩军的一个营赶来抢占渡口。

战士们不禁暗暗佩服政委于敬山，要不是他带头脱衣过江，现在就会出现大麻烦了。别说战士们，当师长江潮赶上来以后，发现于敬山已经走到江中央了，自己连忙也脱掉棉裤，追了上去。

1连长命令1排跑步，迅速占领滩头阵地，趁韩军立足未稳，先敌开火。还未过江的3排机枪手，立即占领有利地形，把机枪架在江北高坡上，向韩军进行猛烈压制扫射，掩护3排乘机涉水渡江。

韩军被迎面突然射来的猛烈火力，打得乱作一团，部队失去了指挥。1连长挥起驳壳枪大喊一声："捉俘虏啊！"1连的战士们端着明晃晃的刺刀像猛虎般跃入韩军阵营，杀声四起。按照顺序排在部队最后刚刚涉江过来的炊事班，看到全连都冲了上去，顿时心急如焚，顾不上穿好裤子，也举着长把锅铲和扁担向韩军冲去，要亲手抓几个俘虏。

韩军彻底惊呆了，在零下20多度的冰水里，涌上一片带着冰花的白花花大腿，中间还缠着一道道不规则的红线（冰凌划伤），手里举着的却是家庭使用的饭铲、扁担和饭勺，身上、头发上结着冰凌。

韩军实在不懂，他们在臃肿的棉服里还冻得打哆嗦，志愿军怎么会赤身裸体在冰冷的江水里浸泡？等他们明白过来的时候，一个营的韩军士兵，除了被打死的，竟然被1连俘虏了140多人。战后在部队广为流传的炊事员光屁股捉俘虏的故事，就发生在这里。

26日8时，338团占领了德川以南之济南里、遮日峰。前卫2营以锐不可当之势，迅速打垮韩军7师一个营的反扑，再次西渡大同江，14时占领了青龙里，完成了向德川以南迂回的任务。

337团处于巨门洞南山与韩军8师10团1营阵地形成对峙，要穿插就必须由此突破。18时，部队发起攻击，6连连长稽月才、指导员祝再馨率领全连对"583"高地的韩军一个连实行南北夹击，一个连韩军被毙伤大部，并俘虏40余人。4连隐蔽接近阵地前沿，以突然的动作，将巨里韩军的一个连分割包围，激战半小时，俘虏70余人。"755·4"高地以东韩军的一个连扼守阵地阻止337团前进的道路，被5连击退。至此，韩军的防线被337团撕开了一个大缺口。

"755·4"高地南坡陡峭，长满荆棘，战士们为争取时间，抱着武器就顺坡往下滚。等部队全部下山后，发现战士们的棉衣全被树枝、石头划破，露出了一团团棉花。

337团过江之后，命令一个营迅速占领了城北里桥头阵地，主力继续前进，攻占了德川东南的莫滩里，不巧与韩7师搜索营相遇。337团二话不说立即投入战斗，打了韩军一个措手不及。337团身后的338团顿时变成了113师的前卫，继续向德川以南穿插。当行至左上里时，遭到韩军一个加强连阻击。前卫7连毫不迟疑，立即向韩军展开猛冲，各种火器同时开火，韩军抵挡不住，大部被歼，32人被俘。

339团随337团进至德川东南，发现了大股韩军。这股韩军被突然冒出来的志愿军吓蒙了，放弃了战斗队形扭头就跑。339团立即投入战斗，经过一阵追杀，活捉了100多俘虏，其余逃进山中。339团不顾疲劳紧随其后，又从草

1950
朝鲜

丛里搜出近千名俘虏。

25 日 20 时，担任正面攻击的 114 师师长翟仲禹决定以 340 团、341 团在"586·3"到"524·8 高地并肩突破。340 团向里洞北山发起猛攻，于次日 5 时占领了韩军阵地，并击溃了韩军两个团各一部，9 时攻占铁马山、三峰地区。

突破堂洞北山的战斗中，发生了这样一段趣事：堂洞北山原为 340 团 9 连的阵地。25 日，韩军以两个营兵力连续攻击，9 连坚守到下午 4 时，又一次打退韩军冲锋后，已完成诱敌任务，便主动后撤。退下来后发现战士孙大个儿不见了。战斗中丢伤员、丢烈士遗体是部队的耻辱，9 连要返回阵地找孙大个儿。请示到团长那里，团长说："马上要突破反击了，以后再说吧。"

孙大个儿是在天津解放时入伍的战士。

当部队反击以后，9 连重新攻占堂洞北山，在一个凹坑里，大家发现了孙大个儿。只见他"死"后还双手紧掐着一名韩军士兵的脖子。

战友们带着仇恨和伤感，使劲把他的手和韩军的尸体分开。万万没想到的是，已经"死去"的孙大个儿竟一屁股坐了起来。吓得战友"妈呀"大叫一声坐在了地上，以为他诈尸了。

原来，孙大个儿 24 日晚上到团部去拉了两趟手榴弹，回来后，觉得班里的工事抗不住炮轰，又搬来了一些大石头，垒了个小地堡。天亮了，韩军在美军飞机大炮的掩护下开始冲锋，9 连一次次打退韩军的攻击。打到最后一次时，孙大个儿的手榴弹也扔光了。这时韩军士兵冲上来了，他抱住一个冲在前面的韩军士兵扭打起来，两个人一起滚到山底。当孙大个儿最后把韩军士兵掐死后，紧张的精神一下子松弛了下来，接着又困劲上来了，结果竟然保持掐敌的姿势就睡着了。这一觉，从连队撤出阵地睡到突破反击又回到这里。

孙大个儿喝了一壶水，吃了半袋干粮，晃晃头，扭扭腰，又蹦了两蹦，哪儿也没受伤，高兴地大喊道："没事，赶队伍去。"

341 团由家木洞向发阳洞北攻击，很顺利地占领了阵地。当向新丰里前进时，遭到韩军炮火拦截，部队前进受阻。这时，侦察排捉来了个俘虏。

朝鲜联络员问："你是哪个部队的?"

俘虏哆哆嗦嗦地说："7 师 105 榴炮营。"

团长蒋德福、政委张镇铭闻听榴炮营，不禁眼睛一亮，忙对朝鲜联络员说："快问，在什么地方?"

俘虏答："回长官，沙坪。"

"什么时候来的?"

"总攻势开始后才调过来的。"

团里马上将这重要情况报告师部。

政委张镇铭听说俘虏是炮兵营的，就让联络员问他是否愿意为志愿军操炮。

联络员费了半天劲，那俘虏才别别扭扭地说："我是刚被抓来的汉城郊区的农民，还只是搬运炮弹，不会打炮。"

张镇铭一听，等于白问，挥挥手，叫人把俘虏带走了。114 师师长翟仲禹接到 341 团的报告，立即命令："立即派一个营，把敌人炮营打掉。"

师政委李伟补充说："敌人一向靠大炮和飞机壮胆，打掉了他的炮兵，就等于挤掉了他们的胆汁。搞炮阵地，这可还是头一次，要周密组织，打出经验来。祝你们成功!"

341 团首长领取任务以后一合计，决定派 2 营轻装前去。

政委张镇铭遗憾地对团长蒋德福说："我还说抓个能打炮的俘虏，让小子掉头揍李承晚，可想不到，李承晚也乱抓丁。"

蒋德福说："不稀罕，再跟美国鬼子干上几仗，我看我们的装备也就跟上了，还不指望老大哥了呢。"

入朝时，由于宣传上出现误差，认为志愿军应当要什么有什么，以致有的领导在向战士们讲话时说了大话，造成战士们的逆反心理，说领导说话不算数。

1950 朝鲜

　　2 营营长焦文泰率领部队悄悄地沿着一条山沟隐蔽前行，通过韩军的炮火封锁线，深入到纵深。26 日拂晓前，在沙坪村北找到了韩军炮兵阵地。焦营长命令 4 连摸进炮营指挥所，5 连切断指挥所和炮阵地的联系，6 连攻击韩军炮阵地。

　　准备停当后，随着他的一个手势，黑压压的手榴弹像长了眼睛一样，飞到了还在睡梦中的韩军炮兵阵地上。睡糊涂了的韩军士兵懵懂中被手榴弹炸醒，摸不到衣服，找不到枪弹，糊里糊涂地就被报销了。战斗仅用了半个小时，就连炮兵营长也成了俘虏，其余的韩军士兵看见营长被俘，也都放弃抵抗，又活捉了 40 余人，缴榴弹炮 11 门、汽车 50 余辆。

　　沙坪夺炮在志愿军当中是个成功的战例。后来 342 团的杨站夺炮也取得了同样效果。

　　遗憾的是，虽然敲掉了敌军的炮兵，却不能及时转换成志愿军的战斗力。兵成为俘虏，炮成为战利品，还要人看守。这就是志愿军的差距。

　　歼灭了韩 7 师的榴弹炮营，就等于打开了前往德川的北大门。韩军失去了炮火掩护，更加惊慌失措，节节败退。

　　114 师进展顺利，26 日 11 时，占领了德川以北的斗明洞、马上里，完成了将敌压缩在德川以北的战略设想。

　　由于 38 军的大胆穿插和神速动作，位于德川的韩军 7 师，虽处包围之中，却尚未发现 38 军的意图。直到 26 日 8 时，派出的 30 余辆汽车出德川西行至下桥，遭到 112 师 334 团伏击后，这才感到情况不妙，急忙连续两次发急电向沃克将军求援。沃克接电后大为恼火，他正为麦克阿瑟对他行动缓慢遭到申斥而气恼，现在韩军又来电说遭到了中共军的袭击，"虎头犬"沃克的虎劲上来，顿时火冒三丈。由于志愿军在第一次战役中成功地阻止了联合国军的进攻，然后又突然神秘的消失，作为战场指挥员的沃克大为不解，胜利者是挺着胸膛接受检阅的，哪里有胜利了却要躲起来的道理？但是，麦克阿瑟的观点和他截然相反，认为仅有3万志愿人员3万辅助人员的中共军没有什么战斗力，他们的战斗力早在八国联军进攻北京时就已经丧失殆尽了。这点属于美第10军的海军陆战1师最清楚，1900年八国联军进北京，有他们；1945年抗日战争胜利后，在北平、天津、青岛登陆的，有他们；1946年强奸北平女大学生沈崇的还是他们。这些作为美军的战绩深深地印刻在麦克阿瑟的心里。但是，今天的沃克已经没有了这种自负，他不禁一声冷笑：好吧，就让你看场你导演的好戏。于是复电给韩军7师称：据美空军侦察，没有发现共军有任何反击的迹象。一切证明，中共军正在节节败退，溃不成军。他还告诫韩军，这是毛泽东的"声东击西"游击战术，不要被其所迷惑，应按原计划继续"北进"。

德川韩军7师师长申尚澈准将气得脑袋发昏，大骂一阵以后，知道援助无望，只好调集兵力自行组织突围。他根据第2军团军团长刘载兴的指示，命令：一、全师撤至顺川；二、动用师预备队要突破包围圈，打通德川地区机动路，部队经北仓向顺川移动；三、第5团、第8团、第18炮兵营及其他所属部队跟随预备队向顺川移动。

38军原定于26日17时向德川开始总攻，但根据敌情变化，梁兴初和刘西元商议以后，决定提前到14时发起攻击。他拿起电话，向各师下达了命令："务必于26日攻占德川，彻底消灭伪7师。"

命令一下，德川四面炮声隆隆。韩军7师在志愿军猛烈攻击下阵势大乱。

15时20分，韩军5、8联队（相当于团）5000余人在美军第5飞行联队12架飞机掩护下，分三路向西仓、安山洞、长安里突围。

112师师长杨大易见韩军像潮水般向西涌来，立即命令334团进行截击。334团立即命1营在公路南侧，2营在公路以北同时发起攻击。

113师的338团，14时已进到德川西南育尤里地区，发现韩军7师向西逃窜，立即投入追击战斗。逃敌被334团、338团截击后，又回头向南坪站西南"239"高地方向逃窜。杨大易又命336团1营前去堵击。

1 营冒着敌机的轰炸扫射，跑步将韩军堵住。这时 336 团 2 营已将南坪站西南、正南诸高地占领。5 连指导员侯正佩率领 1、2 班战士趟过一条小河，抢占制高点时，正遇上沿德川、价川公路西逃的大约一个团的韩军士兵，约 1700 余人。侯正佩利用有利地形指挥战士们猛打。受到打击的韩军，向后退缩一阵以后，发现阻击他们只不过是一小股部队，就重新组织起来向 5 连阵地攻击。阵地上虽然只有 17 名战士，仅仅是进攻韩军的百分之一，但个个精神抖擞，无不以一当十。为了充分发挥火力，战士们全都站起来射击、投弹。由于敌我混战在一起，千里迢迢赶来支援的联合国军的十几架飞机无法参战，在天上盘旋着干着急。

5 连接连打退韩军 5 次冲锋。

黄昏时，40 多名韩军士兵趁暮色企图偷袭 5 连阵地，被 2 班战士发现，一顿机枪扫射把这 40 多名韩军士兵压制在一个小沟里抬不起头来。朝鲜族联络员金成玉趁势向韩军士兵喊话，经过一段政治攻势，韩军士兵竟然放下武器投降走了过来。这一仗，侯正佩指导员带领的 17 名战士，成功地阻击了一个团的韩军进攻，除打死的韩军之外，仅抓到的俘虏就达 220 人，5 连 17 人无一伤亡，以最小代价换取了最大的胜利。

338 团 8 连阻击中与一股韩军相遇。8 连一个猛冲，歼灭了其中的一部分，剩下的部分韩军士兵溃散逃往山林。随这股韩军突围的，还有韩军 7 师的美军顾问团，他们可没有那么幸运了，当他们紧随韩军官兵一起溃逃时，志愿军 338 团 8 连 8 班长带头扑上去，抓住一个就扭打在一起，后面跟上来的志愿军战士纷纷仿效，扭住美军顾问团展开摔跤比赛，一个连的志愿军围住了美军 10 多个人的顾问团，枪口已经顶在了他们的后腰上。这些平时当惯了太上皇的美国军官们，只好乖乖举手做了俘虏。其中有上校 1 名、中校 1 名、少校 6 名。

进入了俘虏营的韩军 7 师美军顾问团长波根上校见到韩先楚，有些无奈地说："真想不到，你们反攻组织得如此巧妙而严密，我们简直是在梦中就当了俘虏。"

韩国战史这样描述：

> 在月光下又展开决战。敌人在划破寒风的喇叭声中勇猛冲杀过来。初冬的朔风固然寒冷，然而敌人的喊杀声更使夜战变得阴森恐怖。

正面攻击德川的 114 师，沿三距里、马上里直插德川。在德川西南、南坪站以北地域包围韩军 3 团大部与韩军 8 团一部。被包围的韩军数次组织突围，均未得逞，大部被歼。"中国人运用常规的穿插、包围、在敌后设置路障的战术，在南朝鲜军防区内随心所欲，如入无人之境。到 11 月 26、27 日，中国军队从现已打通的东翼缺口处渗透到第 9 军的后方，直接支援炮兵的阵地，对第 8 集团军全线构成威胁。"

至 19 时，韩军 7 师有组织的抵抗力已经丧失，攻击德川的战斗基本结束。

38 军一昼夜穿插前进了 50 至 70 公里，歼灭德川之敌韩军 7 师，毙伤 1041 人，俘 2087 人，其中包括美军顾问团全部，缴各种炮 156 门，汽车 218 辆，电台 33 部，还击落敌机 1 架。

各师捷报传来，军部一片欢腾。然而梁兴初却眉头紧蹙，没有一点笑模样。他紧紧盯着作战科送来的各师战报，"共计毙伤俘敌 3128 人"。"3128 人"，梁兴初脑子里响起了彭总的声音——"我要的是聚歼"。解放战争时期部队流传着："吃菜要吃白菜心，打仗要打新 1 军；吃饭要吃大米饭，打仗要打歼灭战。"这个歼敌数字，与战前掌握韩 7 师的人数不符。在入朝时得到的情报上反映，韩军 7 师共有 7804 人，而现在的数量仅仅是原来的一半，这是什么歼灭战？他思索着，难道又叫敌人跑了？可南逃西窜的闸门都已经关死，敌人不会往东跑，更不可能向北来。难道敌人上天入地不成？韩军作战，不论进攻，还是防御，战斗力均不强，但有个特点，一旦失利，就化整为零隐没山林。这是因为，临时拼凑起来的韩军士兵，其中大部分也是农民出身，钻树林、跨壕

1950
朝鲜

沟本是他们的拿手好戏。第一次战役时，112师向球场攻击，突进市区后，不见敌人踪影，部队没有再进行仔细搜索就继续前进了。后来当113师到达球场时，发现韩军竟然又占领了市区——回窜。

梁兴初想到第一次战役的教训，不会又是击溃战吧？他大手一拍，命令作战科："命令各师立即组织搜山，敌人肯定就在这一带山沟里猫着，仔细点。"

112师指挥部设在德川西面一座小山的村子里，战斗结束后，副师长李忠信正盘腿坐在炕上写战报。突然电话铃急促地响了起来，他顺手拿起电话。耳机里传来电话查线员低低的声音："副师长，别出声，快隐蔽，有敌人。"

李忠信抬头朝窗外一看，有一股韩军士兵正探头探脑地向他所在的房子摸来，恰好赶上外出查线回来的电话员发现了情况，急忙打电话向他报警。可正在这时，政委李际泰一瘸一拐拖着负伤的腿走进指挥部。他就是被眼前的这伙散兵打伤了腿，并且尾随他来到112师部。李忠信一把扶住李际泰迅速躲开门口，一挥手叫过卫生员为他包扎。李际泰摆摆手说："不要管我，快组织反击，消灭敌人。"

李忠信沉着冷静地说："放心吧，政委，别说他散兵游勇，就是他李承晚的亲兵卫队来了，咱112师也照收拾他不误。"

此时指挥部里只有一个警卫班，还负责看守着被俘虏的两个美军顾问。

李忠信把警卫班班长叫到跟前，命令他带领警卫班迅速从后窗出去，对敌人形成包围之势，利用敌人对房间情况不明的机会，命令司号员等他的枪响以后吹冲锋号，打击敌人的士气。李忠信看到警卫班到位以后，手提着驳壳枪闪身出门，对准正要探听屋内情况的韩军散兵"哒哒哒"就扫了一梭子。随着枪响，顿时号声骤起，韩军士兵慌忙逃窜。这时，在前方指挥作战的师长杨大易，让侦察科长魏德才坐在他的身边，自己喜气洋洋地当回司机，开着一辆刚缴获的美国道奇式大卡车载着一车的侦察员正往回赶。没想到快到指挥部门前，眼看着指挥部里传来激烈的枪声，他激灵一下，后脊梁骨嗖嗖冒冷气，别刚看到些胜利，再让人家把指挥部给端了，在梁军长那里可怎么交差呀。他连忙紧急刹车，命令侦察员迅速投入战斗。打算逃跑的韩军士兵，不料从身后又射来子弹，当场又撂倒好几个。

侦察员们跳下车向着指挥部的院子扑去，正好和从院子里溃败出来的韩军士兵撞个满怀，没等侦察员手中的枪响，韩军士兵已经纷纷扔下枪，撒腿就跑。见此情况，杨大易用手中的冲锋枪冲天就是一梭子："抓活的，别让龟儿子跑了。"正在这时，336团一个炊事班刚好抬着行军锅送饭路过这里，杨大易晃动着手中的冲锋枪说："你们，火头军也去捉俘虏。"

听到师长的命令，炊事员们放下肩上的挑子，抽出扁担、炒勺、铁锹，随着侦察员们就追了出去。

应该说：韩军已经没有了战斗力，李承晚政府历尽千辛万苦将这些"兵"，从街头巷尾、田间地头、工厂车间、集市摊位"整合"到韩军队伍当中的时候，给他们描绘的是一幅胜利后"摘桃"图画。他们的前任，那些在日军占领时期从事过行伍生涯的兵们，在朝鲜战争开始阶段随着北朝鲜T—34坦克的长驱直入几乎丧失殆尽，侥幸活下来的也造成了心有余悸，战斗力大打折扣。

从25日起，中国军队对第8集团军右翼的南朝鲜第2军开始了激烈的进攻。南朝鲜第2军陷入溃乱状态"。"由包括一部分中国军队组成的部队的伏击和突然袭击，引发了一系列事件，从而导致了大韩民国第2军的3个师完全崩溃。

德川战役打得干脆利索，震惊了西方世界。

聚歼德川之敌，引起美军官兵一片沮丧。西方通讯社惊呼，"联合国军已被割裂为二，东线部队与西线部队的联系目前已被切断"，"现在前线战壕到第8军司令部，人人皆知圣诞节回家的希望已告破灭。故士气较之寒暑表的降落还要快"。

麦克阿瑟没有想到自己的一句豪言壮语，自己的一句体贴入微的安慰语，此时即将成为历史耻辱柱上始终嘲弄他的讽刺语言。

第十五章
土耳其旅的噩梦

土军凶悍的外表，飘动的胡须以及佩带的大刀，无不给人以粗野剽悍之感。他们在战斗中擅长进攻，而且不给对手留下丝毫余地。

为了确保战役的突然性，王丕礼毅然带头脱掉大头鞋，绑好鞋带，两头一系挂在胸前，光着脚踏进雪窝里。大家一看政委都光了脚，纷纷脱下大头鞋，悄无声息地向土军摸去。

打德川前，韩先楚曾对梁兴初说，你军必须在 5 天内完成任务，时间从 25 日黄昏算起。结果到了 26 日下午就解决了战斗，大大出乎韩先楚的意料。欣喜之余，他正笑着夸奖梁兴初时，军部译电员匆忙送来了一份"志司"发来的电报。

韩先楚打开一看："确息，美第 8 集团军预备队骑兵 5 团、土耳其旅已由价川向德川方向运动，美骑兵第 1 师由顺川向新仓里方向机动……"

"确息"是指志愿军从截获的联合国军电报中得到的消息。麦克阿瑟为了彰显自己的优势，形成对中国军队的心理压力，他破例违反常规，把联合国军作战意图在西方电台报纸上广为公布，致使缺乏侦察手段的志愿军可以坦然从收音机里得到确切的第一手情报，比自己侦察得来的情报还准确。

韩先楚说："看来敌人派部队来是想恢复战役态势，企图重占德川，保住他的所谓'老虎钳'的支撑点。"

"这就是说，损失个把李伪军师，麦克阿瑟根本就不当回事，'志司'的判断是正确的。"梁兴初接过电报，来到作战地图前，思考着，他和韩先楚对视一下，两人都有一种预感，这个机遇依然存在。

梁兴初的眼睛离开地图，对韩先楚说：

"副司令，按原计划 38 军插向价川、军隅里。我的意见，113、114 师马上西进。112 师的第一目标价川正东的鸣凤里，然后插向价川以南；114 师第一个目标是嘎日岭，然后沿杨站、南溪里，截断敌人南撤的去路。德川地区伪 7 师散兵多，留 113 师打扫好战场，然后尾随 112 师前进。"

韩先楚看着地图点头说："我同意你的部署。42 军已经按毛主席的指示，攻占北仓里，然后沿大同江西进，由三所里南下，在成川、顺川地区独立作战，歼灭骑 1 师的两个团。压力必然要倒向你这里。为了争取时间，我看要马上行动。我把这个部署现在就报告给彭总，以后有什么变化再通知你。"

"是！"

梁兴初凝视着地图答道。

38 军第二阶段任务的关键是 114 师能否先敌抢占嘎日岭，堵住联合国军的退路。

"副司令，我看这样，为加强指挥，派江拥辉到 114 师亲自指挥战斗，您看怎么样？"

韩先楚说："我同意。"

"通讯员！"梁兴初叫。

"到！"

"去把江副军长叫来。"

"是！"

不一会儿，38 军副军长江拥辉来到军部。他虽然年岁不大，仅 33 岁，却也是早在土地革命时期就参加红军的老战士，作战坚毅果敢，作风顽强。

"副司令、军长！"江拥辉举手敬礼。

"来得好快呀！"韩先楚亲切地和江拥辉握手，然后对他说："你一定要在今晚率部先敌占领嘎日岭，控制住垭口，保证 113、114 师在 28 日拂晓前顺利通过，为全军攻占价川、军隅里创造条件。"

江拥辉迅速扫了一眼地图，在来军部之前，他已经在地图上摸索了半天，对韩先楚的命令已经做到了心中有数。

"是！保证完成任务！"

"有把握吗？"梁兴初问。

"有！来之前，我仔细研究了这一带的地形，除了我们的机动力差一些，其余我们没有问题。"

"好！行动吧。"说完，韩先楚口述命令，要 42 军加快动作。

下午 1 时，38 军收到"志司"的电令："令 38 军留一个师在德川打扫战场，113 师（欠 339 团）沿安山里、船街里、龙沼里于 28 日拂晓前插至三所里、龙源里，阻击南逃北援之敌。"志愿军司令部与 38 军军部不谋而合，不过"志司"力主 113 师执行穿插任务。

1950
朝鲜

三所里是地处美第 8 集团军腹地的一个小山村。

梁兴初盯住地图马上找到了三所里，可是在三所里附近就是找不到电报中所提到的"龙源里"这个地方。他连忙招呼司令部里的参谋们，大家围在一起共同在地图上寻找，十几双眼睛，可就是找不到。最后在价川东南、鸣凤里以西找到了一个叫"龙伏里"的地方。音相似，可字不同，关键是不在一个方向上。梁兴初气的大嘴一裂大骂一声："他奶奶的，这个鬼地方。"

朝鲜战争时期，朝鲜因为战斗的紧迫与残酷等种种原因，没有及时为志愿军提供可靠的作战参考资料。志愿军所使用的地图都是各部队通过不同渠道得到的，不是一个版式，印刷的年代又不尽相同，比例大小又有差别，导致识别上出现误差。

梁兴初心想：不能再耽误，"志司"的命令已经很明白，甭管怎样，三所里是确定无疑，只要到了三所里，一切就可以明了。于是他把电报转发给 113 师，又电话叮嘱："到了三所里，准备南北两面作战，阻击南逃北援之敌。"

战役的关键是要看 113 师是否能够完成"志司"交给的神圣使命。这关系到第二次战役的成功与否，这个重担压在了 113 师的身上。

韩先楚不放心又要通了 113 师电话。

接电话的是 113 师副师长刘海清。

"我是韩先楚，你是谁？"浓重的鄂东口音。

"报告韩副司令。我是 113 师副师长刘海清。"四川口音。

"刘海清，你负责把命令传达到江潮和于敬山，第一，必须保证今天下午 6 点以前出发，集合一个出发一个，向三所里穿插迂回，听清楚没有？第二，路上无论遇到多大困难和伤亡，都不能停下来，只有向前，无所畏惧地向前！听清楚没有？第三，到达三所里以后，无论付出多大代价必须把敌人截住，这次战役能否取得重大胜利，彭总的作战计划能不能成功，关键就在你们那里，听清楚没有？"

三句话，三句"听清楚没有？"像是一个家庭对孩子的嘱托。可见第一次战役时因为恋战耽误战机，给大家带来的负面影响，同时，也因为口音不同，战场嘈杂，通讯音质差等原因不得不重复。应该说，由于对 38 军的不放心，彭德怀命韩先楚坐镇指挥，由于对 113 师的不放心，韩先楚特别强调。

决定战斗胜利的因素除了力量、装备以外，还要有创造机遇的勇气和军人克敌制胜的决心与信念。在大兵团还在德川一带作战时，彭德怀的目光已经瞄准了距德川 145 里以外的三所里，这是节点。

刘海清大声答道：

"听清楚啦！请韩副司令放心，我带前卫团率先出发，坚决完成任务。"

"战斗一结束，我要用这三条来检查你们。"

梁兴初接过电话："我听说有的战士端起饭碗没吃上两口就睡着了，部队打了两天两夜，实在很疲劳。这个情况我们心里清楚。但为了胜利，我们必须在时间上同敌人争分夺秒，现在，时间就是胜利。把这个道理同战士讲清楚，我们全军上下，必须咬紧牙关打好这一仗。我再送你六个字：插得进，卡得死！"

"是，插得进，卡得死！"

嘎日岭是位于德川西 20 公里处，在"814"与"805"高地间形成一个宽不到十几米的垭口，山高林密，地势险要。德川通往价川的公路在岭东盘山而上，穿过垭口在岭西顺山势逶迤而下。当地朝鲜百姓称这段公路为"十八盘"。垭口是咽喉要道。即将退休的美第 8 集团军司令官沃克中将在所谓"圣诞总攻势"之前显得比麦克阿瑟更加小心谨慎。现在德川、宁远丢了，出现了巨大战役缺口，虽然只是损失了一只胳膊，离足以致命的心脏还有段距离，但是沃克感到了事态的严重性。中共军远非麦帅心目中的"洗衣匠"，清川江以北所属的 5 个师（旅）的侧翼，已经完全暴露在中共军的火力之下，如果中共军的武器装备、后勤补给能够满足的话，质量不要说达到美军现有的程度，哪怕仅有一半，那么，美军也将遭受灭顶之灾。这就是说佩戴着"二战"胜利光环的美

1950 朝鲜

军，即将被"二战"中根本不能提到桌面上来的中国军队打败了，那种耻辱感，实在令他难以接受。他急令预备队土耳其旅迅速西进占据嘎日岭，必须不惜一切代价堵塞战役缺口。

沃克将军接受了教训，他用兵非常谨慎，情报机构也竭力去获取一些有关中国军队的兵力及其动向的切合实际的评估：在西线，沃克的第8集团军前方集结的是中国第四野战军的第13兵团，包括18个步兵师，至少20多万的兵力。在东线，与美第10军对峙的是中国第三野战军的第9兵团，有12个步兵师15万人，都是中共军的精锐部队。另外还有北朝鲜人民军的2个师团在机动。在联合国军后方作战的有约2万人的游击队，力量也不断壮大。

沃克看到，中国军队使用最原始的方法成功调动了大量部队，一方面，他们靠牲畜和背扛肩挑运送补给，不仅不受简陋公路的限制，而且徒步跋涉，克服了路况差对部队的限制，因而享有更大的机动性。另一方面，联合国军却拘泥于公路，非要靠改善现有的公路来运送部队和装备，工兵连打前阵。表面上看是联合国军的优势，实际上是联合国军的差距，如果不明白这一点，以后还要吃亏。

嘎日岭离德川、价川各20公里，相距两地的志愿军和联合国军，同时向嘎日岭出发，所不同的是联合国军土耳其旅是乘汽车，而志愿军38军是靠两条腿。

11月27日21时，远远的看到茫茫雪野中联合国军的汽车长龙从价川正朝着嘎日岭疾进。

跟随韩先楚一起到嘎日岭观察地形的"志司"情报处处长崔醒农万分焦急，他看到38军114师的342团正在赶往嘎日岭时，也不管部队有没有领导了，他把手圈成喇叭状，冲着部队大声喊："'志司'首长命令，立即抢占垭口！"

冒雪行进的部队，听说是"志司"首长命令，心里顿时燃起一团火，拔腿就向山上猛跑。但是在与垭口还有一段距离时，联合国军土耳其旅的尖兵连已经抢先占领了垭口，并在公路两侧燃起了篝火，等待后续部队从垭口的西侧源源不断地赶来。

侦察排回来立即向江拥辉报告了这一情况。江拥辉听说后大吃一惊，38军在熙川放走了韩军，现在怎么又晚了？他立即和114师师长翟仲禹赶到342前卫团，研究夺取垭口的方案。

当时江拥辉并不知道，首先到达嘎日岭垭口的只是联合国军土耳其旅的先头部队，大部队还远在后边没有上来。

朝鲜战争中，美国挟"二战"之威望和对联合国的把持，在苏联代表莫名其妙缺席的情况下，与新成立的联合国组织首次合作。共有22国家向朝鲜半岛派遣军队或医疗部队。土耳其就是首批主要参战国之一，并且派出了一个旅由亚兹吉准将统率，以土军团长塞拉尔·罗拉上校241团为骨干，下辖3个步兵营和1个支援炮兵营和工兵、军械、运输、医务各1个连和通讯排组成。派遣到朝鲜的土耳其旅5090人，其中士兵4414人。在整个朝鲜战争期间，它是唯一一支一直配属于美军骑兵1师的"实团架旅"一级的联合国部队。9月24日，在伊斯肯德伦军港搭乘美军5艘战舰前往朝鲜。10月17日，在韩国釜山登陆，在位于大丘城外新启用的联合国接待中心编入联合国军并全部换成美式装备。

土耳其旅士兵大都来自土耳其东部山区的小镇和村庄。这不仅是他们第一次离开祖国，也是第一次离开故土，而且是和非穆斯林打交道，"官兵们相信祖国的名誉和自己的武运"。

土军指挥官亚兹吉将军是位上了年纪的准将。曾于1916年在加利波利指挥土军的一个师与英军作战，在土军内备受尊敬。这次他为了重振威风，能够到朝鲜指挥军队，自愿提出降一级使用，来此担任土耳其旅旅长。土军具有凶悍的外表，飘动的胡须以及佩带的大刀，他们惯用在俄土战争中著名的枪刺突击战法，在战斗中擅长进攻，而且不给对手留下丝毫余地。士兵年轻力壮，每人随身携带一把匕首，在赤膊战中更具危险性。虽然土军士兵自第一次世界大战之后20年没有再打过大仗，但他们的粗野强硬却是闻名遐迩。

1950 朝鲜

江拥辉和翟仲禹商量，决定采取 342 团团长孙洪道、政委王丕礼的建议：他们在明处，我们在暗处，咱们就悄悄接近突然开火，一顿手榴弹必定拿下。这一带地形，114 师 342 团已经很熟悉了，10 天前防守遮日峰、袭击龙峰里的战斗就是发生在嘎日岭下。

可就在这时，部队不远处突然传来了不规则的手风琴的声音。342 团 2 营营长姚玉荣（营长曹玉海调到了 1 营）在上次战斗中缴获了一架手风琴，喜欢音乐的他简直爱不释手，宁可肚里无食浑身乏力也背着它。刚才部队停下来，姚玉荣见战士们有些疲乏，就鼓励大家坚持坚持。这时有战士提议，叫他拉首曲子，给战士们提提精神。姚玉荣欣然应允，随手拉了一首《解放军进行曲》，虽然他的演奏技法还比较生疏，但是乐曲却是大家熟悉的，手指未能弹奏出的曲调，在战士们的心中早已完成。乐曲中："向前，向前"的歌词，激发着每个战士奔向胜利的曙光。

这时，师长翟仲禹来了，他在黑暗中恶狠狠地骂道："混蛋！你打算给敌人报信呀？"

听到师长的声音，把姚玉荣吓了一跳。生性老实宽厚的中国士兵，知道自己犯了错误，为了及时改正，顺手把手风琴扔进了山谷，巨大的撞击声，使得手风琴发出了更加响亮的声音。

气得翟仲禹上前揪住他的耳朵，粗着嗓子骂："惊动了敌人，你就去给我当诱子。"

姚玉荣一看自己错上加错，就横下一条心对翟仲禹说："报告师长，要是跑了敌人，我就把他追回来，追不回来，你就枪毙我。"

"枪毙你？你小子要是不立功，看我怎么收拾你。别贫嘴了。准备战斗。"

"是！"

为了一举成功，团长孙洪道亲率 3 营 8 连从侧面攀登悬崖，迂回到土军后面，政委王丕礼亲自带领 3 营 7 连从正面沿公路两侧接近联合国军。

王丕礼要求 7 连只携武器、弹药，绝对轻装。准备完毕，他随前卫班向岭上摸去。

前两天下过的雪，已经部分融化，雪层变薄，含水量加重，由于一百多人在雪地行军，脚上穿着缴获美军的大头鞋（皮棉鞋），踩在雪地上发出较大"嘎吱、嘎吱"的脚步声，对隐蔽接敌不利。第一次战役以后，部队多少更换了一些缴获的美式装备，战士们还编了一首顺口溜："美国衣、美国帽，美国枪、美国炮，外加美国威士忌和面包！咱们吃饱喝足，把美国佬打他个七魂出窍。"

为了确保战役的突然性，王丕礼毅然带头脱掉大头鞋，绑好鞋带，两头一系挂在胸前，光着脚踏进雪窝里，然后转身向战士们示意。大家一看政委都光了脚，纷纷脱下大头鞋，悄然无声地向土军摸去。

嘎日岭垭口的公路上，土耳其旅士兵点燃了十几堆篝火，每堆火旁围着二三十人，把加兰德M1步枪斜背在身后，伸手在火上烤着，有的还一边吸着烟，一边说笑。篝火里燃烧的树枝不时发出"嘎巴、嘎巴"的响声，随着他们不断扭动的身子还不时地传出金属的撞击声。

王丕礼示意7连连长、指导员，把7连分成了十几个战斗小组，分头并进，每组包打一堆篝火旁的联合国士兵。当他们摸到距离篝火仅20米时，王丕礼突然从雪地里蹦起，大喝一声"打！"随着他投出的手榴弹，顿时成串的手榴弹像是突然而降的冰雹，在各个火堆中间爆炸，刚才还围着火嬉笑的土耳其士兵，被眼前的情景吓蒙了，还不及还手，手榴弹的爆炸已经夺去了他们的生命和斗志，把自己沾满雪粒的面孔从雪地里扬起来的时候，发现眼前是一双双颜色迥异或负伤流血的赤脚。

团长孙洪道带8连爬到嘎日岭上方，这里距公路还有三四十米的陡坡。7连打响后，8连立即顺陡坡溜下山冈，直接跳到了公路上。被7连打蒙的土耳其旅士兵转身打算向嘎日岭上逃窜时，面对的却是8连明晃晃的刺刀。这群作风彪悍的土耳其旅先头部队突然遭到攻击，腹背受敌，慌不择路，迅速败退了下去。仅20分钟，战斗结束，一个连的土军被消灭，还有20多名土军投降。

位于嘎日岭西侧后卫部队的土军听到这边枪声大作，见势不妙，爬上汽车准备西逃，可因为来的时候车头是朝东停下的，现在急忙掉头，几十辆汽车亮着大灯，上上下下来回倒进转向乱作一团。本来此地"十八盘"就路面比较狭窄，笨拙的十轮道奇牌大卡车，虽然司机拼命转动方向盘，但是车轮像是钉在地上一样不动，调起头来非常不易，再加上342团的攻击，土军司机惊慌失措，竟然不断出现连车带人翻下山沟的惨祸。

为了掩护部队撤离，土耳其指挥官亚兹吉将军急忙增调主力部队和炮兵营增援嘎日岭。霎时间，嘎日岭上枪声、手榴弹声、汽车的马达声、志愿军的喊杀声以及土军的惨叫声混成一团。

但是也有十几辆汽车调过头来，开足马力向西逃去。团长孙洪道命令8连1排前去截击。1排长带领战士们离开公路，冲过两个小山头，再往前却是一个80度的陡峭悬崖。1排长毫不犹豫地命令道："往下滑。"说着，自己首先蹲下身子，刺溜滑了下去。战士们也纷纷坐到雪坡径直溜下去。滑到坡底，有的战士的棉裤被石头树枝挂开了裆，露出了皮肤，有的还淌着血。但战士们顾不得伤痛，从雪地上站起来，继续向前冲锋，终于在"十八盘"下追上了疯狂奔驰的汽车。"打！"随着1排长的命令，成串的手榴弹顿时飞向了狂奔的第一辆汽车，随着剧烈的爆炸，飞驰的汽车顿时瘫痪在公路中央挡住了后面西逃的车队。土军慌乱不堪，匆忙从车上跳下，有的四处逃散，有的钻到汽车底下。

政委王丕礼叫人喊话，英语、朝鲜语都用上了，却没反应。相反却不断有子弹从车下射出，把战士打伤。战士们气不过，嘴里念着："叫你不投降！"端着枪就朝车下扫射。王丕礼气呼呼地叫人带过来一个俘虏。只见他，不是黑人，也不是白人，更不是朝鲜族人，长着浓密的络腮胡，脸上像蒙了层土，嘟嘟噜噜说个不停，谁也听不明白说的啥。

孙洪道歪着脑袋仔细听了半天，突然说："你们听'图尔其、腿了其'是土耳其的吧？"这一说大家才注意，他的臂章上是星星和月牙的绿色图案，与美军不同。王丕礼说："不错，像是土耳其。咱们没有会土耳其话的，快往后送，交上级去处理。"

这时，114 师师长翟仲禹打来电话，询问战斗情况。孙洪道把眼前的情景向师长一汇报，翟仲禹马上判断出，眼前的是土耳其旅。因为他是当时志愿军中仅有的几个会英语的军官。

在战士把土耳其俘虏归拢在一起的时候，王丕礼发现这帮兵每人的背包都是鼓鼓囊囊的，打开一看里面装满了朝鲜的铜制大锅碗和小铜勺。事后才知道，原来，土军来到朝鲜，听美军们说这里遍地都是黄金，老百姓的饭碗、勺子、筷子都是金子做的。所以他们就走一村，抢一庄，走一道，抢一路。尤其听说这次是"结束朝鲜战争最后总攻势"，总怕过了这村，赶不上这店，错过了发财的机会。因为被当做预备队留在后方，还大为不满。现在沃克派他们出动，还从心里着实地感谢沃克留给他们的发财机会。就把一路抢来的铜器装在背囊里或吊在腰带上，走起路来像是走街串巷货郎的拨浪鼓，叮当乱响。王丕礼乐了，告诉大家："搜山的时候，只要听到有铜碗响，准能捉到俘虏。"大家按照这个方子，还真抓到了不少。

占领垭口后，在嘎日岭西侧又遇到土耳其旅一个工兵连的抵抗。土军居高临下，7 连、8 连被火力压制，发动了几次攻击，均未奏效。孙洪道急眼了，命令通讯员跑步到 9 连，率领一个排的战士绕到土军的身后，机枪、步枪、手榴弹一顿猛打，7、8 两连借此机会猛然发起冲锋。

这时，在土军阵地上站起几个土军军官，把扣在脑袋上的军帽一把扯了下来，摔在地上，指着土耳其士兵哇哇乱叫，原来还打算拼命逃窜的土军顿时都趴在了地上。带领 2 营准备冲锋的营长姚玉荣，连忙一挥手，命令部队原地不动，他不知道土军在搞什么鬼。土军军官见志愿军全部卧倒了，不禁扬脖哈哈大笑起来。姚玉荣脑门上的青筋气得都绷了出来，他抄过一挺捷克 F26 轻机枪就是一梭子，那几个军官应声倒地，原来趴在地上的土军士兵，看见军官死了，不顾一切地从地上爬起来，撒腿就跑。迎面又撞上了 9 连主力，被两头一挤，一个工兵连转眼就报销了。事后，姚玉荣才知道，土军军官的做法叫摔帽为界，超过帽子的逃兵要枪毙。

1950

朝鲜

　　342团1营抵进价川附近的阳站，发现有土军一个营驻守，刚从2营调来的营长曹玉海心想，反正一个营对一个营，我是先手。

　　可是没想到部队刚要展开，又遭到了土军炮火的袭击。曹玉海立即将部队分散，3连攻取阳站北山，夺取土军的炮兵阵地，2连直插阳站街里，1连做营预备队。

　　阳站是通往价川的重要关口，土军在这里架起大炮，拼命向志愿军射击。3连冲了几次都没有成功。炮弹接连不断地在2连行进的道路上炸响，尽管战士面对炮弹毫不惧色，但是巨大的伤亡，造成战斗减员。不拔掉这根楔子，就截不住安州的逃敌。

　　曹玉海连忙把3连的干部们召集到一起，合计战术。大家认为，敌人火力猛，我们的人一扎堆容易造成伤亡，不如分成若干战斗组，交叉掩护，让敌人不知我们的动向。

　　曹玉海认为可行，就吩咐布置下去，让插向阳站街里的2连也一起效仿。

　　绕过嘎日岭，2连的步伐更快了。担任连突击队的1班全体不断地催促自己："快，插进去，打通阳站，非把大炮整哑巴了才行。"

　　天上的飞机不断地投弹，地上土军大炮不断的轰击，可是突击队员们谁也没管路边爆炸的炮弹，谁也没有理睬天上打转的飞机，一个劲地向前赶路。将近半夜，队伍到达了阳站东口，两边的山头上传来土军开挖工事的声音，街心灯光闪闪，不远处土军的炮兵阵地，还在不断地打炮。1班副班长潘学仕手握轻机枪，迅速挪动双腿，在队伍前面开道。这时，街心的灯火突然熄灭了，四处响起了枪声。他的弹药手吕臣是个刚入伍的新战士，没有参加过大的战斗，焦急地叫道："副班长，我们身后有敌人。"

　　"吕臣，不要管他，我们现在插到敌人的肚子里来了，他们也摸不清我们究竟来了多少部队。你跟着我，咱们把他们给捣个稀巴烂，我到哪里，你跟我到哪里。"

　　"是!"

这时，位于阳站西口的一队土军士兵，登上卡车发动马达准备逃走，潘学仕支上机枪，使出了他三发两中的绝活，一个点射，就把最前面的汽车打得趴在公路上，后面的汽车义无反顾地砰砰不断相撞。突击队的战士们冲进了阳站，对准汽车上的土军展开了攻击。潘学仕的机枪，有节奏地像是在按照韵律开枪，哒哒——哒哒哒——一个点射跟着一个点射，龟缩在汽车下面、石头后面土军，不断被他消灭。

志愿军步兵连通常使用的多是捷克 F26 型轻机枪，弹夹仅有 20 发子弹，如果搂住扳机不松手，20 发子弹顷刻就被打完，必须不断地更换弹夹。这对于弹药缺少的志愿军来说，几乎不可能。潘学仕的点射为志愿军创造了范例。

消灭了眼前这股敌人，潘学仕想，我还有一个任务没有完成，那就是捣毁敌人的炮兵阵地。他停住机枪，侧耳细听，炮弹还在不断地飞出炮膛。潘学仕的脑门一热：炮，敌人的炮还没有搞掉，敌人多放一炮，我们就多一些伤亡，一定要打掉它。他带着吕臣顺着炮声响起的地方迅速冲去，到了街西广场，果然，土军的榴弹炮阵地就在眼前，一门门大口径榴弹炮，正在发射。只见一名土军士兵正搬着一枚炮弹准备装填。潘学仕端起了机枪，"哒哒"，两颗复仇的子弹像是长了眼睛一样，飞向正要装填的土军弹药手。挥舞小旗指挥的炮长此时已经和其他人捂住了耳朵，可是炮没有响，弹药手像是没有了魂一样，被炮弹压倒在地上。几名土军还没有明白是怎么回事，潘学仕的点射已经让他们的身上多了几个窟窿。

天亮以后，曹玉海命令部队迅速撤离阳站，到街外准备防空。2 连迅速撤离街区，就在即将离开街道口的时候，突然街外两侧的山头上传来密集的机枪声。土军扼守的两个火力点的密集火力，牢牢的控制着街东口，使得 2 连被压制在街心动弹不得。昨晚解决了街心的战斗，却没有来得及清除两侧山头，现在，土军扼守在北面山岭靠街口的地方，一边打枪一边投手榴弹，配合着南面山头的两挺机枪，像两条火鞭一样，把 2 连压制在街心。虽然现在土军的火力还不能直接对志愿军构成伤亡，但是一旦美军的飞机飞临 2 连的上空，那必然

1950 朝鲜

要吃大亏，更麻烦的是上级交给 2 连的穿插任务就有可能完不成，38 军在第一次战役中的耻辱还没有洗去，又将面临新的耻辱。2 连连长气恼得用拳头不断地咚咚直砸地。

就在这节骨眼上，潘学仕匍匐着来到连首长跟前气喘吁吁地说："连长，你们快撤，我来掩护。"

"你还有子弹吗?"

弹药手吕臣拉开弹药盒子，里面足有 200 多发。

连首长满意地使劲握住潘学仕的肩膀，用力摇了一摇："好兄弟，你来掩护，任务一旦完成，迅速撤出战斗。"

"是! 听我的枪响。"

潘学仕带着吕臣往西爬出十几步远，把吕臣安顿在一个炮弹坑里，然后架起了机枪，回头向连首长望了望，把机枪对准了南面的土军的两个重机枪火力点。他迅速瞄准其中的一个黑点，扳机轻扣，"哒哒哒"，三发精确制导子弹飞向了土军，顿时，刚才还在吐着火舌的机枪，像是遇到了闸门，一下子断了，他迅速又把注意力瞄准另一个火力点，正要发射，营迫击炮手接到营长曹玉海的指示，有力地支援了他们，一颗颗准确的炮弹在南山头上爆炸。2 连借此机会，迅速通过街心。吕臣高兴得直拍手。潘学仕厉声说："快压子弹，敌人马上就会进攻的。"

话音刚落，街西口的土军，见志愿军队伍撤出街里，一个个从战壕里蹦出来，端着枪，嚎叫着冲了过来。吕臣的脸上刚才还浮现灿烂的笑容，现在，见此情景突然一下变得面如土灰，在大批土军面前，只有他和潘学仕两个人了。他的手抖了一下，原来是潘学仕从他的手中拿走了两个弹夹。只见他不慌不忙地蹲在弹坑里，把机枪压上装满子弹的弹夹，仔细地听着外面的枪声，就在土军的枪声稍有稀疏的一瞬间，潘学仕突然从弹坑里跃起，双手持枪，对准冲过来的土军士兵，接连扣动扳机，子弹像泼水一样飞出枪口，前面黑压压的土军突然变成镰刀下的秋秸秆，成片成片的倒下，土军的进攻被打退了。这时，潘学仕发现在西边崖边，还有我军的担架队没有完全撤出去，土军不断地从崖上向下投手榴弹，巨大的爆炸淹没了担架队的身影。潘学仕立即把机枪对准北面山头上的土军，只要上面刚要露头，他就一梭子，打得土军不敢再投弹，终于掩护担架队转移到了安全地带。这时，天空中布满了前来援助土军的美军飞机，对准已经撤离的阳站街里一顿狂轰滥炸。吕臣望着潘学仕似乎在说：我们的任务已经完成了，可以撤退了吧。潘学仕把目光投向刚才担架队隐蔽的地方仔细打量。

"吕臣，你到马路那边看看还有没有我们的人？我来掩护你。"

吕臣匍匐前进没几步突然失声叫道："副班长，你看啊！副指导员负伤了。"

2连副指导员姜世让带领担架队准备突围时，突然遭到土军手榴弹的攻击，他被炸伤了左腿。伤口向外淌着鲜血，由于失血过多，他昏了过去。

潘学仕连忙来到副指导员的身边，伏在他的胸前，听听他微弱的心跳，掏出急救包，为他包扎伤口，吕臣在一边急切地叫着："副指导员！副指导员！"

脸色苍白的副指导员姜世让从昏迷中苏醒，看到潘学仕和吕臣还在街里，就说："你们任务完成的很好，带走我的文件，给我留下两颗手榴弹，你们快走！"

"不！副指导员，有我们在，就不能丢掉你不管。来我背你，吕臣帮我拿着机枪，咱们从这里爬出去。"子弹在他们的头上呼啸着飞过，潘学仕背着姜世让爬过了街东口，进入到安全地带，正好赶上来接应他们的战友，大家一起把姜世让背到连队。

在这次战斗中，342团全歼土耳其旅一个加强营及一个战斗工兵连，打开了通往价川、军隅里的大门。114师主力翻过嘎日岭，占领了裴德站、瓦院地区，距价川只有10公里了。

同时向西攻击的112师，连夜翻过月峰山、西水岭。28日拂晓，前卫336团插到嘎日岭西南的渔口站一带，前卫1营和土耳其旅及美军一部遭遇，密集

1950 朝鲜

的子弹像是夏天的骤雨一样泼来，1 营长不幸中弹牺牲。营教导员马上接着指挥，立即对土军发起攻击，在三面临敌的不利条件下，击退敌人。撤回瓦院的土军主力被 38 军团团包围，一场二十世纪的古典冷兵器战争在双方展开，土耳其旅的大刀与志愿军的刺刀展开了白刃战。

土耳其旅是在既无情报又无美国顾问，英语口令又没有传到位的情况下单独作战，而且还是在美军撤退时，被沃克急调去堵战役的缺口。令沃克难以置信的是，几个小时后，土耳其旅发来了一份战报，在战报的题眉上着重写着"大获全胜"的字样，令沃克喜出望外。土军进入阵地以后，"与蜂拥而至的中国军队进行了激烈的战斗，经过浴血奋战，他们守住了联合国军的阵地，打死打伤若干中共军，还俘虏了几百人。"沃克的心里稍微有了些安慰，认为土军还是有战斗力的。

不想，他的念头还没有完结，韩军第 2 军团军团长刘载兴和韩军 7 师师长申尚澈就怒气冲冲找到他评理。

原来，从德川败退下来的韩军 7 师的士兵，看到土耳其旅的阵地，如同湮没在湍急河流当中看到了救命的稻草一样，他们拼命朝土军阵地涌来。当韩军士兵即将接近土军阵地时，突然遭到土军的猛烈射击，韩军士兵大量伤亡。

沃克听后连忙命令美 2 师派人去核查，结果情况属实。刚上战场的土军，既不懂英语，也不懂朝鲜语，更不懂汉语，自己虽然地处欧亚交界之处，但是对亚洲人了解甚少，以为那些人是中共军，于是就开了枪。

下午 15 时 30 分，亚兹吉将军接到美第 9 军军长约翰·库尔特将军的命令："同 2 师右翼部队保持联系，继续执行对军右翼机动路的切断任务。"亚兹吉将军接到通信兵送来的电报，心里骂道："简直是混帐逻辑，我的部队都给你们当了炮灰，不来救我，反而让我去保护你们？"亚兹吉将军把电报一撕："不听他美国人放屁，传令部队依次后退，完成向新林里的移动。"

正在苦苦煎熬的土军在瓦院一直坚持到当天下午，这时亚兹吉将军的命令来了，接到"圣旨"的土军开始向军隅里撤退。随军的大部分车辆已经损失，再想顺着公路乘车逃脱的可能已经没有了，幸存下来的土军士兵匆匆离开公路爬进了深山密林。"旅的后卫部队在不利地形处遭到袭击，经激战突围出来。但是美军通信军官洛伦佐上尉等许多士兵阵亡或失踪，通信车辆也被敌人夺了去。"但令他们自己没有想到的是，他们这种弃重逃生做法为后来美军逃离志愿军的包围圈提供了借鉴。

到了晚上9时，亚兹吉将军在集结地招呼自己的部队时，惊奇地让他久久地不能合上嘴："拥有5000人的土耳其旅，其实力大约减少到只剩两个连的兵力。"不要人说，看来他又要自动降级了。

11月29日早上7时30分，一名血肉模糊的土耳其士兵匆匆跑进美军2师师部，见到师长凯泽少将，像是孩子在外面受到欺负，在左顾右盼之时终于见到了自己的亲人一样，张开大嘴，哇哇大哭起来。

凯泽将军连忙安抚带着一身膻气味道的友军士兵。

哭了一阵的土军士兵气喘吁吁地说："昨天晚上我们补给连从顺川出发，沿着顺川到价川的公路北上。没有想到，快到青龙站时，遭到中共军的奇袭，一个连的弟兄全部阵亡了。"

"敌人有多少部队？"

"至少一个团！"

"是中共军还是北共军？"

土军士兵愣了一下："我也分不清，看那落后的装备和那不要命的拼杀，像是中共军。"

"啊？"凯泽将军惊讶地张开大嘴却没有和刚才哭着的土军士兵张开的大嘴比大小的意思。他迅速来到地图跟前，找到土军士兵所说的地点，他的头"嗡"地一下像是要炸开一样。上帝呀，青龙站在我们的南面，如果真是中共军的话，那么就说明顺川公路已经被切断，我们的退路也已经被中共军切断了！看来中国人是决心不让我们染指鸭绿江。

1950 朝鲜

乘车逃跑的美军军官成了志愿军的俘虏。

遗憾的是，美军第2师迟迟得不到撤退的命令。他曾多次打电话向顶头上司第9军军长约翰·库尔特联系。但是这位军长竟然对2师的呼叫充耳不闻，气得凯泽大骂："傻子约翰！"

不久，约翰·库尔特被免职。

这时，与他相邻的美1军军长米尔伯恩将军给凯泽将军打来电话询问情况。

"长官，我只能说情况不妙，甚至我的指挥部也受到了袭击。"他用手捂住冻得发痛的胸口，等待步兵9团的消息，因为只有步兵9团冲出去，才会完成撤退平壤的计划。

"不行，就向我靠拢吧。"米尔伯恩关切而没底气地说。

实际上米尔伯恩说这话时，也是在自我安慰，他的处境也不妙。

凯泽将军拖着疲惫的双腿在一片美军尸体旁走过。他抬腿迈过一具美军尸体，不料却踢在了尸体的肚子上。"那具愤慨的'尸体'，坐起来叫道：'狗娘养的，瞎眼啦?''朋友对不起'。凯泽道歉随后继续前行。"

陆地不好走，干脆乘直升机。

在旋翼的巨大轰鸣下，直升机拔地而起。凯泽将军发现公路上有成千上万的难民在拼命地向南涌来。按照一般的常识，凡是出现难民的时候，证明战斗还没有打响，因为难民总在军队到来之前逃离。

技术先进的时候，往往也会产生智障。凯泽将军从直升机上看到的难民，其实是志愿军向南穿插的部队，因为装束的破旧，又在争先恐后抢时间，队形已经早已遗弃了一路纵队，哪里有路，哪里便于穿插，就走哪里。但不幸中的万幸是被当做了难民，躲过了联合国军飞机的轰炸。

事后，当凯泽将军每每回想起这一幕，就为当时自己的愚蠢而后悔不已。

向志愿军投降的美军第 25 师工兵连部分官兵合影。

950

朝鲜

第十六章
生死"闸门"

　　三所里不仅是个险要关口，同时也是彭德怀立志要截击美军主力南逃的陆地"闸门"，更是"联合国军"急于逃离苦海的心理闸门。

　　枪声夹着电波传到了第8集团军司令沃克将军的指挥部，他无论如何也难以相信，在美军的后方纵深竟会出现志愿军的大部队，尽管敌方屡次上演穿插迂回的拿手好戏……

11 月 27 日，中国人民解放军第 9 兵团在宋时轮将军的率领之下，身着简单的御寒衣装从辑安进入朝鲜东线。在气候寒冷、山高林密的狼林山脉将美军第 10 军的陆战 1 师、步兵 7 师分割包围成 5 段，等候聚歼。

11 月 28 日，从前线传来的消息与"联合国军"司令麦克阿瑟将军所掌握的情报大相径庭。他虽然屡次和远东军情报部长威洛比少将核实，但是得到的情报却没有让他满意，因为为了维护判断的一贯性和解除美第 10 军参谋长鲁夫纳的质疑，威洛比依然认为："这个时期，中共军不会大规模介入。"并解释说："所谓听说许多师的番号，那是确实的，不过，来的不是全体，而是其各一部。"远东军总参谋长希克将军问："如果中共军介入的话，你认为会有多大兵力？"他回答："来的只是义勇军，已经证实中国师的实际战斗力相当于 1 个营。"威洛比说的没错，一个中国师的火力配备大体相当于美军的一个营。但此时说的却是人数。

情急之中，麦克阿瑟把处在烽火前线的东、西两线的指挥官第 8 集团军司令官沃克、美军第 10 军军长阿尔蒙德将军召回东京商讨对策。麦克阿瑟谨记美国开国总统华盛顿的教导："当危险一清二楚时，常识和谨慎会提醒你警惕和小心。"[①] 令美军士兵不幸的是，他没有像志愿军的司令彭德怀那样亲赴前线，把指挥部设置在更加便于指挥的前方，而是远远地躲在日本东京。他们分析了自 24 日以来的形势，认为：目前，中国第四野战军的 5 个军在对付第 8 集团军，第三野战军的 2 到 3 个军在对陆战 1 师进行袭击，中共军正规部队的精锐部队已经参战，这是不争的事实。为了稳定战局，联合国军决定后撤。麦克阿瑟强调："重要的是用自己的眼睛看准。"他向参谋长联席会议发出电文：

在对这里的情况作出总的估计时，必须看到我们面临的是一场完全陌生的战争，我们是在完全陌生的环境里作战，对手是具有巨大军

---

① ［美］拉塞尔·F. 韦格利著，彭光谦、张孝林、赵汉生译：《美国军事战略与政策史》，解放军出版社 1986 年版，第 27 页。

事力量的完全陌生的大国。必须清楚地认识到这样的事实，即我们相对弱小的军队现在面对共产党中国全部进攻力量，如今对付这样的军事强国，就要求政治决策和战略计划，使之完全适应当前的现实，为此，时间是重要的，因为敌人的力量每时每刻都在增长，而我们却在下降。

事实让麦克阿瑟认识到了不幸，他迅即扭转了以往的印象，使用三个"陌生"来力求摆脱联合国军所面临的困局。一向坚定顽强的他也不得不承认眼前的事实，他不再认为沃克将军所说的是胆小鬼带有恐惧心理的臆断。

有些文章说到这里都在指责，说他妄自尊大、狂妄至极，宣称"武力是使中国人屈服的唯一办法"，说他无所不用其极。但是，我们不能不看到，我们在说我们是马克思主义的彻底唯物论者的时候，天然处在唯心论者阵营的麦克阿瑟，此时也是马克思主义的唯物论的追随者。他在战役开始以后不久，即改变了自己延续已久的观念和看法，对于一个已经 70 岁、在军界 50 余年、在世界和美国颇有威望的五星级上将麦克阿瑟来说，已经是非常不易。有道是江山易改，本性难移，人的观念亦如此。

梁兴初调兵遣将之后，将 38 军指挥部前移到德川西北的上德里(新城里)。

11 月 28 日 5 时，一夜未眠的梁兴初接到机要科刘科长送来"志司"转来毛主席的电报，电文如下：

（一）祝贺你们歼灭伪 2 军团主力的大胜利。（二）目前任务是集中我 42 军、38 军、40 军、39 军，歼灭美骑 1 师、第 2 师、第 25 师三个师的主力。只要这三个师的主力歼灭了，整个战局就有利了。（三）美骑 1 师（两个团）正向德川、顺川、成川之间调动，目的在巩固成川、顺川地区，阻我南进。我 42 军应独立担任歼灭该敌。（四）美 9 军团指挥之第 2 师、第 25 师，在球场、院里、军隅里、价川一带，我 38 军、40 军、39 军应担任攻歼该敌，这是很重要的一仗，望令各军努力执行之。

不能不看到，在麦克阿瑟已经转变了对中国的看法并采取了新的措施以后，我们的一些观念还没有彻底转变，当然，也没有相应的措施。

梁兴初没想到毛主席用"大胜利"来评价德川之战，心里美滋滋的，一次战役时的不快，稍有平抚。但也马上感到下一步任务的分量，尤其"这是很重要的一仗，望令各军努力执行之"。

一个钟头后，通讯科刘科长反馈各师的情况："报告军长，112 师、114 师接到了电报。113 师到现在还联系不上。"梁兴初看了下手表，指针已经明确的指示为早晨 7 点。他皱起了眉头，113 师到了哪里？刘海清啊刘海清，你是怎么搞的，别再捅娄子了。38 军实在受不了再接受一次骂了。在"志司"会上，彭总的怒发冲冠，着实叫梁兴初领教了一番。

梁兴初现在看出来了，当时彭总为什么要发这么大的火。我们的一举一动都在毛主席的眼里，他在时刻看着我们，看着彭总，他的每一个战役都是在给毛主席看，给祖国人民看，一旦打不好，咳——

梁兴初长叹一声。其实他有一点没有料到。彭德怀之所以发雷霆之怒，不光是为因为毛主席在看着、期待着。更重要的是在战局有利的时候，不能充分利用，将是对广大指战员的犯罪。因为一仗打不好，今后战役的艰难程度不知又要陡然增加多少。而对于武器装备极端落后、后勤补给十分困难的志愿军来说，要想和美军抗衡，是要牺牲多少志愿军战士的生命啊！

唉，真是，一时不慎，导致如此严重的后果。现在 113 师要冒着极大的危险穿插迂回到具有现代化重装备的联合国军身后。饭吃了没有，觉睡了吗？我们的干部作用发挥的怎么样？战士的轻武器能够抵挡得住美军钢铁的轰击吗？

一切都是未知数，现在电报联系不上，就说明 113 师还在路上奔波。要是这会儿来了电报，恐怕是出了问题。既然没报告，也可以说是一种欣慰。这时，天空中传来美军飞机的引擎声，梁兴初抬头望望，新的一天又开始了。

心里虽然这样想，可总还是放心不下。他命令通讯科："要不停顿地与 113

师联络，一有消息马上报告。"一夜要走 145 里山路，他们已经达到了人类的极限，可能还会遇上敌人武装拦阻，他们能够完成吗？这项任务相当艰巨！

梁兴初不由得又想起了第一次战役丧失的机会，一颗心又悬了起来。时间一分一秒地煎熬，半个小时又过去了，离预定的时间在分分秒秒地接近，但仍没消息。

突然，电话铃急促地响了起来，梁兴初迅速抄起电话。

通讯科刘科长高兴地报告："军长，'志司'传来信息，338 团已于 7 时到达三所里。"

"什么？"梁兴初一听，发了火，沙哑的嗓子吼道：

"怎么搞的？他们到了三所里为什么不先报告我？'志司'是咋个先知道的？乱弹琴！"

11 月 28 日，麦克阿瑟召集沃克和阿尔蒙德将军赴日本东京召开紧急会议，商谈对策。

午夜过后 4 小时，华盛顿政府通过韩军第 2 军团瞬间的土崩瓦解，逐渐拨开了麦克阿瑟的豪言壮语，发现一种更大的潜在危机已经悄悄降临，美第 8 集团军已经面临巨大灾难，他们认为这种巨大灾难是由于麦克阿瑟的固执己见而带来的。所幸他开始承认自己的失败：

> 由我们的进攻行动导致的形势发展已展示无疑。现在，把朝鲜冲突局限于针对由北朝鲜部队和象征性的外来因素组成的敌军的所有希望都应彻底排除。中国在北朝鲜投入了大批军事力量，而且实力仍在增强。任何在志愿名义或者其他托词掩饰下进行少量支援的借口现在都不具有一丝一毫的有效性。我们面临一场全新的战争。中国人开辟了越来越多的增援和补给通道，这使我们的空中力量无法实施封锁。显然，我们目前的军力不足以应对中国人这场不宣而战的战争，天时地利对他们更有利。

清晨 6 点刚过，美参谋长联席会主席布莱德雷将军把麦克阿瑟带有沮丧或者抱怨的电报通报给了刚刚起床不久的总统杜鲁门。

杜鲁门看过电报以后,双唇微微地颤抖着说:"3 天前,仅仅在 3 天前,他还说是要发动结束战争的攻势。为什么地球的背面却和我们认识的世界有着这么大的差异?"

第三次世界大战的发起和苏联等待中美消耗到一定程度就要来干涉的阴影始终徘徊在杜鲁门的脑海。如果这是发生在第二次世界大战期间,区区朝鲜战争仅仅作为太平洋战争一隅,不至于提到他的议事日程。

11 月 27 日 11 时,113 师副师长刘海清接到向三所里穿插的命令后,立即向师长江潮、政委于敬山作了汇报,尤其是梁兴初布置的六个字:"插得进,卡得死。"然后马上收拢部队。师党委研究决定,由 338 团为前卫,副师长刘海清随团指挥,师直、337 团尾随前进。为加强穿插力量,让 339 团 2 营也随师行动。德川只留下 1 营打扫战场(3 营已经支援军先遣队先行到达武陵桥)。这说明 113 师已经不是一个整编师。

三所里是价川以南 30 公里处的一个小村庄。北依妙香山,南临大同江,平壤至价川的公路经村西通过。三所里不仅是个险要关口,更是彭德怀立志要截击清川江方向美军主力南逃的陆地"闸门",还是联合国军逃离苦海得到更生的心理闸门,战略位置极为重要。从青龙里到三所里要穿越高山峻岭,地图上测绘距离长度约 145 华里。其间要途经联合国军腹部地区,即使遇不到联合国军正规部队,就其地方保安部队造成的麻烦也肯定会有的。

为了能够按时插到三所里,113 师党委当即商定,部队只带必要的武器、弹药,轻装前进。每个营、连都要做好准备担当尖刀。遇到敌人,前面的营、连堵住敌人,后面的部队要继续前进。打的打,走的走,交替前进,绝不恋战。为了便于边走边打,部队各级都要做到火器提前、指挥提前,即团长随前卫营,营长随前卫连,尖刀班要由连干部带领。

338 团行进序列是 3 营、1 营、团直、2 营。3 营的前卫是 8 连。113 师党委提出了"按时到达指定位置，走到就是胜利"的口号。

德川的枪炮声逐渐稀疏，但是被美军飞机炸毁在公路上的汽车、军用物资等还在熊熊燃烧，遮天蔽日的浓烟掩护了还在打扫战场的战士们。

338团在战斗的间隙得到了待命休息的指示。团长朱月华看着还在打电话搜集各个连队汇报的政委邢泽，发现他一晚上似乎老了许多，实际上他仅有28岁，疲惫的脸上带着倦意，但是他在电话里还是不断地嘱咐各连"让战士们抓紧休息，好好睡一觉。"朱月华冲着邢泽说："伙计，你也休息一下吧，你的眼睛都是血丝。"邢泽苦笑一下："看看你自己吧。"说完，俩人和衣趴在桌子上闭上了眼睛。

3点15分，指挥部的电话急促地响了起来。朱月华赶紧抄起电话。

电话是师长江潮亲自打来的："命令你团为先遣团，立即插至三所里一带，堵击企图南逃之敌。"

从师长江潮略带急促的话语中，朱月华感到师长的喜悦，这说明联合国军正在按照我军的指挥棒，沿着规定的路线移动，更大的胜利在等着我们。

朱月华和邢泽立即在地图上进行仔细的研究：三所里位于价川和顺川的公路上，是扼守南北的重镇，北依妙香山脉，南临大同江，地势险要。虽然从地图标出的力量配属上可以看出，志愿军的兵力达到了联合国军的3倍，但要围歼联合国军，就必须让志愿军付出百倍的努力，战胜一切困难，同机械化的美军赛跑，扼住口袋。

邢泽的目光里虽然暂时消除了一丝疲惫，但又多了一丝自责："我们还是没有领悟到战争的真谛，如果早一步想到现在，我们会多么主动呀！"

时间就是军队，时间就是胜利，时间就是军队的生命力所在！

为了抢时间，338团团长朱月华、政委邢泽和部队一起，边吃饭，边交待任务，边动员，边补充粮、弹。2营7连因为要留下来看守俘虏，不能一同前去堵击美军，吵吵闹闹地发起了牢骚。

1950 朝鲜

趁着朦胧的月色，338团一队长长的影子，穿过山林河流，不顾一切地奔向预定目标。部队在肃静中行进，只有刷刷的脚步声扰动着宁静的夜空。一条小河像绳索一样，在战士们的脚下缠来绊去，河边的石头被冻得溜滑坚硬。极度疲乏的战士有的走着走着就不知不觉地睡着了，要不头碰到前面战士的枪上，要不就是跌倒掉进河里，还生怕自己被落下，连渗透在棉衣里的水都来不及拧一下，就继续追赶队伍，结果棉衣、棉裤被冻成了冰桶，妨碍走路，不得不边走边敲，要不索性使劲一蹲，把棉裤折成两截。以往行军的时候，步兵总是埋怨炮兵挡路，影响行进速度。这次炮兵部队为了轻装，把随军的车、马都留在了德川，一块让7连给看守，自己将笨重的火炮分解，由炮手分别把炮身、炮架、炮盘、炮弹人背肩扛随着队伍一起飞奔。上山压得迈不开脚步，下坡时，为防止惯性冲倒，炮手们想出个法子，腰里拴条绳子拉着炮身，炮手在后面拽着，炮在前，人在后。就这样仍有不少战士跌倒划伤。前面的步兵战士们，为了能够给后面的部队多提供一些方便，随手抓来一把草、一块石头、树枝、砂土垫在泥泞光滑的路上。为了防止出现意外，团首长命令，每个队伍要干部走在前面，一人抓住前一人的子弹袋，一个拽住一个地走，像是幼儿园里阿姨带着散步的小朋友。大家只有一个坚定的念头——走，快点走！早点儿到达三所里。

快到沙屯时，113师副师长刘海清从后面的339团布置完任务后，快步追上了338团。

师团首长决定开个临时党委会，研究敌情和通过沙屯的方案，同时也让极度疲乏的战士们睡上一会儿。命令一下，部队就像开闸放水，立着的人顿时倒在地上，鼾声如夏季闷雷，即刻传来。

天快亮时，是部队最疲倦、最难熬的时候，此时部队已经行进了90多里。

团长朱月华传令部队吃点干粮，补充能量，继续前进。政委邢泽命令团政治处的同志都下到各个连队去，协助指导员进行战斗动员。他自己站在队伍旁边大声对前进中的战士们说："同志们，拿出精神来，不要忘记我们是从什么地方来的——我们来自鸭绿江北面！同志们，鸭绿江北面是什么地方？"

"是祖国！"战士们豪迈地说。

"是啊，同志们，是祖国。祖国的人民在看着我们，祖国的人民在期待着我们战胜敌人。大家要不怕疲劳，顽强拼搏。早到一分钟，多一把握。把敌人放跑，我们对得起祖国吗？同志们加油！"听到政委的喊声，各营、连也跟着喊起了口号，对"祖国"的自豪感激发了战士们的热情，大家感到顿时力量倍增，瞌睡皆无。

战士们担心的不是自己的腿是否痛，脚上是否打泡，而是能不能在三所里堵住联合国军。英雄的38军官兵，渴望战役胜利的喜悦，他们以高度的觉悟和顽强的毅力战胜疲劳，由快步行进，干脆变成急行军，进而又演化成跑步前进。拂晓前，部队到达了大同江边，离三所里只有30里了。

我们不能把握我们以外的事物，但我们却能够正视自己、把握自己。

这时，东方天空泛出了鱼肚白，太阳跳出海平面，发出金黄色的光芒。经过一夜行军的战士们不经意中发现对方的面貌时，有的竟然噗哧一声笑了：给汗水浸透的军帽沿上挂满了一层厚厚的白霜，眉毛、胡子也都变成了银白色。

忽然，天空中出现了美军的早班飞机，巨大的引擎声音就是命令，司号员立即吹响防空号，部队就地隐蔽。等美军飞机离开以后，再吹号解除，部队继续前进。

师长江潮、政委于敬山、参谋长庞坦直追上了前卫338团。

"老刘，这么个走法，我们要完不成任务。"江潮的身体比较虚弱，他喘着气对刘海清说。

"是啊，我看不妨冒一把险。"副师长刘海清望着天空中美军飞机说："我们已经插到了敌后100多里地了，我看敌机都是向北飞的，没有一架在我们上空盘旋，估计不会怀疑到我们是志愿军。再说，它飞那么高，也不会看得很清楚，所以我建议，干脆去掉伪装，这白被单还是先收起来，咱们就大摇大摆地沿公路行军。躲躲藏藏，反倒引起敌机怀疑。"

1950
朝鲜

　　江潮、于敬山一致认为刘海清的分析有道理，于是决定："丢掉伪装，快速前进。"这就是后来史称的"113 师行军党委会"。一个大胆的建议，造就了 38 军在解放军历史上的奇迹。

　　由于东西方之间的差异，联合国军参战各方之间的差异，志愿军进入朝鲜的隐蔽性与突然性的较好结合，导致联合国军频频发生失误。志愿军排队走进大桥，不但不拦截，反而还给打开鹿砦，让部队进入。有时迎面走来也不知敌友，更有看到穿插向南的志愿军，误以为是后撤的己方部队，便跟随一同前进。

　　果然，美军的侦察机上当，误把 113 师当成了从德川逃出的韩军，不但没有干扰部队行军，反而通知三所里的韩国治安队，为即将到来的部队准备咸鱼、米饭和开水，要犒劳一下经过一夜奔波体内极度缺少盐分的"败兵"。

　　就这样，338 团前卫 2 营终于以 14 小时的时间，急行 145 华里的路程，先期插到了三所里。

　　三所里驻有伪治安队一个连。338 团前卫 2 营 5 连摸清情况后，迅速抢占三所里以北高地。6 连沿大同江向三所里以南迂回。4 连以突然的动作向三所里发起攻击，全歼了伪治安队一个连及刚刚赶来支援的美骑 1 师第 5 团先遣分队 30 余人。可惜，韩军准备好的咸鱼米饭，战士们没有时间享用了。因为尽管他们拼命赶路，但也只比北援的联合国军美骑兵 1 师 5 团提前了 5 分钟到达三所里。这异常宝贵的 5 分钟，使志愿军掌握了战场的主动权。他们刚刚进入阵地，从大同江南驶来 5 辆美军的卡车就已经迫近三所里，隐蔽在三所里公路两面山坡上的 4 连突然开火，顷刻间将这 5 辆汽车击毁。

　　三所里的枪声夹着电波，传到了第 8 集团军司令沃克将军的指挥部。他不能相信在他后方纵深会出现中共军的大部队，虽然中共军屡次上演穿插迂回的拿手戏，可这次不会。因为中共军刚刚不停顿地进行了两昼夜的作战，还没有脱离上一场战斗，他们没有休息时间，没有调整补充时间，他们没有汽车，更没有飞机，他们甚至没有路可走。因此，出现在三所里的，顶多也就是北共军的零散游击队。出于这种意念，他又派出一个加强连继续北进，结果又被4连、6连击退。

338 团的后续部队听到了三所里的枪声，士气大振，大家忘记了疲劳，扔掉了背包，立即向前奔跑，迅速占领阵地。338 团团长朱月华登上三所里的东山以后，举起望远镜朝北瞭望，只见北面公路上烟尘滚滚，抬眼望不到边的美军大部队败退而来。此时，338 团已经全部占领了三所里，彻底关住了联合国军南逃的"闸门"。

令梁兴初不解的是，一夜无消息的 113 师，而有了消息时却是"志司"转来的，作为这支部队的军长，却不知自己部队的去向。

殊不知，113 师党委为了保密，出发后采取了"无线电静默"的方式，他们并没有事先通知有关方面。

当时，彭德怀、邓华和洪学智都在"志司"作战室里等候着，也同样心急如焚。113 师长时间没有同军部联系，也没有和"志司"联系。急得彭德怀的嘴上长了一串水疱，他不停地像是自言自语，又好像在发问："这个 113 师怎么搞的，跑到哪里去了？"

按照计划，113 师 1 万余人深入到了联合国军的腹地，一支孤军深入的部队，他们所遇到的困难是可想而知的。

参谋长解方亲自带着作战处长丁甘如、通讯处长崔伦到机要室，打开所有电台搜索 113 师的信号，就连平时不舍得用的 50W 大功率电台，也冒着被联合国军监测到再次遭到轰炸的危险，投入使用。通讯处长崔伦、副处长罗长波和电台台长白明、2 台台长杨雨田以及机站全体人员也全都上机监听。大家都明白，113 师能否插到指定位置，是决定此次战役成败的关键。

38 军也因为无法和 113 师联系而着急，"志司"的电台要到 38 军"前指"，他们回答也是不知道。

"娘妈的，这 113 师到底跑到什么地方去了？给我直接呼叫！"彭德怀禁不

1950
朝鲜

住要骂娘。

而 113 师首当其冲的 338 团却没有装备无线电台，只是带了一台刚刚在德川缴获韩军 7 师的报话机。当 338 团占领了三所里后，团长朱月华命令："立即向上级报告我们的位置。"

跑得上气不接下气的 338 团报话员一开机，耳机就传来"志司"电台沙哑地而又急促地呼叫声。报话员马上用密语讲道："我是 338 团，我们已经按时到达了指定位置。"

"志司"电台传来通讯处处长崔伦的催问："你们到了哪里？你们到了哪里……明确你们的位置？"

因为 338 团报话员出来匆忙，还没有掌握"三所里"的密语呼叫方法，急得不知怎么回答，想叫团首长过来，可一时他们又都不在身边。

"志司"电台里崔伦厉声急问："你听明白没有，你是干什么吃的？"

团报话员被追问急了脱口而出："我们已经到达三所里！"

"什么？你再说一遍！"

"113 师 338 团先敌 5 分钟，按时赶到三所里！"

在报话机里用明语，是违反通讯纪律的。言过语失的报务员知道自己犯了纪律，尤其在这关键的时刻，一夜的电台静默，就是为了保证不被敌人监听，而现在自己却用明语通话，完了，非得挨处分不可，如果再因为暴露了目标，导致整个战役的失利，那罪过就大了。想到这里，急得报务员哇地哭出声来。

可他没有想到，就在他哭得正伤心的时候，却从电台里传来志愿军司令部里的欢呼声："报告彭总，113 师按时赶到了三所里。"

"奇迹，简直是奇迹，113 师用双脚愣是在 14 个小时之内，边打仗边行军，在崎岖的山路上走了 72.5 公里，这还是地图上的直线距离，这是奇迹，彭总啊，这是奇迹呀！"副司令邓华激动地对彭德怀说。

"战后"美军资料无不赞叹地说：

这里应该强调一下有关中国军队的行军纪律和能力。这种行军能力可以与古代最优秀的战例相媲美。赞诺芬在叙述10000名希腊人撤退时说，他们平均每天行军24英里（约38公里）。罗马军队的步速规定一个罗马军团5小时内必须走完20英里（32公里）。这便是一个罗马军团通常每日行军的距离。罗马军团每月进行三次这样的行军。当恺撒在高卢围攻高维尔时，他率队在24小时内行军50英里（80公里）。

纪录是中国人民志愿军创造的。迄今为止，世界上没有一支部队可以和红军、志愿军相比拟。在吃苦耐劳方面，中国的老祖宗为他的后代打下了坚实的烙印。我们英勇的志愿军战士，从中高级干部的师首长到连队普通一兵，从年轻壮汉，到豆蔻年华因劳累而停经甚至罹患"经行吐衄"症的女兵，无不在13—14小时内（晚18点出发，第二天早上7点到达）行军72.5公里（约42英里）完成了志愿军司令部赋予的光荣使命。设想，如果掌握了现代化军事装备的我军，依然能够保持红军时的优良传统，那这支部队将战无不胜。

"告诉113师，给他们嘉奖，给报务员嘉奖！"彭德怀大声说。

报话员没有想到，他在紧急时刻使用明语，为后来缺乏通信设备的志愿军提供了一条宝贵的"战地经验"。

彭德怀长长地出一口气，说："哎呀！这下子可放心了，总算出来了，总算到了。"

这时，113师无线电信号在密语形式下通过师报务主任张甫的手上也飞进了"志司"的电台，又一次确认了明语的报告。

彭德怀当即通过电台指示113师："坚决堵住经三所里南逃之敌，给我像钢钉一样钉在那里！"

这就是为什么38军梁兴初没有接到报告，而"志司"却先他接到了报告的原因。113师并不是要向上邀功，而是焦急中的邂逅。

上午10时，彭德怀向西线各作战部队发出电报："根据毛主席的指令，切

1950 朝鲜

断敌人退路，分割包围，完成歼灭西线美军 4 个师及英军 27 旅的任务。"

"美军 4 个师及英军 27 旅"，在彭德怀的心头分量太重！

"志司"非常关注三所里的情况，彭德怀忽然发现在三所里西北方向还有一个小镇，那里叫龙源里，有一条公路通往顺川，如果叫联合国军抢占，势必造成功亏一篑。他马上命令 113 师立即派出一部分力量抢占龙源里。但是，没想到"志司"的电报经过 38 军转述时，38 军的报务员误把"龙源里"打成了"龙泉里"，致使 113 师指挥员在地图上说什么也找不到龙泉里这个地方，让 113 师江潮、于敬山好一顿着急，最后干脆先让 337 团奔西北方向攻击前进，结果还真的在龙源里堵住了败退的联合国军。

彭德怀望着满嘴打疱的通讯处处长崔伦，感激地拉住他的手说："你辛苦了，那天我错怪了你。"

因为山洞潮湿，通讯处存放的电池出现自然放电现象。有的电池没用几次就没有电了，尤其通讯高峰的时候。此事让彭德怀大为恼火。这时有人趁机告状说，崔伦从国内购买的电池都是劣等货，以次充好，而他自己从中渔利。彭德怀命令彻查。

事后，彭德怀检查了电池存放地。他发现崔伦改进了存放措施，在电池底下垫上木板，把电池放在雨衣里包好，又用干稻草捆扎在外围，等稻草潮湿了就立即更换，电池使用时，再用火烤热，使得电池的持续使用时间明显增长。国内转来调查结果，说他从中渔利之事纯属子虚乌有。

崔伦诧异地望着彭德怀："彭总，您说啥呀？"

"电池，那天老夫不了解情况，胡乱放炮，错怪你了，今天老夫给你郑重道歉。"彭德怀抓起自己的帽子，戴在头上，举手向崔伦敬礼。

崔伦激动得带着哭腔，一边抓彭德怀的手，一边说："不要，不要，彭总是我的问题，我没有保管好电池，造成了浪费，耽误了'志司'的命令下达。"

在场的"志司"首长和通讯处及在场的所有同志都非常感动，全体起立，举手向彭德怀敬礼。

　　整整一夜没有休息的 337 团 1 营前卫 3 连，每个人的两条腿都累得又酸又软，虽然部队在猛跑，但是 3 连连长张友喜却还是认为部队行动太慢，他一面自己加快步伐，一面发布命令："向后传，快步跟上！"

　　他知道战士们的双腿在和美军的汽车轮子赛跑，而美军走的是公路，而志愿军却在艰难的山间飞奔。

　　当 29 日凌晨 4 点到达龙源里的山冈时，只见山间公路上一串灯光由北向南而来，正巧碰上美 2 师师长凯泽将军派出探路的师属侦察连的一个排。

　　"堵住啦！堵住啦！"疲惫的战士们忘记了劳累，队伍里发出一阵欢腾。

　　可是经过观察，3 连连长张友喜却高兴不起来，怎么就这么十几辆汽车，好像是大部队尾巴，是不是敌人的大部队已经因为我们来晚了给放走了？难道我们又迟到了？

　　带着懊恼心情的张友喜立即率领战士进入射击位置。一个排的美军一个也没有逃掉，全部被消灭了，还抓了 15 名俘虏。

　　张友喜连忙审问俘虏，从战俘的口中得知，他们只是来探路的，大部队还在价川到顺川往南的公路上。

　　听后，张友喜不禁心中"有"喜，连忙吩咐战士们迅速抢运车上的弹药和物资，然后修筑工事。

　　工事修好以后，出现了难得的战斗间歇，张友喜命令部队抓紧时间休息，并举行了一个小型酒会，把从美军汽车上缴获来的罐头、葡萄酒美美地饱餐了一顿。爱美的战士不忍心把手上的牛油浪费掉，摘下帽子，抹在头发上。

　　到了上午的 9 点多钟，突然北面的公路上传来马达的轰鸣声。张友喜连忙爬到阵地的高处朝北眺望：只见北方烟尘滚滚，土雾飞扬，在漫天遍野的白雪当中出现一长溜黑点，随着声音的逐渐加大，公路的尽头展现美军开道的三辆坦克，其后是是满载着步兵的汽车和牵引着的大炮。

1950
朝鲜

3连指导员彭树祯大声喊道：

"同志们，我们红3连，是有光荣历史的部队，我们是'打得好，团结好，纪律好'的三好连队。我们有邹士加、徐罗子、徐光荣、高喜发这样的英雄榜样。今天，我们要在这里，展开杀敌立功的大竞赛。"

"必须要把前面的坦克搞掉，死坦克就是一堵墙。"张友喜暗自寻思着。他对着阵地最前沿的3排战士们喊："同志们立功的时候到了，谁去炸坦克？"

"报告！我去！"

"报告连长，我去！"

机枪射手唐永祥站在张友喜的跟前，手里抓着手榴弹请求道。张友喜用手冲他做了个向下按的姿势，示意他不能动。从踊跃报名的战士中挑出2排，徐汉民带领郭凤祥、王喜坤担任炸坦克的任务。

只见徐汉民等身上插满了手榴弹，迎着美军隆隆行进的坦克扑了上去。当他们绕过被击毁的正在燃烧的汽车以后，张友喜果断命令开火，压制坦克后面的美军步兵。

徐汉民借此机会，躲过坦克上的并列机枪的扫射，敏捷地接近最前面的一辆坦克，就地一滚，把一捆手榴弹塞进坦克履带，就听轰隆一声巨响，坦克的履带被斩断了，坦克剧烈地抖动了几下，趴在原地不动了。

"好！"战士们不禁为徐汉民叫好。

紧随其后的第二辆坦克，发现第一辆被炸，连忙刹车，又向后退了回去。而派去炸第三辆坦克的战士这会儿也负了伤。徐汉民向外滚了几个滚，爬在公路旁的水沟里观察敌情。令他不可思议的是，刚才被炸毁的第一辆坦克，突然又活了过来，居然和第二辆坦克一样，一起向后退去。

"糟糕，怎么一辆也没有炸毁？还让他们跑了。"懊恼的张友喜，把拳头砸在了自己的手心上。

原来，坦克车的驾驶员从地板洞钻了出来，迅速修好了被炸断的履带。

就在这时，只见趴在水沟里的徐汉民飞身跃起，几个箭步追上正在后退的坦克，纵身跃上坦克。隆隆吼叫的坦克，扇叶吹起高耸的尘烟，迷住他的双眼，坦克载着他向美军的阵营驶去，后面的美军拼命朝他射击，子弹噼噼啪啪地打在坦克上，力求把他打掉。

全连的战士们都为徐汉民捏着一把汗。

坦克离美军阵地越来越近，子弹越来越密。而伏在坦克上的徐汉民却说什么也找不到放置手榴弹的地方，情况非常紧急，要么被子弹击中，要么进入联合国军阵地被俘。只见他焦急的在坦克上摸索着。从农民成为志愿军战士，由于生产技术的落后和见识的狭窄，刚刚进入朝鲜的志愿军还没有打坦克的经验，甚至还没有足以置坦克于死地的武器，有时还因为美军坦克的上的白色五角星而发生误会。面对眼前这个钢铁庞然大物，他们的知识显得太贫乏。这种经 1948 年改进后的 M26 潘兴（Pershing）坦克即 M26E2 型，装甲厚度达到 30—120MM，具有一门 90MM 火炮，一挺 12.7MM 高射机枪和两挺 7.62MM 机枪，500 马力，在当时属于可以能够与苏联 T—34 匹敌的主战坦克。在如此庞大的坦克面前，手榴弹对付单兵，具有可怕的杀伤力，但是要对付这种钢铁巨兽，却是如同隔靴搔痒——作用不大。

美军的坦克依然向后败退，居然还能够躲闪倒在地上的美军伤兵，绕过他们从容驶过。眨眼间坦克向后退出有 100 多米，3 连的战士们急了不住地呼喊："回来吧，快回来！"

就在徐汉民急得无从下手时，他忽然发现坦克炮塔门上的居然有条小缝，这是车长的位置，他在观察完情况以后盖住的，但是由于惊惶却没有盖严。他就势扑上去，用自己的手指插进炮塔等缝隙中，使劲向上一掀，奇迹出现了，一个长着满脸黄毛、毛茸茸的美军士兵惊诧地瞪着一双蓝眼睛注视着他，嘴张得老大。徐汉民拉着了手榴弹，顺手塞进坦克，并盖上盖子。一个腾身从坦克上滚了下来，随即卧倒在地，他身后的坦克发出一声闷响，手榴弹在坦克内爆炸了。刚才还时行进的坦克，顿时失去了动力，瘫在马路中间不动了，路也被无情的坦克堵死。

1950 朝鲜

被志愿军击毁的"联合国军"坦克残骸。

　　眼看着后退的道路被堵死，北面又传来震天的喊杀声，美军从惊惶中清醒过来，集中优势炮火，又呼叫来了 24 架飞机助战，一个营的美军朝着 3 连的阵地猛扑上来。

　　此时，由顺川北援的联合国军以大炮开路，坦克冲锋，由南面向 3 连的阵地压来。南逃北援的联合国军把 3 连的阵地处于南北夹击的危险境地。

　　阵地上浓烟翻滚，树木折断，坚硬的岩石上冒出蓝色的火焰，被炮弹翻出的新土，又被无数次翻"个"。一枚凝固汽油弹在张友喜的身边爆炸，大火扑面而来，烧着了张友喜身上的棉衣。他连忙在地上滚动，但是就是不能熄灭火焰，情急之中，他索性一把撕去身上的棉衣，袒胸露背的站在了冰天雪地里。这时，他发现美军的飞机大炮一起向 3 连阵地前沿的 3 排阵地猛烈轰击，力图从此处突破。张友喜发现不好，命令一班机枪手陶玉友注意南北，哪边上来打哪边，他自己光着膀子在雪地里向 3 排阵地跑去。唐永祥从地上的一名美军尸体身上扒下一件军呢子大衣，给张友喜披上。张友喜冲到 3 排阵地，只见阵地上，掩体炸塌，弹坑密布，到处都是被炸断的树干和石块，几名顽强的战士正

396

把石块和树干收集在一起，当做滚木雷石，一旦子弹不够用就会派上用场。

在处于美军两面夹击的险境中，3排长陈树辉向张友喜报告说："报告连长，我们已经消灭了敌人一个排，现在我们要打退敌人一个营的攻击，不管有多大困难，我们也要顽强顶住，争取创造英雄排。"

"好！同志们，只要我们坚持住，顶住敌人肉蛋子冲锋，胜利就属于我们。"

机枪射手徐连才哗啦一声把子弹上了膛，"连长，看我的。"说着话，手中的机枪狂叫起来，一批弯腰撅腚的美军被揍趴在地上。后面的美军又涌了上来，他的机枪不住的叫着，机枪筒打红了，他就四处划拉一点残雪给机枪降温，又打红了，就往毛巾撒上尿，包住枪筒打。美军冲到跟前，趴着射击不方便，他就索性站起身端起机枪向美军扫射。

10时许，337团主力全部赶到了龙源里，开始增援3连阵地。美军在南北夹击3连的阵地前丢下大批尸体，炮身打弯了，飞机没弹药了，士兵冲锋也累了，但是依然没有突破3连这道闸门。

1950 朝鲜

第十七章
血战松骨峰

朝鲜战争是决定中美对弈胜负的关键一仗，如果中国胜利了，那么百年来盘桓在中国人民头上耻辱的帽子将被彻底掀掉；如果美国胜利了，那么朝鲜战争就仅仅只是一个导火索，中国大陆面临的苦难才刚刚开始。

中美两军在朝鲜北部的松骨峰、书堂站一带展开了有史以来最激烈的较量。

随38军指挥的韩先楚副司令，根据彭德怀的要求，电令42军加快向殷山、顺川前进，夹击位于顺川的美军骑1师主力，以减轻38军113师的压力。

38军指挥部进至新兴洞。

梁兴初要通了114师的电话，对正在114师指挥作战的副军长江拥辉说："老江，美国佬已从价川南撤，113师压力太大。你们要丢开当面之敌，迅速向113师靠拢——"

这时，军警卫营的一名排长慌慌张张地跑进来，打断他的话："军长，敌人进村了。"

梁兴初好像没听到，白了他一眼，继续对着电话说："目标龙源里、兴龙里，在铁路以西占领阵地，与113师并肩，堵住南逃之敌。"

"明白！"电话里江拥辉坚定地说。

梁兴初放下电话，瞪了警卫排长一眼，一拍腰里的枪说："敌人进村告诉我干什么？你们是干什么吃的？你是想让我替你指挥吗？还愣什么？把敌人给我轰出去。"

"是！"警卫排长像被打了强心剂一样，走了。

梁兴初又拿起了电话，要通112师："杨大易，敌人要南逃，你赶快派部队插到书堂站，把敌人卡住，要占领松骨峰，像钉子一样钉在那里，不要放过一个敌人！"

杨大易涨红的大方脸，用沙哑嗓子对梁兴初说："报告军长，我保证112师要像钉子一样，钉在松骨峰。"

表态完了，杨大易却发现自己身边已经没有可以调动的部队。他把手指按在地图的松骨峰字样上，好像他要把自己钉在上边一样。

志愿军的行动虽然逃过了联合国军的眼睛，却没有躲过联合国军的耳朵。美军无线电监听技术堪称世界一流。338团在三所里刚打开报话机，即被美军波段测向仪测到了方位。第8集团军情报部部长汤姆森上校拿着情报，立即向参谋长艾伦少将作了汇报。然后，俩人迅速跑到司令部，直接面见第8集团军司令官沃克中将。

连日来的打击，使得沃克中将的精神多少有些恍惚，不知为什么他始终没有找回在"二战"时自己的形象，现在好像败军"丧家犬"的称号在频频向他招手，他这个曾被称为"虎头犬"或者"斗牛犬"的将军现在似乎没有了以往的威风。

"报告长官，在我军后方三所里发现中共军可疑电台在活动！"

"你说什么？三所里？"焦躁的沃克将军来到地图跟前，参谋长艾伦少将在地图上为他指出了具体位置。

"啊？"这是什么地方？这里分明是我们的后方怎么会出现中共军的电台？沃克将军用指南针上的滚轮粗粗地沿阵地前沿到三所里划动，不禁大吃一惊，实在不能相信，在从前线纵深70多公里的地方会出现中共军的电台。他立即想到大概是被打散的北共军的散兵、游击队的活动吧，最大的可能是游击队，但愿是游击队的活动。两小时前，骑兵5团的先头部队在三所里受阻，给他发来的电报，说明了情况。他凭借自己的经验，从三所里传来的枪声密集程度判断，在三所里的只能是中共军或者北共军的小部分部队。而现在，对方的电报被截获了。

"截获的情报怎么说？"沃克打算平息一下自己的焦躁，他不愿在下级面前表现出自己的焦躁与不安。

"我们从昨天下午就开始注意这个动向，中共军一反常态地使用大功率电台呼叫。我们发现越要到天亮，他们用暗语呼叫频率就越是频繁，真令人不可思议，整整呼叫了一个晚上，话务员的嗓子都哑了。不想就在刚才三所里传来枪声之前，出现了回应，他们都是用暗语说话，但其中一句话是明语，说的是三所里，其后我们又发现一个大功率电台在三所里频繁活动。遗憾的是我们还不能破译中共军的密码。"

"司令官先生，从这点判断，我不得不非常不幸地告诉您，中国军队已经

1950 朝鲜

插到了三所里，而且是相当数量的部队，截断了我军的退路。"参谋长艾伦少将小心地对沃克说。

美军西点军校早已将《孙子兵法》作为军校的正式课程讲授，但是对于"微乎微乎，至于无形；神乎神乎，至于无声，故能为敌之司命"的要旨是否掌握在手，还需要和中国人在较量中比对。

沃克吃惊地瞪了一眼参谋长，大皮靴在地上急促地咔咔响了两声，翻着眼睛注视着艾伦少将："不可能！亲爱的参谋长，你是否被吓破了胆，你看看地图，从军隅里、价川到三所里，计算一下，足足有 75 公里之多，请问中国军队有汽车吗？他们有飞机吗？在这连野山羊都行走困难的羊肠小道上，他们凭什么能够一夜之间行进 75 公里？难道是地里冒出来的？简直是天方夜谭！"

"是的，先生，开始我也不相信，经过这几次和中共军交战，现在我不得不信，确切地说，中国军队不是地里冒出来的，他们就是靠两条腿，仅仅是两条腿。不知道赤色中国为他们的臣民灌输了什么迷魂汤，他们的确以惊人的速度，也超出了人类所能够承受的极限，他们没有营养丰富的战地食品，身体缺乏足够的热量，甚至许多战斗员是在病态的状况下完成任务。就在我们认为一切都是不可能的情况下，他们居然出现在我们的眼皮底下，把不可能变为了现实。从发现的电台可以判定，中共军的胃口非常大，我们全军有被全部扼杀的危险！"

"简直是神啦！上帝啊，我打过这么多年的仗，还是头一次遇到这样难缠的对手。三所里恰是我军后退的咽喉，说什么也不能叫中共军抢占。你说的对，按照中共军的一贯思维判断，这不可能是游击队。艾伦将军，命令预备队骑兵 5 团火速驰援三所里。不惜一切代价夺回三所里！动作要快，不能给他们以喘息的时间，我估计即使他们能够跑到这里，也累得半死了，人类的极限的数字在告诉我，他们不会有什么战斗力了。报告东京，叫那老头子派飞机来协助我们突围。"

沃克将军不知道，早在中国内战刚刚开始的时候，受国务卿马歇尔派遣到中国"调停"国共和谈，曾经担任过国民党蒋介石军队参谋长的魏德迈将军说过："中国国民党人在精神上已经破产，人民已经对他们的领导人失去信心，官员们继续留在岗位上，只是为了在垮台前贪污敛财。军队已经失去了战斗意志，而共产党则显示了优异的精神状态，几乎具有疯狂的热情。"

他们没有领略到什么是"疯狂的热情"，只是对共产党的军队抱有怀疑的态度，形成了以后对东方的一种神秘感——"谜一样的东方精神。"

"司令官，能不能再多派些部队？"

"我手头哪里还有？ 25 师在剿匪。"

为了迟滞联合国军的进攻，并寻找联络被美军切割在南方的朝鲜人民军。中国人民志愿军在兵力有限的情况下，抽出一部分部队，联合朝鲜人民军深入敌后，进行游击战争。这就是沃克说的被剿的"匪"。

经过和中国人交手以后，美国人彻底明白了这是中国古代成吉思汗惯用的狩猎方式："通常由一支部队开始把猎物往后驱赶，然后侧翼的队伍就运动到中心队伍的前头，绕过猎物来到后方，将越来越惊恐的猎物包围起来，接着从四面八方把它们挤到一起。"

大胆穿插、侧翼迂回的战术，对美军产生了深远的影响，被牢牢地记在心中。当美军在海湾战争中使用出被称之为"杰作"的从伊科边界到巴士拉的迂回作战"左勾拳"行动时，不知从心里面叫过多少声：谢谢中国老师！

朝鲜战争是决定中美对弈胜负的关键一仗，如果中国胜利了，那么百年来盘桓在中国人民头上的耻辱帽子将被彻底掀掉；如果美国胜利了，那么朝鲜战争就只是一根导火索，中国面临的苦难才刚刚开始。因此，朝鲜战争对于美国来说是名义上的战争，对于中国来说是实质上的战争。

志愿军 38 军 113 师占领了三所里，切断了军隅里的美 9 军向顺川的退路，极大地震撼了联合国军，打乱麦克阿瑟的"总攻势"，迫使联合国军转为全面

1950 朝鲜

溃退。

与此同时，蓄势后发的美军骑1师5团在团长约翰·L.司洛克莫顿上校的带领下杀奔三所里。

上午10时许，美骑1师5团以一个营的兵力，在10辆坦克掩护下向338团3营阵地发起攻击。坦克冲到距3营8连阵地百余米处开炮猛轰，步兵则成群向山冈上冲锋。据守前沿阵地的2排，坚持不动，等美军接近阵地20米时突然开火，近距离对准美军步兵一阵猛打，给美军造成较大杀伤。战士们心里想，跑了一夜，就等着这一刻呢，也就没有吝惜子弹，可着劲地搂火。美军的几次冲锋，均被打了下去。

8连指导员潘源渠（据江拥辉著《三十八军在朝鲜》中为"潘源强"）见美军攻击的异常猛烈，就来到2排阵地亲自指挥。有的战士见美军骑兵1师王牌军也不过如此，就笑着说对潘源渠说："指导员，你看这还是开国元勋师呢，其实也是个大熊包。"

潘源渠仔细观察着阵地情况，告诫战士们说："战斗刚开始，艰苦的战斗还在后边，同志们切记不要轻敌啊！"

此时，骑兵5团作为联合国军西线的总预备队，一直修身养性，待在后方，现在刚刚走上战场，一个个精神饱满，气宇轩昂。而113师正如沃克将军所料，打完德川还没有休息，又连续奔袭了一夜，体力消耗过多。

团长约翰·L.司洛克莫顿上校在望远镜里看到志愿军阵地上灰头土脸的战士，他不愿在此消磨时间，他决定不惜倾泻炮弹，连山带志愿军一起炸平，要让三所里和死去的中共军一起消失，去迎接被中共军打溃散的联合国军，他要做力挽狂澜的英雄。

随着他的一道命令，骑兵5团集中所有炮火对准志愿军阵地猛轰。顿时8连阵地上炮声如雷，烟团漫卷，弹片石块满天乱飞。人员伤亡逐渐增大，弹药也即将消耗殆尽。潘源渠连忙和连长商议，把连里的司号员、卫生员、轻伤员和打光炮弹的炮手都集合起来，加入到阻击战斗的行列。

为了加强 2 排的火力，潘源渠命令机枪 3 班进入 2 排阵地参加坚守。可就在这时，大量倾泻的炮弹，把 3 班的几挺重机枪全部炸坏。机枪 3 班班长牟兴亮连忙和大家一起抢修，这边刚抢修好了一挺机枪，美军的钢盔就亮晶晶地出现在眼前，牟兴亮的重机枪顿时喷出火舌，把美军压了下去，但是马上遭到了美军炮火的袭击。一阵紧似一阵的炮弹，形成了巨大的弹幕，牟兴亮的机枪又不响了，刚才落下的炮弹炸坏了 2 排阵地上最后这挺机枪。

身负重伤的 2 排长，身体发软，已经不能举起枪来。他强挣扎着，一边指挥战斗，一边为战士揭手榴弹盖。但是由于失血过多，动作越来越慢，头像灌进铅水，说什么也抬不起来，眼前金星乱冒，手脚无力。在懵懂中他摸到了一根细长的圆筒状的东西，他知道这是爆破筒。他拼命让自己睁开眼睛，望了望身边的战友，身体从战壕里滚了出来，一直滚到美军"棒球冲锋"的阵容当中，拉响了爆破筒。

2 排长的英勇行为极大地鼓舞着阵地上中国士兵的斗志。5 班长苏国珍带领战士扼守在一个光秃秃的山包上，几乎没有什么可以作为掩护的依托，美军的炮弹无情地夺去他的战友的生命，最后阵地上只剩他和一个伤员。

苏国珍安顿好伤员，又把牺牲战友的枪支集中到自己的身边，每支枪里装好子弹，对准冲锋的美军，轮换用枪，连续射击，一人坚守阵地。

就这样，8 连直打到太阳落山，也不知打退美军多少次冲锋，始终坚守着阵地，紧紧扼住联合国军南逃之路。

向南急于寻找退路的联合国军怎么也冲不开紧闭的"闸门"，负责北援的美军骑兵 5 团的一个营也被 4 连和 6 连共同拦截在大同江边，南北之间仅隔一华里，彼此之间的美军甚至能够看到对面自己坦克上的白星。然而就是这么一枪都可以穿透的距离，两厢敌人却可望而不可即，始终无法逾越。

338 团伤亡越来越大，副师长刘海清怕拦截不住，出现闪失，建议师长江潮把预备队 337 团派上来。

江潮在地图前思考了一下说:"现在还不是时候,我们部队远离主力纵深作战,事事难料,一旦出现新的情况,没有预备队不行,彭总交给我们的任务还没有完成。我看这样,为了减轻 338 团的压力,派人把大同江桥炸掉。"

"好,这样敌人就没有了依托,也是对 338 团的支援。"刘海清点头称道。

三所里的大同江桥,是美军后退的必经之路,他们知道这里的分量,在这里增设了四道防线。

担任炸桥任务的是 113 师 339 团 2 连连长高学礼,他发现大同江桥美军戒备森严,有大批美军把守,很难正面接近。如果强攻不但会增加战士的伤亡,而且还会起到相反的作用。他用望远镜仔细观察大同江桥的地貌,发现位于江桥的后面有一座小山,植被茂密,便于隐蔽接近。于是他带领战士们从侧面小山后面,绕行 3 里多路,摸到桥头。

正当江潮为大同江桥没有被炸毁而焦急的时候,一声巨响,告诉他任务完成了。美军要经过三所里南逃或北援的路被彻底切断。

战至 28 日 17 时,三所里的枪炮声渐稀,疲惫而又信奉上帝的美军停止了攻击,在不断祈祷中打算利用意念使得他们脱离困境。《生活杂志》的摄影记者看见一名因为严寒冻瞎了眼睛的士兵,在颤抖中艰难地将一粒豌豆放在嘴里含化。他动情地问:如果我是圣诞老人,你需要什么?士兵沉默一下:明天。

在第一次战役中,112 师 335 团在飞虎山顽强抵抗了美军 24 师和韩军 7 师五昼夜,继而奉命采取且战且退、诱敌深入的方法,部队一直回撤到狄嵛山脉以北,随即又掩护 40 军集结。可是,当第二次战役打响以后,范天恩毛了,志愿军几乎全军部队都向南冲出去了,唯独他的部队还处在北部 100 多公里远的花坪站抗击美军进攻鸭绿江。17 日晚上,335 团接到师部命令,要他们向正面之敌发起进攻。范天恩也顾不上等待补充兵员弹药和休整,立即通知各营、连除了枪支弹药、迫击炮、干粮以外,其余东西一律找个偏僻的山沟保存起来派人看守,团大部队要没日没夜地向前赶,一定要追上师主力,捞个大仗打。

不巧的是 335 团的发报机又在战斗中被砸损坏，与师部失去了联系。

112 师进攻到达了凤鸣里地区，师长杨大易接到军长梁兴初的电话，要他迅速派部队插到书堂站，把敌人卡住，要占领松骨峰。杨大易放下电话看着地图，不由地唉声叹气起来。军长的命令已下，可是他手中无兵，怎么能够完成任务？他使劲地掐着大腿，似乎要像孙悟空拔毛一样，变出部队来。

天无绝人之路。

没想到就在这时，112 师侦察科科长魏德才带着 335 团团长范天恩突然出现在他的指挥部门前："报告，335 团前来报到！"

看见范天恩突然出现在自己的眼前，高兴得杨大易抱着范天恩的肩膀连声大叫："来得太好了，太及时了。真是神兵天降！神兵天降！"刚才在地图上，杨大易寻找过范天恩的行踪。一丈量地图，他泄气了，100 公里以外，看样子是指不上他了。没想到，转眼范天恩出现在他的眼前，虽然带着扼守飞虎山时一样的疲倦。

335 团完成诱敌深入任务后，40 军主力接替了 335 团的防务，并告诉范天恩 112 师已经插向德川，部队如何行动要 335 团自己决定。恰在此时，335 团唯一一台 694 型步话机还被联合国军的飞机投下的炸弹炸坏，失去了与 112 师联系的可能。范天恩和政委赵霄云一合计，认为不能跟着 40 军，他非把 335 团当替补不可，捞不上仗打，干部战士歼敌决心会受到挫伤。于是决定追赶部队，团后勤留在原地，看管所有马匹被装，每营只带一门迫击炮，部队绝对轻装半夜向德川进发。

魏德才在一边也手舞足蹈地说："范团长你们来得太是时候了，真是从天上掉下来的天兵神将。"

范天恩急切问："师长，让我们打哪儿？"

杨大易也顾不上和他寒暄，立即吩咐："334 团已经打下了凤鸣里，敌人可能往南逃跑，你们连夜插往凤鸣里南，断敌退路，记住，要全歼，不许放跑一个敌人！"

1950

朝鲜

"是，请师长放心，"范天恩立正回答，"335团决不轻饶美国佬!"然而，此时的335团，已经不是一个整编团的建制，经过飞虎山5天5夜的抗击，335团在歼灭了联合国军1900人的情况下，自己也损失了半个团。而范天恩根本就没有等到重新补充兵员，就一路追了下来。

离开师部，范天恩立即回到335团团部，他把师长杨大易布置的战斗任务向政委赵霄云等简单交代一下，然后带领部队准备行动。这时团司号员跑来报告说，师部有号音调他，要他立即赶往师部。志愿军的军号在光天化日之下，执行着联合国军听得见，弄不懂的曲调。范天恩和政委赵霄云碰了一下，让部队原地休息，自己则又立即回到师指挥所。

杨大易一见他，递给他一张方位图，指着地图说："任务有变，上级估计敌人很可能要经书堂站向南逃窜，你团立马直插松骨峰，在那里截住敌人!"

"是!"

范天恩接受任务回到团部，向其他团首长介绍情况，可是站在团指挥部的地图前说什么也找不到"书堂站和松骨峰"。范天恩凭着记忆挥着指示棒在图上寻找，大家也凑过来一块帮着找。师部的地图上明明有这个地方，可他的地图上就是怎么也找不到。急得素有"活地图"之称的王春祥小脸又红又涨。

"他奶奶的，小日本的破玩意。"地图上写着昭和××年印制，字迹模糊不清。范天恩怒骂了一声，忽然想起什么，大声喊："车子!"

"到!"通讯员车成玉赶紧从外面蹦了进来。

"你去把缴获的李承晚地图给我拿来。"

当车成玉送来一张缴获的韩军军用图铺在团首长跟前时，王春祥一眼就在青谷里下面，书堂站西侧找到了松骨峰。

说是"峰"，在人的心目中应该是高耸入云，然而"松骨峰位于龙源里的东北，与三所里、龙源里成鼎足之势，它北通军隅里，西北可达价川，地位重要，主峰高288.7米，从山顶往东延伸120米便抵近公路。公路在此有一个慢转弯，是个便于扼守歼敌的好地形，但它不过是个半石半土光秃秃的山包，坡度小，公路东北有通往军隅里的铁路。"无怪乎以做事精细著称的日本人没有标注，因为太不起眼，又不是可以举兵把守的战略险要之地。山顶往东延伸到书堂站无名高地，山脚下有个村庄叫金谷里，这里是联合国军南逃的必经之路。

335 团奉命插向松骨峰，1 营在营长王宿启的带领下，跋山涉水赶了一夜，于 11 月 30 日清晨赶到了松骨峰。

王宿启回头命令随行的团参谋宋士彦说："宋参谋，你可以回去了，请转告团长，1 营已经按时进入阵地。"

宋士彦点点头转身要走，王宿启对与他同行的团部通讯员王伦说："小鬼，要保护好宋参谋的安全哟。"

"是！请营首长放心。"王伦立正回答。

王春祥按照方位角带领部队避开联合国军的火炮封锁线，摸进了联合国军的炮兵阵地。饱尝联合国军炮弹痛苦的中国士兵对联合国军炮兵深恶痛绝，已经达到了忍无可忍的地步，早就想一绝后患。范天恩仅仅一个手势，战士们就冲了进去，连锅端了联合国军的炮兵阵地。接着范天恩命令 1 营迅速占领松骨峰及其以东地区。北面就是 335 团在此奋战了五天五夜的飞虎山，当时，大家对部队后撤 30 公里的命令大为不解，有的人还闹情绪。现在看到了"志司"首长的英明，韩军不但失去了德川，而且丢掉了韩军第 2 军团，又把美第 8 集团军围困在这里，不禁从心里佩服彭德怀的大智大勇和高瞻远瞩。

王宿启命令 1 营 3 连抢占书堂站北侧的无名高地。

早上 6 时 30 分，当 1 营 3 连刚爬上山冈，还没有来得及构筑工事，就听公路上轰轰的马达声响彻云天，只见一眼望不到头的联合国军车队伴着滚滚烟尘，顺着通往平壤的公路狂奔。在军隅里遭到 40 军痛击的美第 2 师 9 团败退下来。

1950
朝鲜

"好啊,可抓着了。"王宿启不禁暗喜。他大声喊:"同志们,敌人就在眼前,我们要坚决顶住,绝不放走一个,直到主力赶到彻底消灭他们,大家有没有决心?"

"有!"

"他就是块钢铁,我们也要砸烂它!"

"跑了兔子不玩鹰。放心吧,营长。"

在阵地最前沿是1营3连8班,正好守在公路转弯处。道路狭窄,所有要经过这里的车辆,都必须减速,而且一旦在这里有车辆被击毁,就会堵死道路。

3连长戴如义指着山下的联合国军对战士们说:"我们3连是一支老连队,抗日战争打过日本鬼子,解放战争打过老蒋,我们是战斗模范连、三好连队、抢渡长江英雄连。今天,我们在这里阻击敌人,千斤重担我们3连也要担起来!敌人拥有钢铁和汽油弹,我们有着敌人没有的武器——勇敢和决心,在这里,我们一定能够完成上级交给我们的阻击任务,绝不放过一个敌人。"

指导员杨少成说:"同志们,我们英雄的3连,任何敌人都是能够打败的。"

战士们响亮地回答:"请连首长放心,3连是打不垮、烧不烂的钢铁连队。"

当满载着美军的汽车距离8班阵地只有20多米时,3连连长戴玉义一声令下:"打!"机枪射手杨文明对准第一辆汽车的车头就是一梭子,接着又对准第2辆、第3辆,相继打中,车子被迫停了下来,处在懵懂之中的联合国军,还不知怎么办好,2排排长王建侯率领5名战士已经跃出战壕,冲上公路,接着成串的手榴弹向联合国军的车厢飞去,炸得刚刚逃离困境的联合国军,又一次落入灾难的边缘。5班从缴获的武器中调出火箭筒,瞄准30米开外的正在转向的坦克开火。坦克的装甲最厚的地方是正面,最薄弱的地方却是侧面和后面。如果联合国军的坦克看到前面的汽车被炸而继续向前攻击的话,定会给志愿军造成很大的伤亡。可是被吓破了胆的联合国军,面对只有轻火器的志愿军,已经没有了战斗意志。心里想的就是遇到中共军,干脆掉头就跑,越远越好。坦克也学起了汽车，遭到打击，调头就跑，结果转向中的坦克被火箭筒击中，横卧在了公路中央。接着5班的爆破组又抱着炸药包扑向了第2辆坦克，没等它回过劲来，轰隆一声巨响，第2辆坦克也瘫在的公路上。第3辆坦克也仿效前面的坦克调头，不想却撞到了被击毁燃烧着的汽车上，引燃了车上的柴油，大火顿时蔓延到车身，也不能动了。刚才还坐在汽车里准备逃离险境的联合国军士兵，现在纷纷从汽车上跳下来，一堆一伙地乱跑。

但是，联合国军指挥员不能眼看着自己的部队被志愿军挤压在一起消灭，很快组织起来，以8辆坦克为先导，在10余门大炮和8架飞机的掩护下，对准书堂站北侧的无名高地发起了猛攻。此时联合国军的进攻是玩"真"的了，因为，如果不能突破眼前的阻拦，就要面临全军覆没的危险。

从望远镜里，范天恩看到书堂站北山火光冲天，美军飞机不断盘旋俯冲投弹。他知道刚刚登上阵地的1营3连，就连极为简单的野战工事都没有来得及构筑就投入到了战斗，现在美军轰炸异常猛烈，弄不好，3连有葬身火海的可能。他急忙打开刚刚缴获的步话机，没想到，还没有等他出声，从里面传来美军之间的杂乱的互相呼叫声。当时的步话机没有波段选择系统，只能是一个信号段，被人占用了，你只好干瞪眼。此时的1营长王宿启也看到3连的阵地危急，他也打开步话机打算与团部联系，结果和范天恩遇见的一样。无奈之中只好放弃，撤下耳机就向3连阵地跑去。他的身后，通讯员小刘拼命地追上他："营长，敌人炮火太猛，你指示，我完成。"

"通知3连，注意隐蔽，沉着应战，我让1连、2连支援他们。"

"是！"小刘飞快地钻进纷飞的炮火当中。

王宿启命令1连在左侧，2连在右侧，只要联合国军发起进攻，1、2连就从两翼一左一右夹击联合国军，有效地减轻3连的压力。这时，又从2营阵地上传来密集的机枪声，2营教导员刘成斋接到团长的命令，亲自操作重机枪，向着冲向3连阵地的联合国军扫射。王宿启挑起大拇哥向2营的方向表示感谢，1营的战士士气更旺，他们高喊着口号，又一次把联合国军击溃。

1950

朝鲜

松骨峰上的战斗同样牵挂着 38 军领导的心。

军长梁兴初打电话问 112 师师长杨大易："堵住了多少？"

杨大易站在山上望着满山的联合国军，回答："多极了，从药水洞到龙源里，一眼望不到头的汽车和坦克。"

"杨大易，张开你的铁嘴钢牙，一定把敌人给我吞下去。"

此时的志愿军如果拥有联合国军的装备，架好大炮猛轰，坦克车直冲，再派遣飞机两头一炸，美第 8 集团军将会很快被歼灭。

梁兴初又将电话直接打到 335 团范天恩的指挥所："范老虎，你把人给我堵住没有？"

范天恩兴奋地说："报告军长，战士们打得很顽强，阵地全在我们手里，全都给截住了，只溜过去 4 辆榴弹炮车。"

梁兴初大声命令："不行！给我追回来！从现在起，不许一个敌人从你们防区南逃！"就是梁兴初这样一句话，范天恩立即给 3 营长陈向善打电话，派出了 3 营的两个连去追击。这两个连翻山越岭，涉水跨沟抄近路，追了一整天才赶上 4 辆满以为已经冲出险境的榴弹炮车，并予以消灭。

应当看到在阻击战进行到最艰苦的时候，为了能够全歼敌人，竟然派出宝贵的部队进行追击，现在看来有些划不来。有多少阵地需要战士们来把守、巩固、支援，战士的双腿又要付出多大的努力，才能追上联合国军的汽车轮？

经过一阵混乱之后，联合国军开始意识到逃生的唯一希望就是从松骨峰边上的这条公路突击过去，这里是生死攸关的关节点，是美第 8 集团军的"命门"。可惜，他们发现晚了，彭德怀在他们还远离此处的时候，几天前已经为他们把了脉，他们的生死已经被志愿军彻底掌握。

30 分钟后，联合国军组成了新的进攻兵力，在坦克、大炮和飞机的掩护下，向 3 连的阵地蜂拥而来。

榴弹炮对准 3 连的阵地猛烈轰击，坦克抵近了前沿，坦克炮、并列机枪、高射机枪一起向 3 连所处的山冈射击，天上的飞机也穿梭往来般盘旋在这光秃秃的山头上狂轰滥炸。联合国军不惜一切代价，要下最大的本钱抢占这个光秃秃没有工事依托的阵地，力图拔掉 3 连这颗钉子，夺路逃窜。

美军战斗力是靠武备的爆炸当量来测算的。

当联合国军在距离 8 班阵地不足 30 米时，8 班的阵地上顿时泼来密集的子弹，机枪手杨文明一口气干掉了 20 多名联合国军的士兵，不幸被枪弹打中壮烈牺牲。联合国军见正面抵抗猛烈，就绕到 8 班的左翼包抄过来，没想到被埋伏在左翼的 7 班迎头痛击。8 班副班长井玉琢挽起袖子，抄起杨文明的机枪："你再尝尝我的厉害。"连串的子弹射向联合国士兵。

重机枪排 4 班射手李玉民架起机枪，拼命朝涌上来的联合国军射击，子弹像是割谷子时的镰刀，齐刷刷一片一片的联合国军士兵倒下，尸体累积在 3 连阵地的前沿。

"打得好，给 4 班立功。"战士们欢呼着。

突然，李玉民的机枪不响了，大家急切地问："机枪？机枪？"原来李玉民的机枪枪管由于长时间发射，已经发红，再加上美军飞机投掷的凝固汽油弹，烈火把枪管烧弯变形，旧的枪管拆不下，新的枪管安不上。性急中的李玉民抄起一支步枪冲着蜂拥而至的联合国军冲去。子弹无情地击中了他，一次、二次、三次、四次、五次，他没有倒下，奋力向联合国军投出最后一颗手榴弹，排长陈宝贵冲过来要把他抢救下去，他拒绝了，含笑闭上了眼睛。

陈宝贵被燃烧弹熏得睁不开眼睛，但是他为了稳定队伍，冲着大家高喊："同志们，我们的队伍是铁打的，经得起任何考验。"

3 连阵地上硝烟弥漫，炮火、炸弹犁起了斑驳的弹坑，黄土变成了黑土，石头炸成了粉末。战斗持续不断，美军尸横遍野。堑壕掩体被夷为平地，战士们就利用弹坑不停地向联合国军士兵射击。

13 时，联合国军又集中了 12 辆坦克、数十门大炮，在十多架飞机掩护下，

1950 朝鲜

一个营的联合国军，在督战队机枪和刺刀的威逼下，向 3 连阵地发起了新的冲锋。

凝固汽油弹不断在阵地上爆炸、燃烧，重磅炸弹呼啸着在阵地上爆炸，沃克将军知道，美军如果不能从这里突围出去，一旦被北面的志愿军压过来，第 9 军乃至第 8 集团军将面临灭顶之灾，这不仅是他的职位不保，更重要的是，西方自由世界将在与东方共产主义阵营的抗衡中失去筹码，不可战胜的美军神话也将破灭，美军将彻底离开朝鲜，甚至远东。

燃烧弹把阵地烧红如同煤火堆，阳光被烧得变成黯淡，太阳被烧得失温。

战士们一边扑打着身上的火苗，一边向冲上来的联合国军甩出手榴弹。

3 连连长戴玉义和指导员杨少成烧毁了全部的文件和自己的笔记本，表示誓与阵地共存亡的决心。连长戴玉义又对各排的任务重新做了调整，并且指定了从连到班的各个代理人。

3 连的战士们伏卧在弹坑里，机敏地在不同的弹坑里跳跃，用以避开联合国军的炮火。当联合国军的士兵冲到跟前时，他们采用集中火力突然开火的方法，连续把冲入 3 连阵地的联合国军士兵击毙。但是敌人一波又一波的进攻，使得 3 连伤亡过半，联合国军突破了 3 连的阵地。

3 连连长戴玉义抄起牺牲战友的步枪，眼里迸发出复仇的火光，挺起刺刀扑向涌入阵地的联合国军士兵，接连刺倒几个士兵，这时一颗炮弹在他的身边爆炸，剧烈的冲击力活生生地扯掉他的一条大腿。就在追击的路上，他还一把抢过炊事员的担子，多背了三袋米，甩开双腿飞快地向前飞奔，力图抓住更多的联合国军。现在，他失去了一条腿，咬牙爬着，来到前沿阵地继续指挥，然而一颗子弹无情地夺去了他的生命。

激战已经持续了 8 个小时。联合国军见在 1、3 排阵地前占不到便宜，便集中了 18 辆坦克、几十门榴弹炮，在 32 架飞机的配合下，调过枪口对准 2 排的阵地发起第 5 次攻击。

炸弹不断在 2 排的阵地上爆炸，长达 40 多分钟。2 排的伤亡很大。指导员杨少成立即组织 7 班和机枪 4 班等十多名战士，迅速迂回到侧后和 2 排夹击敌人，将冲锋的联合国军打垮。副班长隋金山抱住一挺机枪，对身边的战友说："这里有我，你们注意支援其他战友。"当联合国军冲上来时，张祥贤大喊："注意，敌人冲上来了，准备手榴弹！打！"

面对冲上来的联合国军士兵，指导员杨少成手枪子弹打光了，他就捡起牺牲战友的步枪，和连长戴玉义一样，对准联合国军士兵挺枪便刺，一刀扎进对方的肚子。这时，他的身后出现一名联合国军士兵，从背后一把将他拦腰抱住。杨少成就势一顿，解脱了出来，他挥起手中的手榴弹对准联合国军士兵的后脑勺狠狠一击，带着白花花的脑浆的躯壳直挺挺地扑倒在地，等他站起身来，周围已经站着六七个联合国军士兵，黑洞洞的枪口对准了他。在前往松骨峰的路上，他还是一个非常活跃的政治工作者，在行军途中他还给战士们召开"飞行会"，鼓舞大家追上队伍，战场立功。现在，他高喊一声："同志们守住阵地！"毅然拉响了手中的手榴弹，与 6 名联合国军士兵同归于尽。

战士们跃出弹坑，怒吼着"为指导员报仇"，"为牺牲的战友报仇"，勇猛地冲向联合国军。

炮排的一名战士在缴获到联合国军的一门迫击炮以后，装入炮弹就要射击，可是没有想到，炮身和炮弹的口径不同，81 迫击炮装进了 82 迫击炮的炮弹，卡在了中央发射不出去。这时大部联合国军士兵已经冲上阵地，只见这名战士挥舞起粗大的炮身展开了肉搏。恰在这时，卡在炮身里面的炮弹在巨大的惯性冲击下离开了炮身直接飞出来撞击在地面上爆炸，三十多名联合国军士兵被炸死。

最后，3 连只剩下 7 名同志坚守着阵地。

3 连副连长杨文海已经三次负伤，他仍然坚守阵地指挥战斗。王宿启用机枪打出密码："还剩几块钱啦？"意思是还剩几个人？杨文海也用机枪打出密码告诉营长王宿启："7 个，不过请首长放心，我们人在阵地在。"

3 排的阵地变成一片火海，炽热的火焰烧透了天空，炽热的火焰烧穿了地表，黑色的山包变得通红，茂密的树木变成了黑黢黢的骷髅架，大地变成一片焦土。炽热的烈焰引爆了阵地上仅有的志愿军弹药，烈火烤得冲到 3 排阵地前沿的联合国军士兵停住了脚，他们坚信，火海中已经不可能再有生命存在。

一颗燃烧弹在邢玉堂的身边爆炸，大火顿时吞噬了他，他抱住枪使劲在地上打滚，可是刚被压灭的烈火，又被身边其他火种引燃，不断地在他的身上燃烧，瞬间邢玉堂变成了一个"火人"。他高喊一声："指导员！"从火堆里蹦了起来，平端着刺刀，连风带火扑向冲在前面的联合国军士兵。从没有见过这种阵势的联合国军士兵被从火堆里蹦出的"火人"惊呆了，接连被邢玉堂刺倒了好几个。刺刀捅弯了，他就丢下步枪，飞身扑进联合国军人群，紧紧地抱住一名美军士兵，搂住他的脖子，咬住他的耳朵，一起滚到山下，用自己身上的烈火，把对方烧死。

在团指挥所的团长范天恩，在营指挥所的营长王宿启，通过望远镜里观察到了 3 排阵地的状况，知道阵地即将失守，联合国军有可能突出重围，连忙调兵支援。

然而就在这时，令他们意想不到的事情发生了，就在烈火燃烧的阵地上，突然蹦出一个、二个、三个、四个、五个、六个，接连蹦出 6 个"火人"，他们的身上到处冒着火苗，衣服、帽子、头发甚至眉毛都在燃烧，他们手里的武器，已经在烈火中失去了效力，甚至成为了助燃物。他们赤手空拳扑向在阵地前看景的联合国军士兵，用手紧紧抱住一名联合国军士兵，死死不放，任凭其他联合国军士兵企图解救自己战友所使用的各种手段，他们要用自己身上的烈火也一起烧死眼前的敌人。

王宿启泪眼模糊地念出了那几个勇士的名字：王金传、井玉琢、李玉安、朱顺发、李树国、王文英……

我们的战士至死也没有祈望苏联老大哥能够派出空军支援，至死也没有期望自己的装备能够赶上联合国军的一半，至死也没有奢想过如果志愿军拥有强大的火力支援，他们将减少多少牺牲，至死也没有想象过享受妩媚与奢华，至死也没有想象过物质的刺激与感官的愉悦，至死也没有羡慕过美军的豪奢极侈。

他们想到的是，我要用我的生命，去拥堵战役的缺口，我要用我的生命，去夺回因为我而丢失的阵地，我的任务就是守住阵地，就是不能让眼前的敌人突破半步；我的任务就是围堵住敌人，迎接我们的大部队的到来！我的身后站着部队的首长，志愿军的身后站着毛主席，站着全体中国人民！哪怕他们饥不果腹，哪怕他们破衣烂衫，哪怕他们一穷二白，哪怕他们罹患疾病。因为，那是祖国！

强大的精神动力在支撑着每一位志愿军战士，志愿军的"气"，是全体中国人民在历经磨难，渴望独立、强盛和幸福中激发鼓舞出来的！

因为他们的英雄事迹，使得朝鲜北部书堂站、松骨峰旁边的一块无名高地从此有了"中国人民志愿军"这个响亮的名字。

勇士之一的李玉安，身负重伤但他没有牺牲，奇迹般地活了下来，伤好以后，转业当了一名粮库的保管员，一干就是 20 年，从没有向人表功，也没有向国家伸手。若不是他的孩子哭着求他要去当兵，他才带着"徇私情"的心愿来到自己的老部队，向有关方面提出了自己的请求。

王宿启激动得泪流满面，他一面组织 1、2 连火速支援 3 连，一面将 3 连忘死拼战的壮烈情景报告团长范天恩。

范天恩将眼前发生的情况报告给军指挥部时，他闪着火光的眼泪滴到了话筒上，赵霄云伏在他的肩上泣不成声。

军指挥部里所有的人闻讯无不肃然起立，向松骨峰的方向施军礼，大家忍不住哭出声来。

梁兴初眼窝一热，嘴里喃喃地说道："3 连的同志们，我代表 38 军，感谢你们，代表祖国人民感谢你们……"

梁兴初在黑山、大虎山打阻击时也遇到过类似的情况，但和眼前惨烈的战况根本无法相提并论。他立即打电话给 112 师师长杨大易，命令他无论如何，一定要在黄昏时组织力量发起攻击，以减轻南面堵击部队的压力。

杨大易打电话给范天恩询问战斗情况，并令 335 团于黄昏发起总攻击，翌日拂晓前结束战斗。

范天恩感到手中无兵，对拂晓前结束战斗没有把握。杨大易立即说："我手中也只有一个警卫连，我马上派给你，支援你！"

杨大易撤掉了师部最后一道安全保障。

梁兴初随即命令全军于 17 时向被围困的联合国军发起总攻，与此同时"志司"命令志愿军正面各军向当面之敌进行合围。联合国军的建制全部被打乱。方圆几十里的战场上硝烟弥漫，战火纷飞，到处飘散着浓烈的血腥气味。

沃克将军看到在三所里、龙源里突围无望，受土耳其旅转移方式的启迪，连忙命令联合国军以美 2 师主力、美 25 师、土耳其旅、韩军 1 师各一部，遗弃所有装备器材包括大炮、车辆、帐篷等，轻装分散向安州方向突围。可以说，这是沃克将军关键时刻的英明决断，只有果断地放弃，最大限度地保证人的生命，才是最大的获取，这是战场上的不二法则。他认为："只要人回去了就是胜利。"美军的教科书明确表明："人是宝贵的，武器可以随时补充。"

沃克知道第 8 集团军使用的武器装备也是第二次世界大战遗留下来的一些"破烂"，散落在太平洋各岛，在美军"积累行动"中被精明的日本人收集修复，丢失了也不心痛。在肯定沃克将军决断的时候，志愿军武器落后的致命弱点，限制了志愿军战果的进一步扩大。

沃克将军的耳机里传来美军 2 师师长凯泽气急败坏地训斥下属的声音："指挥他们，使用他们，混蛋！"韩军被志愿军打得走投无路，懵懂中纷纷涌上美军阵地，因为韩军军官忠告，只有到了美军阵地才有生命保障，他们的火力大大强于韩军。

美第 8 集团军危急的处境，让远在日本东京的麦克阿瑟心神不安。当初他决定分兵两路，让爱将阿尔蒙德将军统帅美第 10 军绕道东线进入北朝鲜时，原因之一就是不让沃克独揽大权，"他压根就不信任他"。而当沃克将军罹难以后，他立即将第 8 集团军与第 10 军整合，交给接替沃克将军的李奇微将军指挥。遗憾的是，虽然麦克阿瑟和他的父亲都对中国非常着迷，甚至购买了许多关于中国的书籍，中国是麦克阿瑟特别想了解的一个专题。但是由于时间的限制，在他的思维模式还停留在 50 年前，他每天要消耗 4000 吨战略物资部队——第 8 集团军，在大量空地火力掩护下，在近乎原始的作战对象与方式面前，即将在地球上消失。这也不能怪他，在征召这些人入伍时："诱使这些人参军的征召新兵的招贴画把一切可以想到的好处都提到了，并承诺了许多好事，但却从未提出，军队的主职责就是打仗。"

他迅速作出了战术调整，并报美国防部审批：

被俘的"联合国军"官兵。

一、要由攻势转为守势；

二、要面对全新的战争；

三、局势的发展已完全超过战区指挥员决心范围，必须考虑包括全世界在内的问题；

四、联合国军司令部已做出了它力所能及的一切事情，现在情况的发展已超过其控制和力量界限。

当麦克阿瑟说出"现在情况的发展已超过其控制和力量界限"的时候，中国人民志愿军的付出实际上已经超出了人类生命的极限。麦克阿瑟的情报官詹姆斯·H.波尔克在写给妻子的信中沮丧的说："几天前，战争眼看就要以一场伟大的胜利而结束，但是现在，谁也看不到它的尽头了。"他指称麦克阿瑟是可怕的赌徒，不过这次赌博比较吃力，运气大减，输得很惨。

1 营营长王宿启带领战士们冲上了 3 连阵地，3 连的战士们，保持着各种进攻、拼杀的姿势牺牲在阵地上，战士有的没有头颅，有的没有躯干，有的浑身焦糊，有的身上布满弹孔，有的已经被无情的炸弹撕碎的肢体上还紧紧地握住手中枪，手指还在扳机上。每个牺牲的战士面目黢黑，已经无法辨认，他们统一面对战场的方向牺牲，鲜血已经把整个山冈染红。

阵地前几百具联合国军士兵的尸体像打谷场上的谷子把山前都堆满，眼前仿佛又涌现出勇士们在这烟与火的山冈上高喊着口号与敌搏斗拼杀的情景。王宿启再也控制不住自己的感情，放声痛哭。他为自己拥有这样伟大、可爱的战士而骄傲，中国因为有这样伟大的战士而自豪！

战后，著名作家魏巍采访了王宿启，并以 3 连的事迹为题材写成《谁是最可爱的人》的著名通讯，于 1951 年 4 月 11 日在《人民日报》上发表，在全国人民中产生了极大的反响。从此，"最可爱的人"成为了志愿军战士的代名词。

作家魏巍后来把《谁是最可爱的人》一文签名后送给 335 团团长范天恩，并激动地说："你们才是此文的真正作者！"

善于总结经验的日本人，归纳了中国军队的勇敢战斗精神和坚韧性，在《朝鲜战争》一书中说：

> 中国军队在美军完全掌握了制空权的情况之下，虽然苦于缺乏装备、弹药、食品和御寒用具等，但仍忍耐一切艰难困苦，忠实地执行命令，默默地行动与战斗。这就是毛泽东所倡导的"不论在任何艰难困苦的场合，只要还有一个人，这个人就要继续战斗下去"的勇敢精神。好像对美军炽烈的火网毫不在意似的，第一波倒下，第二波就跨过其尸体前进，还有第三波和第四波继续跟进。他们不怕死，坚持战斗到最后一个人的姿态，仿佛是些殉教者。据说对面的美军官兵，也在惊叹其勇敢的同时，感到非常可怕。中国军队的这种勇敢战斗精神和坚韧性，到底来源于什么呢？那大概不单纯是强制和命令，可能是因为对共产主义的信仰，对帝国主义的憎恶，坚信现在进行的战争是正义战争，这些渗透到了中国军队官兵的心灵深处，不，已渗透到骨髓之中。

日本人对中国人民志愿军的英勇作战精神作了较为准确的总结。但他少说了一句，那就是志愿军对祖国、对朝鲜无比热爱，对祖国人民能够生活在幸福之中充满希望，对祖国强盛充满希望！

从鸭绿江到三八线，朝鲜每一寸被夺回的土地上无不浸泡着志愿军烈士的鲜血，志愿军烈士的鲜血流淌在哪里，哪里就绽放出绚丽的花朵，哪里的朝鲜人民就得到解放！

11 月 30 日。麦克阿瑟命令第 8 集团军后退到平壤防线。

这天，华盛顿沉浸在激动的气氛里，美国陆军遭到有史以来惨败的消息，使人们感到不安和震惊。在异常的气氛中，杜鲁门总统会见记者，进行了如下回答：

"总统，对于朝鲜的事态，您打算如何处理？"

"为了处理朝鲜的新事态，正如我们过去一直在做的那样，准备采取认为必要的所有手段。"

"在这些手段中，包括原子弹吗？"

"包括我们拥有的所有武器。"

"总统您说的所有武器的全部，意思是不是在积极考虑使用原子弹？"

"关于原子弹的问题，是经常在积极地进行考虑。但是，我并不希望看到使用原子弹。那是一种可怕的武器。它会连累到同侵略毫不相干的无辜的民众。我认为，不应该使用原子弹。原子弹要在必须使用的时候使用。"

日本陆战史研究普及会，在《朝鲜战争》一书中详细记述了杜鲁门的这次记者会。应该说，杜鲁门是个谨慎小心的人，没有战场武将那种没有顾忌的信口雌黄。由于民主社会的积淀，被发达的媒体氛围所拘囿，不能责怪杜鲁门的思维不敏捷。但是，记者要利用他所感兴趣的事项，作为"新闻眼"让你说出他想要的素材，成为他晋升或发财的阶梯。结果杜鲁门总统这样做了。世界一片哗然。虽然，杜鲁门只是一种讹诈或者要给中国一种压力，或者只是想说句气话，一种挽回面子的诅咒。

毛泽东对他的话根本不以为然，当有人问起时，毛泽东反问道："他向日本投原子弹的时候，是否通知了日本？"

人们不能容忍，谴责的矛头纷纷指向华盛顿。英国首相艾德礼在唐宁街官邸坐不住了，飞往华盛顿去摸清华盛顿的虚实。人们普遍认识到："苏联为了阻碍西欧重新武装，已把美国引向了同中国进行的可怕的消耗战。强大而缺乏准备的美国，为了集中打败北朝鲜军队所必须的兵力，广泛搜罗，刚把部队送进朝鲜，却又出现新的敌人。"

表面上看，人们在原子弹的威力面前出现了恐慌。但不能不认识到这种恐慌的来源，正是中国人民志愿军的英勇善战，不屈不饶，艰苦卓绝，给予了联合国军以致命的打击而引发的。毛泽东向来不受他人的牵制，当听说美国人要投原子弹时说："他投他的原子弹，我投我的手榴弹。"虽然两者相差甚远，但手榴弹却起到了原子弹没有起到的作用，用手榴弹微薄的价值，代替了原子

1950 年 12 月 6 日志愿军收复平壤。

弹昂贵的武器。虽然美国不承诺：不首先使用核武器，不对无核国家使用核武器。但是世界上对核武器的恐惧和政治压力，迫使美国不在万不得已时，不能搬出核武器为自己打气，只好举着核武大棒，却没有打击点。美国防部长马歇尔将军无奈地说："敌人不顾人的生命，强行采取人海战术，没有机械化装备，因而继续巧妙地以徒步进行渗透。所以，同我们相比，敌人容易隐蔽企图，要理解这场战争，必须对这一事实有所认识。"实质上是中国人民的昂扬士气战胜了联合国军。虽然已经到了工业革命时代的尾声，但由于世界发展的不同步，先进与滞后并存，照样可以把前进的历史车轮缠住。只要不投原子弹，大家即使武器差别再大，也还是在一个时代折腾，战争还是处在热兵器时代。在美国人强化了核武器，弱化了常规战争的时候，志愿军利用自己的优势，照着美军的弱点致命一击。

抗日战争胜利以后，被誉为"中国统一与和平重建接生婆"的马歇尔作为杜鲁门总统的私人代表前往中国，负责结束中国的内战。"他同意尽其可能力使蒋介石和毛泽东都作出一个让步，以便建立一个联合政府。"

然而他没有完成任务，国共双方最终依然爆发了内战。不幸接踵而来，1950 年 6 月 25 日，爆发了朝鲜战争，中国与美国成了敌人，在战场上兵戎相见。

12 月 2 日，38 军全线停止了攻击。是役 38 军共毙伤联合国军 4850 名，俘 3616 名（内有美军 1042 名）。缴获各种火炮 389 门，汽车 1500 余辆，坦克 14 辆，电台 51 部及大批战略物资。此战役当中 38 军 113 师 337 团 1 营 1 连 2 排在排长郭忠田的率领下，扼守龙源里。他带领全排的同志，在与被围困的美 2 师拼死突围的激烈交战时，采取灵活机动的战术，善于发挥集体智慧，在歼敌 200 余人，缴获火炮 6 门，汽车 58 辆的情况下，创造了本排无一伤亡的奇迹。

12 月 1 日，战斗正在进行当中，38 军司令部收到志愿军司令部、政治部联名对 38 军的急电嘉奖令，电令指出：

> 此次战役，我三十八军发挥了优良的战斗作风，尤其是一一三师行动迅速，先敌占领三所里、龙源里，阻击南逃北援，敌虽在百余架飞机与百余辆坦克终日轰炸掩护下，反复突围终未得逞，致战果辉煌，击毁坦克汽车近千辆，被围之敌尚多，望克服困难，鼓起勇气，继续全歼被围之敌，并注意阻敌北援，特通令嘉奖，并祝你们继续胜利！
>
> 中国人民志愿军万岁！三十八军万岁！
>
> 志愿军司令部
>
> 政治部

梁兴初愣住了，目光停顿在"三十八军万岁"的字样上，眼里含着泪花，嘴角不断地抽动着，默默看着电报。

"立刻传达给部队，以鼓舞指战员的斗志，同时告诫全体指战员戒骄戒躁，乘胜前进，执行彭总的命令，继续歼灭被围之敌。"

胜利是有目共睹的，但是与中央的要求还是有差距的。要求已经超出了当时志愿军的力所能及，安州成为了美军的救命之州，同时也是志愿军的缺口和终生遗憾。

第十八章
回归"三八线"

在麦克阿瑟被解职的一瞬间，电波传遍了整个美国。顿时，成千上万封电报飞进国会，巨幅标语挂在街头："沉痛悼念麦克阿瑟将军在政治上被暗杀！"

布莱德雷指出："坦率地说，扩大与红色中国的战争，参谋长联席会议认为，如果采取这种战略，就会使我们在错误的地点、错误的时间，与错误的敌人进行一场错误的战争。"

12月7日，中朝联军司令部成立。

12月4日，政务院总理周恩来向彭德怀、高岗通报了3日金日成来京与毛泽东、周恩来会谈的情况。"决定成立中国人民志愿军、朝鲜人民军联合司令部，简称中朝联军司令部。同时决定凡属作战范围及前线一切活动，统由联合司令部指挥。彭德怀任司令员兼政委，朝鲜方面金雄任副司令员，朴一禹任副政委。"

1950年12月中朝军队联合司令部成立。

大榆洞志愿军司令部。

志愿军司令部难得的清静，彭德怀兴奋地喊："洪大个儿，拿棋来，咱俩杀上两盘。"说着，一屁股坐在在炮弹箱子上，其他几位"志司"首长相视一笑，也都围了上来观看。

洪学智笑着说："彭总，可不准悔棋。"有人说洪学智一辈子无嗜好，不打牌，不下棋，不跳舞，亦不善喝酒，不喜看戏，唯以工作为爱好。但在彭德怀面前，嗜好有时还是有润滑剂的作用。

"你又难为老夫喽，我又没有你脸上的坑坑，一个坑就是一个主意。"随着彭德怀戏谑的玩笑，"志司"首长们都笑了起来。坚守在各个岗位上的参谋们也跟着笑，给彭德怀担任警卫的景希珍竟然嘿嘿地笑出声来。洪学智转脸瞪了他一眼："嘿嘿，看彭总刮你的鼻子。"

这时，通讯处处长崔伦拿着一封电报跑了进来："报告！"

虽说，彭总正在兴头上，可是看到电报，他的神经马上绷紧了。

"彭总，中国人民抗美援朝总会主席郭沫若来电，为宣传志愿军的英雄事迹，鼓舞全中国人民支援抗美援朝，特邀请志愿军选派代表回国，介绍志愿军英勇作战的事迹。"

"这会儿就宣传未免早了一点。"彭德怀若有所思地说。

"是的，战斗只是刚刚开始。"邓华捏着手里的香烟说。"不过，作为鼓舞中国人民的斗志，我看也应该，这样吧，老杜，你们政治部研究一下，我们几个碰碰。"

"是。"政治部主任杜平离开了象棋盘，出去了。

不一会儿，手里捏着一张纸，进来走到彭德怀面前。

他还没有说话，就听彭德怀说："嘿嘿，不和你玩喽，我们来任务了，谢谢杜主任及时解围，哈哈！"

"彭总。"杜平说。

"我们刚才初步做了研究，打算选派 38 军宣传处长柴川若、39 军宣传处

1950 朝鲜

427

长稽炳前、50军宣传处长高巢等带领几名刚刚涌现出来的战斗英雄一块回国。"

虽然彭德怀不能叫上来随他一同入朝6个军所有官兵的姓名,但是下面几位英雄的名字,却使他耳熟能详:"窦少毅、董乐辅、王剑魂、王有根、李激涛、李继英、张甫。"

"我看可以,你们看看有什么意见?"彭德怀把手里的名单交给了邓华等人。

"还有一个好消息,美军第8集团军军长沃克将军,在逃跑的路上被人民军游击队击毙。这是人民军方面转来的情报上说的。"杜平说。

"怎么是沃克?这可是一头有名的'虎头犬','二战'巴顿手下的名将,与其说是他,还不如让其他人代替。"参谋长解方说。

"听听话匣子是怎么说的。可惜岸英不在了,缴获的话匣子也没有人会摆弄。"彭德怀惋惜地说。

在原来毛岸英坐过的地方,一个年轻人等身影在不断翻阅朝文资料,他是朝语翻译赵南起。入朝前是东北军区的参谋,入朝以后和毛岸英住在一个宿舍。

"王巍大概知道实情吧,问问他?""王巍"是朴一禹在延安时所使用的名字。邓华提醒。

彭德怀轻轻地摇头。他知道,在驻朝大使倪志亮有病不能履行职务时,中央临时把要去东德的柴军武派到了朝鲜,担任武官。金日成对他的就任非常高兴,曾命令人尽力帮助他。但是,柴军武得到的都是失去价值的信息,而且都是在朝鲜的电台和报纸上读到的。王巍虽然经常与柴军武接触,但是到了关键时候,还是只字不提。

解方说:"彭总,问一下茹夫一,看他是否知道一些详情。"

一句话提醒了彭德怀,这是志愿军派出的敌后游击队,他们应该了解实情。至此,他们已经联络上被麦克阿瑟仁川登陆截断后路,在韩国失散的7万多朝鲜散兵,并把他们一一输送回朝鲜。

"对,诸葛亮说得对。"

正说着，作战处处长丁甘如、杨迪来到司令部。

"彭总，据茹夫一来电说，沃克是死于车祸。他急着要去给他的儿子授勋，在路上与一辆李伪军的汽车相撞，头部受了重伤，经抢救无效死的。"

1950 年 12 月 23 日，沃尔顿·沃克将军急急忙忙在普通军官食堂吃完饭，叫来他的吉普车，前往美军第 2 师和英军第 27 旅的部队所在地，在视察部队的同时他要亲自把一枚银星勋章授予他在 2 师任连长的儿子萨姆·沃克上尉。位于东京的联合国军司令部情报处交给他最新情报，联合国军面对 1350406 名中共军及北共军，精确到个位——人，任务艰巨啊！他需要鼓舞每一个联合国军士兵的士气。

作为军人沃克具有军人普遍的特点，乘车时总是催促司机快速赶路，如果发生什么问题降低了他的车速，他往往厉声命令乔治·贝尔顿司机："绕过它继续前进！"尽管同车副官乔·泰纳屡次劝他慢行，但沃克相信一同与他经历过"二战"的贝尔顿有相当的把握。现在迎面驶来一长串韩军卡车塞满了道路，贝尔顿按照陆军操典"以双路行车超过车队"的办法，迅速赶过去。一辆自由散漫的韩军卡车突然驶出车队，朝着沃克将军的吉普车迎面开来，撞到了吉普车的左后部，可能是司机睡着了。吉普车在结冰的公路上打了几个旋以后被挤下公路，翻倒在路边的沟渠里。

当人们把沃克从吉普车里拖出来时发现他的头部扎进玻璃伤势严重，钢盔孤零零地甩在一旁，在即将抵达医院时死亡。沃克将军 1948 年 9 月接掌第 8 集团军，在位仅两年多，61 周岁。他在罹难前做的最后一道命令：美 2 师支援右翼的韩国军团。为避免在第三次战役中，整个第 8 集团军被志愿军剿灭，起到了至关重要的作用。

"很好，关键时候，还是自己的同志。"大家赞叹道。

彭德怀把目光落在洪学智的身上："我说，洪大个子，你是负责司令部安全的，我估计，麦克阿瑟要报复，你要提防一些为好。"

"是！"

"还有，华盛顿，已经决定由李奇微来接替沃克的空缺。"杨迪看了一眼丁甘如补充道。

"李奇微？成参谋！"彭德怀叫了一声。

"到！"成普立正答道。

"马上收集关于李奇微的一些资料，包括生平、简历，主要是参加过什么战役，最得意使用什么样的战法，成功的例子和失败的例子都要。你们要注意，李奇微是个少壮派，美军在北非登陆时，他竟然敢穿着德军的战服混到敌人的后方去指挥部队登陆。是个胆大心细的家伙，很难对付的。"

"是！"

成普和赵南起一起立正答道。

彭德怀看到赵南起，忽然想起了什么，忽然叫洪学智说："我说洪大个子，还有件事情，我们给老百姓打的白条，借的粮食，大约3000万斤吧，要在明年5月青黄不接之前还清，不管我们有多少困难，一定要还。凡是有志愿军住的地方，不能饿死一个朝鲜老百姓。"

中国人民志愿军在彭德怀的领导下，利用了麦克阿瑟指挥上的两次失误，取得的一些胜利。随着李奇微的到来和联合国军对中国人民志愿军认识的加深，"礼拜攻势"、"月光进攻"的特点被掌握，以及对还没有完全彻底地认清自己胜利的根源带有一定的偶然性的中国人民志愿军及高层指挥员来说，将意味着什么？作为领导者和决策者来说，重要的是有效地利用偶然性而不是过多地渲染偶然性的结果。

战后，日本陆战史研究普及会转述朝鲜公开资料对第二次战役的评述：

西部战线的朝中人民军部队，于11月25日黄昏开始转入决定性的反攻。我定州正面各联合部队，同中国人民志愿军各联合部队一起进攻，25日解放定州，把敌人压缩到博川地区；给云川和泰川地区的美第1、第9军部队以沉重打击，粉碎敌人的攻击，11月28日攻到博川和宁远地区……敌军从 12 月 1 日开始全面退却。这时，在江东、成川一带的朝鲜人民军第二战线部队，配合追击敌军南下的我军各部队打击敌人，12 月 6 日解放了美国侵略军暂时侵占的共和国首都平壤市。人民军部队收复平壤后，猛烈追击逃跑敌人，8 日收复了南浦镇，11 日收复了沙里院，又继续南下了……第二战线西部和南部地区的人民军配合前线朝中人民军作战，截断敌人退路，袭击敌人行军队伍；另外，在平壤、铁原地区的第二战线人民军部队，挺进到市边里东南地区，给沿遂安—涟川公路退却的敌军以猛烈打击……另外，我军的又一支部队在涟川郡全谷里南方歼灭了美第 8 集团军司令官沃克及随员 80 余人。

朝中人民军，从 1950 年 11 月 25 日到 12 月 24 日的第 2 次战役期间，歼灭了敌军官兵 3.6 万多人，其中包括美军 24200 多人。这样，由于朝中人民军部队并肩作战，虚张声势的圣诞节攻势完全遭到失败，吹嘘美军强大的神话被彻底粉碎。特别是第二战线的人民军部队配合前线的反攻英勇作战，使从清川江和长津湖畔往南逃的不能停在中间地区转入防御，对我军一举解放共和国北半部起了巨大的作用……朝中人民军的反攻作战的胜利，特别是第二战线人民军各联合部队的敌后战斗的胜利，显示出最高司令部金日成元帅卓越的战略领导的英明性。

1951 年 1 月 11 日。联合国停火委员会又着手起草了一项新的和平方案，打算满足北京方面所提出的一些要求。这一和平方案包括六个具体步骤："双方立即停火；进一步寻求促进和平的新措施；从朝鲜撤出武装力量；作出妥善安排，让朝鲜人民选择自己的政府；为朝鲜统一作出临时安排；建立一个适当的机构来解决有关远东问题，其中包括台湾的地位以及中国在联合国的代表权问题。"

由于肩负统一朝鲜殷切希望与重任，由于朝鲜领导人和苏联领导人看到了

1950

朝鲜

胜利的曙光，由于承载着"宜将剩勇追穷寇"的决心和勇气，由于急于提升中国人民在世界的地位。没有把这次建议当做另一战线斗争的机会，没有看到已经取得的一定的胜利增加了政治筹码，没有看到将减少流血牺牲，没有看到台湾问题将有解决的可能，没有看到中国国内的主要矛盾因为朝鲜战争而发生转移。

　　国际间政治斗争不仅仅是武装斗争，妥协的同时也意味着为自己争取更大回旋的空间。

1951 年 1 月 4 日中朝军队攻占汉城。

　　谈判的前提意味着让步。

　　1951 年 2 月 1 日，在美国操纵下，"联合国大会投票表决，结果以 44 票对 7 票，通过共产党中国为侵略者。"

1951 年 3 月 23 日，晚 11 时。美国防部副部长罗伯特·洛维特同国务院副国务卿亚力克西斯·约翰逊、迪安·腊斯克匆忙来到国务卿艾奇逊的官邸，向他通报麦克阿瑟将军在东京发表的一份声明：

作战行动在根据时间表和计划继续进行着。实际上，我们已从南朝鲜清除了有组织的共产党军队。比我们在战术上的成功具有更大意义的是：事实清楚地表明赤色中国这个新的敌人缺乏工业能力，无法提供进行现代战争所需要的足够多的重要物资。起初，敌人数量上潜在的巨大力量大大弥补了这一差距，但随着现代大规模毁灭手段的发展，单靠数量已无法抵消这些缺陷本身所固有的危险性了。这些军事上的弱点，在赤色中国进入朝鲜战争时，就已清楚无疑地表现出来，这样，敌人现在一定认识到，如果联合国决定放弃将战争限制在朝鲜的容忍态度，把军事作战行动扩大到它的沿海地区和内陆基地的话，那必将会使赤色中国面临极大的危险。这些基本事实确定以后，假使这些问题是根据其本身的性质加以解决，而不是受到诸如台湾或中国在联合国的席位等与朝鲜无直接关系的题外问题的干扰，就不应再有任何不可克服的困难妨碍做出有关朝鲜问题的决定。

一直受到如此残酷蹂躏的朝鲜国家和人民，一定不能再被抛弃了。这是一个重大关系的历史问题。除此之外，基本问题是属于政治性的，必须在外交领域找到答案。然而，在我作为军事指挥官的权限范围内，完全无须说明，我随时准备与敌军总司令在战场上会谈，作出认真的努力来寻找可以实现联合国在朝鲜的政治目标的任何途径。

艾奇逊看后，大吃一惊。心里说：这个胆大妄为的家伙，又在大放厥词，是谁授权？他已经到了丝毫不受约束的地步了，他的判断能力真让人失去信心。

平时一向以冷静著称的国防部副部长罗伯特·洛维特气恼地说："看看我们这位功臣，他又在做什么？参谋长联席会议 12 月 6 日作出的决定，全让这老家伙当做玩偶给耍了。我们国防部根本就不在他的眼里。"

国务院副国务卿亚力克西斯·约翰逊、迪安·腊斯克互相对视了一下："别说我们了，就连布莱德雷先生都在他的面前自称小字辈，我们根本就没有说话的权利。"

艾奇逊听得出，他们在使用"我们"这个字眼时加重了语气，目的是包含他国务卿在内的。

罗伯特·洛维特说："必须把这个狂妄的家伙撤职，立即撤，现在！"

艾奇逊的眼睛直直地望着他好一会儿。这是对文职官员领导军人的传统观念的挑战，表现出对杜鲁门总统的轻蔑，更有甚者，声明的好战语调暗示了政策上的变化，即战争也许要扩大。这样势必在自由世界造成更大的恐慌，华盛顿的外交压力空前。

国家安全局监听到西班牙、葡萄牙外交官发自东京的电文，上面记述了麦克阿瑟的谈话，他要将朝鲜战争转化为一场大规模冲突，并彻底解决"中共问题"。杜鲁门认为这是"彻头彻尾的背叛"。

1951 年 4 月 5 日，华盛顿众议院。

共和党人、众议院少数党领袖、马萨诸塞州保守派代表约瑟夫·W. 马丁把麦克阿瑟给他 3 月 20 日的回信，在没有标明密级的情况下在众议院宣读。

赤色中国在朝鲜与我们交战，我关于因此产生的局势的观点和建议已极为详尽地向华盛顿作了报告。总的讲，这些观点是众所周知的，并得到了普遍的理解。这些观点主张走传统的路子，那就是像我们过去所成功做到的那样，用最大的武力去对付武力。你关于使用台湾中国军队的观点，无论于逻辑或这一传统做法，都是不相容的。

有些人似乎令人奇怪地难以相信，亚洲这里是共产党阴谋家们进行征服全球活动的地方，而我们所介入的是因为在战场上引起的问题；他们难以理解的是我们这里用武器打的是欧洲的战争，而那里的外交家们仍在进行着舌战；他们难以理解，如果我们在亚洲把这场战

争输给共产党，欧洲的陷落就不可避免。正如你所指出的，我们必须
要赢。胜利不是别的东西可以替代的。

"麦克阿瑟通过马丁又扔了一颗政治炸弹……这看来像是最后的一击，卑
鄙下流的抗命不从。"更让杜鲁门恼火的是，在同一天，伦敦的《每日电讯报》
发表了一条消息，其中引用麦克阿瑟的话说："联合国军被一个人为条件的蛛
网围困住。他发现自己在进行一场没有明确目标的战争，这不是军人侵犯了政
治家的领域，而情况恰恰相反。"

早在威克岛就燃起的怒火，随着以后的一些胜利，使杜鲁门暗自压下了自
己的火气，但是这次，又被麦克阿瑟的挑衅重新燃起，杜鲁门暗下决心：是时
候了。要定下心来准备承受新闻界和国会的猛烈攻击，不管麦卡锡跳多高，这
宗解职案就这么定了。而且，一点儿也不能给他留下回旋的余地。

事后有人总结：第一，麦克阿瑟没有将自己的声明报请上级审批；第二，
他直接挑战总统作为美国外交政策发言人的地位；第三，他不认同美国政府把
战争局限在朝鲜的决定。

就这三条，足以撤销他的职务。

1951 年 4 月 9 日上午 9 点，华盛顿布莱尔大厦。

焦躁的杜鲁门总统在椭圆形办公室，召集国务卿艾奇逊、国防部长马歇
尔、参谋长联席会议主席布莱德雷以及总统顾问哈里曼开会，研究麦克阿瑟的
问题。曾几何时，杜鲁门在他的办公室里竖起一个牌子，上面写着："闲谈就
此为止"目的是要全身心地投入工作。

各方诸侯，在各自的工作范围得到了广泛地支持以后，带着集体的智慧，
来到这里，大家要通过杜鲁门把结论汇总在一起，形成集体决议。

一直患感冒的马歇尔在呼哧带喘中不乏冷静和睿智，他望着杜鲁门轻薄而
且在微微发抖的嘴唇说出了第一句话："我们的意见已经和参谋长联席会议不
谋而合。"军中大都知道他与麦克阿瑟将军不合，也不欣赏他的为人，但他不

能带头出来反对麦克阿瑟。

杜鲁门随即把目光转向布莱德雷，看着具有"军中智囊"美誉的布莱德雷将军，他的意见是代表军方各个参谋长的，同时，他的性格较敦厚，温和。

"将军，你的参谋长们是否都在周日已经回到了市里?"周六碰面时，布莱德雷说陆军参谋长柯林斯正在南方视察。

"是的，总统先生，会上全体一致意见是解除麦克阿瑟将军一切指挥大权。"

艾奇逊随即说："完全同意，立即执行。"

"就这样决定，国务院负责起草，明日我来签署。哼，早在3月24日，我已经就下了决心。我不会让那狗娘养的向我辞职，我要免他的职。"杜鲁门咆哮了。

踌躇满志、耿耿于怀而又总想出人头地的杜鲁门，虽然在美国总统的职位上辛勤耕耘。但由于对历史、世界环境和本身职责判断的误差，导致他做错两件事，不自觉的使美国终生遗憾。一件，就是眼前的朝鲜战争；另一件，就是他在中南半岛"支持法国在中南半岛的斗争"。这两件事情的实质是挑动美国人民与中国人民为敌。两个互不相干、互不相连之间的国家发动战争，起决定因素的只能是霸权。美国人善于遮羞，酝酿出"均势"一词，应对世界舆论的指责。

错误是美国政府共同犯下的，不在于某一个人。

1951年4月11日凌晨1点。白宫新闻秘书约瑟夫·肖特突然约谈白宫记者团，向大家宣布了一条令人震惊的决定：

我深表遗憾地宣布，陆军五星上将道格拉斯·麦克阿瑟已不能在涉及他所担任职责的问题上全心全意地支持美国政府和联合国的政策。根据美国宪法赋予我的特殊责任和联合国赋予我的责任，我决定变更远东的指挥。因此，我解除了麦克阿瑟将军的指挥权，并任命马修·B．李奇微中将为他的继任者。

横贯朝鲜东西长度约为 300 公里的"三八线"，"在根本没有考虑政治上的界限和地理上的特点以及水路与陆路贸易需要"，随心所欲地在朝鲜人心中画出一条人为的分割线。饱受帝国主义铁蹄践踏与蹂躏的朝鲜被分割，而心灵在滴血的朝鲜期盼能够获得自由与独立，"无论什么名义下的外国控制都与朝鲜民族感情不相融"。遗憾的是，"世界警察"参与其中，纠葛于民族感情，要主持唯我是从的公道，履行"天定命运"的使命。邻居操邻居家的心，200 岁的年轻人为 5000 岁的老人"指点江山"。

结果，惹火烧身。

中午时分，日本东京美国大使馆内。

麦克阿瑟与夫人费尔克洛斯围坐在餐桌旁与来访的美国华盛顿州参议员麦钮逊、美国西北航空公司总裁斯特恩士共进午餐。

这时，麦克阿瑟的副官锡德尼·赫夫上校神色凝重匆匆而入，从自己的黑色皮夹子里拿出一张纸，递给麦克阿瑟，说："这是我们刚刚在收音机里摘录的。"

麦克阿瑟的夫人费尔克洛斯，抬眼望着与往日不同的赫夫，只见他苍白的脸上泛出一丝惨笑，呼吸也是急促的，语言里略带口吃地说："总统的。"

麦克阿瑟戴上老花镜阅读起来：

> 我深感遗憾的是，我不得不尽我作为总统和美国武装部队总司令之职，撤销你盟军总司令、联合国军总司令、远东总司令和远东陆军总司令的职务。

身经百战的麦克阿瑟看完信，把信放在餐桌上，左手拿起咖啡杯，右手用一个精致的小调羹搅合一下，小口抿了几下，放下，望望对面两位不知所措的客人，声音和缓地对夫人说："琼妮，我们终于可以回家了。"

1950 朝鲜

在麦克阿瑟被解职的一瞬间，电波传遍了整个美国。顿时，成千上万的纸片电报飞进国会，巨幅标语挂上街头："沉痛悼念麦克阿瑟将军在政治上被暗杀"、"杜鲁门，靠边站！"

几名共和党人罗伯特·塔夫脱、肯尼斯·惠里、约瑟夫·马丁抓紧时间开会。

上午10：00，约瑟夫·马丁出现在办公室的门口，对聚集着的新闻记者宣布：

第一，国会应根据最近悲剧性事态发展，对政府的外交和军事政策进行审查；第二，应当邀请麦克阿瑟将军来国会，陈述他的全部观点。

形势紧张不仅在个别人当中，在参议院，参议员威廉·詹纳也危言耸听地说：

我国，今天已落入一小撮掌权的内奸手里，他们受苏联间谍的秘密领导。我们必须立即从政府中清除这个阴谋集团，像切除肿瘤似的把它整个挖掉。我们唯一的办法，就是弹劾杜鲁门总统，查明谁是这个秘密政府的领导人，他们居然能如此高明地把我国引向毁灭的道路。

参议员尼克松提议要恢复麦克阿瑟的职务，得到了大家的积极响应。

这不仅是某个人职务的变更，而是美国在世界上的地位发生动摇而产生的连带效应，是美国企图遏制已经出现业已下滑颓势的一种本能反抗。

令杜鲁门气恼的是，由于果断地采取干涉朝鲜战争和调遣第7舰队进驻台湾海峡的措施，弥合了美国政府、他及艾奇逊等与共和党、院外援蒋集团之间的裂痕，并通过混淆、利用美国民众的错觉，采取"偷天换日，把一国的侵略行为转换为抽象而又全面的共产党进攻。言外之意，就是全世界的共产党都在共同致力于武装入侵和战争"的手法，为此堂而皇之地找到干涉的理论根据，并将中国置于联合国之外尴尬的境地，由于蔑视安理会，又被戴上"无法无天，不负责任"的帽子而庆幸，借以弥补 1946 年支持中国内战，防止中国成为苏联附庸计划投入落空带来的沮丧。朝鲜战争仅仅发生半年多，他处心积虑维持的局面仅半年多，中国军队进入朝鲜仅三四个月，仅与中国军队发生了三四次战役，眼前的一切就已都被推翻。通过降低身份，寻求共同点，迎合某些人的要求而得到的和谐共处，甚至给中国造成了海峡两岸长期分裂状态的结果并使之国际化，但依然瞬间烟消云散，化为乌有。

他，没有摆脱自"巴丹战役以来美国人受到的羞辱"；他，没能制止乔·麦卡锡等掀起的号召美国人民同总统决定展开的斗争；他，又一次被无情地抛到对立面；他，要为自己燃起的冷战和遏制政策负起责任。他，触动了中国人民反对列强压迫敏感的神经；他，探到了中华民族可以忍受的底线；他，将为分裂中国付出代价；他，轻视了被共产党唤醒了的中国人民保卫祖国安全的决心。

尽管他的女儿玛格丽特把乔·麦卡锡骂成是"真正的恶棍，耍阴谋的专家"，但他已经没有扭转颓势的能量了。

1951 年 4 月 16 日，星期一。

麦克阿瑟离开了他在东京的寓所，街道两边大约站立着二三十万的被征服者在送别征服者。日本裕仁天皇第一次去拜访一个已经没有官职的外国人，到美国驻日大使馆为他送行。

麦克阿瑟报复中国的心态与动机和日本战败后的报复心理一脉相承，从而激发了日本最大的同情心与同病相怜，麦克阿瑟被解职，实际上与日本不甘失败的报复心理轮空形成巨大的沮丧相匹配。

东京机场上空鸣放 19 响礼炮，18 架先进的喷气战斗机在天空盘旋翻腾，4 架超级飞行堡垒轰炸机编队掠过机场，为他们的英雄送别。仅仅 10 年前，1942 年 3 月 11 日，麦克阿瑟乘鱼雷快艇撤离即将被日军占领的菲律宾巴丹半岛时，远在日本的"东京玫瑰"广播已经高兴地宣布：假如他（麦克阿瑟）被捕获的话，将在东京帝国广场当众被绞死。

夏威夷是麦克阿瑟将军飞行的第一站，20里长的大道旁聚集了10多万群众在欢迎他。而当他到达旧金山时，迎候他的人居然超过了50万，造成了旧金山有史以来的最大交通拥堵。

麦克阿瑟到了国会，他开始向国会作报告。他的夫人进入楼座，众议院全体起立，向她欢呼致意。

麦克阿瑟镇定自若，举止威严笔挺，他从容不迫地来到只有国家元首或者首脑使用的扩音器前，随着议长雷伯恩的介绍，当激动的群众安静下来以后，他开始讲话：

> 主席先生，议长先生，尊敬的国会议员们：我站在这个讲台上既感到深刻的歉疚，又觉得无比骄傲。歉疚的是，我没有为我国历史上那些伟大的缔造者争光，他们以前也在这里站立过。骄傲的是这个立法辩论的讲台，反映着有史以来最地道的人类自由。

> 这里集中人类的希望、抱负和信念……我心目中只有一个目的就是为祖国服务。

麦克阿瑟的讲话抑扬顿挫，从容不迫，他把动人的章句和历史性的概括结合在一起，又口若悬河，措辞雄壮有力。

> 历史明确而强调地告诉我们，姑息只能招致新的流血更多的战争，姑息至多带来虚假的和平。

> 我一直认为，如果美国方面早就提出警告，指出中国共产党的任何一次以大批军队开进朝鲜的行动均被认为是与美国进行国际战争的行动，那么，随着我们的向北进军，朝鲜战争可能已经结束了。

麦克阿瑟提出了一个尖锐的命题：姑息和忍让也有可能换来和平，但没有安全的和平，是虚假的和平，耻辱的和平，没有人格的和平，是被束缚的和平，是傀儡的和平。

历史只有延续，不能重演。

假如，杜鲁门同意了麦克阿瑟的作战计划，把战火烧至中国的境内，大中城市遭到轰炸，沿海被封锁，电力被切断，国内敌特泛滥，将是什么后果？

若干年后，基辛格在他的《大外交》书中说：

　　"认定苏联会随时为全面战争做准备，正透露美国格外不了解实质权力关系的真味。斯大林并没有在寻求借口，挑动全面战争；事实上，他也唯恐避之不及。"

历史不能假设，同时也不能容忍后悔。过去的都随历史成为过眼烟云，重要的是今天怎样做！

前联合国军总司令克拉克将军，在总结韩战得失中说："共军对南韩的侵略，将美国由危险的昏睡中唤醒，并且引起了重整武力的计划。"实际上，对中国来说，何止是唤醒？应该说是朝鲜战争把一个贫穷落后的中国，推到了与世界可以比肩的地位。

1951 年 5 月 3 日，美国参议院办公大楼 318 室。

在参议员罗素主持下，美国共和党与民主党之间，因为远东政策及对国家功臣的不公平待遇展开了大辩论：

　　军事委员会和外交委员会的先生们：今天我们为一些重大问题召开听证会。这些问题不仅影响每个公民的生活，而且对于我们国家的安全和维护我们自由政府的体制，都具有极端的重要性。

　　道格拉斯·麦克阿瑟将军已同意在听证会上第一个作证。我认为没有必要由我来详细介绍受到美国人民敬仰的麦克阿瑟将军的业绩。

　　在我们历史的不朽的篇章中，谱写着他在三次战争中的功勋，他是我国历史上一个伟大的将领。他不仅是伟大的军事领导人，而且由于他的政治科学具有广博的见识，使一个战败国在他的治理下得到恢复和稳定，为他自己和他的祖国赢得了日本人民的尊敬和爱戴，而他

1950 朝鲜

们曾一度是我们最凶恶的敌人。

今天和今后的几天中，指引我们的准则必须是国家的利益，因为国家的利益的重要性，超过任何个人或集团的命运。

麦克阿瑟出席了头 3 天的听证会，随后，羸弱的马歇尔连续出席 6 天，然后，是布莱德雷出席 6 天，柯林斯、范登堡、谢尔曼各出席了 2 天，而作为政府部门的最后重要人物出席听证会的国务卿艾奇逊整整用去了 8 天。历时一个月的听证会，在各方的焦头烂额当中结束。

会议厅里，在麦克阿瑟一句"老兵永远不死，只会慢慢地消失"以后，会场达到了狂热的程度，并且奏响了"老兵永远不会死"的乐曲声。

至此，麦克阿瑟也没有想到为什么一世英雄竟然要落到如此的地步，是谁使他在权力的巅峰跌入低谷？当他向陆军部长贝克尔建议将每个州的编余部队抽出来，统一编成一个师，这个师来自全国各地，就像横跨天空的彩虹，于是，预料之外的少校麦克阿瑟被破格提拔为上校参谋长，从此拉开了他飞黄腾达的序幕。是谁掐断了他辉煌的前程？当他对接替沃克将军的李奇微将军忧心忡忡地说出"不要小看了中国人"的时候，他自己心底到底有多大触动还是未知数。他曾恶狠狠地建议新当选总统艾森豪威尔和国务卿杜勒斯向中国发出最后通牒，要么撤出朝鲜，要么看着自己的工业城市被炸，在鸭绿江南岸被投放核废料，哪怕自己的部队也在核污染的范围，哪怕韩国、日本也难逃其害。最终，在他的晚年，认为美国卷入亚洲地面战争将是严重的错误，"极力主张肯尼迪永远不要派美军去保卫越南"。由衷地规劝时任美国总统林登·约翰逊，不要再增派部队去越南，对待亚洲最好的办法是威吓。因为在朝鲜战争结束时，他已经发现："现在他们训练出第一流的士兵，有着能够胜任的参谋人员和司令官，这在亚洲就产生了一个新的和占支配地位的强国。"

参谋长联席会议主席布莱德雷清楚地记得，26 位参议员进行提问，一些同样的问题以各种方式重复了一遍又一遍：

　　康纳利主席：假如我们打一场全力以赴的战争而这场战争又扩大
到中国去，那么，事态发展到一定的时候，我们势必派地面部队去中
国本土，这几乎是不可避免的结果，对吗？

　　布莱德雷：为了取得决定性的效果，我认为你应该，假如你同中
国打全面战争，我想你有必要仿效日本人的做法。打进去并设法解决
战斗。我认为，单凭海空军的行动是绝不能解决任何问题的。

　　康纳利主席：那么，不使用地面部队，而只以海空军来对付中
国，这只能起牵制作用，是这样吗？

　　布莱德雷：对，我想这将是一个长期不分胜负的战局，如果不在
中国本土采取积极行动，我们只轰炸他们的交通中心，尽可能多地破
坏他们的工业，并设法限制他们的供应和食物。

　　布莱德雷作为参加过"二战"的老兵，他对坐在办公室夸夸其谈的议员们
说出了自己的肺腑之言：

　　坦率地说，扩大与红色中国的战争，参谋长联席会议认为，如果
采取这种战略，就会使我们在错误的地点，错误的时间，与错误的敌
人进行一场错误的战争。

　　美国认为，他的敌人正端坐在克里姆林宫，他们打击的仅仅是第二梯队。
一贯不爱显山露水的马歇尔也警告说：

　　"美国无论是单独的，或是作为联合国的一个成员，都不应卷入与共产党
中国的全面战争。"

　　掩盖败绩，恢弘胜利转眼即逝，对两者的过度追寻，结果都会使自己落得
平庸。朝鲜战争使中国人民记住了一个人——道格拉斯·麦克阿瑟；朝鲜战争
使世界人民记住了一个民族——中华民族。

　　一场不期而遇的战争，一场不对称的战争，一场东西方的较量，一次意识
形态的碰撞，一场世界上两大阵营间的冷战与和平。世界上头号强国——美
国，因"二战"走向世界巅峰，几年以后的朝鲜战争，"正是从这个决定性的

1950
朝鲜

时刻开始，美国以一个世界性强国的面目出现在世人面前，它时刻准备着在全球范围内为保护其潜在利益而实施军事干涉行动。"但由于中国人民的加入，这种军事干涉行动罹患一种名叫"朝鲜战争综合征"的怪病，逐渐被抑制住上升的趋势。因为"五四新文化运动"倡导的"外抗强权"的大旗，觉醒的中国正在继续扛起。中国，在历史的废墟中，在列强的包围中，坚定地站立起来。

从此，世界上再也不能没有中国人民的声音。

1951 年 3 月下旬的一天，毛泽东在中南海会见了 38 军政治委员刘西元，他说：

> 我们的战士是不怕困难的，我们的人民是不怕困难的，我们的民族，我们的党是不怕困难的，战争不是我们想打不想打的事。杜鲁门把战争搞到我们的头上来了嘛，你不打也得打。我们为了支援朝鲜，保卫我们的建设，我们硬是要进行这场反侵略战争的，硬是要把这场战争打赢它，一直打到那位杜鲁门总统罢手为止。

1964 年 10 月，在苏共中央撤销了赫鲁晓夫的职务以后，11 月 4 日，毛泽东在中共中央政治局会议上讲话：

> 中国是一个大国，中华民族包括 56 个民族。我们中华民族从来没有向人屈服过，有挫折但还是继续奋斗，还是倔强地崛起。100 多年来，帝国主义列强要征服我们这个民族，结果它们都失败了。我们现在是一个社会主义国家，当然更不能向任何外国屈服，即使对最强大的帝国主义美国，我们也没有低过头。对苏联也是一样，我们绝不屈膝称臣。

古代中国人民用泥砖堆砌了一道抵御外族侵略的万里长城；新中国人民用行动，用热血铸就了一道可以抵御任何侵略意志的万里长城。麦克阿瑟无可奈何地描述："在一场未经宣战的战争中面对的整个中华民族，如不马上采取积极行动，成功的希望将成为泡影。"第二次世界大战以后，美国挺胸进入世界首发，当确立全球霸权地位不久，被贫穷落后的中国狠狠踹上一脚，摔得鼻青脸肿，虽未伤及生命，但有损颜面。

美国著名学者、国际问题专家、哈佛国际和地区研究所所长塞缪尔·亨廷顿提醒美国："美国如果任其与亚洲两个主要国家（中国、日本）的关系变得更加紧张，显然于其国家利益不利。按照外交和强权政治的原则，美国应当利用两者中的一方去反对另一方，或者至少在与一方的冲突加剧时，设法改善与另一方的关系。"亨廷顿在发出此次呼唤时，美国正因美日巨大的贸易逆差而头痛；20 世纪 90 年代初期的中国还在"韬光养晦。"

有人认为，"从'五四'后期开始一直到'文革'结束，中国历史的过程，基本上是由强势左翼意识形态统摄的民族主义激情所形塑的。它使人的精力与干劲迸发出来——其强度与浓度在世界上少见。"可以肯定地说，只要我们始终保持不懈奋斗的优良作风，始终保持与时俱进的精神状态，始终保持革命战争年代那么一种奋发向上精神，那么一股拼搏精神，那么一种被"本能爱国主义"——民族主义激发出来的热情与干劲，中国一定能从苦难走向辉煌，中华民族将迎来伟大复兴。

1950 朝鲜

445

主要参考文献

1. 军事科学院历史研究部:《抗美援朝战争史》,军事科学出版社 2000 年版。

2.《彭德怀自述》,人民出版社 1981 年版。

3. 彭德怀传记编写组编:《彭德怀传》,当代中国出版社 1993 年版。

4. 彭德怀传记编写组编:《彭德怀军事文选》,中央文献出版社 1988 年版。

5.[美] 哈里·杜鲁门著,李石译:《杜鲁门回忆录》,东方出版社 2007 年版。

6.[美] 道格拉斯·麦克阿瑟著,上海师范学院历史系翻译组译:《麦克阿瑟回忆录》,上海译文出版社 1984 年版。

7.[美] 奥马尔·N. 布莱德雷著,郭莹译:《布莱德雷将军回忆录》,解放军出版社 2006 年版。

8.[日] 陆战史研究普及会编:《朝鲜战争上、中、下》,国防大学出版社 1990 年版。

9.[美] 马修·邦克·李奇微著,军事科学院外国军事研究部译:《朝鲜战争》，军事科学出版社 1983 年版。

10.[韩] 国防部战史编纂委员会编写，固城、齐丰、龚黎译编：《朝鲜战争——中共军参战及联合国军重新反攻》，黑龙江朝鲜民族出版社 1987 年版。

11.[美] 约瑟夫·格登著，于滨、谈锋、蒋伟民译：《朝鲜战争——未透露的内情》，解放军出版社 1990 年版。

12. 沈志华：《毛泽东、斯大林与朝鲜战争》，广东人民出版社 2007 年版。

13. 沈志华：《中苏同盟与朝鲜战争研究》，广西师范大学出版社 1999 年版。

14. 杜平著：《在志愿军总部》，解放军出版社 1989 年版。

15. 逄先知、李捷：《毛泽东与抗美援朝》，中央文献出版社 2000 年版。

16. 杨迪著：《在志愿军司令部的岁月里——鲜为人知的真实情况》，解放军出版社 1998 年版。

17.[美] 埃德·克雷著，王启明译：《陆军五星上将乔治 C 马歇尔——军人和国务活动家》，军事译文出版社 2004 年版。

18.[俄] 尤·瓦·叶梅利亚诺夫著，石国雄、袁玉德译：《斯大林：未经修改的档案——在权力的顶峰》，译林出版社 2006 年版。

19. 志愿军一日编辑委员会编：《志愿军一日》，人民文学出版社 1956 年版。

20. 志愿军英雄传编辑委员会编：《志愿军英雄传》，人民文学出版社 1956 年版。

21. 中国人民志愿军政治部：《中国人民志愿军抗美援朝战争政治工作总结》，解放军出版社 1985 年版。

22.[美] 迪安·艾奇逊著，上海《国际问题资料》编辑组、武协力合译：《艾奇逊回忆录》，上海译文出版社 1977 年版。

23.《抗美援朝战争后勤经验总结》编辑委员会：《抗美援朝战争后勤经验总结——基本经验》，金盾出版社 1987 年版。

24. 金一南：《苦难辉煌》，华艺出版社 2009 年版。

25.[美] 威·艾·哈里曼，复旦大学资本主义国家经济研究所编译组译：

《哈里曼回忆录》，上海人民出版社 1975 年版。

26. 洪学智：《抗美援朝战争回忆》，解放军文艺出版社 1990 年版。

27.[美] 约翰斯帕尼尔，钱宗起、邹国孚译：《杜鲁门与麦克阿瑟的冲突和朝鲜战争》，复旦大学出版社 1985 年版。

28.[美] 理查德·尼克松著，尤勰、张企程、洪雪英等译：《领导者》，世界知识出版社 1983 年版。

29.[朝]《朝鲜概况》，平壤，外国文出版社 1961 年版。

30. 江拥辉：《三十八军在朝鲜》，辽宁人民出版社 2009 年版。

31.[美] 贝文·亚历山大著，郭维敬、刘榜离译：《朝鲜：我们第一次战败——美国人的反思》，中国社会科学出版社 2003 年版。

32. 吴信泉：《三十九军在朝鲜》，辽宁人民出版社 2009 年版。

33.[美] 戴维·霍洛维茨著，上海市"五·七干校"六连翻译组译：《美国冷战时期的外交政策——从雅尔塔到越南》，上海人民出版社 1974 年版。

34.《德黑兰、雅尔塔、波茨坦会议记录摘编》，上海人民出版社 1974 年版。

35.[美] 约翰·托兰著，孟庆龙等译：《漫长的战斗——美国人眼中的朝鲜战争》，中国社会科学出版社 1993 年版。

36.[美] 沃尔特·G. 赫姆斯、詹姆斯·F. 施纳贝尔、罗伊·E. 阿普尔曼著：《美国兵在朝鲜》，国防大学出版社 1994 年版。

37. 中国人民志愿军抗美援朝战争政治工作经验编委会：《中国人民志愿军抗美援朝战争政治工作经验汇编》，解放军出版社 1986 年版。

38.《反坦克战斗》，中央人民政府人民军事委员会军训部军事出版局 1951 年印。

39. 魏巍：《谁是最可爱的人》，人民文学出版社 1959 年版。

40.《军史旁编》，陆军第 38 军政治部编。

41.《朝鲜战争敌军资料汇集》，中国人民解放军总参谋部 1957 年 9 月编印。

42.《中国人民志愿军抗美援朝战争政治工作——经验汇编》，解放军出版社 1987 年版。

43. 叶冈:《在朝鲜战场上》，上海文汇报馆 1951 年版。

责任编辑：王世勇

图书在版编目（CIP）数据

朝鲜·1950/刘峥 著.—北京：人民出版社，2010.9（2025.8 重印）
ISBN 978－7－01－009028－3

Ⅰ.①朝…　Ⅱ.①刘…②刘…　Ⅲ.①朝鲜战争（1950～）　Ⅳ.①K312.52

中国版本图书馆 CIP 数据核字（2010）第 155088 号

朝鲜·1950
CHAOXIAN 1950

刘　峥　刘远凝　著

人民出版社 出版发行
（100706　北京市东城区隆福寺街 99 号）

北京汇林印务有限公司印刷　新华书店经销

2010 年 9 月第 1 版　2025 年 8 月北京第 3 次印刷
开本：710 毫米×1000 毫米 1/16　印张：28.75
字数：406 千字

ISBN 978－7－01－009028－3　定价：118.00 元

邮购地址 100706　北京市东城区隆福寺街 99 号
人民东方图书销售中心　电话（010）65250042　65289539